2023 中国医疗器械行业发展报告

苏文娜　王　临　主编

中国市场出版社
China Market Press
·北　京·

图书在版编目（CIP）数据

2023 中国医疗器械行业发展报告 / 苏文娜，王临主编 . -- 北京 ：中国市场出版社有限公司，2024. 5

ISBN 978-7-5092-2502-8

Ⅰ . ① 2... Ⅱ . ①苏 ... ②王 ... Ⅲ . ①医疗器械 - 制造工业 - 经济发展 - 研究报告 - 中国 - 2023 Ⅳ . ① F426.7

中国国家版本馆 CIP 数据核字（2023）第 213967 号

2023中国医疗器械行业发展报告

2023 ZHONGGUO YILIAO QIXIE HANGYE FAZHAN BAOGAO

主　　编： 苏文娜　王临
责任编辑： 晋璧东（874911015@qq.com）
出版发行： 中国市场出版社
社　　址： 北京市西城区月坛北小街 2 号院 3 号楼（100837）
电　　话：（010）68033539 / 68033536 / 68032803
经　　销： 新华书店
印　　刷： 北京建宏印刷有限公司
成品尺寸： 210mm × 285mm　　**开　　本：** 16 开
印　　张： 21.25　　**字　　数：** 570 千
版　　次： 2024 年 5 月第 1 版
书　　号： 2024 年 5 月第 1 次印刷
版　　次： 978-7-5092-2502-8
定　　价： 280.00 元

《2023中国医疗器械行业发展报告》编委会

前　言

当前，国际环境的百年变局和疫情后效应的影响错综交织，全球经济变幻莫测的态势对我国医疗器械行业发展带来的不确定性影响不容忽视，我国经济的巨大韧性和潜力在为世界经济提供动力的同时，也将不可避免地迎来严酷的国际竞争。令人欣慰的是，我国医疗器械行业已经形成了一个规模庞大、结构合理、技术先进的产业体系，2022年中国医疗器械市场规模达9000多亿元人民币，已跃升成为美国之后的全球第二大市场。未来5年内，我国器械领域市场规模年均复合增长率可能继续维持在两位数的水平，2023年底有望突破万亿元。国家相关部门在全国集中开展的医疗器械市场规范专项行动，重点整治了医疗器械虚假注册申报、违规生产、非法经营、夸大宣传、使用无证产品等不法行为，从而进一步规范了国内医疗器械市场秩序，我国医疗器械行业的发展前景令人瞩目。

随着我国居民健康意识的提高和成熟，在国家鼓励医疗器械行业发展的持续性政策推动下，医疗器械的产品市场需求将持续增长，国内医疗器械创新产品将出现高速增长的态势，从而加速中低端医疗器械的进口替代的进程，并且向高端医疗器械进军的步伐也将更快、更大。在今后十年内，我国将涌现出一批高端化产品的企业，国产医疗器械创新研发投入将大幅度增加，医疗器械国产替代将呈现可观的成就；在新技术加持下，国内厂家根据客户实际需求，将向市场提供更加专业、全面、定制化的解决方案及配套金融服务，在医疗辅助决策、健康管理等领域形成新的增长点；在一些细分领域，通过利用产业基金、上市融资等多种途径，企业规模化发展步伐将加快，具备规模优势、品牌优势与产品竞争力的一批企业将脱颖而出。

本着全心全意地为医疗器械行业发展服务的主旨，中国医疗器械行业协会持续出版专业、严谨的年度医疗器械行业发展报告，以期帮助行业内有关部门和团体及时、准确地掌握行业发展信息，帮助业内同仁对市场趋势进行科学的预判，为企事业单位拓展市场、谋求利益最大化、掌握国际竞争的主动权、增强核心竞争力与可持续发展能力，提供有价值的参考资料。

《2023中国医疗器械行业发展报告》从医疗器械行业发展的战略角度，通过行业发展的国际国内环境和创新技术产品的发展趋势及市场动态，以及重点细分领域的深入剖析，对行业规模和结构、市场竞争、产业盈利水平等进行多角度的总结分析，对2022年我国医疗器械行业发展现状、行业所面临的机遇和挑战、行业发展趋势和预测，以及医疗器械市场供需状况等诸多方面进行概述，为行业政管产学研各方面专业人士准确把握行业动态、开拓发展思路、规划行业产业布局，以及对医疗器械行业前景预测、投融资分析等诸多方面的工作提供有价值的数据参考。

编写说明

医疗器械行业是高技术密集、学科交叉广泛、技术集成融合的朝阳产业，代表着国家高新技术的综合实力。我国医疗器械行业已经初步形成了与创新链和服务链有机结合的完整产业链，成为我国医疗卫生体系的重要支撑。“十四五”开局之年的严峻形势考验并推动了医疗器械行业的进一步改革和发展，医疗器械行业迎来良好的发展机遇。

为客观、公正地反映国内医疗器械行业发展动态，自2018年起，中国医疗器械行业协会在充分调研的基础上编制《中国医疗器械行业发展报告》（下称《报告》），对国内医疗器械行业的市场发展现状、行业发展环境、技术创新产业链、竞争格局、产业发展趋势等进行综合分析。2018年版《报告》汇总并分析了影像诊断设备、临床检验设备、骨科器械、心脏及大血管接入器械等13个领域的整体发展情况。2019年版《报告》特别对POCT、基因诊断、影像AI辅助诊断、可穿戴医疗设备、微创器械、新生儿设备、家用呼吸机、人工智能、医疗器械包装行业等领域进行详细解读。2020年版《报告》在体外诊断、医用呼吸机、医用超声、DR、放疗设备、医用内窥镜、心脏支架、人工心脏瓣膜、人工晶体、骨科器械与材料和包装材料等领域行业动态进行了概括和总结。2022年版《报告》重点关注临床检验设备与试剂、核酸检测、CT、DR、医用呼吸机、康复医疗器械、血液透析、医用敷料、感染控制、医用增材制造、人工心脏瓣膜等重点或热点领域的行业发展最新进展。2023年版《报告》重点关注CT、DR、MRI、化学发光免疫分析仪与试剂、流式细胞仪、手术机器人、康复机器人、制氧机、呼吸机等重点或热点领域的行业发展最新进展。

本《报告》的编写工作得到相关部委、协会、学会、机构以及相关企业的领导、专家和同人的大力支持，在此一并表示衷心感谢。

《中国医疗器械行业发展报告》编委会

2023年8月

目　录

第一篇　中国医疗器械行业发展现状

第一章　全球医疗器械产业现状

随着全球人口自然增长、人口老龄化程度提高、发展中国家的经济增长，医疗健康行业的需求持续提升，全球范围内长期来看，医疗器械市场将持续保持增长的趋势。从产业发展来看，医疗器械产业已具有相当的市场规模，并已成为世界经济的支柱性产业。

一、年复合增长率4.7%

据Evaluate MedTech统计数据显示，2021年全球医疗器械市场达5465亿美元，预计2022年全球医疗器械市场达5722亿美元。随着新冠疫情的消退，全球手术量和临床接诊回归正常，医疗器械市场也将保持稳定的增长率。全球医疗器械市场从2021年的5465亿美元将增长到2028年的7538亿美元，2021—2028年的年复合增长率为4.7%。如图1-1所示。

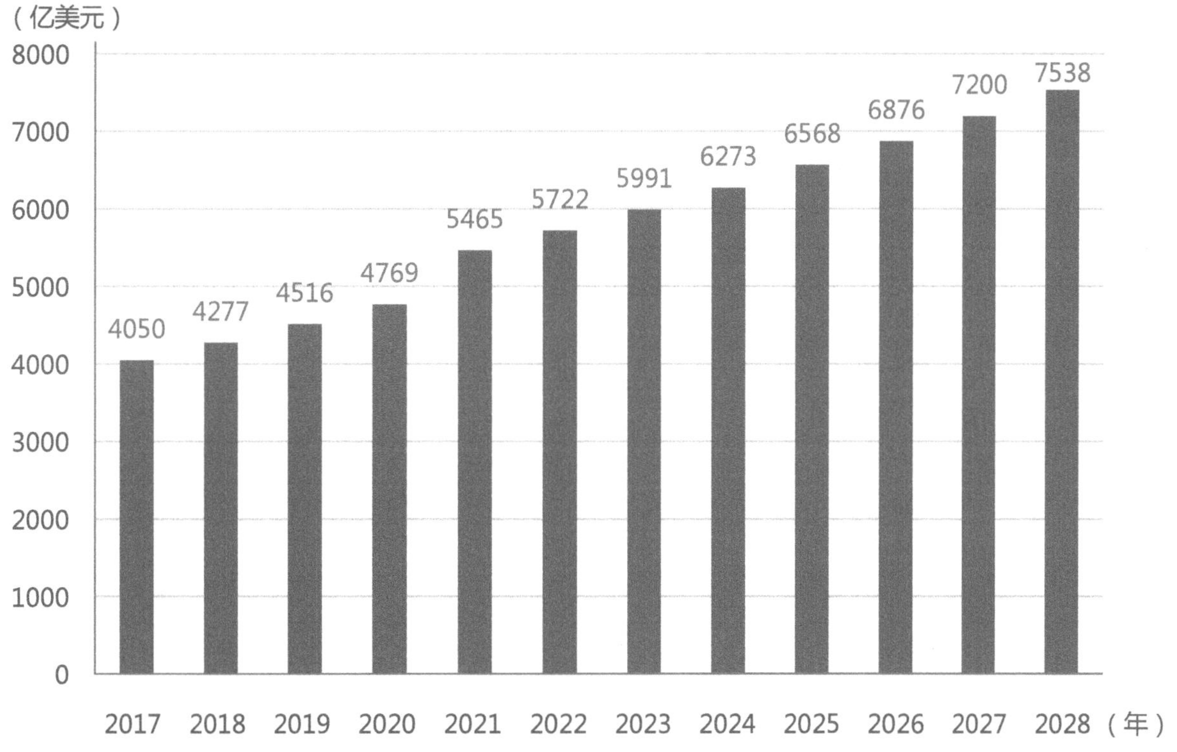

图1-1　2017—2028年全球医疗器械市场规模预测

数据来源：Evaluate MedTech。

二、行业集中度高

据Qmed发布的2022年全球医疗器械公司百强榜，美敦力、雅培、强生名列全球医疗器械公司营业收入前三强，其中，美敦力和雅培营业收入均超300亿美元。如表1-1所示。

表1-1　2022年全球医疗器械企业营业收入百强排行　　单位：亿美元

序号	公司	营业收入	市值
1	美敦力	316.9	1051.4
2	雅培	300.1	1875.7
3	强生	270.6	4676.8
4	西门子医疗	209.5	594.9
5	碧迪医疗	202.5	706.6
6	GE	177.2	949.3
7	史赛克	171.0	885.1
8	飞利浦	166.7	132.8
9	嘉德诺	134.6	212.0
10	百特	127.8	285.0
11	波士顿科学	118.9	648.4
12	丹纳赫	98.4	1996.2
13	3M	90.5	701.9
14	贝朗医疗	89.0	—
15	爱尔康	82.0	343.1
16	捷迈邦美	78.3	252.0
17	费森尤斯	66.1	112.6
18	奥林巴斯	61.5	261.3
19	泰尔茂	57.7	225.9
20	直觉外科	57.1	955.5
21	豪洛捷	56.3	187.2
22	爱德华生命科学	52.3	477.6
23	施乐辉	52.1	114.8
24	Steris	47.8	185.4
25	富士医疗	43.8	214.9
26	登士柏西诺德	42.5	65.0
27	迈瑞医疗	41.4	576.4
28	Enovis	39.8	29.3
29	爱齐	38.6	153.6
30	九安医疗	37.2	37.7
31	生物梅里埃	36.3	121.1

续表

序号	公司	营业收入	市值
32	索诺瓦	36.3	158.9
33	爱德士	33.4	352.7
34	库珀医疗	32.2	156.1
35	瑞思迈	31.9	337.2
36	康乐保	31.9	257.5
37	QuidelOrtho	30.4	57.9
38	豪雅	29.3	374.4
39	希森美康	28.6	131.1
40	泰利福	28.0	109.8
41	德康医疗	27.9	449.1
42	Demant	27.0	63.6
43	洁定	26.8	64.7
44	盈纬达	25.6	55.6
45	PHC控股	25.4	14.2
46	GN Store Nord	24.7	32.0
47	SD Biosensor	24.4	24.9
48	士卓曼	23.6	184.6
49	尼普洛	23.3	12.2
50	德尔格	21.7	8.0
51	康维德	20.8	58.1
52	ICU Medical	20.4	38.2
53	威高集团	19.7	68.1
54	安思尔	19.5	24.6
55	蔡司医疗	18.7	124.9
56	迈心诺	17.5	76.2
57	Integra LifeSciences	15.7	45.9
58	索灵诊断	14.8	73.8
59	医科达	14.7	23.4
60	日本光电	14.5	19.6
61	稳健医疗	14.0	41.0
62	乐普医疗	13.9	58.2
63	Integer Holdings	13.2	24.6
64	Omnicell	13.1	23.0
65	Top Glove	12.7	15.4
66	新华医疗	12.5	14.7

续表

序号	公司	营业收入	市值
67	Insulet	12.4	207.9
68	联影医疗	12.0	218.3
69	NuVasive	12.0	20.3
70	明德生物	11.9	14.5
71	Embecta	11.6	19.0
72	麦瑞通	11.4	41.0
73	科利耳	11.2	95.4
74	日本电子	11.0	17.2
75	Haemonetics	10.8	43.2
76	Abiomed	10.7	170.4
77	美国康美	10.7	25.3
78	LivaNova	10.2	29.6
79	Globus Medical	10.0	73.8
80	福田电子	9.8	9.7
81	鱼跃医疗	9.5	49.0
82	ZimVie	9.5	2.3
83	Arjo	9.4	11.1
84	费雪派克	9.4	89.5
85	Access Bio	9.2	3.3
86	Varex Imaging	8.6	8.5
87	Penumbra	8.3	79.6
88	Lantheus Holdings	8.0	42.7
89	爱诺生医疗	8.0	12.6
90	Tandem Diabetes Care	7.9	27.0
91	万孚生物	7.9	28.0
92	英维康	7.9	0.1
93	加柏	7.8	2.2
94	目立康	7.8	16.6
95	奥齿泰	7.8	12.4
96	Hartalega Holdings Berhad	7.7	12.9
97	振德医疗	7.7	16.4
98	圣湘生物	7.6	20.3
99	东富龙	7.3	22.0
100	奥索Ossur——全球性假肢矫形器材公司	7.2	19.4

数据来源：Medical Design & Outsourcing（2021年10月）。

全球十大医疗器械企业占全球市场规模的36.3%，排名前五的美敦力、雅培、强生、西门子医疗、碧迪医疗企业市场份额合计占全球销售额的22.7%。

2022年医疗器械百强榜单中有12家来自中国的企业，分别是迈瑞医疗（排名第27位）、九安医疗（排名第30位）、威高集团（排名第53位）、稳健医疗（排名第61位）、乐普医疗（排名第62位）、新华医疗（排名第66位）、联影医疗（排名第68位）、明德生物（排名第70位）、鱼跃医疗（排名第81位）、万孚生物（排名第91位）、振德医疗（排名第97位）、圣湘生物（排名第98位）。

三、并购持续活跃

2022年全球医疗器械行业并购持续活跃。强生以1124亿美元收购心脏泵制造商Abiomed，以巩固其心血管设备业务，位居全球医疗器械领域收购金额排名第一位；另外，共计有9起并购超50亿美元（参见表1-2所示）。

表1-2　2022全球十大医疗器械收购

排名	收购方	被收购方	被收购方细分领域	金额（亿美元）
1	强生	Abiomed	心血管设备	1124
2	史赛克	Vocera Communications	医疗软件	209
3	赛默飞世尔	The Binding Site Group	体外诊断	176
4	BD医疗	Parata Systems	制药自动化	103
5	ArchiMed	Natus Medica	诊断设备	81
6	迈心诺	Sound United	生命体征监护	69
7	瑞思迈	Medifox Dan	扩大德国业务	66
8	美敦力	Affera	心脏标测和导航系统	62
9	库博集团	库克医疗的生殖健康业	生殖健康业务	59
10	波士顿科学	阿波罗内外科手术	内窥镜	41

数据整理：器械之家（2023年1月）。

第二章　中国医疗器械产业发展现状

中国医疗器械产业仍旧处于高速发展阶段，高于全球产业发展速度。制造体系基本健全，覆盖了卫生健康各个环节，基本满足我国医疗机构诊疗、养老、慢性病防治与应急救援等需求。

一、产业发展回归理性发展

由于新冠疫情影响医疗防疫物资市场需求，中国医疗器械规模以上医疗器械企业营收规模在2020年和2021年出现爆发性增长。疫情后，2022年规模以上医疗器械企业营收规模恢复到疫情前稳定增长水平，预计未来三年将保持10%以上的增长率。2022年，中国规模以上医疗器械企业实现营业收入5526.7亿元，占医药工业比重16.2%，2021年医疗器械收入占医药工业比重14.4%。实现利润954.3亿元。如图1–2所示。

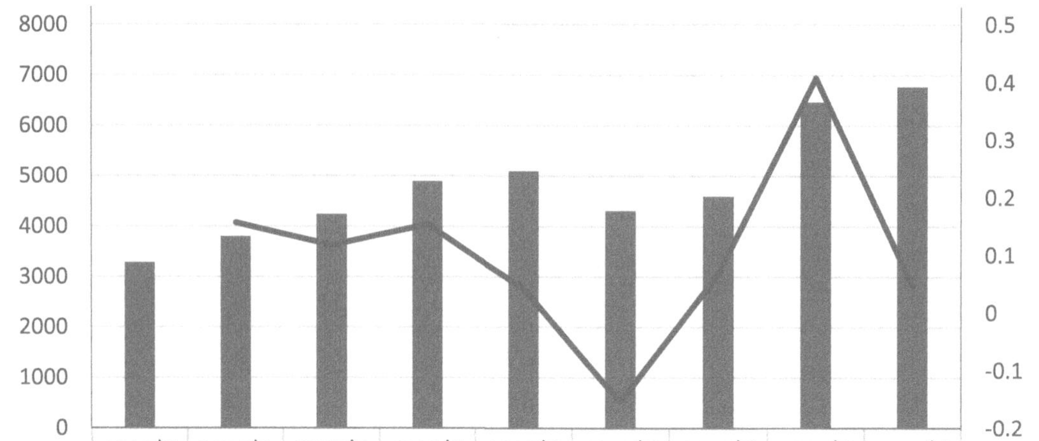

	2013年	2014年	2015年	2016年	2017年	2018年	2019年	2020年	2021年
产值	3287	3798	4241	4890	5095	4307	4596	6469	6771
增长率		15.60%	11.70%	15.30%	4.20%	-15.50%	6.70%	40.80%	4.70%

图1–2　2013—2021年中国规模以上医疗器械企业营业收入

数据来源：工业和信息化部、中国医药工业信息中心。

二、生产企业数量突破3万家

受新冠疫情影响，2020年以来，医疗器械生产企业数量显著增加。据《药品监督管理统计年度数据（2022年）》数据显示，2022年，全国医疗器械生产企业数量达3.3万家。其中，可生产Ⅰ类产品企业2.1万家，可生产Ⅱ类产品企业1.5万家，可生产Ⅲ类产品企业2509家，占比为7.7%。如图1–3所示。

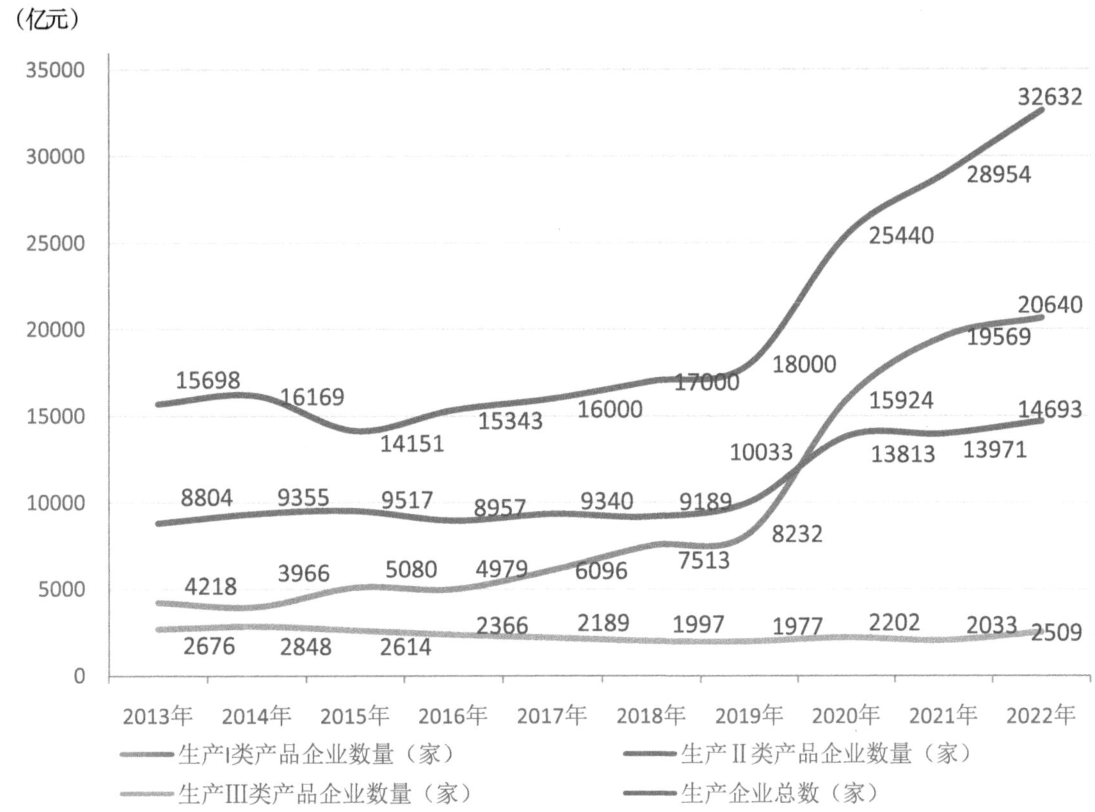

图1-3　2013—2022年中国医疗器械生产企业数量

数据来源：国家药监局。

截至2022年底，仅从事第Ⅱ类医疗器械经营的企业有80.1万家，仅从事第Ⅲ类医疗器械经营的企业有8.8万家，同时从事第Ⅱ、Ⅲ类医疗器械经营的企业有3.2万家。为其他医疗器械生产经营企业提供贮存、配送服务的医疗器械经营企业有1071家，从事体外诊断试剂（IVD）经营的企业有26.4万家，从事医疗器械网络销售的企业有22.1万家。

三、形成三大产业聚集区

目前，我国医疗器械产业形成了环渤海地区、长三角地区、珠三角地区为主的产业聚集区。与此同时，北京、上海、苏州、武汉、深圳等城市着力发展医疗器械产业，成为产业聚集的代表性城市。北京、上海、江苏、广东具有医疗器械产业体系完备、科研基础扎实、医疗资源丰富、国际化程度较高等优势。

环渤海地区包括北京、天津、山东、辽宁、河北等省份在内，是医疗器械生产的重要基地，该地区充分利用京津冀地区的科研和医疗资源，以创新、成果转化、技术输出为特色，科学技术转化为生产的能力突出。

长三角地区形成了上海为先锋，江苏、浙江两省为两翼发展的格局。上海以中高端医疗器械为代表，大批跨国企业入驻；江苏、浙江两省紧随其后，承接医疗器械高端产业。该地区企业拥有开放、创新、创业的前位意识以及优越的产业基础，以工程创新、先进制造、出口为特色，成为医疗器械产业的聚集地。

珠三角地区以广州、深圳、珠海为核心，该地区充分利用地区内开放、创新、创业的前位意识和产业基础，以工程创新、先进制造、出口为特色，集中了国内大批优秀医疗器械生产企业。

四、重点省份产业发展势头强劲

目前，从全国来看，广东省、山东省、江苏省、浙江省、上海市的医疗器械产值排名位于前五位。2022年，广东省医疗器械产业规模超2800亿元，山东省接近1500亿元，江苏省超1300亿元，浙江省超1200亿元。

广东省企业大多分布在经济发展较好、制造业发达的珠江三角洲核心地区，如广州、深圳、佛山、珠海等地区。较有代表性的医疗器械产业园有深圳市南山区和坪山区、广州市科学城、中山市国家健康科技产业基地、东莞市松山湖等聚集区。广州先天优势是贸易发达。早期的耗材企业面对外资企业的采购需求，生产一些并不复杂也没有太多技术含量的制造业产品，以医疗耗材为主。深圳市则由于当地机械电子、软件开发的基础雄厚，使得上游的原材料供应链、中游的产品研发与制造形成一条完成的研产链条。因此，深圳产业的发展主要集中在医疗电子设备和医疗影像设备。

山东省高度重视医疗器械产业发展，在生物材料、消毒灭菌设备、放疗设备、高值耗材、生物诊断、康复护理设备和数字医疗等领域，先后培育出新华医疗、威高集团等一批技术水平高、创新能力强的创新型骨干企业，形成以济南、青岛为核心，淄博、烟台、潍坊等城市多点布局的产业格局。

江苏省是医疗器械大省，新型医疗器械产业链已被列为全省重点发展的优势产业链。目前，全省拥有医疗器械企业超过4000家，涵盖从原材料、核心零部件、设备整机、配套试剂的全产业链布局，在眼科手术器械、一次性医疗用品、骨科内植物、心电图机、B超设备等领域具有传统优势，涌现出鱼跃医疗等一批行业拔尖、竞争力强的骨干企业，研发外包、生产制造、检测认证、临床试验、销售推广等配套服务体系日益完善。

浙江省地处我国东部经济发展的前沿地区，整体经济发展水平和民众健康意识相对较高，健康产业拥有巨大的发展潜力，被列为全省“八大万亿”产业之一，产业规模增长较快，产业结构逐步优化，投资热度持续升温。2020年，浙江省规模以上医药工业（含医药、医疗器械、制药专用设备制造）实现工业总产值2151亿元、营业收入2085亿元、利润总额373亿元，出口交货值545亿元，增幅位居各行业前列。作为医疗器械强省，浙江医疗器械企业数量和产品数量一直居于全国前列。

五、成为全球重要的医疗器械生产基地

企业主体发展逐渐壮大，2022年规模以上生产企业3800余家，形成了一批协作配套、特色鲜明的产业集群。产品技术水平快速提升，突破了超导磁体、电子加速器、射频/谱仪等一批关键技术，骨科手术机器人、第三代人工心脏、聚焦超声治疗系统等达到国际先进水平，成为全球重要的医疗器械生产基地。特别是在抗击新冠疫情中，医疗器械企业积极组织生产、保障供应，有力支撑了国内疫情防控需求和国际抗疫合作。目前，我国医疗器械产业正以临床需求为导向、瞄准技术发展前沿，稳步向“制械强国”发展。

第三章　我国医疗器械产品注册审批情况

一、注册批准总数稳定增长

据国家药品监督管理局（简称国家药监局）2022年度医疗器械注册工作报告统计，2022年国家药监局共批准医疗器械首次注册、延续注册和变更注册11942项，与2021年相比，注册批准总数量增长5.5%。其中，首次注册2500项，与2021年相比增加46.2%；延续注册5218项，与2021年相比减少24.8%；变更注册4224项，与2021年相比增加58.5%。如图1–4所示。

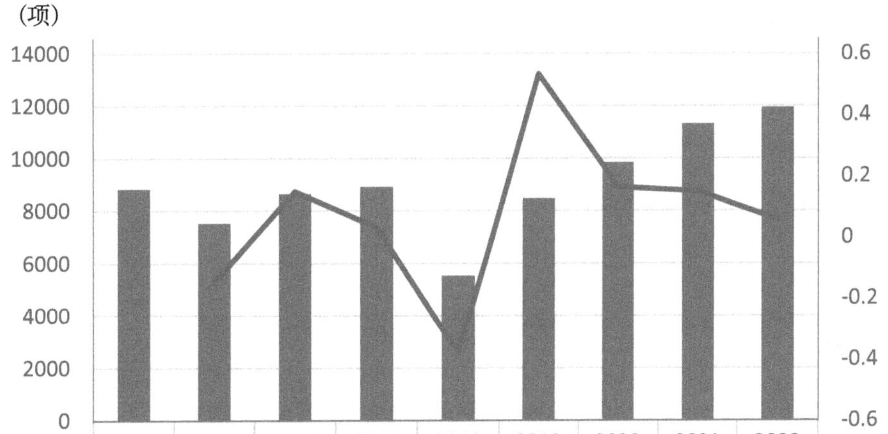

	2014年	2015年	2016年	2017年	2018年	2019年	2020年	2021年	2022年
注册项目数量（项）	8834	7530	8653	8923	5528	8471	9849	11314	11942
数量增长（%）		-14.80%	14.90%	3.10%	-38.00%	53.20%	16.30%	14.90%	5.60%

图1–4　国家药监局批准医疗器械注册情况

数据来源：国家药监局。

2022年，国家药监局批准境内第三类医疗器械注册5692项，与2021年相比增加23.8%；进口医疗器械6250项，与2021年相比减少7%。按照注册品种区分，医疗器械8942项，占全部医疗器械注册数量的74.9%；体外诊断试剂3000项，占全部医疗器械注册数量的25.1%。按照注册形式区分，首次注册2500项，占全部医疗器械注册数量的20.9%；延续注册5218项，占全部医疗器械注册数量的43.7%；变更注册4224项，占全部医疗器械注册数量的35.4%。

二、无源植入器械居境内注册数量首位

注册数量前五位的境内第三类医疗器械是：无源植入器械，神经和心血管手术器械，注输、护理和防护器械，医用成像器械，有源手术器械。与2021年相比，神经和心血管手术器械注册产品数量超过注输、护理和防护器械，且相同类别注册数量均有大幅增加，其中，有源手术器械增加76.6%、医用成像器械增加78%、神经和心血管手术器械增加92.2%、无源植入器械增加68.4%。如图1–5所示。

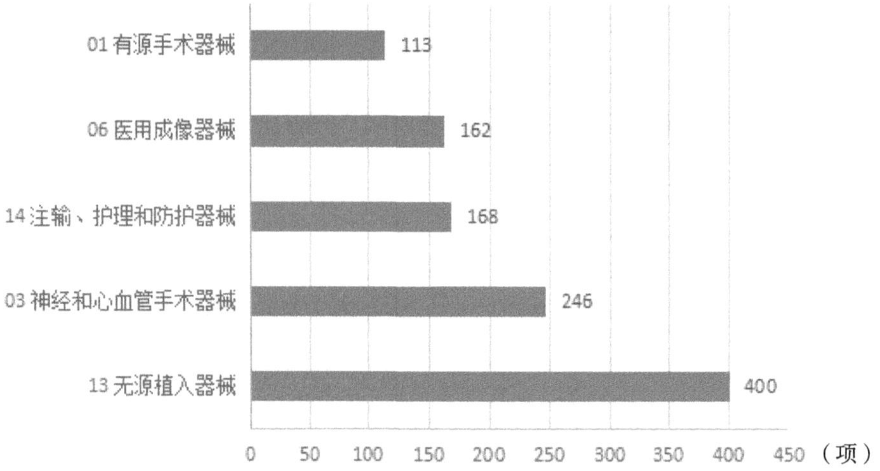

图1-5　境内第三类医疗器械注册数量前五位

数据来源：国家药监局。

注册数量前五位的进口医疗器械，主要是：医用成像器械，无源植入器械，注输、护理和防护器械，口腔科器械，神经和心血管手术器械。与2021年相比，注输、护理和防护器械类产品取代眼科器械，相同类别产品注册数量略有增加。如图1-6所示。

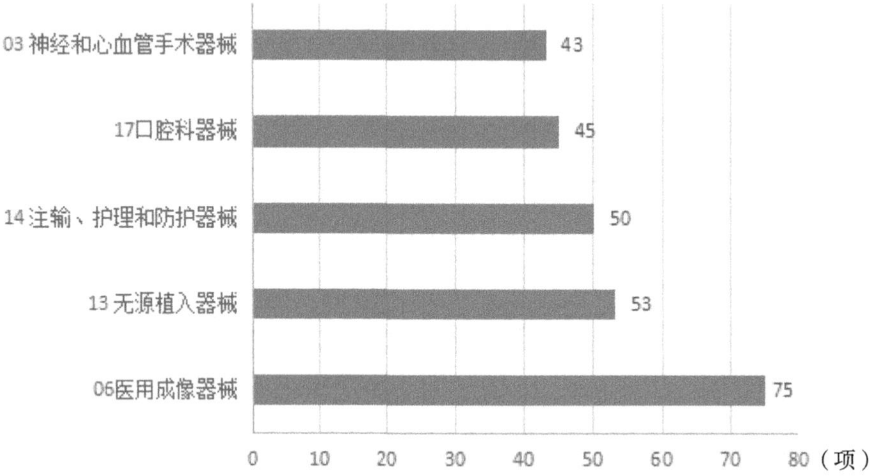

图1-6　进口医疗器械注册数量前五位

数据来源：国家药监局。

从2022年境内第三类医疗器械注册情况来看，相关注册人主要集中在沿海经济较发达省份。其中，江苏、广东、北京、上海、浙江是境内第三类医疗器械首次注册数量排前五名的省份，占2022年境内第三类医疗器械首次注册数量的69.7%，与2021年相比增加1.8%。如图1-7所示。

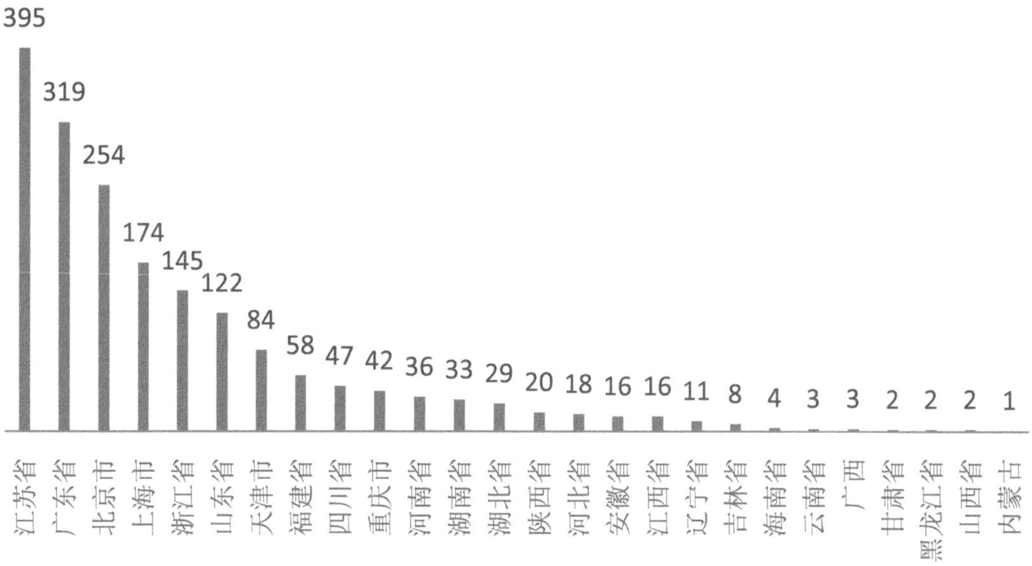

图1-7　境内第三类医疗器械注册数量省份排位图

数据来源：国家药监局。

三、创新医疗器械产品上市数量逐年增加

从2014年至2022年，国家药监局共批准189个创新医疗器械，创新医疗器械逐年增加。其中，境内创新医疗器械涉及15个省份的134家企业，进口创新医疗器械涉及2个国家的8个企业。北京、上海、广东、江苏、浙江创新医疗器械获批产品数量和相应企业数量最多，约占全部已批准的189个创新医疗器械的82.5%。如图1-8、图1-9、表1-3所示。

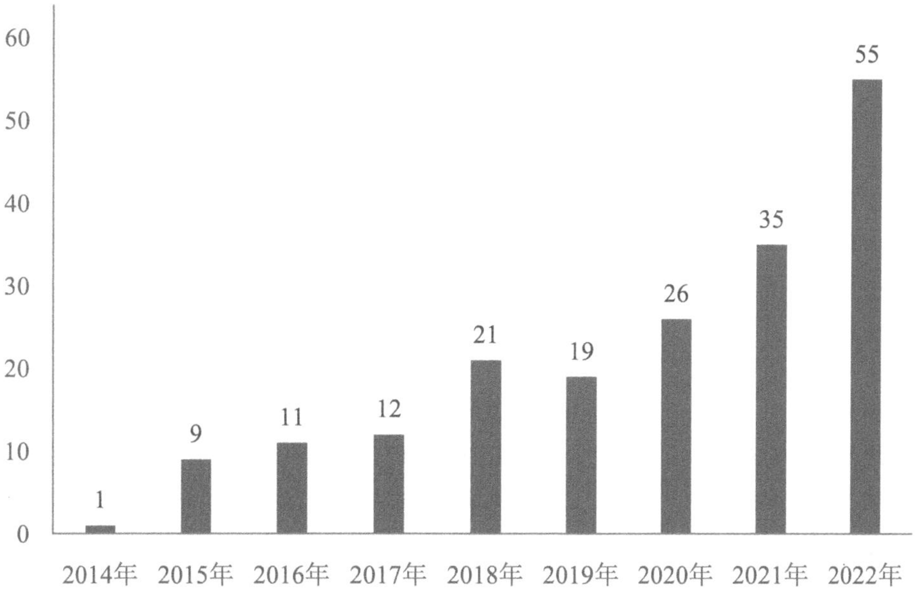

图1-8　2014—2022年新增上市创新医疗器械数量

数据来源：国家药监局。

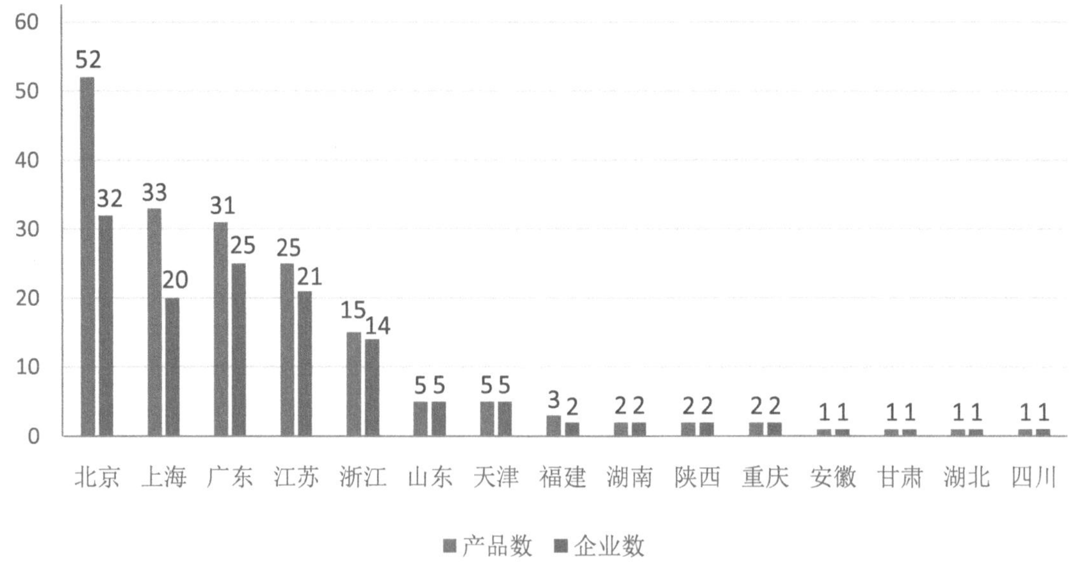

图1-9　境内创新医疗器械注册数量省份排位图

数据来源：国家药监局。

表1-3　2022年获准上市的创新医疗器械产品

产品名称	注册人	注册证号
1.植入式可充电脊髓神经刺激器	北京品驰医疗设备有限公司	国械注准20223120019
2.植入式脊髓神经刺激器	北京品驰医疗设备有限公司	国械注准20223120020
3.植入式脊髓神经刺激电极	北京品驰医疗设备有限公司	国械注准20223120021
4.植入式脊髓神经刺激延伸导线	北京品驰医疗设备有限公司	国械注准20223120022
5.植入式脊髓神经刺激电极	北京品驰医疗设备有限公司	国械注准20223120023
6.神经外科手术导航定位系统	华科精准（北京）医疗科技有限公司	国械注准20223010024
7.直管型胸主动脉覆膜支架系统	上海微创心脉医疗科技（集团）股份有限公司	国械注准20223130009
8.植入式脑深部电刺激延伸导线套件	北京品驰医疗设备有限公司	国械注准20223120084
9.双通道可充电植入式脑深部电刺激脉冲发生器套件	北京品驰医疗设备有限公司	国械注准20223120085
10.植入式脑深部电刺激电极导线套件	北京品驰医疗设备有限公司	国械注准20223120086
11.双通道植入式脑深部电刺激脉冲发生器套件	北京品驰医疗设备有限公司	国械注准20223120087
12.腹腔内窥镜手术系统	上海微创医疗机器人（集团）股份有限公司	国械注准20223010108
13.消化道振动胶囊系统	上海安翰医疗技术有限公司	国械注准20223090282
14.移动式头颈磁共振成像系统	佛山瑞加图医疗科技有限公司	国械注准20223060289
15.颅内出血CT影像辅助分诊软件	上海联影智能医疗科技有限公司	国械注准20223210309
16.磁共振成像系统	鑫高益医疗设备股份有限公司	国械注准20223060431
17.髋关节置换手术导航定位系统	杭州键嘉机器人有限公司	国械注准20223010462
18.膝关节置换手术导航定位系统	苏州微创畅行机器人有限公司	国械注准20223010509
19.脊髓神经刺激测试电极	北京品驰医疗设备有限公司	国械注准20223120511

续表

产品名称	注册人	注册证号
20.膝关节置换手术导航定位系统	骨圣元化机器人（深圳）有限公司	国械注准20223010510
21.髂静脉支架系统	苏州天鸿盛捷医疗器械有限公司	国械注准20223130512
22.经导管植入式无导线起搏系统	Medtronic Inc. 美敦力公司	国械注准20223120231
23.血管内成像设备	全景恒升（北京）科学技术有限公司	国械注准20223060642
24.一次性使用血管内成像导管	全景恒升（北京）科学技术有限公司	国械注准20223060641
25.患者程控充电器	北京品驰医疗设备有限公司	国械注准20223120676
26.胸主动脉支架系统	杭州唯强医疗科技有限公司	国械注准20223130685
27.消化道内窥镜用超声诊断设备	北京华科创智健康科技股份有限公司	国械注准20223060721
28.一次性使用冷冻消融球囊	宁波胜杰康生物科技有限公司	国械注准20223010763
29.腹腔内窥镜手术系统	苏州康多机器人有限公司	国械注准20223010762
30.经导管人工肺动脉瓣膜系统	杭州启明医疗器械股份有限公司	国械注准20223130862
31.植入式左心室辅助系统	航天泰心科技有限公司	国械注准20223120892
32.伽玛射束立体定向放射治疗系统	西安大医集团股份有限公司	国械注准20223050891
33.耳鼻喉双源锥形束计算机体层摄影设备	北京朗视仪器股份有限公司	国械注准20223060951
34.一次性使用血管内超声诊断导管	深圳北芯生命科技股份有限公司	国械注准20223060974
35.血管内超声诊断仪器	深圳北芯生命科技股份有限公司	国械注准20223060975
36.肠息肉电子结肠内窥镜图像辅助检测软件	成都微识医疗设备有限公司	国械注准20223210981
37.可吸收再生氧化纤维素止血颗粒	Ethicon, LLC	国械注准20223140374
38.脑炎/脑膜炎多重病原体核酸联合检测试剂盒(封闭巢式多重PCR熔解曲线法)	BioFire Diagnostics，LLC	国械注准20223400387
39.吻合口加固修补片	北京博辉瑞进生物科技有限公司	国械注准20223130983
40.医用粘合剂	杭州亚慧生物科技有限公司	国械注准20223021122
41.慢性青光眼样视神经病变眼底图像辅助诊断软件	腾讯医疗健康（深圳）有限公司	国械注准20223211140
42.磁共振成像系统	上海联影医疗科技股份有限公司	国械注准20223061141
43.优美莫司涂层冠状动脉球囊扩张导管	山东吉威医疗制品有限公司	国械注准20223031247
44.质子治疗系统	上海艾普强粒子设备有限公司	国械注准20223051290
45.集成膜式氧合器	东莞科威医疗器械有限公司	国械注准20223101297
46.颅内动脉瘤手术计划软件	强联智创（北京）科技有限公司	国械注准20223211346
47.血流导向密网支架	艾柯医疗器械（北京）股份有限公司	国械注准20223131392
48.非球面衍射型多焦人工晶状体	爱博诺德（北京）医疗科技股份有限公司	国械注准20223161440
49.左心耳封堵器系统	杭州德诺电生理医疗科技有限公司	国械注准20223131498
50.人工血管	江苏百优达生命科技有限公司	国械注准20223131515
51.一次性使用压力监测磁定位射频消融导管	上海微创电生理医疗科技股份有限公司	国械注准20223011571
52.腹腔内窥镜手术系统	深圳市精锋医疗科技有限公司	国械注准20223011623
53.血管内超声诊断设备	深圳开立生物医疗科技股份有限公司	国械注准20223061658
54.一次性使用血管内超声诊断导管	上海爱声生物医疗科技有限公司	国械注准20223061659
55.医用血管造影X射线机	上海联影医疗科技股份有限公司	国械注准20223061821

第四章　中国医疗器械产业进出口分析

我国医疗器械出口尚处于成长期，发展空间相对较大。根据中国海关统计数据，我国医疗器械进出口贸易总额从2013年的343.2亿美元增长至2022年的974.8亿美元。

根据中国医药保健品进出口商会统计数据显示，2022年医疗器械进出口贸易额首次出现双下降，进出口总额974.8亿美元，同比下降18.16%。其中，我国出口595.5亿美元，同比下降23.04%；进口额379.3亿美元，同比下降9.1%。但与疫情前的出口相比，依然保持住了高速增长趋势，医疗器械在我国医疗产品出口占比达到46%。如图1–10所示。

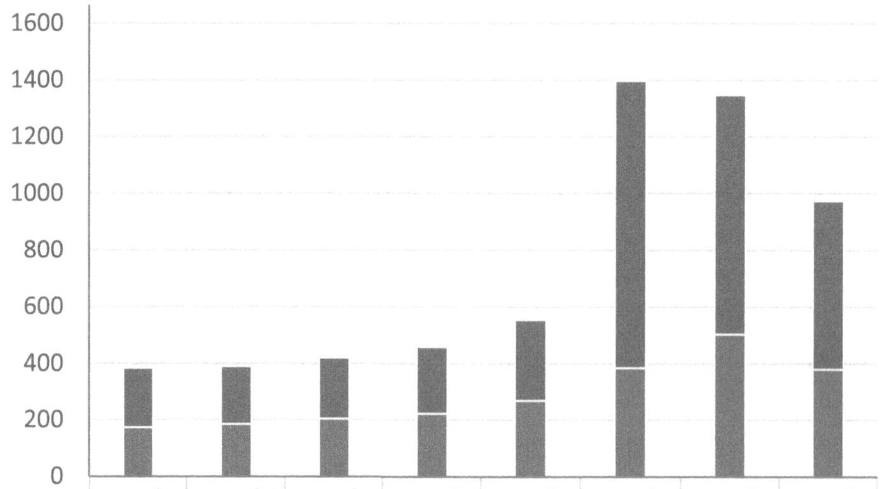

	2015年	2016年	2017年	2018年	2019年	2020年	2021年	2022年
■出口额（亿美元）	211.7	205	217	236.3	287	1015	847.3	595.5
■进口额（亿美元）	173.2	184	203.6	221.7	267.9	383.8	502.1	379.3

图1–10　2015—2022年中国医疗器械进出口贸易额

数据来源：中国海关、中国医药保健品进出口商会。

一、多方因素影响国际订单需求下降明显

据中国医药保健品进出口商会分析，2022年第一季度美国疫情严重，我国新冠病毒检测试剂出口反弹；但随着疫情形势变化，自第二季度起新冠病毒检测试剂出口呈下降趋势，其他防疫物资出口基本停滞，医疗器械出口需求逐渐恢复到疫情前的传统医疗需求。此外，受俄乌局势和能源危机，以及抗击疫情额外财政支出和医疗产品采购剩余库存等因素影响，2022年医疗器械国际订单需求下降明显。

我国医疗器械出口“一带一路”沿线国家和地区145亿美元，同比下降5.63%，占出口总额的24.3%。在“一带一路”沿线国家和地区中，俄罗斯成为我国医疗器械出口第一大市场。

从出口省份来看，我国医疗器械出口额排名前十的省份出口额之和占比高达90%，2022年天津市首次进入前十。

二、高值耗材进口下降幅度较大

进口产品以高值耗材、检测试剂、大型医学装备等为主，受国内进口替代和集中带量采购等影响，影像诊断设备、人工关节、牙科医疗器械、心脏支架、高端敷料等产品进口下降幅度较大。虽然部分核心零部件、关键原材料及高端治疗设备等产品进口依赖度仍然较高，如手术机器人、放疗设备、人工肺等，但随着我国本土医疗器械企业不断加大研发力度，国产产品与进口产品的差距正在不断缩小，医疗器械进口替代加快。

第五章　中国重点医疗器械企业总体情况

一、上市企业数量增长至167家

国内医疗器械在深交所主板、上交所主板、北交所、港交所主板、美股主板、深交所创业板、港交所创业板、科创板等上市企业数量逐年增加，从2018年的65家增长到167家。如图1-11、表1-4所示。

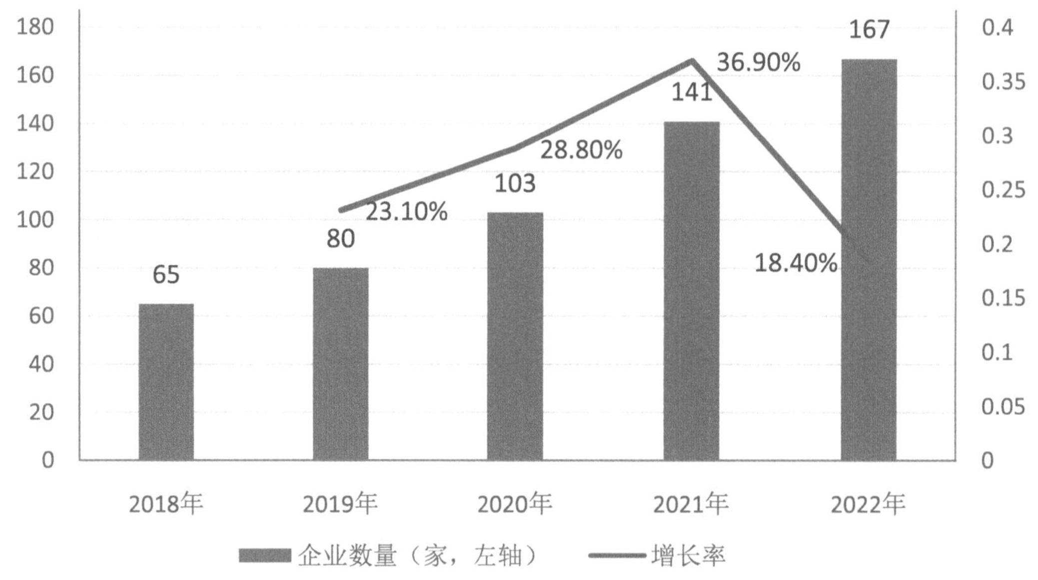

图1-11　2018—2022年上市企业数量

表1-4　2022年中国部分医疗器械企业上市企业营业收入与利润

序号	企业名称	营业收入（亿元）	同比增长率（%）	净利润（亿元）	同比增长率（%）
1	迈瑞医疗	303.66	20.17	96.07	20.07
2	九安医疗	263.15	997.80	160.30	1664.19
3	迪安诊断	202.82	55.03	18.62	25.47
4	金域医学	154.76	29.58	28.43	20.26
5	威高股份	136.19	3.55	27.23	19.64
6	达安基因	120.46	57.17	54.28	50.03
7	稳健医疗	113.51	41.23	16.74	35.33
8	万泰生物	111.85	94.51	48.63	133.91
9	明德生物	105.30	272.12	43.80	202.70
10	润达医疗	104.94	18.45	6.55	9.53

续表

序号	企业名称	营业收入（亿元）	同比增长率（%）	净利润（亿元）	同比增长率（%）
11	新华医疗	92.82	−2.11	5.29	−4.86
12	联影医疗	92.38	27.36	16.50	17.52
13	东方生物	87.68	−13.77	20.97	−57.56
14	鱼跃医疗	71.02	3.01	15.73	6.00
15	华大基因	70.46	4.14	8.09	−45.26
16	科华生物	69.70	43.58	17.31	27.84
17	复星医药*	69.49	—	—	—
18	英科医疗	66.14	−59.27	6.39	−91.44
19	圣湘生物	64.50	42.88	19.37	−13.64
20	华熙生物	63.59	28.53	9.61	23.84
21	安旭生物	61.66	309.64	30.44	311.91
22	振德医疗	61.38	20.54	7.03	−2.50
23	奥佳华	60.24	−23.99	1.11	−76.38
24	乐普医疗*	58.79	—	—	—
25	万孚生物	56.81	69.01	11.90	87.99
26	微创医疗	56.52	7.99	−29.36	−64.57
27	凯普生物	55.97	109.39	18.01	103.50
28	硕世生物	55.35	97.69	18.28	53.23
29	蓝帆医疗	49.00	−39.56	−3.72	−132.18
30	安图生物	44.42	17.94	11.89	21.33
31	奥美医疗	42.11	43.92	4.05	−6.25
32	山东药玻	41.87	8.05	6.18	4.57
33	亚辉龙	39.81	−51.82	10.22	400.98
34	迈克生物	36.08	−9.35	7.01	−30.04
35	诺唯赞	35.69	90.99	5.94	−12.39
36	热景生物	35.57	−33.76	9.25	−57.99
37	奥泰生物	33.89	80.88	11.85	54.70
38	康德莱	31.19	0.70	3.74	−10.74
39	新产业	30.47	19.70	13.28	36.34
40	可孚医疗	29.77	30.82	3.02	−29.77
41	海尔生物	28.64	34.72	6.12	−27.92
42	三诺生物	28.14	19.15	4.28	300.00
43	华检医疗	27.49	0.70	2.09	19.43
44	现代牙科	25.28	−4.23	1.89	−36.79

续表

序号	企业名称	营业收入（亿元）	同比增长率（%）	净利润（亿元）	同比增长率（%）
45	健帆生物	24.91	–6.88	8.81	–26.34
46	美康生物	24.89	10.55	2.05	7.89
47	复锐医疗科技	24.30	20.45	2.69	33.17
48	之江生物	23.26	15.23	7.60	0.13
49	昊海生科	21.30	8.71	1.90	–45.24
50	东软集团*	19.82	—	—	—
51	南微医学	19.80	1.72	3.33	1.22
52	爱美客	19.39	33.91	12.64	31.90
53	博拓生物	19.01	4.57	7.74	–7.42
54	威高骨科	18.48	–14.01	6.00	–13.17
55	基蛋生物	18.22	29.97	5.04	22.33
56	开立医疗	17.63	22.02	3.70	49.80
57	理邦仪器	17.42	6.48	2.33	2.64
58	中红医疗	15.73	–67.97	0.67	–97.14
59	中源协和	15.55	1.27	1.07	–29.14
60	奕瑞科技	15.49	30.47	6.39	31.75
61	欧普康视	15.25	17.78	6.97	17.74
62	九强生物	15.11	–5.53	3.94	–16.17
63	拱东医疗	14.69	22.98	3.26	4.82
64	大博医疗	14.34	–28.09	1.09	–84.25
65	美好医疗	14.15	24.43	4.02	29.68
66	怡和嘉业	14.15	113.64	3.81	160.96
67	贝瑞基因	13.68	–3.80	–2.52	–129.09
68	维力医疗	13.63	21.88	1.78	54.78
69	三鑫医疗	13.36	14.75	1.99	15.70
70	尚荣医疗	12.76	–28.74	–3.28	–549.32
71	迪瑞医疗	12.20	34.69	2.62	24.76
72	惠泰医疗	12.16	25.92	3.40	74.36
73	春立医疗	12.02	8.43	3.08	–4.54
74	华康医疗	11.89	38.12	1.02	25.97
75	宝莱特	11.84	8.49	0.22	–65.52
76	凯利泰	11.66	–8.08	–0.21	–113.16
77	盈康生命	11.56	6.09	–5.96	–63.70
78	万东医疗	11.21	–3.02	1.75	–4.27

续表

序号	企业名称	营业收入（亿元）	同比增长率（%）	净利润（亿元）	同比增长率（%）
79	先健科技	10.97	18.60	3.25	11.24
80	乐心医疗	10.65	−41.51	−0.32	−464.12
81	爱康医疗	10.52	38.17	2.05	121.09
82	福瑞股份	10.09	12.27	0.98	2.52
83	普门科技	9.83	26.33	2.49	31.01
84	心脉医疗	8.97	30.95	3.57	12.99
85	艾德生物	8.42	−8.16	2.64	10.09
86	济民医疗	8.37	−23.78	0.35	−76.63
87	博晖创新	7.96	11.36	−0.78	75.69
88	正川股份	7.96	−0.06	0.65	−39.25
89	康基医疗	7.86	13.90	4.79	13.90
90	透景生命	7.16	9.38	1.25	−22.55
91	康泰医学	7.12	−21.63	1.96	−44.32
92	阳普医疗	7.11	−11.14	−1.98	−1167.93
93	利德曼	7.06	25.16	−0.56	−354.55
94	易瑞生物	6.87	14.95	0.83	−64.92
95	泛生子	6.51	22.30	−8.11	−63.51
96	三友医疗	6.49	9.37	1.92	2.97
97	爱博医疗	5.79	33.81	2.33	35.80
98	燃石医学	5.63	10.90	−9.71	4.40
99	永胜医疗	5.62	−19.10	−0.15	−127.87
100	南卫股份	5.45	3.40	−0.15	35.64
101	安必平	5.07	15.58	0.43	−46.48
102	戴维医疗	5.06	6.73	0.98	21.66
103	翔宇医疗	4.89	−6.68	1.21	−39.98
104	海泰新光	4.77	53.97	1.83	55.07
105	采纳股份	4.65	5.30	1.62	23.86
106	科美诊断	4.65	−1.16	1.53	6.91
107	澳华内镜	4.45	28.30	0.22	−61.93
108	正海生物	4.33	8.26	1.85	10.02
109	睿昂基因	4.24	45.83	0.41	−14.49
110	启明医疗	4.06	−2.26	−10.58	−183.08
111	天益医疗	3.99	−3.71	0.86	9.34
112	迈得医疗	3.83	21.54	0.67	3.95

续表

序号	企业名称	营业收入（亿元）	同比增长率（%）	净利润（亿元）	同比增长率（%）
113	祥生医疗	3.81	-4.27	1.06	-5.89
114	冠昊生物	3.77	-22.84	-3.08	-517.76
115	中生北控生物科技	3.73	7.14	0.08	811.05
116	鹿得医疗	3.39	-15.85	0.35	-8.56
117	爱朋医疗	3.24	-29.79	-0.76	-241.27
118	伟思医疗	3.22	-25.21	0.94	-47.23
119	浩欧博	3.20	0.84	0.42	-51.68
120	麦迪科技	3.06	-13.66	0.34	-20.01
121	仁度生物	3.04	3.95	0.23	-63.89
122	佰仁医疗	2.95	17.21	0.95	85.82
123	和佳	2.52	-60.30	-11.50	-109.79
124	心通医疗	2.51	25.00	-4.54	-147.95
125	奥精医疗	2.45	3.92	0.95	-21.17
126	康拓医疗	2.40	12.89	0.76	-7.26
127	天臣医疗	2.32	8.56	0.43	4.29
128	赛科希德	2.29	-4.63	1.04	6.93
129	康众医疗	2.05	-40.18	-0.06	-106.61
130	爱威科技	1.97	-6.60	0.18	-42.53
131	锦好医疗	1.95	1.66	0.40	76.13
132	迈普医学	1.95	26.96	0.36	-19.73
133	赛诺医疗	1.93	-0.77	-1.62	-24.18
134	心玮医疗	1.83	103.17	-2.00	-3.17
135	天智航	1.56	0.11	-1.11	-38.34
136	微创机器人	0.22	904.79	-11.40	-95.53

备注：*复星医药、东软集团、乐普医疗数据仅限医疗器械营收。
数据来源：中国医疗器械行业协会整理。

二、10家医疗器械企业营收突破百亿元

2022年，迈瑞医疗、九安医疗、迪安诊断等10家企业营收突破百亿元，九安医疗、迈瑞医疗、达安基因等9家企业利润超20亿元。如图1-12、图1-13所示。

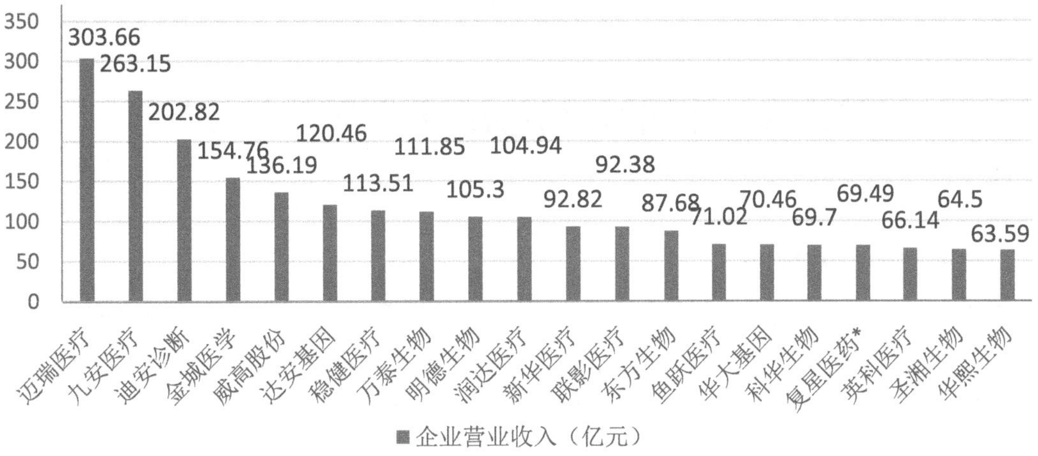

图1-12　2022年医疗器械上市企业营业收入排名前20

备注：*为该集团医疗器械业务主营收入。

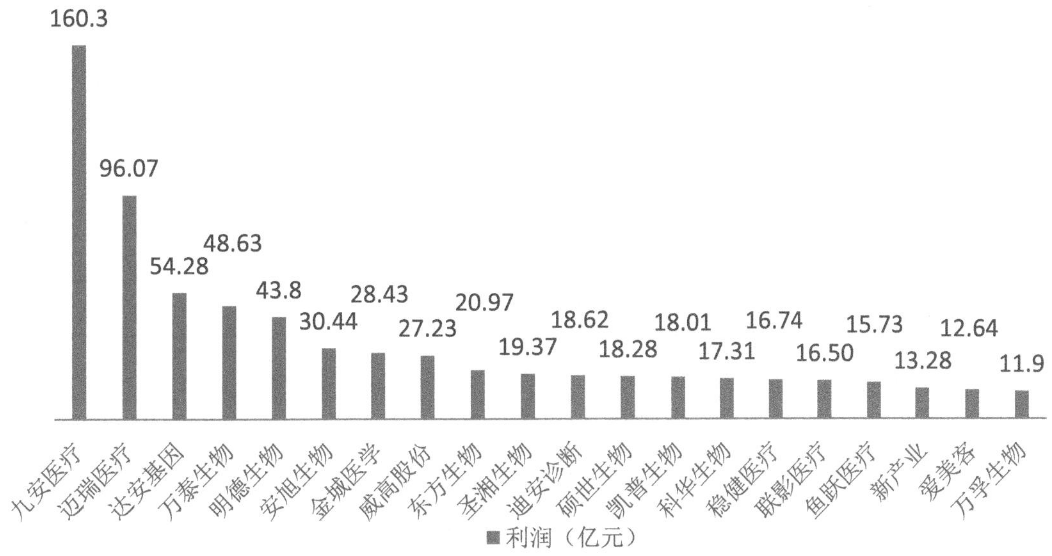

图1-13　2022年医疗器械上市企业利润排名前20

三、私募融资交易明显降温

与2021年相比，2022年创新医疗器械领域私募融资交易明显降温。根据牛氪资本统计，2022年国内创新医疗器械领域私募融资321起，数量相比2021年的532起下降39.66%。细分赛道方面，心血管介入、医疗机器人、影像依然是市场追捧的细分领域，医美、材料、眼科等赛道持续被关注，脑科学等前沿赛道备受市场瞩目。

2022年重磅交易明显减少。根据牛氪资本统计，全年超5亿元重磅融资仅7起，而2021年曾达到25起。其中，单笔超10亿元重磅交易仅2起，为两家上市公司的非公开定增，即爱尔眼科（300015.SZ）和万东医疗（600055）分别融资35.35亿元、20.6亿元；非上市公司迅实科技单笔融资1亿美元，为全年创新医疗器械最大单笔融资金额。

第六章　中国医疗器械产业发展重点动向

一、持续推进健康中国建设

党的二十大报告中明确提出，推进健康中国建设，把保障人民健康放在优先发展的战略位置，建立生育支持政策体系，实施积极应对人口老龄化国家战略，促进中医药传承创新发展，健全公共卫生体系，加强重大疫情防控救治体系和应急能力建设，有效遏制重大传染性疾病传播。

党的二十大强调科技创新永无止境，实施创新驱动发展战略，最根本的是要增强自主创新能力，最紧迫的是要破除体制机制障碍，最大限度解放和激发科技作为第一生产力所蕴藏的巨大潜能。

二、布局重点项目加强攻关

2022年2月，科技部发布了关于国家重点研发计划“诊疗装备与生物医用材料”等重点专项2022年度项目申报指南征求意见的通知。该重点专项总体目标是：抢抓健康领域新一轮科技革命和制造领域向服务型制造转型的契机，以精准化、智能化和个性化为方向，以诊疗装备和生物医用材料重大战略产品为重点，系统加强核心部件攻关。

2022年10月，工业和信息化部与国家药监局共同组织的“人工智能医疗器械创新任务揭榜工作”结果公布，总计231个人工智能项目入选创新任务，勾勒出医疗人工智能的未来图景。官方公布的相关文件中将未来重点突破的人工智能项目归为智能辅助诊断产品、智能辅助治疗产品、智能监护与生命支持产品、智能康复理疗产品、智能中医诊疗产品、医疗人工智能数据库、人工智能医疗器械临床试验平台、人工智能医疗器械真实世界数据应用平台等8类。

2022年12月7日，工业和信息化部办公厅、国家药监局综合司发布《关于组织开展生物医用材料创新任务揭榜挂帅（第一批）工作的通知》，加快我国生物医用材料研制生产及应用进程，推进生物医用材料上下游协同创新攻关，更好支撑医疗器械产业高质量发展。

三、科学监管体系不断完善

2022年3月10日，国家市场监管总局发布《医疗器械生产监督管理办法》（国家市场监督管理总局令第53号）和《医疗器械经营监督管理办法》（国家市场监督管理总局令第54号），自2022年5月1日起施行。上述办法根据《医疗器械监督管理条例》制定，加强医疗器械经营监督管理，规范医疗器械生产活动与医疗器械经营活动。

2022年8月30日，国家市场监管总局发布修订后的《国家标准管理办法》（国家市场监督管理总局令第59号），自2023年3月1日正式实施。该办法根据《中华人民共和国标准化法》制定，规范国家标准制定、实施和监督工作。

2022年10月10日，国家药监局发布《医疗器械注册质量管理体系核查指南的通告》（国家药品监督管理局2022年第50号），规范医疗器械注册人制度下注册质量管理体系核查工作。

四、集中采购有序落地实施

2022年9月27日，天津市医药采购中心公示了国家组织骨科脊柱类耗材集中带量拟中选结果。本次集采平均降价84%，按约定采购量计算，预计每年可节约费用260亿元。此次集采根据颈椎、胸腰椎手术的需要，覆盖颈椎固定融合术、胸腰椎固定融合术、椎体成形术、内窥镜下髓核摘除术、人工椎间盘置换术等5种骨科脊柱类耗材，形成14个产品系统类别。首年意向采购量共109万套，占全国医疗机构总需求量的90%，涉及市场规模约310亿元。

2022年9月，《国家医疗保障局关于开展口腔种植医疗服务收费和耗材价格专项治理的通知》正式公布，明确口腔种植体将进行集采，牙冠进行竞价挂网，种植牙医疗服务进行价格调控，其中三级公立医院医疗服务价格全流程调控目标为一颗牙4500元。

2022年9月，国家医保局公开《对十三届全国人大五次会议第8427号建议的答复》，其中谈到，耗材带量采购“支持同等质量但成本较低的国内优质企业在竞争中取胜”。目前已开展国家组织冠脉支架和人工关节集中带量采购，冠脉支架平均降价93%，人工髋关节、膝关节平均降价82%。截至2022年9月，集中带量采购累计节约费用约3000亿元。主要通过三方面挤出价格水分：一是通过带量采购“确保使用”，中选企业获得采购量承诺，不必再为药品进医院而公关，营销费用大幅度节约；二是“确保回款”，显著缩短医疗机构结算药品货款的周期，减轻了中选企业资金成本；三是中选产品的市场销量迅速扩张，通过规模效应使得生产成本得到分摊，平均成本更低。

2022年9月，国家医保局对外发布《对十三届全国人大五次会议第4955号建议的答复》中指出，由于创新医疗器械临床使用尚未成熟、使用量暂时难以预估，尚难以实施带量方式。在集中带量采购过程中，国家医保局会根据临床使用特征、市场竞争格局和中选企业数量等因素合理确定带量比例，在集中带量采购之外留出一定市场为创新产品开拓市场提供空间。

五、优化DRG/DIP医保支付方式

2022年7月，北京市医保局下发《关于印发CHS-DRG付费新药新技术除外支付管理办法的通知（试行）》，首次提出了一项DRG除外支付办法，明确创新药、创新医疗器械、创新医疗服务项目可以不按DRG方式支付，单独据实支付。

2022年8月24日，国家医保局发布了《对十三届全国人大五次会议第8013号建议》的答复。答复中，国家医保局表示：正研究完善相关政策，指导各地及时将符合条件的创新医用耗材按程序纳入医保支付范围。在推进DRG/DIP医保支付方式改革的过程中，对创新医用耗材等按相关规定和程序予以支持。

六、财政贴息贷款促进更新改造

2022年9月底，国家卫生健康委发布了《开展财政贴息贷款更新改造医疗设备的通知》，文件提出对医疗机构设备购置和更新改造新增贷款实施阶段性鼓励政策，中央财政贴息2.5%，贷款利息不多于3.2%，补贴后利息小于等于0.7%。期限2年，申请贴息截止2022年12月31日；此次贴息贷款政策覆盖高校、职业院校、医院、中小微企业等九大领域的设备购置和更新改造，总体规模为1.7万亿元；由中国工商银行、中国建设银行、中国农业银行、中国银行等18家全国性商业银行共同参与。

七、多元化落地国际化战略

2022年10月28日，经国务院同意，国家发展改革委、商务部公开发布第52号令，全文发布《鼓励外商投资产业目录（2022年版）》，自2023年1月1日起施行。其中涉及医疗产业相关项目近百项。2022年，中国证监会发布《境内外证券交易所互联互通存托凭证业务监管规定》，将“沪伦通机制”扩展至“中欧通机制”，从政策层面给予中国企业出海融资大力支持。2022年，鱼跃医疗、乐普医疗、爱博医疗、健康元等医疗企业赴瑞士上市；医疗器械企业贝斯曼赴美上市。

第二篇　计算机断层扫描（CT）行业发展报告

第一章　CT概述

计算机断层扫描（computed comography，CT）利用精确准直的X线束、γ射线、超声波等，与灵敏度极高的探测器一同围绕人体的某部位做连续的断面扫描，具有扫描时间快、图像清晰等特点，可用于多种疾病的检查。其根据所采用的射线不同，可分为X射线CT设备（X-CT）以及γ射线CT设备（γ-CT）等。

CT设备的工作原理是用X线束对人体某一部位一定厚度的层面进行扫描，由探测器接收透过该层面的X线，转变为可见光后，由光电转换器转换为电信号，再经模拟数字转换器转换为数字，输入计算器处理后形成图像。与X线成像的最大区别在于，CT设备利用精确准直的X线束、γ射线、超声波等，与灵敏度极高的探测器一同围绕人体的某部位做连续的断面扫描，通过计算机系统最后形成灰阶图像。如图2–1所示。

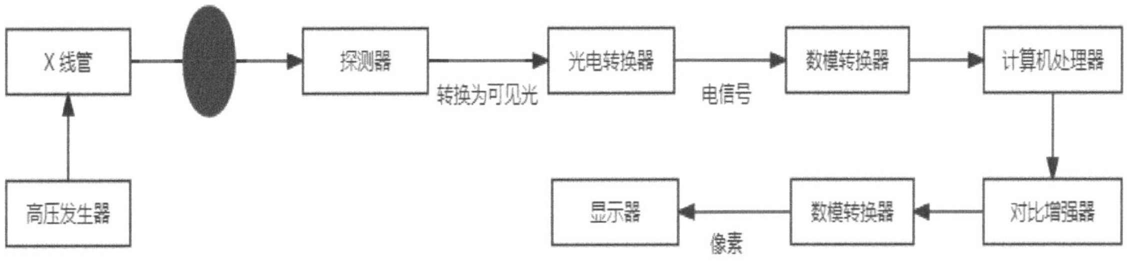

图2–1　计算机断层扫描（CT）系统化示意图

CT设备在发现病变、确定病变位置及大小与数量方面是敏感且可靠的，由于其密度分辨率高、检查方便、可克服传统X线影像重叠等特殊的诊断价值，已广泛应用于临床。CT设备扫描检查可以应用于神经系统病变、心血管系统病变等多种身体部位病变的检查。如表2–1所示。

表2–1　CT检查分类

适应症	常见症状	诊断优势
神经系统病变	颅内肿瘤、寄生虫病、外伤性血肿与脑损伤、脑梗塞、脑出血、椎管内肿瘤、血管发育异常、脑血管闭塞等	对中枢神经系统疾病的诊断价值较高，应用普遍
心血管系统病变	心包肿瘤、心包积液、冠状动脉和心瓣膜的钙化、急性主动脉夹层动脉瘤等	心脏及大血管的CT检查，尤其是后者，具有重要意义
胸部病变	肺部创伤、感染性病变、肺部肿瘤、淋巴结结核、支气管有无狭窄或阻塞、纵隔肿瘤等	高分辨率CT对显示肺部病变具有其优越性，诊断价值高

续表

适应症	常见症状	诊断优势
腹部器官病变	肝、胆、胰、脾、腹膜腔占位性病变、炎症性和外伤性病变等	对实质性器官显示清晰，对腹部肿块的诊断与病变分期具有较高价值
盆腔脏器病变	卵巢、宫颈和子宫、膀胱、精囊、前列腺、直肠肿瘤	盆腔脏器肿瘤诊断、临床分期、放射治疗设计重要手段
肝脏病变	慢性肝炎、肝硬化并存在可疑病变或肝癌等	肝内占位性病变、原发性肝癌或转移性肝癌的形态、轮廓、坏死、出血及生长方式等均可显示
骨与关节病变	骨、肌肉内细小病变、关节面细小骨折、软组织脓肿、髓内骨肿瘤等	对骨、肌肉内细小病变，结构复杂的骨、关节优势明显

数据来源：中国医疗器械行业协会整理。

第二章　CT设备市场发展分析

一、市场发展现状

（一）全球CT设备市场规模

2018—2022年全球CT设备市场规模保持稳定增长趋势，截至2022年已达到154.9亿美元，预计随着相关技术的不断发展，到2024年行业市场规模将突破180亿美元。如图2-2所示。

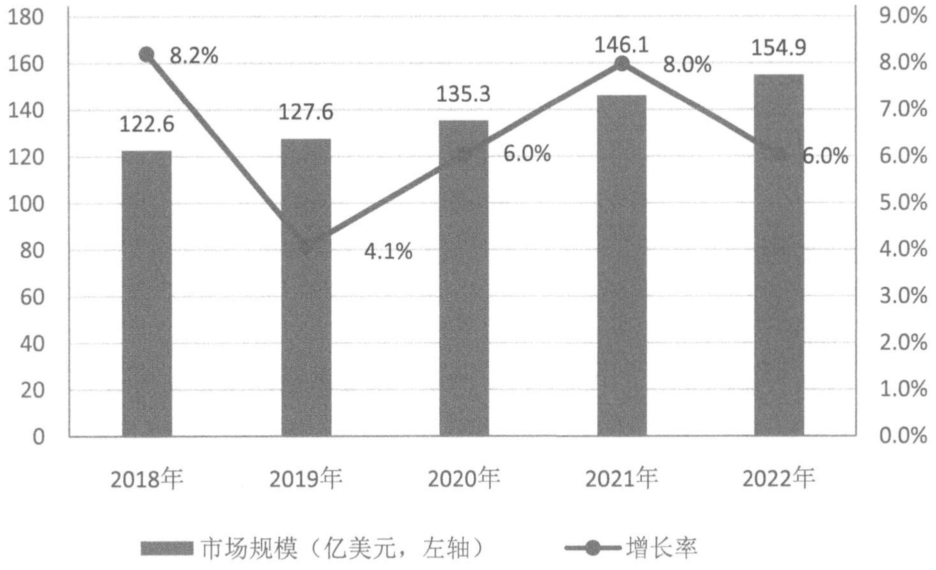

图2-2　2018—2022年全球CT设备行业市场规模

数据来源：中国医疗器械行业协会。

CT设备是常用的诊断仪器，全球市场稳定增长。欧美发达国家CT设备市场已经进入相对成熟期，全球CT设备市场的主要增长动力来自亚太地区。2022年亚太地区的CT设备市场规模65.09亿美元，约占38.8%，年增长率为11.4%。如图2-3所示。

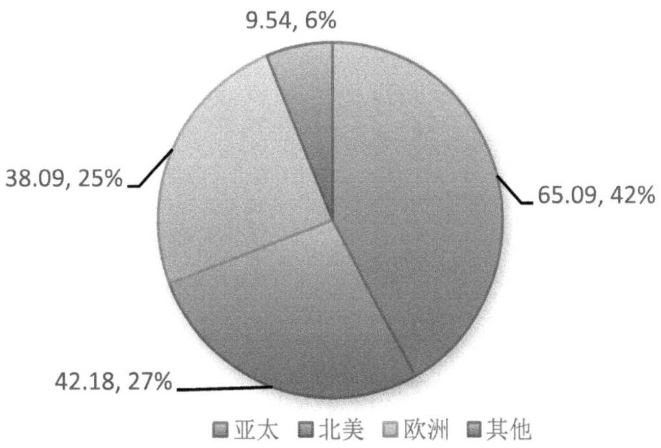

图2-3　2022年全球CT市场不同地域市场规模（亿美元）及占比

CT设备的国际巨头主要是通用医疗、飞利浦医疗和西门子医疗，业内常将其合称为“GPS”。作为医疗器械三巨头，随着全球医疗改革的推进，其积极顺应科技潮流，不仅CT设备产品齐全，包括低、中、高端全线产品，拥有独家核心技术，还布局包括机器人、影像、辅助诊断在内的多个医疗AI领域，构建属于自己的人工智能生态。如表2-2所示。

表2-2 主要CT厂商及其产品型号

公司	产品
GPS	产品齐全，包括低、中、高端全线产品，拥有独家核心技术
东芝医疗	产品较为齐全，拥有320层CT
东软医疗	产品较为齐全，256排512层，128排256层，64排128层，基础型CT，车载CT，方舱CT
联影医疗	产品较为齐全，320排640层，160排320层，80排160层，基础型CT，车载CT
深圳安科	128排256层，64排128层，基础型CT，车载CT，方舱CT
明峰医疗	256排512层，256排256层，64排128层，基础型CT，车载CT，方舱CT
万东医疗	基础型CT，车载CT
赛诺威盛	16层CT、32层CT、64层CT
贝斯达	16层CT、32层CT、64层CT

数据来源：中国医疗器械行业协会。

（二）中国CT设备市场规模

随着基本医疗保险制度的完善，中国医疗机构对于CT设备的需求量越来越大。2013—2015年，受医疗器械反腐政策的影响，中国CT设备销售滞缓。2017年后，医疗器械市场逐渐从之前的低迷中恢复，年均增长率超过了10%，CT设备的市场规模从2017年的107亿元增长至2022年的188亿元。其中，2020年由于新冠疫情的影响，CT设备出现供不应求的现象，当年的增长率攀升至14.3%。如图2-4所示。

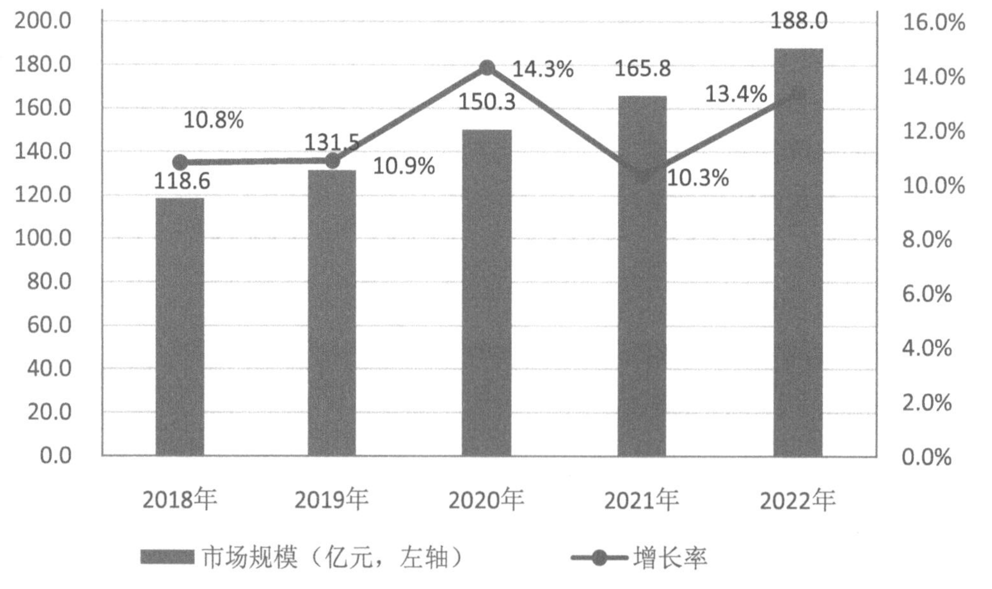

图2-4 2018—2022年中国计算机断层扫描（CT）行业市场规模

数据来源：中国医疗器械行业协会。

2018年，国家卫生健康委发布《大型医用设备配置许可管理目录（2018年）》，规定64排（不含）以下CT设备不再纳入乙类大型医用设备管理目录，释放了各级医疗机构特别是县级医院和乡镇卫生院等基层医疗机构的需求，促进了国内CT设备市场的快速增长。目前，中国CT设备市场销售的主流产品仍然是16层CT设备。数据显示，2019年我国16层CT设备销量在CT设备中的销量占比为62%。2022年这一指标下降至57%，原因是64层、128层、256层等技术更为先进、精度更高的CT设备的销量逐渐增加，市场份额有所提高。如图2-5所示。

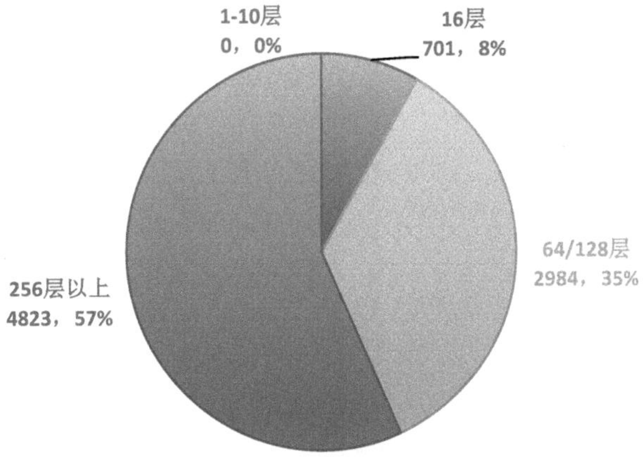

图2-5　2022年中国CT设备销量（台）及占比

数据来源：中国医疗器械行业协会。

（三）中国CT设备市场规模的影响因素

1.CT设备销量的影响因素

在中国市场，CT设备销量主要受五个因素影响。第一，中国政府使用集中采购、带量集采等政策，在压低了CT设备等医疗器械价格的同时，也增加了公立医院对于大型医疗器械的采购量。第二，中国的老龄化现象日趋严重，这一趋势将会提高CT设备检测的市场需求。第三，恶性肿瘤、心脏病、心脑血管及呼吸道疾病的高发也推动了市场需求的增长。第四，随着中国基本医疗保障制度的完善，CT设备检测费用逐步被纳入医保，CT设备检测的适用人群扩大。第五，CT设备技术的迭代促使高排市场占有率提高，从而增加市场规模。

2.CT设备价格的影响因素

16层CT设备的国产产品价格低于400万元，进口产品价格则在400万～500万元；64层CT设备的国产产品价格约为600万元，进口产品价格约为1000万元。

除了政府政策等突发事件影响CT设备计算机断层扫描仪的价格之外，还有三个主要的因素会影响其价格的变化趋势。第一，随着CT设备计算机断层扫描仪相关技术的成熟和生产流程的标准化，其价格不断降低。第二，国产替代进口的趋势使产品的运输费用和关税降低，产品让利空间增大。第三，CT设备市场竞争逐渐激烈，主要玩家纷纷采取价格战以抢占市场份额。

二、进出口分析

（一）中国CT出口情况分析

2018—2021年，中国CT设备出口额从75.6亿元增长至122.8亿元，2022年回落至120.6亿元，总体保持稳定增长状态。其中，2020年，由于新冠疫情的暴发，国外CT设备厂商的生产线受到较为严重影响，中国CT设备出口额大幅增长。2021年和2022年，由于新冠疫情趋于稳定，国际厂商的生产线逐渐恢复，其增速回落至正常水平。如图2-6所示。

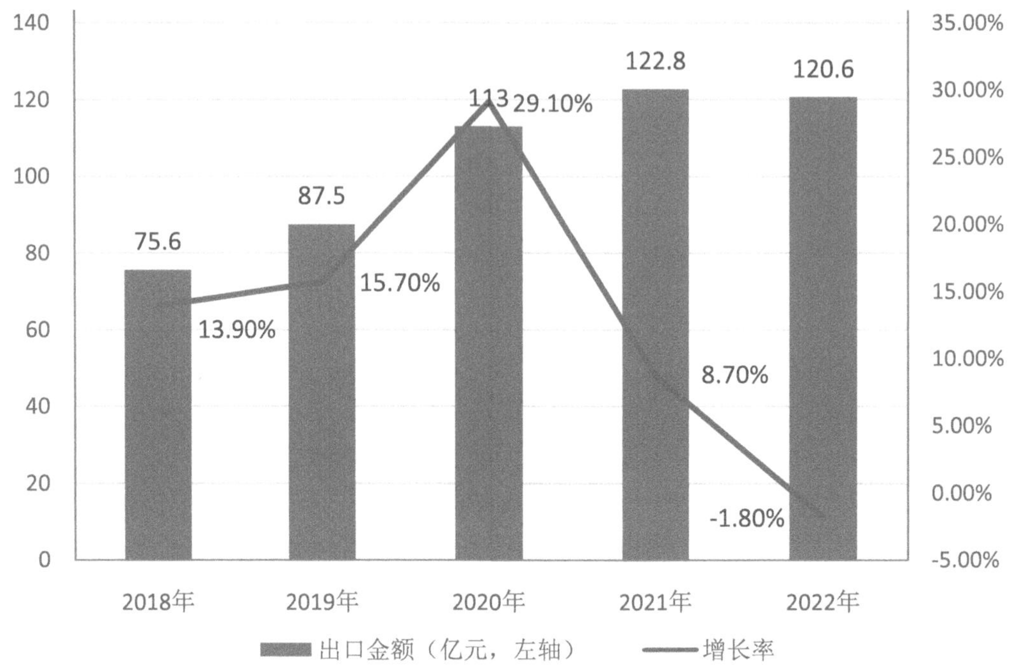

图2-6　2018—2022年中国CT出口额及增速

数据来源：中国海关。

亚洲、欧盟和北美洲是我国CT设备主要出口地区。2022年，这三个地区的CT设备出口量之和超过我国CT设备总出口量的80%；出口额之和超过我国CT设备总出口额的90%。按国家来看，法国、美国和德国是我国最主要的CT设备出口国家。我国对这三个国家的CT设备出口额之和接近我国CT设备机出口总额的30%。

在中国境内设立的中外合资经营企业、中外合作经营企业、外商独资经营企业等三资企业在我国CT设备机出口中占据主导地位。2022年，我国共有超过30家企业从事CT设备机出口。其中，航卫通用电气医疗系统有限公司、上海西门子医疗器械有限公司是出口量较大的企业。

（二）中国CT进口情况分析

2018—2022年，中国CT设备出口额从95.1亿元降至75.5亿元，总体保持逐步减少趋势。2020年，由于新冠疫情的暴发，国外CT设备厂商的生产线受创，中国CT设备进口额出现负增长。2021年，新冠疫情趋于稳定，国际厂商的生产线逐渐恢复，国际厂商CT设备的进口额恢复至增长状态。2022年，受新冠疫情影响以及国内厂商生产能力增强影响，国际厂商CT设备的进口额大幅减少。如图2-7所示。

中国医学影像设备行业的上游市场为元器件供应商与CT设备供应商，CT设备国产化率不断提高，但国产厂商CT设备配置仍以16层以下的中低端产品为主。2021年，CT设备国产厂商占比41.8%，较上年提升7.8个百分点；CT设备进口厂商占比58.2%，较上年减少7.8个百分点。如图2-8所示。

图2-7　2018—2022年中国CT进口额及增速

数据来源：中国海关。

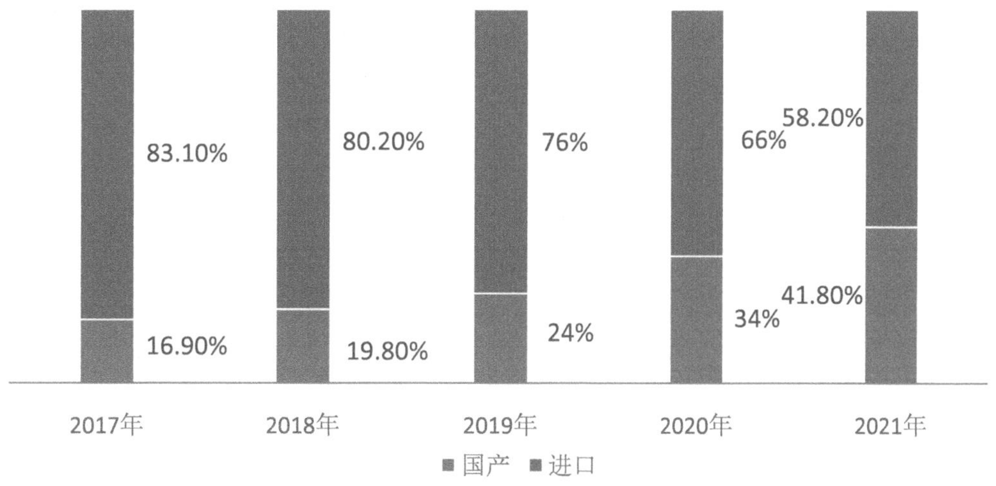

图2-8　2017—2021年中国CT市场国产和进口厂商份额占比

数据来源：中国医疗器械行业协会。

我国CT设备进口来源地区涉及亚洲、欧洲与北美洲，并主要集中在亚洲和欧洲。2022年，德国和日本是我国CT设备主要进口来源国。其他CT设备进口来源国还有以色列、美国、韩国等国家。

按国内进口省份来看，经济较发达地区的CT设备进口数量和进口额较高。其中，北京进口CT设备数量及金额最高，约占国内CT设备进口总量及进口总额的25%。浙江、广东、江苏、上海、山东等地区CT设备进口量及进口金额也很高，这些地区经济较为发达，医疗设备投入预算较高；同时，居民对医疗服务的需求也较高。

三、市场发展趋势

据推算，2023—2027年，全球CT设备市场规模仍将保持约4%的中低速增长。预计到2027年，全球CT设备市场规模将增长至191.6亿美元。如图2-9所示。

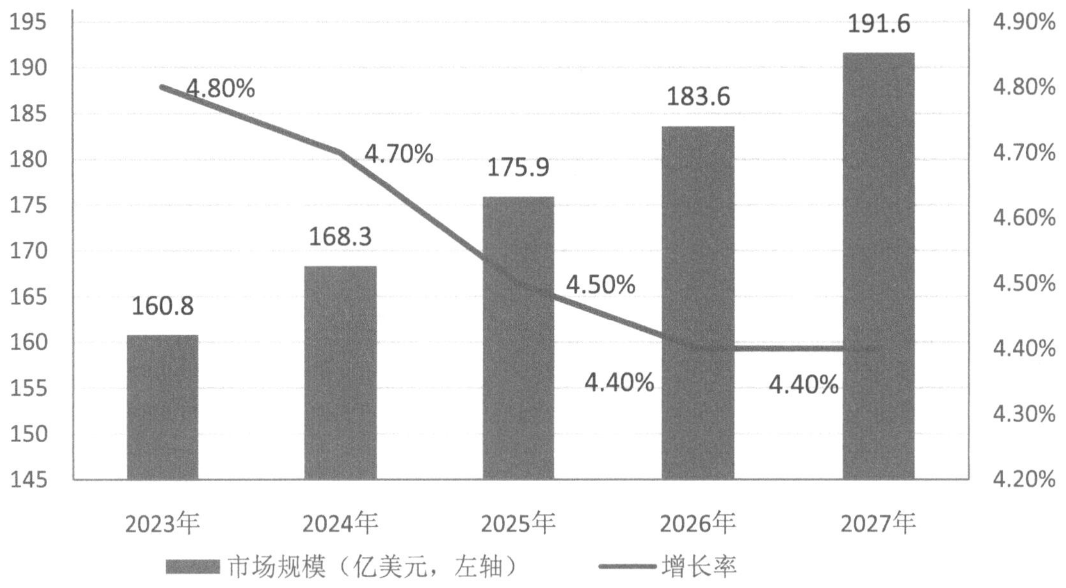

图2-9　2023—2027年全球CT行业市场规模预测

数据来源：中国医疗器械行业协会。

相较于全球市场，中国CT设备市场规模增速将会超过10%，处于中高速增长状态，2027年，其总体规模预计会超过300亿元人民币。如图2-10所示。

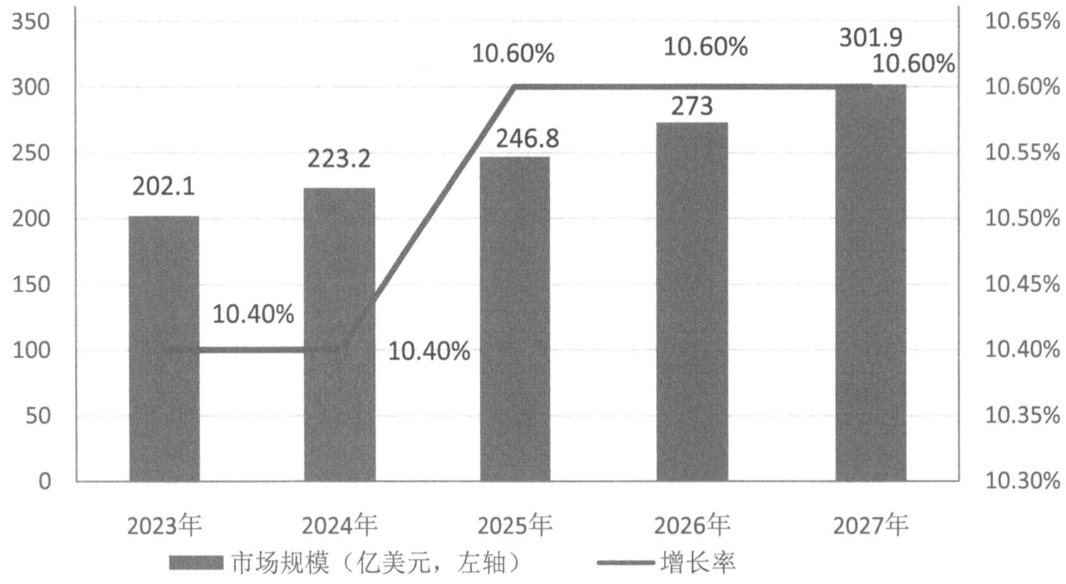

图2-10　2023—2027年中国CT行业市场规模预测

数据来源：中国医疗器械行业协会。

四、市场发展影响因素

（一）政府对于行业发展给予积极支持

在高端CT设备市场被进口厂商垄断的情况下，政府出台了相关政策来扶持国产高端CT设备的创新研发。在政策推动下，国产高端CT设备有望迎来高速增长的黄金时期。作为辅助临床疾病诊断的重要手段，具备性价比优势的国产CT设备逐步对进口产品形成替代，有利于更多医疗机构进行高端CT设备的配置，进一步增强CT设备检查能力，提高医疗水平。

2018年以来，国家发展改革委、科技部、工业和信息化部等部门还发布了专门针对CT设备计算机断层扫描仪的相关政策，以精准扶持CT设备计算机断层扫描仪的国产厂商，提升CT设备计算机断层扫描仪的技术水平。

上述内容参考表2-3所示。

表2-3　中国CT设备相关政策

政策名称	颁布日期	颁布主体	政策要点
《中共中央关于制定国民经济和社会发展第十四个五年规划和二〇三五年远景目标的建议》	2020年10月	中国共产党中央委员会	发展战略性新兴产业。加快壮大新一代信息技术、生物技术、新能源、新材料、高端装备、新能源汽车、绿色环保，以及航空航天、海洋装备等产业。推动互联网、大数据、人工智能等同各产业深度融合，推动先进制造业集群发展，构建一批各具特色、优势互补、结构合理的战略性新兴产业增长引擎，培育新技术、新产品、新业态、新模式。促进平台经济、共享经济健康发展。鼓励企业兼并重组，防止低水平重复建设
《“十四五”医疗装备产业发展规划》	2021年12月	工业和信息化部等十部门	规划明确了7个重点领域，实施5个专项行动，采取6项保障措施，推进医疗装备产业发展
《“十四五”医药工业发展规划》	2022年1月	工业和信息化部等九部门	推动高端医疗器械产业化与应用，加快新产品产业化进程，促进创新产品推广应用。重点发展新型医学影像、体外诊断、疾病康复、肿瘤放疗、应急救治、生命支持、可穿戴监测等产品
《国家卫健委开展财政贴息贷款更新改造医疗设备的通知》	2022年9月	国家卫健委	对医疗机构设备购置和更新改造新增贷款实施阶段性鼓励政策。该医疗贴息贷款政策面向符合区域卫生规划的所有公立和非公立医疗机构，款项主要用于开展诊疗、临床检验、重症、康复、科研转化等医疗设备购置

数据来源：中国医疗器械行业协会。

（二）中国医疗体制改革持续完善和深入

医疗保险制度是指一个国家或地区按照保险原则为解决居民防病治病问题而筹集、分配和使用医疗保险基金的制度。它是居民医疗保健事业的有效筹资机制，是构成社会保险制度的一种比较进步的制度，也是世界上应用相当普遍的一种卫生费用管理模式。

中国的医疗保险制度分为三个层次：第一是社会医疗保障体系，作为覆盖了95%以上中国居民的基础性医疗保障体系，其受众最广、保障率最低；第二是公司员工福利制度，其参与保险的健康门槛比个人买商业保险更宽松，让带病在职员工多了一层屏障，缺点是只保障在职期间，无法保障离职或退休后的医疗开支；第三是个人商业医疗保险，即使是社保加上员工福利，对于未来家庭医疗的担忧依然不能消除，尤其对追求医疗品质的家庭而言，商业保险成为弥补这个缺口的最后保障。

随着中国社会医疗保障体系的不断完善，覆盖的居民数量不断增加且CT设备扫描费用已被纳入医保报销名单。基于这样的情况，CT设备扫描的市场规模预计会持续保持增长趋势。

第三章　CT设备发展分析

一、生产情况分析

随着我国人民生活水平不断提高和医疗卫生事业蓬勃发展，国内的医疗器械市场迅速扩大。我国CT设备市场发展空间较大，已成为世界医疗器械生产商争夺的重要目标。我国已成为继美国、日本之后的全球CT设备第三大生产国。但是市场主要被国外品牌占领，由通用电气（中国）有限公司［以下简称通用（中国）］在我国研制生产的CT设备年产量已达1000台，占通用公司全球CT设备产量的1/3。每年由通用（中国）生产的CT设备机，占我国国内市场的一半，即我国CT设备的年产量约为2000台。

二、竞争格局分析

从CT设备扫描行业主要参与者的市场份额来看，2021年，通用医疗（GE）仍以24.5%的市场占有率蝉联榜首，但相较于2019年，其占有率大幅下降；联影医疗以23.5%的份额排在第二名，但相较于2019年，其与GE差距大幅缩小，主要是因为2020年联影医疗智能天眼CT设备广泛应用于新冠抗疫第一线。此外，西门子、飞利浦分别以17.5%、13.0%的份额排在第三、第四位。整体来说，进口CT设备厂商的市场占有率都有下降趋势。东软医疗市场占有率则由2019年的8.7%上升至10.0%。2022年，联影医疗CT设备销售数量首次超越通用医疗位居第一，占比为26.82%；东软医疗也提升至13.4%，位居第四。如图2-11所示。

从各CT设备厂商技术水平来看，中国厂商整体技术水平与国际巨头仍有较大差距，现阶段，中国

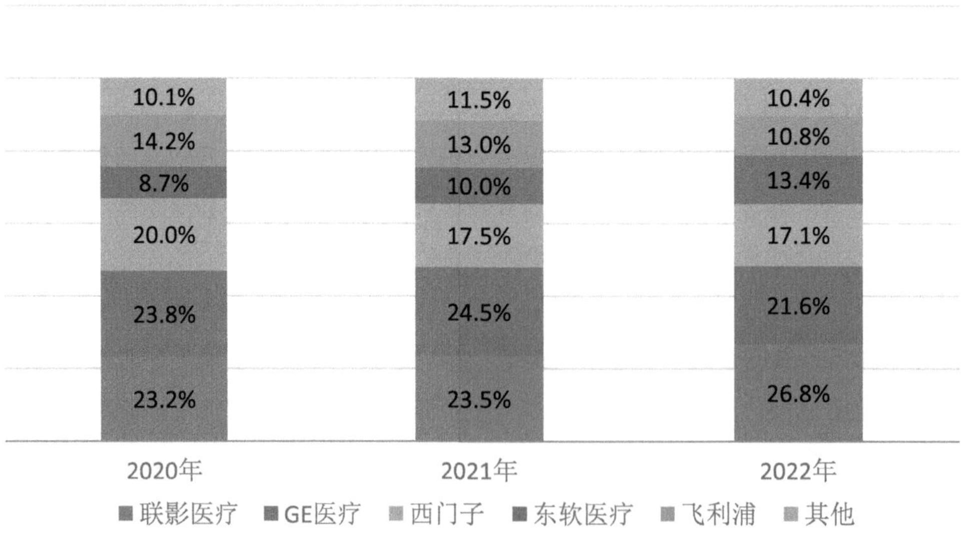

图2-11　2020—2022年中国CT市场主要参与者份额

数据来源：中国医疗器械行业协会。

CT设备市场仍由国际厂商主导。中国CT设备厂商与进口厂商存在技术代差，中国64层以上CT设备市场基本由进口厂商垄断，国产CT设备厂商的产品主要为中低端产品，高端CT设备市场占有率低。现阶段，仅东软医疗、联影医疗、安科医疗、明峰医疗等少数厂商具备生产128层以上CT设备的能力，其余厂家的产品集中于64层以下，主要为16层CT设备。国际巨头，如通用医疗、西门子医疗、飞利浦医疗等厂商的CT设备产品线齐全，具备品牌、技术优势，高端CT设备产品优势明显。

整体而言，中国CT设备行业的市场参与者可分为三类。第一梯队：传统国际医疗巨头通用医疗（GE）等，凭借丰富的产品线、优异的产品性能与强大的品牌影响力占据中国CT设备行业的高端市场；第二梯队：东软、联影、安科、明峰等国产厂商领导者，初步具备高端CT设备的生产能力，但还未受到市场的广泛认可；第三梯队：产品多集中于低端市场，占据一定市场份额，但占比较低。

第四章　CT行业产业链分析

CT设备扫描行业的产业链分为上游、中游和下游。其中，上游主要由核心元器件供应商和CT设备整机设备供应商组成。核心元器件供应商主要供应X线球管、高压发生器、滑环和数据传输、探测器和采集系统，这些核心元器件的成本占整机设备总成本的60%以上。核心元器件的主要供应商有飞利浦（Philips）、西门子（Siemens）、瓦里安（Varian）等。

CT设备行业的中游主要是各类医疗机构，大致可以分为公立医院、私立医院、独立影像中心和线上影像平台，其中，医疗资源主要集中在公立医院。

CT设备行业的下游则是终端用户。主要是罹患恶性肿瘤、心脏病、心脑血管疾病以及呼吸系统疾病的患者。如图2–11所示。

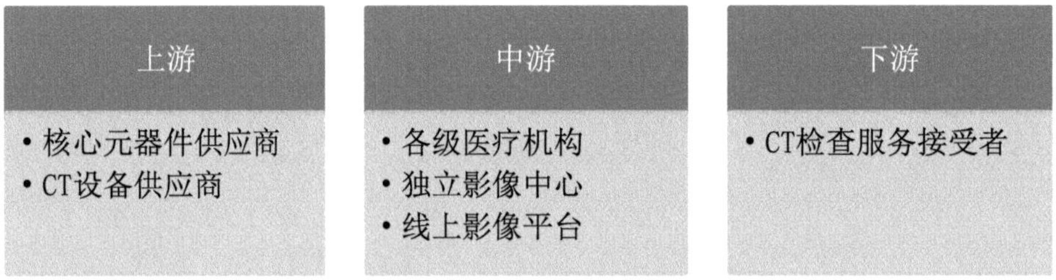

图2–12　CT设备行业产业链

一、关键部件原料研发与生产

在中国市场，CT设备的生产方式主要分为三种：一体化生产、零部件全球采购和贴牌生产。一体化生产，即从设计到生产一体化，各零部件之间经过统一设计和规划，整体契合度较高，成像质量和数据传输速度更加优越。零部件全球采购，即各类零部件外购自不同的厂商，整机生产过程主要是对各类零部件进行组合集成。贴牌生产是指产品的生产方和销售方分离，生产商将产品贴上其他品牌的标签，由品牌商负责市场营销、渠道搭建等工作。

在中国市场，各大厂商主要采用零部件全球采购的生产方式生产CT设备计算机断层扫描仪。CT设备的整机性能稳定性取决于品牌和整机零部件来源的一致性。因此，国内厂商大多缺乏一体化的生产能力，故其产品的主要痛点是产品性能不佳，成像质量较差。扫描系统为CT设备的核心系统，其中包括X线发生装置和数据采集系统。除扫描系统外，CT设备系统还包括计算机部分、机械运动部分、图像显示及存储部分。探测器、X线球管、滑环和数据传输、高压发生器、采集系统和图像重建算法是CT设备的核心技术。核心零部件（硬件+软件）成本占总成本比重的60%以上，国产厂商即基本依靠外购核心零部件进行CT设备的组装。

近年来，CT设备生产的国产化率不断提高，国产替代进口的趋势不断增加，其中，2020年新冠疫情大幅度增加了CT设备计算机断层扫描仪的国产化率。目前，国产厂商生产的CT设备计算机断层扫描仪以16层及以下产品为主，每台产品的价格一般不超过400万元。同时，16层CT设备每台产品的价格一般在400万～500万元，国产厂商凭借价格优势在中低端市场占据超过60%的份额。CT设备计算机断层扫描仪的高端产品具备较高的技术壁垒，目前技术领先的仍然是跨国巨头，如Siemens、GE等，但目前中国本土CT设备生产商正在积极发展高排CT设备计算机断层扫描仪。目前，64层CT设备的国产产品单价约为600万元，进口产品单价约为1000万元。未来，高端国产设备有望凭借性价比突破进口设备的垄断地位。

二、下游应用领域发展

中国是人口老龄化最严重的国家之一。2010年，中国65岁以上的人口数量为1.18亿，占总人口的比重为8.9%，2020年这两个数字分别攀升至1.91亿和13.5%。老年人口数量和占比的持续增长带来了较大的疾病诊疗需求，为CT设备行业带来了巨大的市场潜力。

在中国居民疾病死亡的构成中，排名前四位的分别为恶性肿瘤、心脏病、心脑血管疾病和呼吸系统疾病。而CT设备在这四类疾病的检查中应用较为广泛。此外，高分辨率的CT设备对于显示呼吸系统疾病具有优越性，诊断价值高。总而言之，高度老龄化与病患人数的增加均导致CT设备市场的需求增加，市场发展前景广阔。

目前，CT设备检查费用主要受医院、地区和检查部位等因素的影响，但一般单次检查的费用300～500元。目前中国医保政策可以涵盖住院期间以及诊断性质产生的CT设备检查费用。此外，在四川、贵州等省份，影像远程诊断服务也逐渐纳入医保。

三、销售渠道现状与趋势

（一）销售渠道

CT设备的主要销售渠道为各类医疗机构。中国的医疗机构按照主办单位，主要可以分为公立医院和私立医院。公立医院是指由政府建立的纳入国家财政预算管理的医院，也可称为国有医院、国立医院等。私立医院则是指民营企业、个人主办的以盈利为主要目标的医院。

2016年以后，由于公立医院的不断整合，其与私立医院的数量差距不断加大。尽管私立医院数量远远超过公立医院，从床位数和医护人员的数量和学历水平等角度来看，其诊疗水平和诊疗需求仍不及公立医院。

公立医院分四个等级，一级是社区医院，二级是县级医院，三级为市级医院，一部分医院不给予定级。不同级别的医院有不同的规模与服务标准。

中国优质医疗资源主要集中于三级医院，CT设备检查业务负担重，且目前公立医院普遍存在医疗资源与医疗需求倒置的问题，即三级医院数量最少但承担的诊疗任务最重。为提升基层医疗卫生服务能力，减轻三级医院的诊疗压力，国家提出“分级诊疗”政策。数据显示，2021年，二级及以下医院占比超过92%，基层医疗机构的发展将会逐渐释放CT设备检查需求。

私立医院方面，在国家鼓励社会办医的背景下，2016—2021年，中国的私立医院从1.64万家增长至2.45万家，增速远高于公立医院。私立医院的发展在一定程度上可以减轻公立医院的负担，承担部分CT设备检查工作。

在中国，除了公立医院和私立医院之外，独立影像中心及线上影像平台也承担了相当部分的CT设备检查任务。中国医疗资源分配不均，独立影像中心可以实现优质医疗资源的整合分配。受制于政策、成本等因素，部分基层医疗机构没有配置大型医学影像设备的能力。独立影像中心可以提高基层医疗机构服务能力，帮助医学影像服务行业快速发展。此外，线上影像平台可以通过云服务平台提供远程阅片服务，将专家与患者需求对接。

（二）销售现状

从CT设备计算机断层扫描仪的销售情况来看，2021年，中国CT设备计算机断层扫描仪市场销售量约为4000台，2016—2021年的年复合增长率约为12.5%，处于持续增长状态。如图2-13所示。

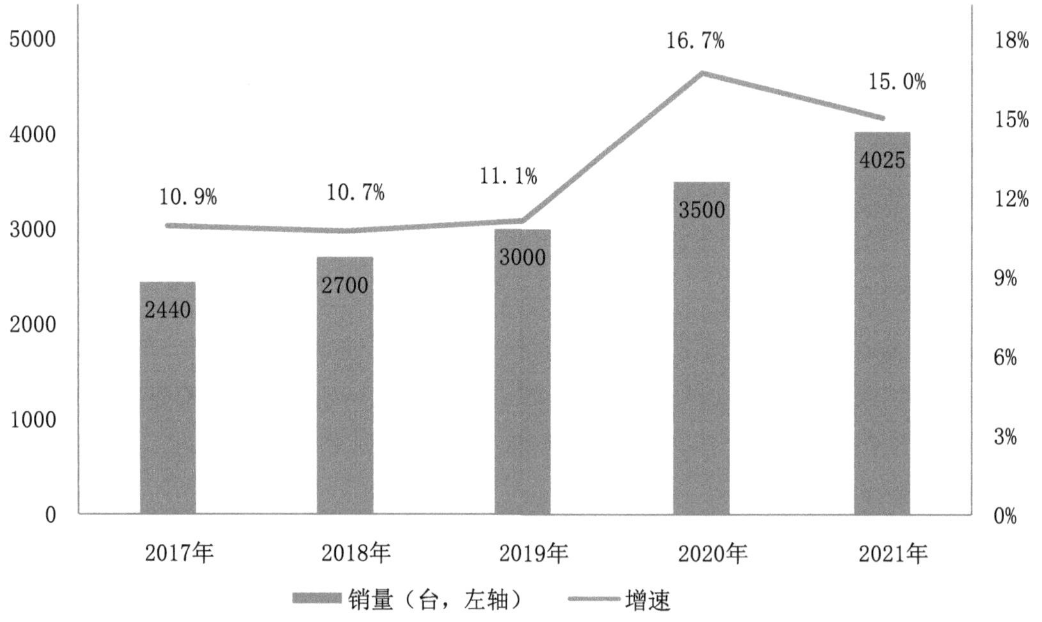

图2-13　2017—2021年中国CT设备销售量及增速

数据来源：中国医疗器械行业协会。

从CT设备计算机断层扫描仪的保有量情况来看，截至2021年末，中国CT设备计算机断层扫描仪保有量近30000台。2016—2021年，中国CT设备计算机断层扫描仪保有量保持高速增长，年复合增长率高达12.67%。其中，16层CT设备是中国保有量最多的CT设备类型，但16层以下CT设备计算机断层扫描仪在三甲医院占比逐年下降，64层及以上CT设备计算机断层扫描仪逐年上升。如图2-14所示。

但是，与全球其他国家相比，中国的人均CT设备保有量较低。中国CT设备人均保有量远不及欧美发达国家，日本每百万人口拥有111台CT设备、澳大利亚每百万人口拥有67台CT设备、美国每百万人口拥有44台CT设备；而中国每百万人口拥有CT设备数量仅为18台，与发达国家存在较大差距，未来增长空间广阔。如图2-15所示。

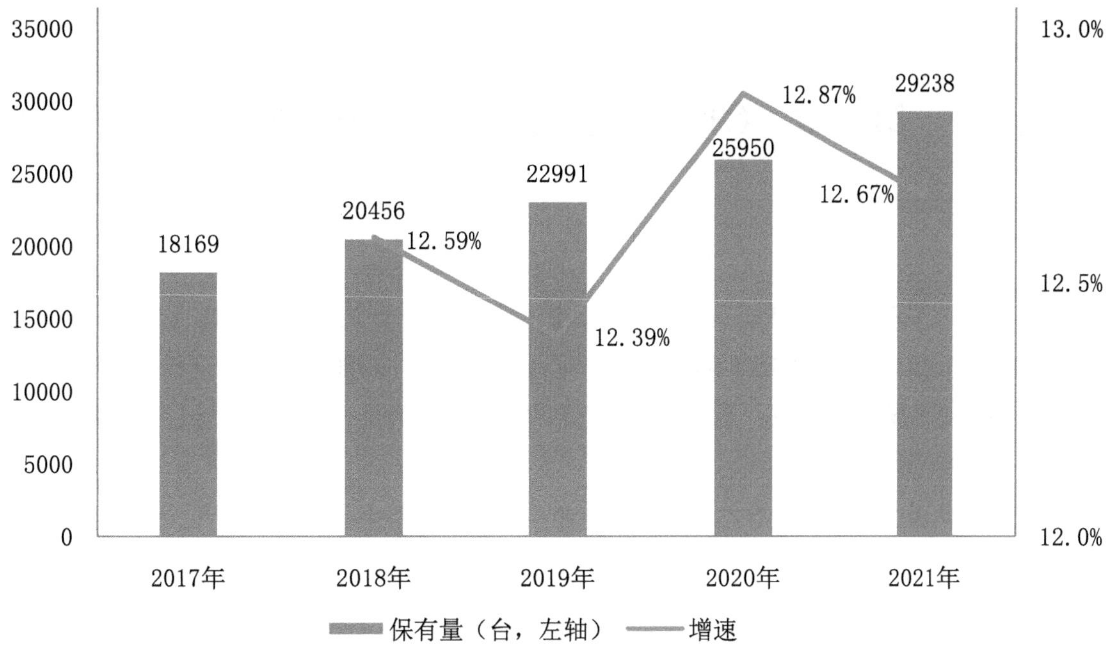

图2-14　2017—2021年中国CT设备保有量

数据来源：中国医疗器械行业协会。

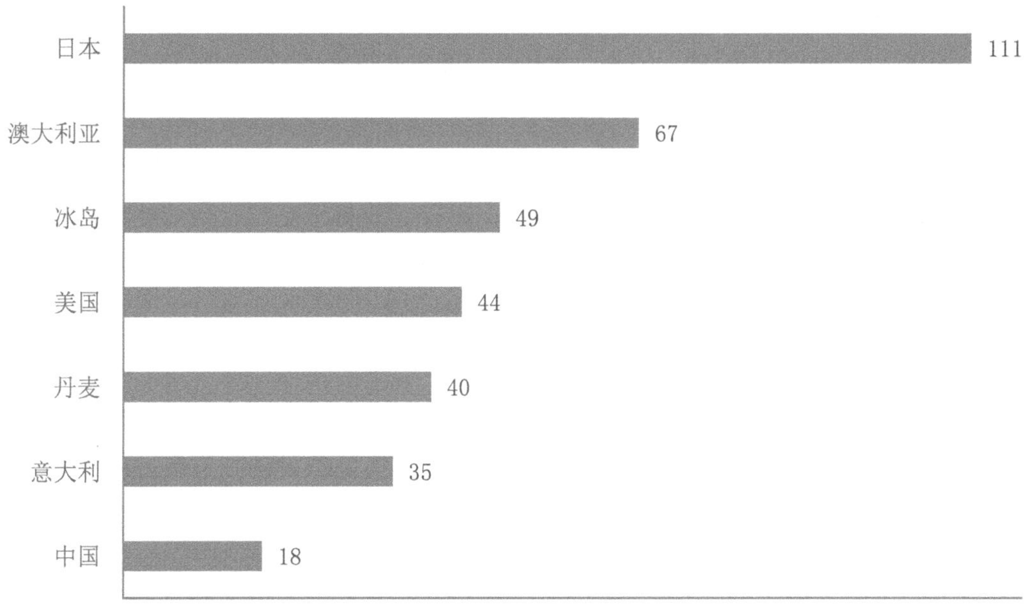

图2-15　各国CT设备人均保有量（台/百万人）

数据来源：中国医疗器械行业协会。

第五章　CT设备行业技术进展与趋势分析

目前，行业领先厂商可实现16排到320排等CT设备产品的覆盖，国内厂家产品以64排以下CT设备产品为主。主要发展趋势是：通过适配受检者情况及体位并设计剂量参数，结合重建算法的更新迭代，降低检查时的扫描剂量，实现低剂量扫描；通过能谱及灌注功能，为临床诊断提供更多定量分析工具，拓宽CT设备临床应用场景；通过优化球管和高压发生器性能，提高小病灶检出能力、降低运动伪影、提升心血管图像分辨能力等。

现阶段，中国医学影像领域存在较多痛点。第一，放射科医生数量缺口较大。中国每年的医学影像数据量以每年30%的速度增长，而放射科的医生年增长率仅为4%，增速远低于前者。此外，相较于美国平均每名病理医生服务2000名病患，中国每名病理医生需要服务70000名病患，诊疗任务十分繁重。第二，CT设备计算机断层扫描仪的误诊漏诊率偏高。据统计，CT设备等医学影像设备的平均误诊率为27%。其中，恶性肿瘤的误诊率为40%，肺外结核的误诊率为40%，器官异位的误诊率则高达60%。第三，医学影像诊断速度较慢。病患进行CT设备扫描后，医生需要耗费3～5小时对扫描图像进行勾画和解读。此外，还需要根据肿瘤大小、形状等进行具体诊疗方案的设计。

在中国，AI医学影像是人工智能在医疗领域应用最广的场景。其广泛应用主要得益于医疗影像数据庞大、智能图像诊断算法相对成熟、国家政策扶持、资本支持等优势。AI医学影像可着力于当前痛点，助力医疗机构整体诊疗水平上升。

AI医学影像诊断具备影像分类、目标检测、图形分割、影像检索等能力，将人工智能与医学影像结合，以实现影像类型分类、目标区域/病灶分类；器官/组织标记定位、病灶检测；器官解剖的结构分割、病灶区域分割；基于内容的影像检索等功能，主要应用于病灶筛查、靶区勾画、脏器三维成像、病理分析和影像定量分析等场景。总的来说，AI医学影像可帮助医生阅片，节省医生时间、提高诊断的准确度。

传统CT设备扫描需要将病人移送至扫描区域，受到病人临床状况与治疗状态的限制，移动病床可能为病患带来较高风险。据统计，超过70%的ICU患者在移送至CT设备扫描室过程中发生了不良事件。为降低病患运输风险，减轻护理人员工作负荷，移动CT设备以其灵活、实用的特性受到临床医生的广泛使用。

移动CT设备与传统螺旋CT设备大致相同，主要有扫描机架、检查床、控制台三部分组成。其优势主要有三点：一是体积小、质量轻、方便移动，可随意推入病房和手术室，避免转运患者过程中的风险；二是使用无须电力改造的单向交流电源，无须特定安装环境，任何墙上电源即可启动，断电后可利用自带蓄电池继续扫描；三是可以降低护理人员工作负荷，缩小护理交互差距。但目前移动CT设备仍有使用痛点亟须解决：一是考虑到可移动性，其硬件配置通常比常规CT设备低；二是全身移动CT设备辐射量通常高于固定CT设备。

目前移动CT设备主要适用于神经外科、骨科、整形外科、耳鼻喉科、ICU科室及急诊科等多个科室的急症、危重病人及行动不便患者，主要的使用场景为头颈部扫描、增强CT设备、CT设备血管造影、CT设备灌注成像、四肢病变检查、精准术中导航、重型颅脑损伤、多发伤患者抢救等。

中国目前的移动CT设备厂商主要是东软、安科和明峰，而主流的国外生产移动CT设备的厂商主要是西门子、佳能医疗和三星医疗。

第六章　国内外CT设备行业重点企业分析

一、通用医疗

（一）企业概况

通用医疗是GE集团旗下的医疗健康业务部门，主要业务涵盖智能设备、数据分析、软件应用和服务。通用医疗拥有100多年的历史，在全球160多个国家拥有约5.6万名员工。

通用医疗从1979年开始在中国开展业务，于1986年在北京成立了第一家办事处。1991年，航卫通用电气医疗系统有限公司在北京成立。目前，通用医疗在中国建立了包括独资和合资企业在内的多个经营实体，拥有员工近7000名，包括一支由1000多名工程师组成的研发团队，主要负责研发医疗产品。

通用医疗在中国共建有四大全球生产基地：在北京建有CT设备扫描系统和X光成像系统工厂，全球每三台CT设备中有两台产自于此；在上海建有造影剂生产基地，生产的90%造影剂供货于全球市场；在天津建有磁共振成像系统生产基地，GE在全球销售的每两台磁共振产品中就有一台来自天津工厂；在无锡建有超声、麻醉、心电、患者监护等临床护理设备工厂，无锡工厂生产的超声产品占GE全球超声销售量的40%。

通用医疗正全速推进在中国的数字化进程。通用医疗中国的数字医疗战略以Edison爱迪生数字医疗智能平台为基础，结合医院智能管理（APM、RCC放射科指挥中心、Mural重症监护指挥中心）、云计算（云心电、云影像）和人工智能（全流程人工智能磁共振技术平台、冠脉医学影像处理AI分析系统、新冠AI分析平台LK2.0），帮助医院和医生实现更优临床和运营决策，促进优质医疗资源下沉，推动医联体建设和分级诊疗落地，为患者带来更高效便捷的医疗服务。

（二）新产品与新业务

GE的产品主要分为影像、超声和生命关爱三个主题。其中，影像产品包括骨骼健康与代谢健康产品、CT设备计算机断层扫描仪、介入X射线造影系统、核医学、乳腺X线摄影、分子影像、射线照相术、外科影像。通用医疗的CT设备主力产品主要为Revolution系列，其主要优势为：创新技术使得诊断置信度高，领先的迭代重建及技术的超低剂量可以提供出色的护理，快速、简易和高效的智能设计，临床效果卓越。

2021年11月媒体报道，GE的光子计数CT设备技术已首次展开大规模临床试验，试验将由卡罗林斯卡大学医院Karolinska Institutet和Med Tech Labs监督展开。据介绍，GE的光子计数CT设备技术是全球首个采用了深硅探测器的光子计数CT设备技术。

在2022年中国国际服务贸易交易会上，通用医疗展示了深度天眼CT设备，该产品产自通用医疗北京影像制造基地。“深度天眼系统”是基于深度学习的自动化定位技术，通过3D传感器识别人体八大定位点，并形成三维图像，自动定位扫描部位的中心位置，实现一键精准定位和零接触进床的自动化扫描。根据目前该系统在临床、移动影像检查等多场景中的反馈，融合深度天眼系统的CT设备影像检查，可实现患者扫查时长缩短30%，2秒内完成肺部扫描，8秒出图，10秒完成胸部扫描，20秒胸部影像智能分析出诊断信息，每天完成200~300人次的胸部CT设备影像检查。

通用医疗在2022年北美放射学会（RSNA）年会上展示了Revolution Frontier Gen 3和CT设备 Motion两款产品。Revolution Frontier Gen 3是GE Revolution CT设备系列中的最新产品，能够提供便捷的能谱成像（GSI）体验、TrueFidelity深度学习图像重建系统，以及创新的患者定位和自动对中技术，显著提升日常CT设备扫描诊断能力和效率。CT Motion是GE医疗品牌的多剂量无针注射器，为CT设备成像程序提供碘化对比剂，可以缩短程序设置时间、提高接诊数量，同时帮助优化患者剂量。

（三）经营情况

2017—2018年，通用医疗的营业收入持续增长至200亿美元；同时，其利润总额也持续增长。2019年，尽管通用医疗的营业收入和利润总额有所下降，但其利润率仍旧处于上升状态。2020—2022年，由于新冠疫情的影响，通用医疗的业务也受到了一定的影响，其营业收入、利润额和利润率均呈现下降趋势。

2022年全年，通用医疗影像业务收入99.85亿美元，同比增长6%。

上述内容参考图2-16所示。

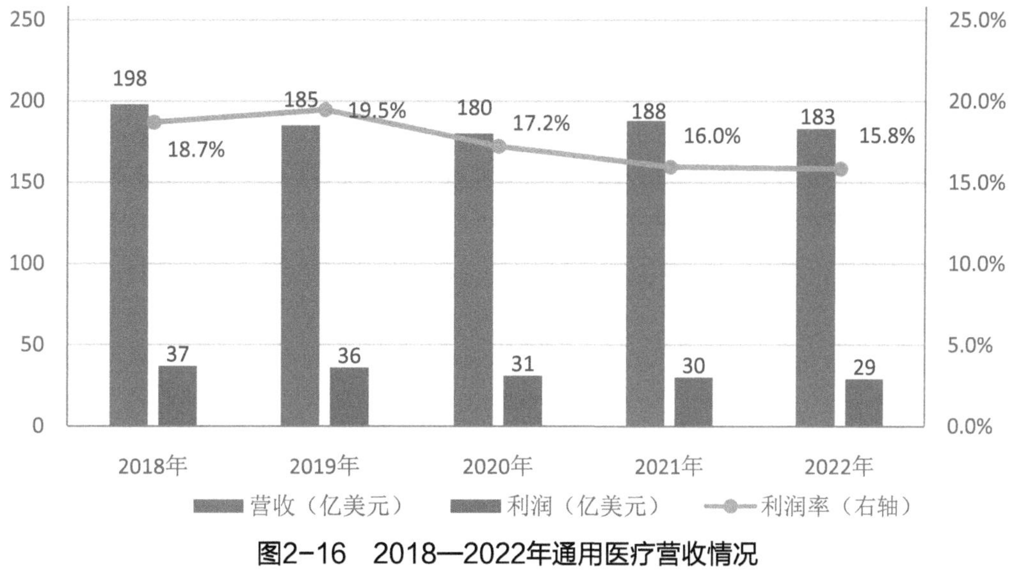

图2-16　2018—2022年通用医疗营收情况

数据来源：通用医疗企业年报，中国医疗器械行业协会。

二、西门子医疗

（一）企业概况

上海西门子医疗器械有限公司（SSME，简称“上海西门子医疗”），成立于1992年，是西门子医疗业务领域影像及临床设备方面重要的全球研发、制造中心之一，致力于计算机断层扫描（CT）、X光、超声等诊断设备和相关医疗零部件的研发生产以及相关客户服务。其研发生产的产品销往全球70多个国家和地区，目前拥有1000多名员工，其中研发人员超过三分之一。

近年来，上海西门子医疗不断加大研发力量的投入，相继为中国及全球医疗用户研发并推出了双层、6层、16层到全新的128层螺旋CT设备，以及数字X射线成像系统、数字胃肠机、骨科C臂等多种X光影像设备。以CT设备产品为例，全球销售的每两台西门子CT设备中，就有一台来自于上海西门子医疗。上海西门子医疗的CT设备产品约70%出口到包括欧盟、美国、日本、韩国等全球150多个国家和地区。同时，上海西门子医疗也是西门子医疗全球X光基础医疗产品的研发中心。

（二）新产品与新业务

上海西门子医疗的产品主要涵盖CT设备计算机断层扫描仪、磁共振成像、血管造影设备、分子影像、放射治疗成像、医疗IT解决方案、X线摄影、乳腺X线摄影、超声扫描系统、移动式C形臂X射线机、实验床诊断、床旁诊断、客户服务等。其中，CT设备计算机断层扫描仪分为9个系列，分别是：SOMATOM Definition Edge、SOMATOM Confidence、SOMATOM Drive、SOMATOM Force、SOMATOM go.Now、SOMATOM go.Top、SOMATOM go.Fit、SOMATOM go.Up、SOMATOM X.Cite。

2021年9月，西门子医疗的NAEOTOM Alpha作为全球首台光子计数计算机断层扫描系统获得了美国食品药品监督管理局（FDA）批准。

（三）经营情况

2022年，西门子医疗在影像、诊断、临床治疗业务方面均呈双位数增长，其营业收入（以下简称"营收"）同比增长在GPS三家中尤其突出，增长率达到21%；营收高于排名第二的通用医疗近50亿欧元。调整后，息税前净利润也呈现16%的增长，属三家中唯一一家正增长。

中国是西门子医疗全球第二大市场。2017—2021年，西门子医疗在中国的营收持续保持增长状态。2020年新冠疫情暴发前，西门子医疗在中国的业务一直处于低速增长状态，整体增速不超过5%。2020年，新冠疫情影响了西门子医疗在中国的业务，主要原因是其直营业务非口罩、防护服等防疫抗疫物资，故生产线受到影响，增长率萎缩至3%。2021年，由于其业务结构调整以及国家对于CT设备等设备创新研发的重视，西门子医疗在中国的营收大幅增长至24.4%。如图2-17所示。

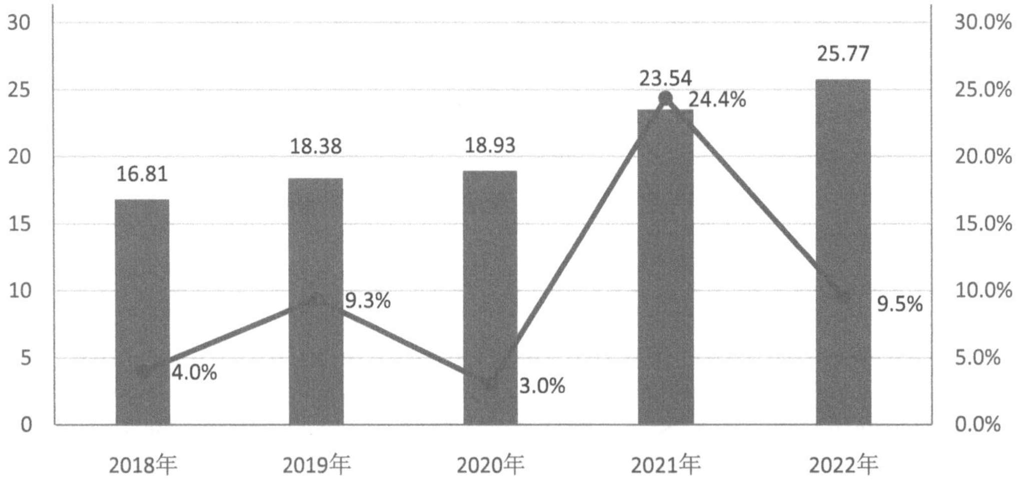

图2-17　2018—2022年西门子医疗中国区营收情况

数据来源：西门子医疗企业年报，中国医疗器械行业协会。

三、飞利浦医疗

（一）企业概况

荷兰皇家飞利浦公司是一家领先的健康科技公司，其总部位于荷兰，2017年健康科技业务的销售额达178亿欧元，在全球拥有大约74000名员工，销售和服务遍布世界100多个国家。

飞利浦在中国的总公司为飞利浦（中国）投资有限公司，企业性质为外国法人独资有限责任公司，注册资本为5620万美元，其下设医疗科技产品部门，分管CT设备等医疗器械设备的研发和生产。

（二）新产品与新业务

飞利浦医疗科技的产品与业务主要分布于诊断与治疗业务、互联网关联与医疗信息化业务、健康生活业务及其他业务。其中，诊断与治疗业务包含成像系统，主要产品类型为X光机系统（X–Ray）、磁共振成像系统（MR）、核医学及PET系统、计算机断层扫描系统（CT）。

飞利浦医疗CT设备系列产品涵盖CT设备扫描仪、低剂量CT设备、多层CT设备扫描仪、多层螺旋CT设备、彩色光谱CT设备等，具体产品系列包括Ingenuity CT、Incisive CT、MX16EVO、iCT、Access CT等，产品具有剂量低、球管优质、扫描快、CT设备成像高清等特点，有助于医生快速开展临床诊疗。

2022年，飞利浦全新一代光谱成像皓克Spectral CT设备已通过国家药品监督管理局认证，在中国市场正式上市。皓克Spectral CT设备的突破在于搭载了全新球面宽体双层能量解析探测器，采用全新3D光栅技术，凭借极致的光子利用效率，带来极佳能量分辨率及全新物质解析功能。此外，这款CT设备还搭载了新型人工智能影像链，一体化完成AI扫描、AI重建和AI后处理，可实现能量诊断的便捷化、智能化、精准化。新一代光谱成像CT设备进一步拓宽了彩色光谱成像的应用范围，适用于各种体型成人及儿童全身各部位，特别是在心血管、肿瘤和卒中等重要疾病领域。

2022年9月，飞利浦医疗宣布全球首个光谱探测器——血管造影CT设备解决方案spectral angio CT suite开发成功。该解决方案将该公司突破性的光谱CT设备成像技术纳入集成混合血管造影CT设备套件。通过将Spectral CT 7500设备及其图像引导治疗系统Azurion with FlexArm结合在一个完全集成的介入套件解决方案中，旨在让医生在一个空间里即刻访问两种关键成像模式，从而在肿瘤学、中风和创伤护理等领域实现微创手术的创新。

（三）经营情况

总体来说，飞利浦医疗总营收处于稳步增长状态。2018—2022年，其诊断与治疗总营收从77.25亿欧元增长至91.68亿欧元，年均增长率超过5%。其中，2020年营收下降3.7%，主要原因是新冠疫情影响了生产效率。2021年和2022年，随着疫情常态化控制，其生产和销售情况也恢复至增长趋势。如图2–18所示。

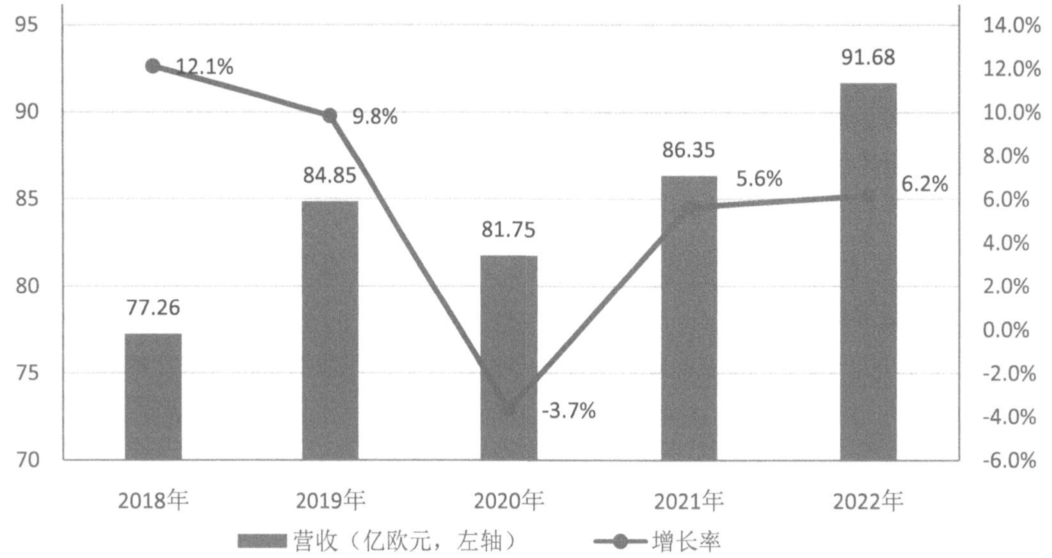

图2-18　2017—2021年飞利浦诊断与治疗业务营收情况

数据来源：飞利浦医疗企业年报，中国医疗器械行业协会。

四、佳能医疗

（一）企业概况

佳能医疗系统株式会社（以下简称“佳能医疗”），以“Made for Life”为经营口号，成立于1930年。佳能医疗1975年进入高速成长的中国市场，成立佳能医疗系统（中国）有限公司（以下简称“中国佳能医疗”）。其产品多样丰富，售后服务网络遍及全国各个省份，并拥有ISO9001、OHSAS18001、ISO14001、ISO13485管理体系作为服务质量的保障。

中国佳能医疗于2012年10月成立研究开发中心作为佳能医疗集团的全球化研发机构之一，主要从事佳能医疗包括中国市场在内的全球研发活动，与佳能医疗在日本、欧洲、美国等地的研发机构并驾齐驱，投身于世界尖端的医疗技术研发。

（二）新产品与新业务

中国佳能医疗的产品主要涵盖CT、MR、XR、超声、生化和眼科等领域。其中，佳能医疗CT设备技术不断探索突破，实现了诸如滑环技术、亚毫米高精度探测器、宽体探测器技术等多项关键技术的突破。

在人工智能技术的赋能下，佳能CT设备将进入医学影像技术新时代。中国佳能医疗的CT设备产品主要分为5个系列，分别是：第一，Aquilion ONE TSX-301C，使用先进制造工艺使得0.5毫米探测单元的16厘米的探测器有了进一步升级，光电转化效率进一步提升，响应时间更短。同时，通过改进传统的切割工艺，使用“微锋”高精度切割技术从固体锭中切割生产闪烁体以实现安全低剂量的扫描成像。第二，Aquilion TSX-035A采用78厘米大孔径设计以满足诊断、介入治疗和双间复合手术室的需求；此外，还可确保以较低的扫描剂量获取高质量的各向同性图像；智能化工作流程，提高了患者流通量；3D和后处理应用程序可以提供灵活的全面临床解决方案。第三，Aquilion ONE TSX-305A，在CT设备扫描成像的全流程都应用了智能技术，让CT设备成像进入智能感知成像领域，有效地规避了人为因素对扫描的影响。第四，Aquilion PRIME TSX-303A，将灵活的机架设计与尖端技术相结合，降低了医疗机构总体拥有成本，同时提供自适应的诊断功能，提高诊断准确率，改善检查工作流。第五，Aquilion Lightning TSX-036A，是佳能医疗推出的新一代搭载人工智能解决方案的多层螺旋CT设备系统，从扫描、预处理，到0键式的柔性彩色成像，再到人工智能辅助诊断，使得临床工作者以更小的代价、更便捷的操作，获得更多的诊断信息。

2021年9月，佳能收购了加拿大锑锌镉半导体检测器模块公司Redlen Technologies，用于光子计数CT设备研发。

2022年，佳能医疗宣布其新型80/160排CT设备扫描仪Aquilion Serve在全球上市。Aquilion Serve为所有常规检查（包括创伤和心脏检查）提供降本增效的解决方案。创新设计的80厘米宽口径支架包含两个即开即用的触摸屏和内置摄像头，支持自动一键定位病人。另外，它还推出了下一代 INSTINX 工作流程解决方案，将人工智能自动化与创新的硬件和直观的用户体验相结合，支持快速、简便和安全的CT设备检查。这种创新设计的工作流程还极大地减少了操作员的培训时间。

（三）经营情况

2017—2019年，佳能的医疗业务营收从4361.87亿日元增长至4385.25亿日元，一直处于1%以下的低速增长状态。2020年和2021年，由于新冠疫情对于其生产线的影响，其营收分别下降至4360.74亿日元和4338.94亿日元。但整体来看，佳能医疗的营收情况一直处于较为稳定的状态。2022年，欧美影像诊断设备市场逐步恢复，因此CT设备、MRI设备及超声波诊断设备的销售也实现了增长。佳能医疗2022年度营业额达到历史最高水平，突破5000亿日元。如图2-19所示。

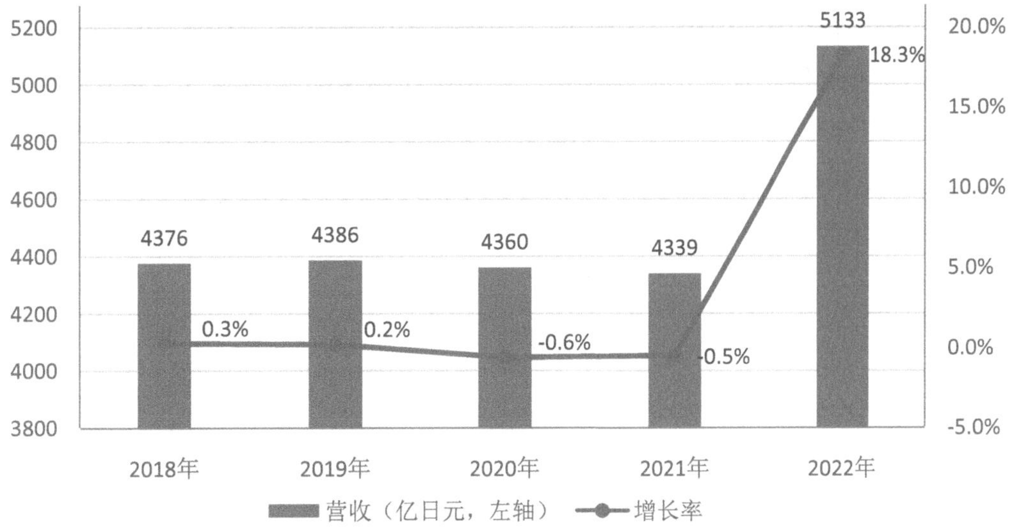

图2-19　2018—2022年佳能医疗业务营收情况

数据来源：佳能医疗企业官网，中国医疗器械行业协会。

五、日立医疗

（一）企业概况

日立公司于20世纪60年代进入中国，成为早期进入中国市场的少数外资企业之一。1994年10月，日立高新技术（上海）国际贸易有限公司（简称“上海日立”）在上海浦东成立。随后，日立在青岛、苏州等地设立办事处。

目前，日立在中国市场的总公司位于北京。此外，日立还在上海、广州、成都、西安、青岛、重庆等地设立了分公司。迄今为止，日立已经在中国的许多事业领域展开了相关工作。2004年10月，日立制定并提出了新的事业战略“the most trusted partner in china”（在中国值得信赖的合作伙伴）。日立今后将在中国重点开展的“电力及工业设备系统”“楼宇系统”“城市交通系统”“信息通信系统”“医疗系统”“电子消费产品”“建设及资源开发系统”“汽车系统与汽车系统新材料”“信息电子及面向数字家电产品的零部件与材料”等广泛的业务领域中得到价值实现。

（二）新产品与新业务

日立的产品主要涵盖IT、能源、工业、移动性、生活、汽车系统、高科技、建机、金属、化学等领域。其中，生活领域分为生活生态系统和测量及分析系统两部分，分析系统应用到医疗、生物、半导体和工业领域。医疗部分的分析系统主要包括数字健康、放射治疗、体外诊断和再生医学等细分方向。数字健康主要用于支持智能医疗，通过与合作伙伴共同开发和提供DX技术，实现智能医疗保健，确保医疗保健的数据安全；放射治疗则致力于提高癌症治疗患者的生活质量，放射治疗是一种先进的癌症治疗方法，如粒子束治疗，其中，质子束和重粒子束被集中照射到肿瘤中，对患者的负担较小，副作用较小；体外诊断则是通过机器人和数字技术来预防疾病和早期发现疾病；再生医学则是为了解决再生医学问题，主要解决方案有自动培养设备、细胞培养加工设施、再生医学柜和信息系统。

（三）经营情况

2018—2022年，日立的营收趋势处于不稳定状态。2018年，日立的生活领域总营收为6490亿日元，2019年则下降至5860亿日元，降幅为9.7%。2020年，受到新冠疫情的影响，日立的生活领域总营收大幅度增长至11410亿日元，增幅接近100%。2021年，由于新冠疫情逐渐常态化，日立的生活领域营业收入回归至常态为7920亿日元。2022年，日立的生活领域营业收入出现大幅增长，提升至10294亿日元。

总的来说，相较于同为日本企业的佳能，日立在CT设备计算机断层扫描仪全球市场的竞争力较低，市场占有率较低。如图2-20所示。

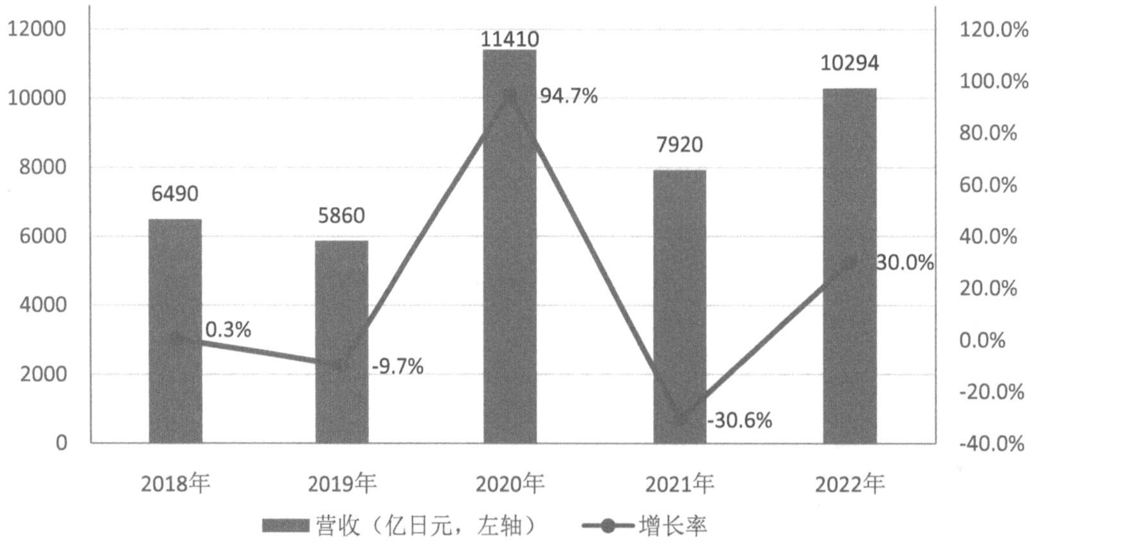

图2-20　2018—2022年日立生活细分市场营收情况

数据来源：日立医疗企业官网，中国医疗器械行业协会。

六、联影医疗

（一）企业概况

上海联影医疗科技股份有限公司（简称“联影医疗”），2011年成立于上海嘉定。其愿景是成为世界级医疗创新引领者，使命是创造不同、为健康大同。主要对标外资医疗企业。目前上海为联影医疗的全球总部和研发中心，武汉承担研发和生产任务，常州承担生产任务。在全球市场，联影医疗在美国休斯顿、日本东京、韩国首尔、马来西亚吉隆坡、澳大利亚墨尔本、波兰华沙、摩洛哥卡萨布兰卡、南非约翰内斯堡均设有分部。

联影医疗具有较强的研发优势。首先，在联影医疗的员工中，研发人员占比高达60%，其中，有6位中央千人专家、8位上海千人专家、超过140名海归人才、200多位博士、1000多位硕士。其次，联影医疗还与华盛顿大学医学院、中国科学院、上海交通大学、清华大学、301医院、北医三院等高等院校和研究机构建立了长期的合作关系。此外，联影医疗的研究方向也受到国家政策和资金的支持。

（二）新产品与新业务

联影医疗的业务类型主要分为影像与放疗设备、智能信息化解决方案、服务与培训三种。其主要产品包括：高端医学影像诊断产品、精准放疗产品，以及“U+”互联网医疗解决方案。高端医学影像诊断产品涵盖分子影像、磁共振、计算机断层扫描仪（CT）、X射线产品等，代表产品包括世界领先的PET-CT、3.0T超导MRI、120排螺旋CT、中国首台PET-MR等高端影像产品。精准放疗产品为放疗（RT）设备、“U+”互联网医疗融合互联网、云计算、人工智能、大数据分析等技术，实现医疗资源云端共享与大数据深度挖掘应用，提供医疗信息化、智能化解决方案。

联影医疗掌握了CT设备用探测器、球管、高压发生器和高速旋转机架以及图像处理高级应用的研发和生产能力。联影医疗的CT设备产品线覆盖临床经济型产品及高端科研型产品，可满足疾病筛查、临床诊断、科研等多元化需求。联影医疗先后推出了16排至320排CT设备产品，包括国产首款320排超高端CT设备产品uCT 960+，以及国产首款80排CT产品uCT 780。其中，联影医疗320排宽体CT产品uCT 960+搭载自主研发的时空探测器，可实现0.25秒/圈机架旋转速度，拥有82厘米大孔径，承重可达300千克，能够实现单心动周期的任意心率心脏成像、单器官灌注和快速大范围血管成像，同时具备低剂量成像和球管电压切换的能谱成像功能，在心脑血管疾病、肿瘤、急诊和儿科检查等方面具有较好的临床诊断和科研价值。

“十三五”期间，联影医疗携手国内顶尖医院、科研院所和高校，牵头10项国家最高级别科研计划——“数字诊疗装备”研发专项，包括行业首款全身成像高场磁共振uMR Jupiter 5T、国内首款同时具备ToF及压缩感知技术的“时空一体”超清TOF PET/MR、国内首台320排640层CT天河640、国产首台高清低剂量三维断层乳腺机uMammo 890。

“十四五”国家重点研发计划“诊疗装备与生物医用材料”专项中，联影医疗联合产业链上下游，深度融合，全力加大对光子计数能谱CT设备和磁共振直线加速器的研发攻关投入。

据2022年国内新增市场金额统计，联影医疗是中国市场最大的CT设备厂商，领先国际厂商，市场占有率排名第一。公司在40排以下CT设备市场占有率排名第一、41~63排CT设备市场占有率排名第二、64~80排CT设备市场占有率排名第一、128排和256排及以上的高端和超高端CT设备市场占有率排名均排名第三。

（三）经营情况

联影医疗融资能力较强，资金来源丰富。2017年5月，联影医疗进行了Pre-A轮融资，主要投资机构为道富资本和上海联合投资。2017年9月，联影医疗进行了A轮正式融资，共融资约33亿元人民币，主要投资机构为国寿股权投资、国投创新和联新资本，该轮融资之后，联影医疗的投后估值高达333亿元。2021年12月，联影医疗递交了科创板IPO申请。

2022年，联影医疗收入为92.38亿元，同比增长27.36%，净利润为16.56亿元，同比增长17.57%。联影医疗的收入以CT设备为主，其次是核磁共振设备。2022年，其CT设备生产量为1885台，销售量为1769台，收入为37.72亿元，占比46.0%。如图2-21所示。

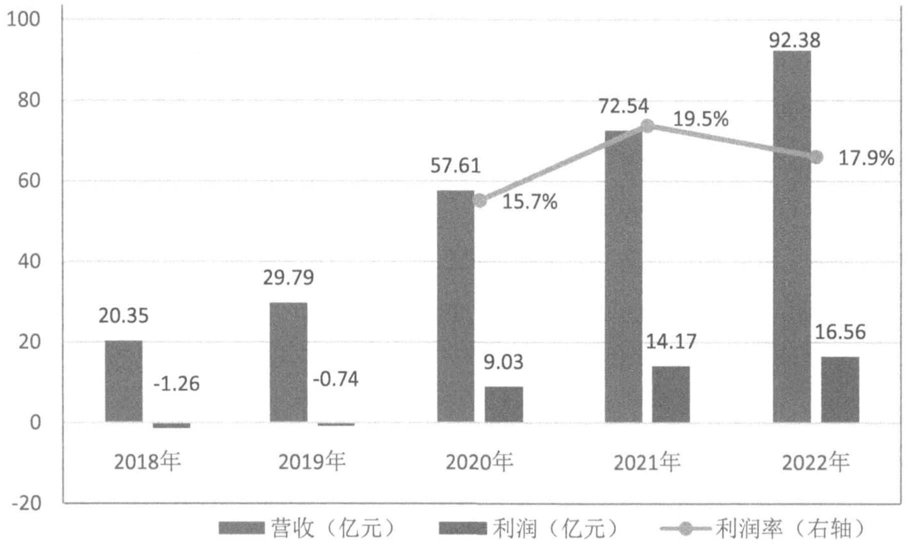

图2-21　2018—2022年联影医疗营收情况

七、东软医疗

（一）企业概况

东软医疗全称为“东软医疗系统股份有限公司”，成立于1998年，总部位于辽宁省沈阳市。其愿景是致力于成为全球医疗服务的最佳价值创造者，使命是通过持续创新、卓越运营，提供高品质的医疗产品和服务，惠及人类健康。东软医疗在美国、德国、阿联酋、俄罗斯、巴西、秘鲁、肯尼亚、泰国、韩国等9个国家设有子公司，在越南设立了代表处。此外，其在中国市场拥有25个省级服务团队和12个区域备件中心，在国际市场设有14个客户服务团队、11个海外备件中心以及2个培训中心。

东软医疗的CT设备研发进度一直处于国产厂商前列。1997年，东软医疗研发出中国第一台CT设备科研样机。2000年，螺旋CT设备研发成功并通过CE认证。2004年，螺旋CT设备的升级版本，即双层螺旋CT设备，研制问世。2009—2015年，其研发的CT设备从16层升级至128层，与国际CT设备厂商的技术差距逐渐缩小。2017年，东软医疗发布全新系列CT——NeuViz Prime CT。2018年，发布256层宽体能谱CT- NeuViz Glory CT。

（二）新产品与新业务

东软医疗定位于以影像设备为基础的临床诊断和治疗全面解决方案提供商，拥有数字化医学诊疗设备（CT、MRI、DSA、GXR、超声、PET、RT及设备核心组件）、MDaaS（医疗设备和医疗影像数据服务）平台、设备服务与培训、体外诊断设备及试剂等四大业务线。在超过20年的发展进程中，东软医疗依靠自主研发，产生了中国第一台CT设备、第一台超导磁共振设备、第一台DR设备等里程碑式的创新成果。2021年，东软医疗又相继推出国产首台256层80毫米覆盖宽体能谱CT设备、512层全景多模态CT设备、无轨悬吊双中心七轴DSA以及1.5T超导磁共振等新产品，不断引领国产医疗设备走向高端市场。

东软医疗全线产品通过了ISO9001国际质量体系认证，CT设备等产品相继通过了美国FDA和欧洲CE认证，CT设备系列产品齐全，涵盖低、中、高全系列产品。目前，东软医疗的CT设备产品主要系列有NeuViz Epoch无极CT、NeuViz Glory耀世CT、NeuViz Prime CT、NeuViz 128精睿CT、NeuViz 64 In恒睿CT、NeuViz 16 Essence精华CT、NeuViz 16 Classic经典CT、NeuViz ACE/SP CT、Mobile CT Unit车载CT、雷神方舱CT。NeuViz 128精睿CT是中国首台自主研发的128层螺旋CT，具备高转速、高配置、高分辨率等特点，是全球首台极速能谱CT；另外，其四重采集球管，可获得比传统CT设备多4倍的原始数据量，自主研发的显微成像技术及百万像素平台，可显示和观察更多的病变影像细节，为新冠病毒筛查、诊断提供支持。

此外，东软医疗根据多年的积累，建立了NeuMiva智能影像云平台。该平台集医学影像的传输及管理、电子胶片生成和浏览、移动办公、互动社区及远程诊断等功能于一体，平台上加载了40余种智能化工具。东软医疗依托“国家呼吸系统疾病临床医学研究中心呼吸影像大数据于人工智能应用联合实验室”，组建“新冠智能影像联盟”，助力抗疫行动。

（三）经营情况

相较于2018年，东软医疗2019年的营业收入、净利润和净利率均有所下降，主要原因是CT设备扫描市场竞争较为激烈，其市场份额被竞争对手抢占。2020年，新冠疫情的暴发使得CT设备扫描市场需求大幅增加，东软医疗的相关业务也随之增加。2021年，其营收和利润恢复至增长状态。2022年上半年，东软医疗实现营收15.02亿元，同比增长13.77%；净利润约2.19亿元，同比增长149%。如图2–22所示。

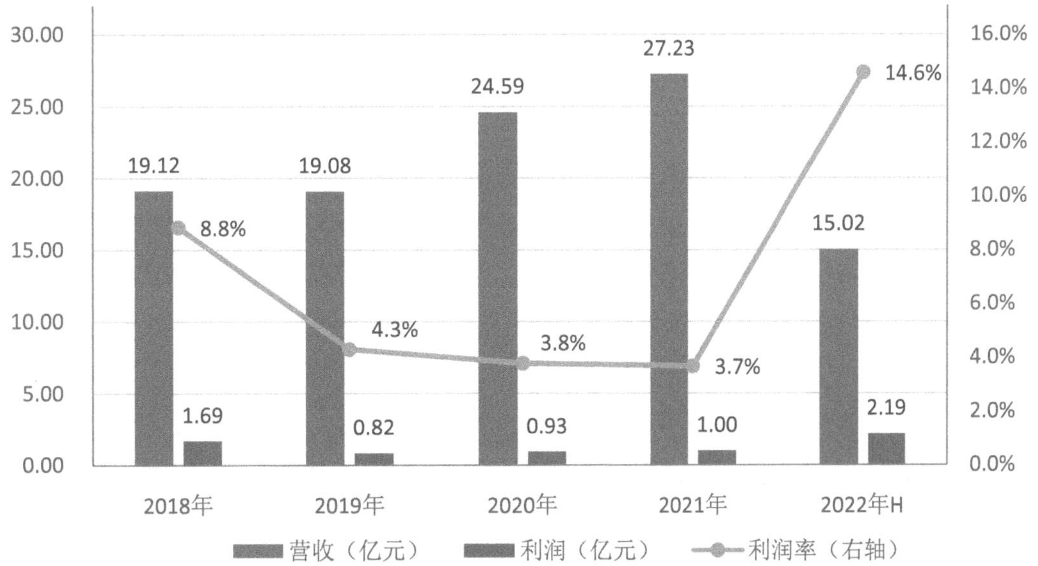

图2–22　2018—2022年上半年东软医疗的营收情况

数据来源：东软医疗招股书，中国医疗器械行业协会。

东软医疗的数字化医学诊疗设备营收约占东软医疗总营收的75%，其毛利率约为30%。其中，CT设备计算机断层扫描仪营收占比超过50%，是东软医疗最主要的业务类型。从2019年至2022年上半年，东软医疗的CT设备扫描仪销量分别为52.7万台、76.7万台、108.4万台和54.6万台，平均售价分别为154.97万元、168.54万元、144.99万元和153.71万元。

八、明峰医疗

（一）企业概况

明峰医疗系统股份有限公司（简称“明峰医疗”），成立于2011年，是由明峰集团、国家先进制造产业基金、浙江省人才基金、绍兴创业基金及广州越秀产业基金投资的高新技术医疗设备公司，从事高端医学影像设备CT设备、PET-CT、PET-MR、MRI、AI等产品的研产销服务。

明峰医疗重视院内推广，除了全国范围内的直销、代理商渠道外，明峰医疗以高性价比打开私立医院市场；以完善的售后服务抢占大型公立医院市场。布局全产业链，明峰医疗除了在高端医学影像产品上纵向加强核心技术、核心部件的研发外，未来将会横向开展产业链上下游相关企业合作，以谋求业务发展突破。同时，明峰医疗积极思考布局人工智能前沿技术与高端医疗器械的结合。

技术研发为企业工作的重点。明峰医疗在自主研发上投资金额达十几亿元。研发团队大约有200人，在中国大连、上海以及美国俄亥俄州Solon设有研发和生产中心。头部和乳腺PET-CT获得美国临床应用科技创新奖。目前明峰医疗拥有的专利技术达到数百项，自主研发主要集中在CT和PET-CT两大类产品。

明峰医疗的科研项目受到国家政策的大力支持。2015年6月，PET通过创新医疗器械特别审批。2016年5月，获得国家“十三五”重点研发计划项目“256排16厘米高清高速大容积医学CT系统及核心技术研发”。2016年10月，ScintCare CT16被认定为浙江省装备制造业重点领域首台（套）产品。2017年6月，获得国家重点研发计划项目“模块化CT探测器及核心关键技术研发及产业化”和“高热容量CT球管研发”。

（二）新产品与新业务

明峰医疗的业务主要涵盖产品和解决方案。产品以CT设备计算机断层扫描仪为主，包括CT设备、移动CT设备和PET/CT设备。此外，还有MR、DR、US和移动PCR等产品。解决方案则包括CT设备技术解决方案、临床解决方案和云解决方案。CT设备技术解决方案搭载了数字化探测器技术、数字化ASIC芯片、AI人工智能，具有稳定耐用、节省成本等优势。在临床解决方案中，明峰医疗的CT设备计算机断层扫描仪搭载了领先的硬件技术平台及系统，为各临床科室提供高品质的图像。此外，明峰医疗的云解决方案则主要包含云诊断、云储存等功能。

（三）经营情况

2015年7月，明峰医疗进行了A轮融资，投资机构为海邦投资。2016年9月，明峰医疗进行B轮融资，国投创新开始进入明峰医疗。2017年1月，明峰医疗获得C轮融资，金额未披露，投资方为广州越秀产业基金、国投创新投资、海邦投资、上海创瑞投资等。2017年12月至2020年12月，明峰医疗交替进行了多次战略融资和股权融资，主要的投资机构有国投创新、贝森资本、杭实集团、点石创坚等。2022年6月29日，明峰医疗系统股份有限公司申请科创板上市已获受理。2022年11月，明峰医疗撤回了上市申请文件。

明峰医疗的收入主要由基础型CT产品贡献。2019—2021年，明峰医疗来自基础型CT产品的收入分别为9750.80万元、2.14亿元和2.27亿元，占主营业务收入的比例分别为48.11%、72.68%和66.22%。如图2-23所示。

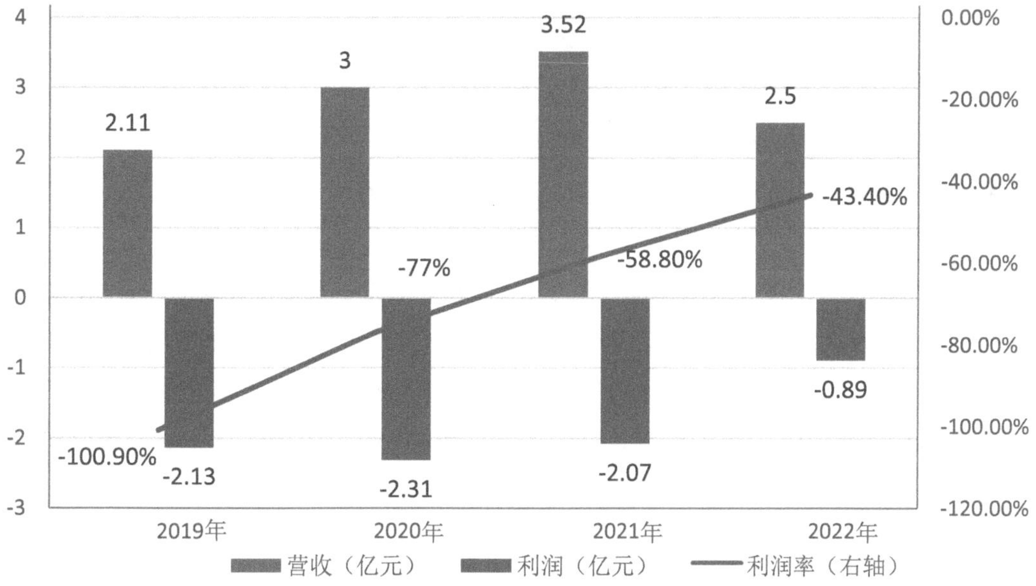

图2-23　2019—2022年上半年明峰医疗营收情况

数据来源：明峰医疗招股书，中国医疗器械行业协会。

第三篇 数字化摄影X线系统（DR）行业发展报告

第一章 概 述

数字化X线摄影系统，又称DR（Digital Radiography），是指在专用计算机控制下，直接读取感应介质记录到的X射线影像信息，并以数字化影像方式再现或记录影像的技术方式。

一般来说，数字化X线设备包括：固定式数字化X线机和移动式数字化X线机。固定式数字化X线机包括悬吊式X线机、双立柱式X线机、臂式X线机（U臂与直臂）、床式多功能胃肠X线机、乳腺摄影专用钼靶线机。移动式X线机主要指移动床边移动X线机、野外救援超轻便携式X线机与小型移动C臂X线机。其中，前者主要用于ICU、急诊等不方便移动病人的床边X线摄影检查，后者则主要用于骨科手术中的术中引导。

第二章　市场发展分析

一、市场发展现状

（一）全球市场规模

从全球产业市场规模来看，随着人口老龄化与慢性病的发展，全球影像诊断设备市场规模不断扩大。同时，数字化X线摄影技术的显著优势不断得到体现，如高空间分辨率影像、更小的剂量辐射、更快的检查效率、更低的检查成本等。近年来，随着数字化X线摄影技术的研究和技术开发的增加，越来越多的功能性、移动性、专业性和紧凑型数字化X线设备加强了市场渗透，数字化X线放射技术的创新不断开拓与突破，扩大了数字化X线摄影影像设备的竞争力和应用领域，使得数字化X线放射市场的增长显著。随着后疫情时代下的医疗服务能力建设，尤其是“千县工程”能力建设，数字化X线影像设备市场也迎来了新一轮的发展机遇。

在DR设备方面，2022年，全球DR市场规模约为180亿美元，与2021年相比增长4.7%。随着全球新冠疫情流行转入新的阶段，数字化X线摄影设备的增长回归到平稳增长发展阶段，固定数字化X线机替代移动DR，重新成为全球数字化X线机的主要增长点。2020年新冠疫情在全球的蔓延和公共卫生能力建设需求，加速了移动数字化X线摄影设备的需求。2022年伴随新冠大流行的结束，移动数字化X线设备重新回归到平稳有序的增长发展状态。2022年，中国X线机市场的行业规模约为120亿元，其中，悬吊式X线机、移动式C臂X线机、床边移动X线机和乳腺钼靶X线机，是四大主要细分产品市场。

在数字化X线机（DR）的全球市场方面，2023年全球DR市场规模将达到190亿美元，2024年全球DR市场规模将达到200亿美元。预计到2025年底，全球DR市场规模将突破200亿美元，达到210亿美元。2015年，美国是全球数字X线摄影系统的最大市场，占比46.2%，欧洲、非洲、中东占比33.3%，亚太地区占比20.5%，人口老龄化以及数量庞大的诊断和住院手术患者推动了数字X线摄影的应用，亚洲地区的占比不断上升。

根据2022年全球X线机市场规模数据统计，欧美市场规模占比39.6%，亚太地区规模占比38.9%，非洲、中东地区占比21.5%。欧美市场目前仍然是医用数字化X线机全球第一大市场。值得注意的是，亚太地区的市场规模占比逐步提升，包括印度、越南、马来西亚、印度尼西亚等国家，都在加速医用数字化X线设备的普及。此外，非洲医用数字化X线机的市场增长也较为迅速。如图3-1、图3-2所示。

（二）中国市场规模

自20世纪90年代数字化医疗开始进入中国以来，我国数字化医疗影像设备发展突飞猛进。其中，DR作为主要的数字化医疗影像设备，在国内各级医疗机构中逐步得到推广应用，近几年取得快速发展。据统计，2007年我国DR设备年销量仅为720台（套），到2013年，我国DR设备年销量增长到3294台（套），复合增长率达到46.25%，销量呈现出爆发式增长。2020年，我国DR设备年销量更是突破了14000台（套）。中国DR行业市场规模在全球国家市场中，成为除美国之外最大的单一国家市场。

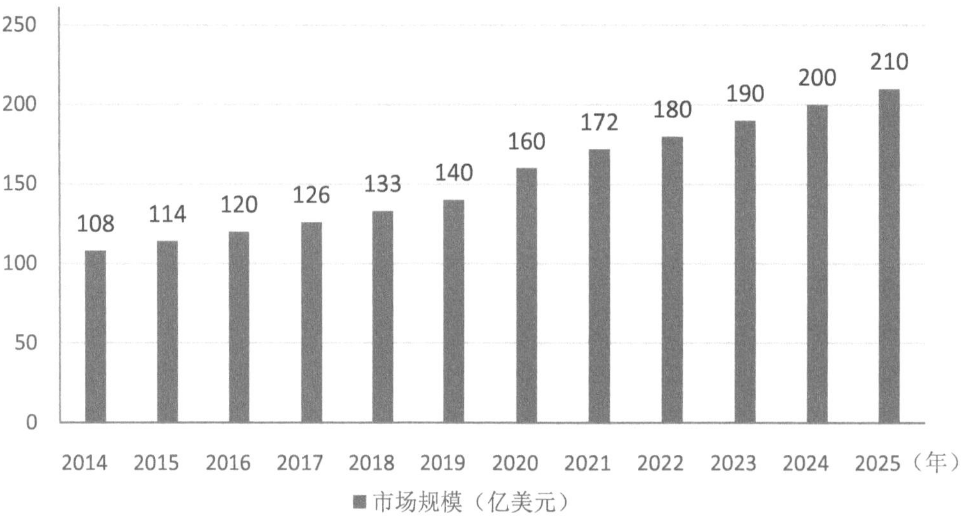

图3-1　2014—2025年全球DR市场规模及预测

数据来源：中国医疗器械行业协会。

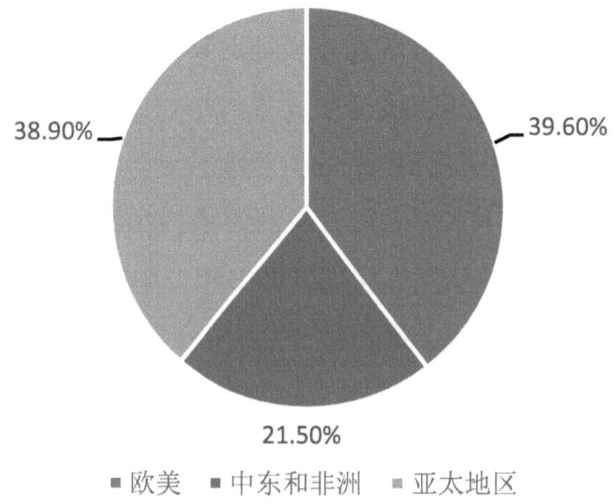

图3-2　2022年全球DR市场份额分布

数据来源：中国医疗器械行业协会。

在过去十年中，受益于"健康中国"战略与国家强化基础医疗能力建设，包括乡镇卫生院与社区卫生服务中心快速实现了DR设备的普及。同时伴随国产医用数字X线摄影系统技术日趋成熟、成本逐渐降低，DR设备逐步由原先的大型三级医院转变为向中端和低端医疗机构渗透。与此同时，县级医疗机构以及基层医疗机构的数量不断增加、医疗条件不断加强，进一步促使了DR设备的增长。

2015年，我国DR设备销量超过8700台，与2014年6500台相比增长了33.8%。2018年，我国DR设备销量接近12000台。2020年，新冠疫情的暴发促进了移动DR设备的采购需求，移动DR成为ICU、发热门诊、防疫病区最为紧急采购的需求设备。移动DR设备也被列入国家《重大疫情救治基地应急救治物资储备清单》。2020年，我国DR设备装机及出口总量达到14000台规模，相较于2015年增长了约160%。2022年，我国DR设备装机及出口总量为13000台，相较于2021年处于一个较为平稳状态。2022年DR行业市场的招标需求主要来源于二、三级医院市场需求。

2022年，DR行业市场规模相较于2021年，保持6%左右的增长。2022年DR行业市场格局中，市场份额主要以国产品牌为主，以联影医疗、安健科技、万东医疗、迈瑞医疗、东软医疗等为主的国产品牌占据行业70%以上的市场份额。国外品牌主要以通用医疗、飞利浦医疗、西门子医疗、锐珂医疗、富士医疗、柯尼卡医疗、岛津医疗为代表。目前，国内各层级医院的新装机主要以国产品牌为主，以联影医疗、安健科技为代表的国产品牌，广泛进入国内高等级医院市场。

在装机出口方面，2014年，我国数字化X线机产品装机及出口总量为6500台，2015年总量达到8700台，2019年总量超过14000台，2020年总量接近15000台。2021年，中国基层医疗DR设备普及已基本完成，中国医用X光机市场结构发生重要转变，从基层市场主导的DR设备采购需求转向二、三级医院为主的设备需求。同时受到2020年移动DR设备短期需求的极速释放压力，2021年中国DR市场总体规模相较于2020年略有回落，装机及出口规模总量接近13000台。随着中国加强县医院能力建设及区域优质医疗中心扩容，2022年中国DR市场规模约为13500台。2025年，预测中国DR市场装机及出口规模将会突破16500台。如图3-3所示。

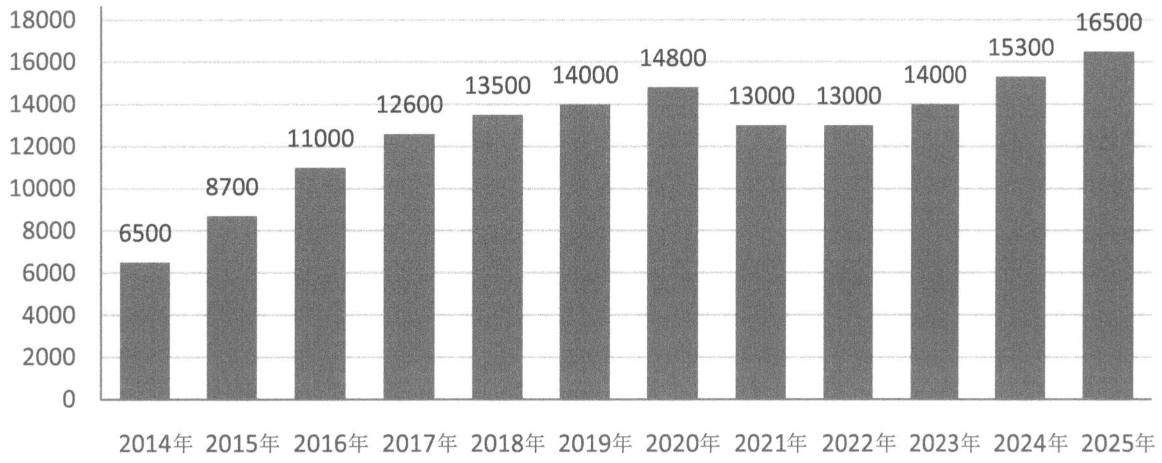

图3-3　2014—2025年中国DR市场装机及出口数量（台）

数据来源：中国医疗器械行业协会。

2022年，DR国产化率继续保持70%以上的市场份额。数字化X线机仍然是目前医学影像设备市场中国产化率最高的影像检查设备类别。其中，以联影医疗、安健科技、万东医疗、迈瑞医疗、普爱医疗为主的五大厂商占据了国内市场一半以上的X线机市场份额。2022年，在四家主要的DR设备厂商中，联影医疗DR销量为1146台，安健科技DR销量为1068台，万东医疗销量为1024台，联影医疗为1200台，迈瑞医疗为1100台，前三大厂商占据超40%以上的市场份额。

2022年，中国DR市场销量前十大厂商中，国产DR设备厂商占据5家，进口品牌占据5家。如图3-4所示，相较于2021年，2022年共有3家国产厂商销量进入千台规模，分别是联影医疗、安健科技、万东医疗，其他品牌销售量均在千台以下。随着DR行业市场规模的稳定，DR行业千台规模将更难跨越。此外，2022年DR销量超过500台规模的厂商进一步增加，包括蓝影医疗、通用医疗、西门子医疗、锐珂医疗、飞利浦医疗、深图医疗和岛津医疗。如表3-1所示。

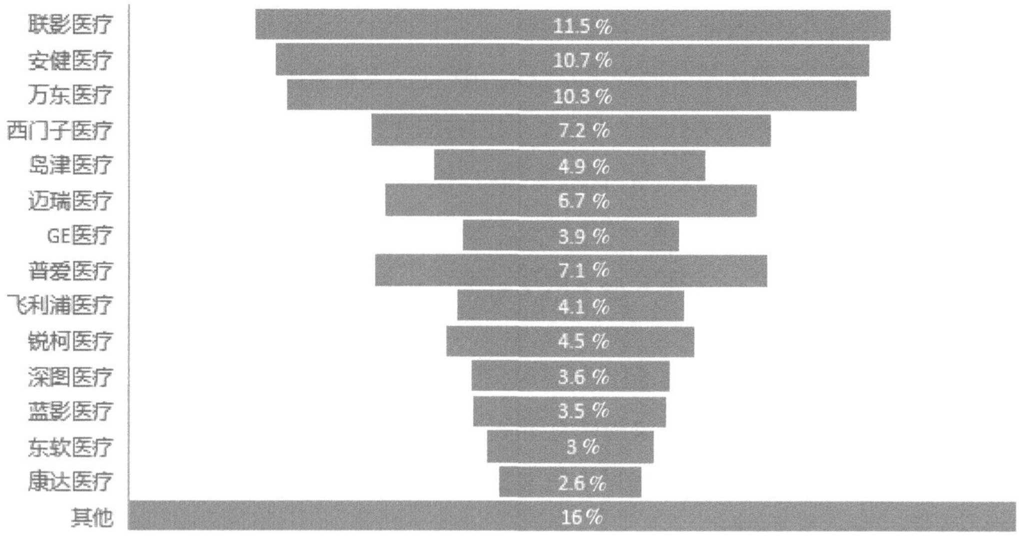

图3-4　2022年中国市场各DR厂商市场份额

数据来源：中国医疗器械行业协会。

表3-1 2022年DR销量品牌规模阵营分布

销售规模	厂商
＞1000台	联影医疗、安健科技、万东医疗
500~1000台	西门子医疗、迈瑞医疗、普爱医疗
＜500台	岛津医疗、通用医疗、飞利浦医疗、锐珂医疗、深图医疗、蓝影医疗、东软医疗、康达医疗等

数据来源：中国医疗器械行业协会。

在DR细分市场，从医院性质角度，主要分为公立医院市场与非公医疗市场。在公立医院市场，主要分为基层医疗市场、二级医院市场与三级医院市场。2022年，在基层医疗市场（社区卫生服务中心、乡镇卫生院）中，以万东医疗、蓝影医疗、普爱医疗三大国产厂商为主。在区/县二、三医院市场，国产品牌主要以联影医疗、安健科技、万东医疗、迈瑞医疗、锐珂医疗为主，进口厂商主要有西门子、通用医疗、飞利浦医疗、岛津医疗。在三级医院市场，国产品牌渗透率持续加快，联影医疗、安健科技、迈瑞医疗、万东医疗已经成为三级医院市场主要核心国产品牌厂商，进口厂商包括通用医疗、飞利浦医疗、西门子医疗、锐钶医疗、岛津医疗等厂商。

从DR产品细分来划分，主要可以分为固定式DR、移动DR与乳腺DR。其中，固定DR又分为悬吊式固定DR、双立柱式固定DR、岛屿式胃肠DR、臂式固定DR（含U形臂与直臂）。其中，悬吊式DR由于其灵活的机械运动结构设计，便捷的立、卧位摄片优势，成为2022年DR市场采购的主力机型。目前，悬吊式DR设备国产制备技术成熟，国内各厂商均推出了技术先进的悬吊DR设备。

在悬吊式X线机之外，移动C臂X线机是X线机的第二大类型市场，占据约23%的X线市场份额。作为骨科手术的必要诊疗设备，移动C臂X光机已经成为骨科医生的“第三只眼睛”。通过X光机的影像引导，骨科医生能够更精准地完成骨科手术，包括整骨、复位、内外固定、疼痛治疗、体内取异物等。在移动C臂X光机影像的引导下，节省手术时间的同时能减少患者感染的风险。随着当前中国老龄化趋势加速，骨科高值耗材的国家集采降价，让骨科的手术量持续攀升，对移动C臂X光机的需求量也进一步增加。如图3-5所示。

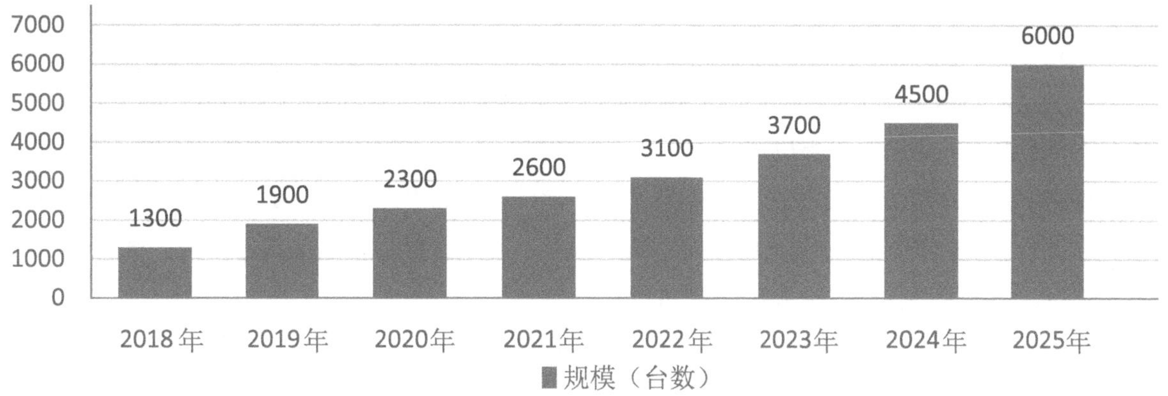

图3-5　2018—2025年中国移动C臂X线装机及出口规模增长统计与预测

数据来源：中国医疗器械行业协会。

据统计，中国移动C臂X线机从2018年的1300台年装机规模已经发展到了2022年的3100台年装机量规模。预计到2025年，移动C臂X线机的装机规模有望突破6000台规模。

目前，移动C臂根据探测器材料不同，主要分为两大类型：影像增强器移动C臂与平板探测器移动C臂。影像增强器移动C臂X光机，通过把X线转换成可见光，通过CCD相机将可见光再次转化为电信号，导致在转换的过程中X光损耗较大，影像质量较差。由于影像增强器的幅面为圆形，所拍摄的视野面积受限，对于多个脊柱或者宽厚体层患者临床摄片时，难以覆盖，影像边缘畸变严重。而平板探测器下的影像视野幅面更宽大，影像清晰度更高，组织结构显示与对比度良好。因此，影像增强器C臂在平板探测器C臂的技术浪潮下，已经难以满足临床的精准高效成像的要求，基于平板探测器的影像应用已经成为广大医院的共同选择。在平板探测器C臂的支持下，高清精准的影像支持为外科医生提供准确的“探照”，缩短手术时间，提升手术效率，减少手术风险。

乳腺DR设备是数字化X线摄影检查在乳腺疾病上的重要应用，是妇科及专科医院基本配备的乳腺检查诊断设备，乳腺DR能及时发现乳腺组织中的肿块及微小的钙化点。经过多年发展与积累，乳腺X线摄影技术经历了从乳腺干板X线摄影技术到专用屏-片摄影技术再到数字化乳腺DR技术的升级。随着技术不断突破，乳腺DR图像质量不断提高，同时产品辐射剂量也逐渐减低。目前，DBT三维断层扫描技术在乳腺筛查中的应用优势成为行业普遍共识。

目前，国内乳腺DR的普及率较低。根据世界卫生组织国际癌症研究机构（IARC）数据显示，2020年，全球乳腺癌新增人数达226万，乳腺癌正式取代肺癌，成为全球第一大癌症。其中，我国乳腺癌新增人数达42万人。由于我国女性人口基数庞大，乳腺癌在全球发病数高居第一，且乳腺癌发病年龄趋于年轻化。提高乳腺癌生存率的关键在于早发现、早治疗、早预防。2022年1月18日，国家卫健委发布《宫颈癌筛查工作方案》和《乳腺癌筛查工作方案》，指出要坚持预防为主、防治结合、综合施策，以农村妇女、城镇低保妇女为重点，为适龄妇女提供宫颈癌、乳腺癌筛查服务，促进疾病早诊早治，提高妇女健康水平。其中，筛查对象由农村适龄妇女扩大为城乡适龄妇女，优先保障农村妇女、城镇低保妇女。根据方案，到2025年底，要实现适龄妇女宫颈癌筛查率达到50%以上，乳腺癌筛查率不断提高，乳腺DR检查需求逐渐增加。

二、进出口分析

2022年，新冠疫情防控平稳转段，后疫情下的医疗公共卫生能力建设仍然成为各国基础能力建设投入的重点方向。数字化X线摄影技术凭借着高空间分辨率成像、更小的剂量辐射、更快的检查效率、更低的检查成本，依然是全球应用最为广泛的疾病检查方式。相较于日韩欧美等国家，中国制造的DR设备成本更低、经济适用性更高、功能更全面、价格更有竞争力，是全球医用X线机的主要出口市场之一。此外，2022年，国内以安健科技、联影医疗、万东医疗为代表的核心厂商，强化了DR设备的技术创新，推出了多款全球技术领先的DR设备。

2022年，数字化X线机出口相较于2021年，有小幅度回落，主要来自移动DR出口的回落。2021年，伴随新冠疫情的全球大流行，移动迎来爆发式出口增长，出口国家包括欧洲、东南亚、中东、非洲与南美洲。据统计，2021年中国向以上地区出口了2500台以上移动数字化X线机设备。2022年随着新冠疫情消退，移动DR出口大幅回落。值得注意的是，中国目前已经成为全球X线机核心部件探测器的主要供给国，中国目前已经形成了完整的X线机核心部件供应链，伴随DR核心部件包括探测器、球管、高压发生器国产化程度的进一步提升，国产核心部件的进口量进一步降低，以奕瑞科技、康众医疗、品臻医疗为代表的数字化X线探测器厂商占据了全球超过50%以上的探测器市场份额。球管、滤线栅等部件进口量也进一步降低，X线机核心部件的国产供应链体系完整，X线机核心部件国产化率进一步提升。其中，以安健科技、万东医疗、联影医疗、迈瑞医疗为代表的国产数字化X线机厂商，已经实现垂直一体化发展，在数字化X线机产业链平台上深度参与，掌控了包括探测器、X线球管、高压发生器在内的核心关键技术和研制能力。

总体来说，2022年DR影像设备整机出口总额高于进口总额，DR设备国产化率持续稳定在70%以上。DR整机出口到全球130多个国家和地区。从2015—2022年的出口数据观察，随着科技进步以及企业对于研发投入力度的加大，中国DR影像设备行业正逐渐进入快速成长期，产品出口额从2015年的1.62亿美元增长到2020年的3.2亿美元，年均增长率为19%。2022年，国产DR设备厂商中包括联影医疗、安健科技、迈瑞医疗、东软医疗、普爱医疗、万东医疗在内的国产DR产品大量出口至中亚、东南亚、欧洲、非洲、南美洲等全球多个国家和地区。如图3-6所示。

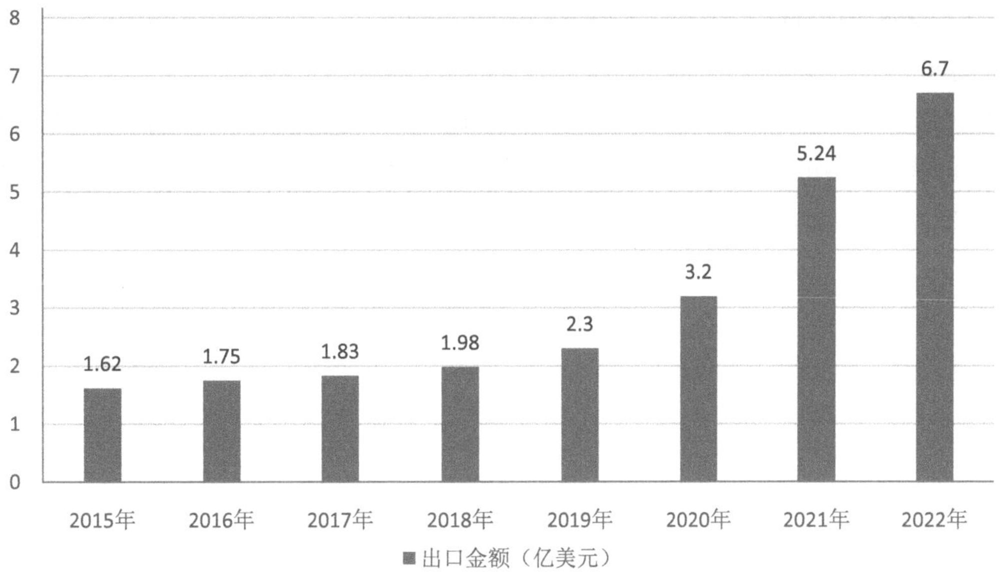

图3-6　2015—2022年中国DR影像设备出口增长

数据来源：中国医疗器械行业协会。

三、区域市场分析

（一）区域市场份额分析

DR影像设备需求区域市场分布主要与各地经济发展水平、医疗机构规模、人口密度等因素相关。2022年，在中国DR数字化X摄影设备行业区域市场中，华东地区（山东、江苏、浙江、安徽、上海、福建）市场规模占比为23.36%，华中地区（湖北、湖南、江西、河南）市场规模占比为21.38%，华南地区（广东、广西、海南）市场规模占比为17.97%，华北地区（北京、天津、河北、山西、内蒙古）市场规模占比为13.73%，西南地区（四川、云南、贵州、西藏、重庆）市场规模占比为11.74%，西北地区（宁夏、青海、新疆、山西、甘肃）市场规模占比为8.79%，东北地区（辽宁、吉林、黑龙江）市场规模占比为3.46%。如图3-7所示。

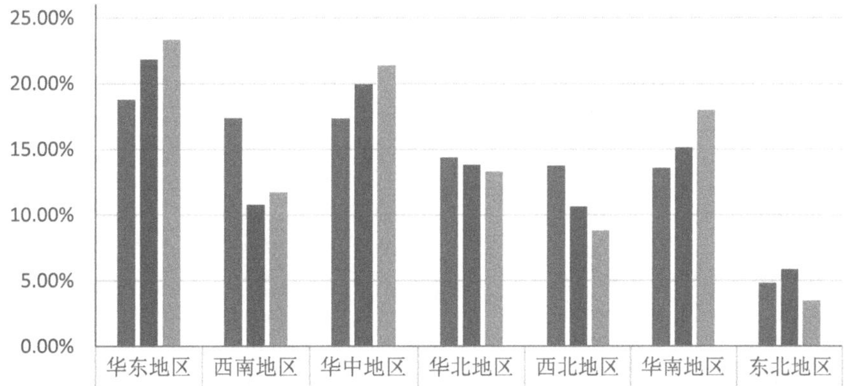

	华东地区	西南地区	华中地区	华北地区	西北地区	华南地区	东北地区
2020年	18.77%	17.37%	17.34%	14.39%	13.73%	13.58%	4.81%
2021年	21.86%	10.77%	19.93%	13.82%	10.63%	15.13%	5.83%
2022年	23.36%	11.74%	21.38%	13.30%	8.79%	17.97%	3.46%

图3-7　2020—2022年中国DR影像设备行业区域市场份额分析

数据来源：中国医疗器械行业协会。

（二）主要区域市场分析

1.华东地区

2022年，华东地区继续保持中国最大区域DR市场地位，再次成为DR各区域市场中规模最大的市场。2022年DR影像设备市场规模占比约为23.36%，市场规模占比比2021年有所上升。2022年，华东地区DR影像设备市场规模约为24.05亿元。如图3-8所示。

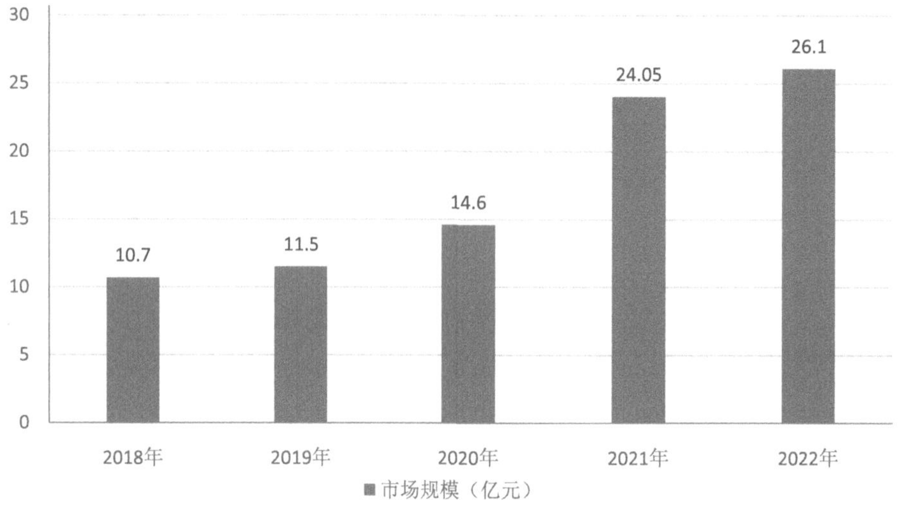

图3-8　2018—2021年华东地区DR影像设备市场规模分析

数据来源：中国医疗器械行业协会。

2.西南地区

2018—2019年，伴随西南地区2018年与2019年的基层医院设备采购的扩大，西南地区DR影像设备市场规模持续扩大。2019年，西南地区DR影像设备市场规模约10.6亿元。2020年西南地区受到基层集采回落的影响，市场规模占比略有回落，约为9.7亿元。2021年约为11.87亿元。2022年，西南地区市场规模约为12.93亿元。如图3-9所示。

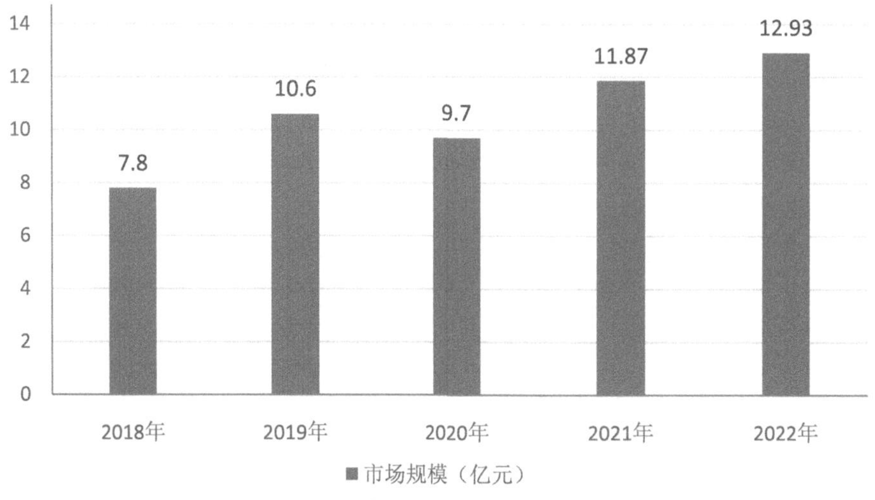

图3-9　2018—2022年西南地区DR影像设备市场规模分析

数据来源：中国医疗器械行业协会。

3.华中地区

2020年，华中地区DR影像市场规模跃居国内第一，超越华东区域。2021年，华中地区DR影像设备规模位列国内第二，仅次于华东地区，约为21.92亿元。2022年，华中地区DR影像设备规模保持国内第二，仅次于华东地区，约为23.88亿元。如图3–10所示。

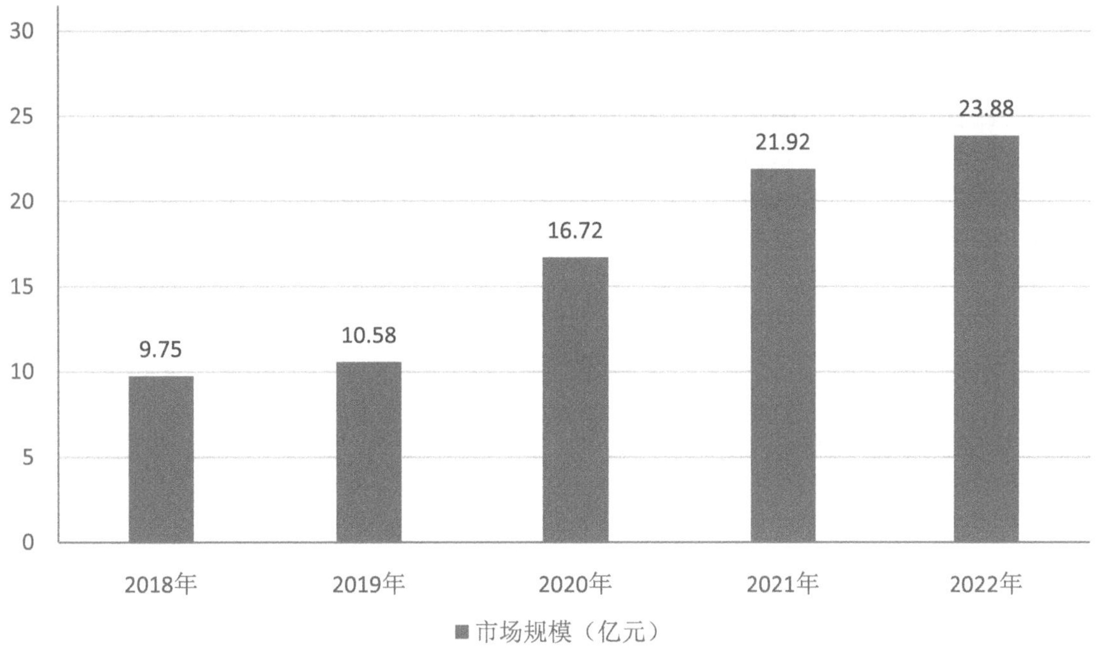

图3–10　2018—2022年华中地区DR影像设备市场规模分析

数据来源：中国医疗器械行业协会。

4.华北地区

2019年，华北区域市场规模持续扩大，受益于河北、山东等基层医院集采的持续扩大。2019年市场规模约为8.77亿元，2020年华北地区市场规模进一步扩大，规模约为9.91亿元，列位全国第四。2021年，华北地区在各区域规模排名中与上一年度一致，规模约为15.2亿元。2022年，华北地区规模为15.73亿元，与2021年相比，保持平稳。如图3–11所示。

5.西北地区

受基层DR影像设备集采从东部区域、中部区域到西部区域过渡的市场变化，2019年西北区域基层医疗市场DR采购规模持续扩大，相较于2018年的3.71亿元市场规模，扩大到2019年的8.36亿元规模，规模扩大2.25倍。2020年西北地区市场规模比2019年略有增长，市场规模约为8.8亿元。2021年，西北地区市场规模继续保持增长，约为11.69亿元。2022年，西北地区DR市场规模相较于2021年略有回落，为9.8亿元。如图3–12所示。

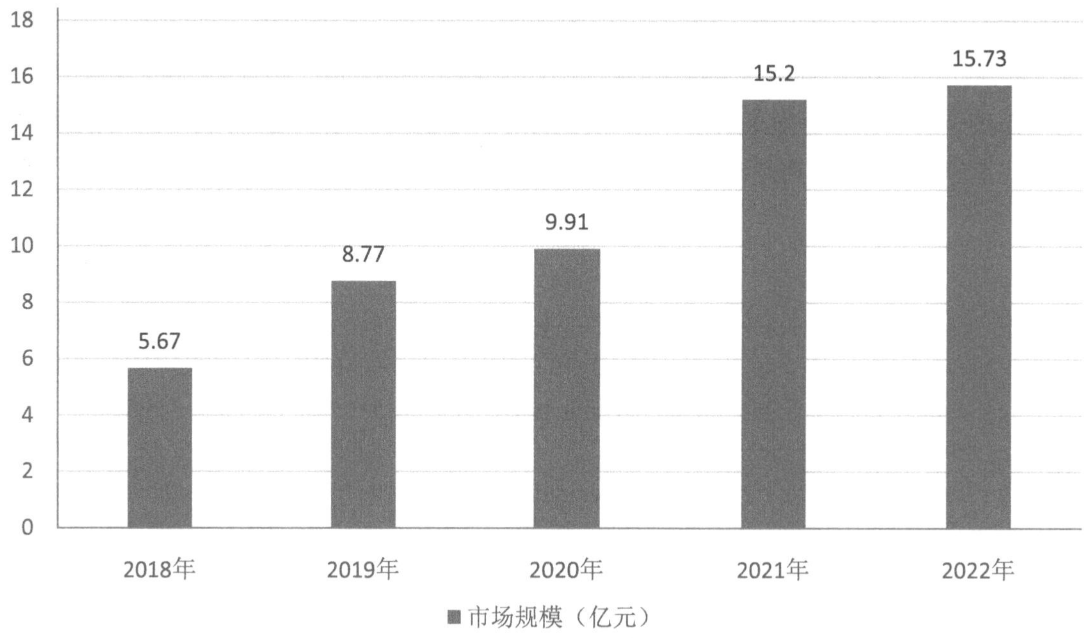

图3-11　2018—2022年华北地区DR影像设备市场规模分析

数据来源：中国医疗器械行业协会。

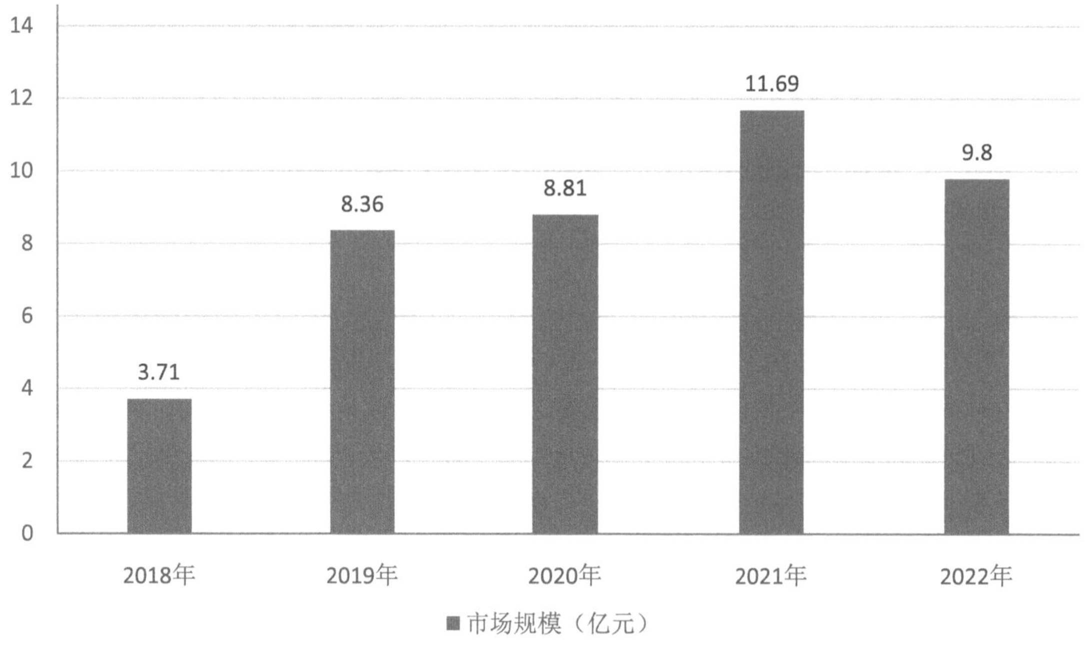

图3-12　2018—2022年西北地区DR影像设备市场规模分析

数据来源：中国医疗器械行业协会。

6.华南地区

华南区域由于经济发达，较早开始基层医院的DR采购，截至2019年，基层医疗采购基本完成，导致2019年DR市场规模相较于2018年略有下滑，下滑幅度约为10%。华南地区2018年市场规模为9.09亿元，2019年为8.27亿元。2020年，华南地区广泛开展公共卫生能力建设，二、三级医院采购量稳步提升，2021年市场规模约为16.64亿元。2022年，华南地区DR市场规模为20.34亿元。如图3-13所示。

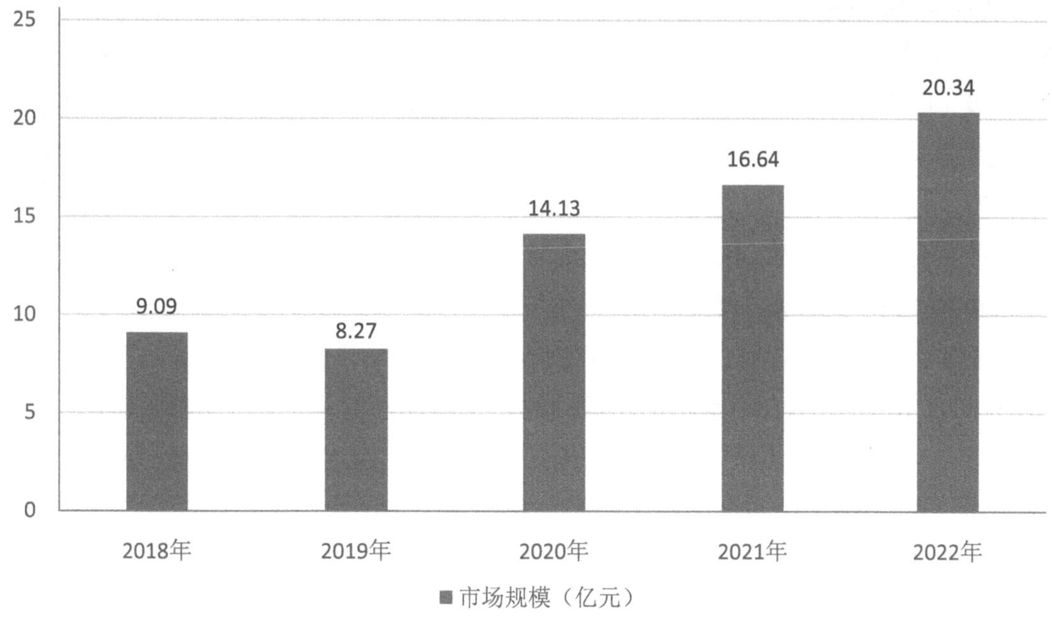

图3-13　2018—2022年华南地区DR影像设备市场规模分析

数据来源：中国医疗器械行业协会。

7.东北地区

东北地区2018年市场规模为3.31亿元，2019年为2.93亿元，2020年为7.59亿元。2021年，东北地区市场规模相较于2020年有所下降，为6.4亿元。2022年，东北地区DR市场规模为4.2亿元，位居七大区域之末。如图3-14所示。

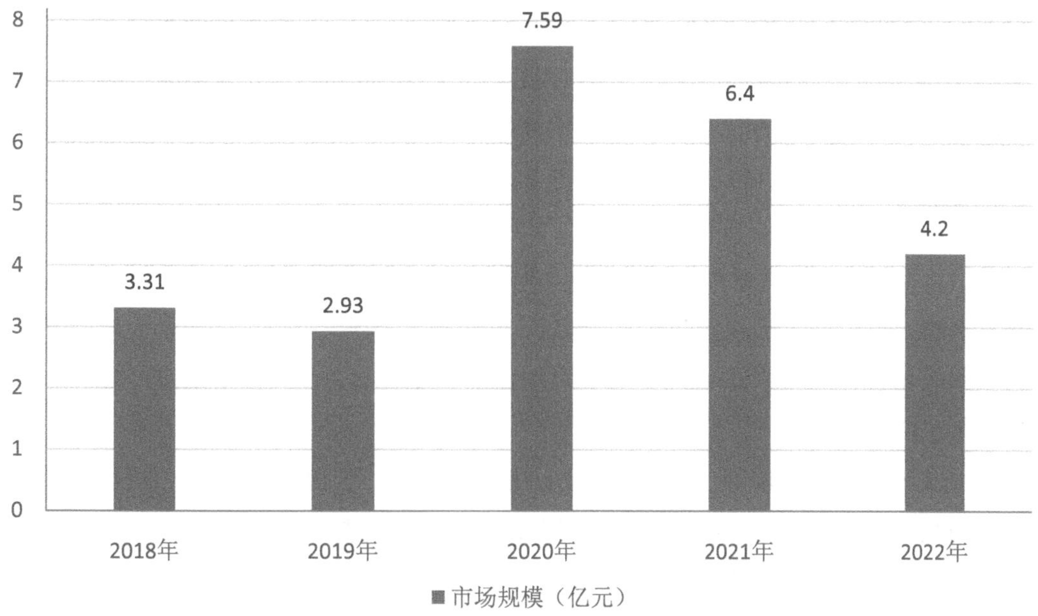

图3-14　2018—2022年东北地区DR影像设备市场规模分析

数据来源：中国医疗器械行业协会。

四、未来市场发展趋势

（一）市场发展驱动因素分析

目前，DR影像设备行业保持高速增长，有内外多种因素作用。从内部来看，主要包含技术革新、产品升级、模式迭代等。从外部环境来看，包括政策影响、用户习惯、全球经济周期等。

从关键因素来看，首先是技术革新方面。从全球DR行业来看，数字化X线摄影技术迎来了重要的技术更新阶段，包括三维化、能谱化、功能化、便携化、智能化和超低剂量化技术成为数字化X线摄影技术发展的主要趋势。其中，探测器技术发展与进步是关键，包括动态探测器技术、双层多能探测器技术以及单光子探测技术等。西门子医疗与深圳安健科技利用CBCT技术融合DR结构，创新了立位三维扫描与重建功能，实现了人在立位状态下对脊柱关节的三维影像扫描与重建，扫描时间短、剂量低，是DR与CT技术的重要融合。多层多能探测器技术是DR技术发展的另一个重要趋势，基于双层闪烁体涂层设计，当X射线经上层平板探测器后得到低能图像，X射线经上层平板、滤过层后通过下层平板探测器得到高能图像，通过双层平板探测器由此获得双能图像，真正实现了对X射线的高效率利用和影像处理，实现了双能减影技术的重大突破。最后，光子计数技术发展迅速，已经在乳腺DR上得到应用。所谓光子计数技术，原本来源于高能物理领域，自20世纪80年代提出以来，在弱光和微光的探测领域发挥了重要作用，也被公认为下一代X光成像技术。光子计数技术通过采用高速专用集成电路将X射线光子逐个计数，同时通过电路判断电压的阈值，把微弱的噪声屏蔽掉，可使得采集到的图像信号无暗噪声、图像灰阶度高、有超大动态范围，而且成像所需的辐射剂量低。与非晶硒平板探测器相比，光子计数探测器对环境温度湿度不敏感，因此可靠性强，维护成本也更低。

另一个关键因素，是政策影响。医疗行业受政策影响很大，比如国家大力推进民营资本进入医疗市场，助推了医院的快速增长；国家对医药实行“两票制”，也导致很多医药经销单位倒闭。2021年，国家发布“千县工程”计划，“千县工程”是我国医疗领域一项重大国策，旨在通过5年努力（2021—2025年），完成至少1000家县医院达到三级医院医疗服务能力水平，以县级医院为重点，完善城乡医疗服务网络。“千县工程”计划将对未来三年医疗设备市场的发展与建设带来重要机遇。目前来看，随着健康发展事业的各项规划的落地，未来5年医疗领域的发展是非常乐观的。比如：二胎政策放开之后，中国每年将新增800万人口；老龄化趋势愈加严重，2021年，第七次中国人口普查数据显示，中国60岁以上人口达到26402万，占比为18.7%，人口老龄化进一步加剧，老龄化推动医疗产业快速发展和升级。分级诊疗也为医疗器械市场提供了巨大的机会。目前基层医疗机构在分级诊疗运作上的难点本质上包括医护人员和医疗硬件上的缺乏和落后，升级刻不容缓。此外，医院的大幅增建，国产设备崛起，进口替代加速，也让中国DR行业有了更加强劲的发展动力。人民币贬值，对于中国企业走向世界，也提供了良好的机遇。

在医疗设施尚不发达的东南亚、东欧、南美、非洲等地区，为提高当地医疗条件，对DR摄影产品的需求也十分巨大，尤其是对功能齐全、实用性较强的医疗设备有较大的需求。2014年9月，中国医药物资协会医疗器械分会与东盟国际贸易促进委员会达成一致意见，从2015年起将从中国进口10亿美元的医疗器械，其中包括B超机、X光胶片机、X光线乳腺机等设备。我国生产的DR摄影产品以高性价比获得东南亚、东欧、非洲等国外市场的青睐，将有助于我国DR影像设备产品出口增长。

（二）发展趋势预测

总体而言，DR影像设备仍处于快速成长期，市场广阔，未来仍有较大发展潜力。在市场需求端，中国相较于欧美等国家，DR渗透率仍然较低，仍有巨大的成长空间，同时随着中国人口老龄化程度的进一步提高，对DR影像设备的需求会持续释放。此外，随着“健康中国”战略实施，分级诊疗政策的推进，各省各市都陆续出台了相关政策支持DR影像设备的采购。预计到2025年，中国DR医疗市场规模将会突破200亿元规模。

第三章 行业发展分析

一、市场发展分析

（一）历年生产情况分析

2003年起，我国医院开始配置DR系统，并开始了对模拟X线摄影设备的替代过程，随着“健康中国”战略的实施，分级诊疗政策举措的推进，国内医疗基层卫生设施建设迎来发展的快车道，广大基层医疗机构释放出大量的DR影像设备需求。2007年我国DR设备年销量仅为720台，到2012年，我国DR设备年销量增长到7000台，到2018年增长到12800台，2020年DR销量已经达到16000台，年均复合增长率18.1%。行业产值也从2015年的56亿元规模，增长到2020年的近120亿元规模。2021年，DR行业产值143亿元，相较于2020年，增长19.2%。2022年，受限于基层医疗市场需求的大幅度下滑，DR行业产值相较于上一年度，下降了约13亿元。受益于出口扩大和新技术的应用，2023年，预计行业产值将达到140亿元。2025年，行业产值有望突破150亿元。

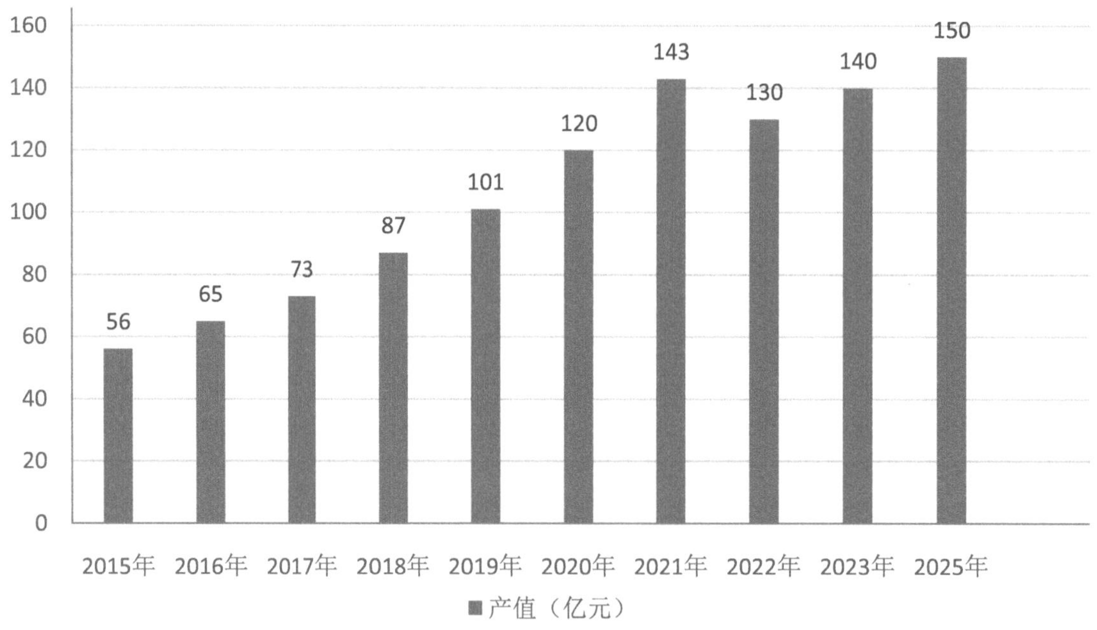

图3-15 2015—2022年DR行业产值增长

数据来源：中国医疗器械行业协会

（二）细分产品生产情况分析

1.固定DR

2017—2022年，由于各级医疗机构加快医疗基础设施建设，DR行业产值稳步增加。固定DR主要包括以下几种结构：悬吊式DR、落地式双立柱DR、落地式臂式DR、胃肠DR。2021年，固定DR的产值约为103亿元。2022年，固定DR行业产值略有回落，约为101亿元。如图3-16所示。

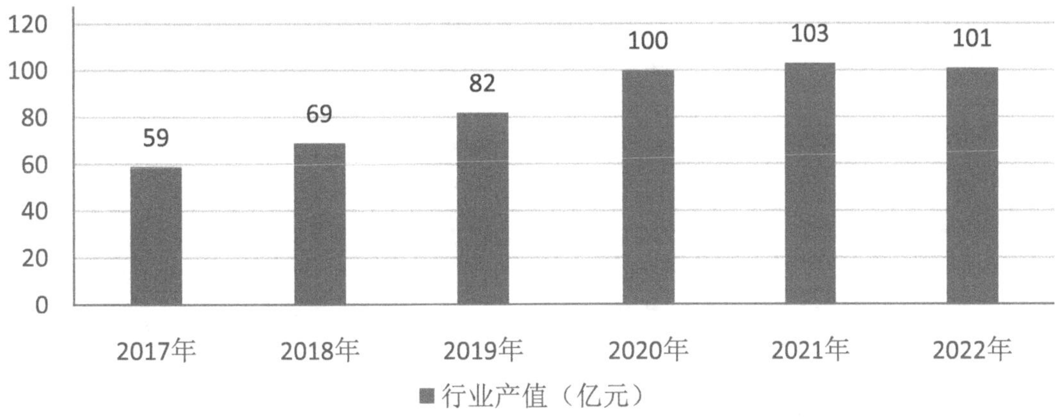

图3-16　2017—2022年固定DR行业产值增长

数据来源：中国医疗器械行业协会。

固定DR在技术上又分为静态DR与动态DR两种。其中，静态DR行业增长逐步减缓并处于停滞增长态势，动态DR保持高速增长，2022年动态DR在2021年基础之上继续保持快速增长，动态数字化X线摄影技术趋势进一步加快。如图3-17。

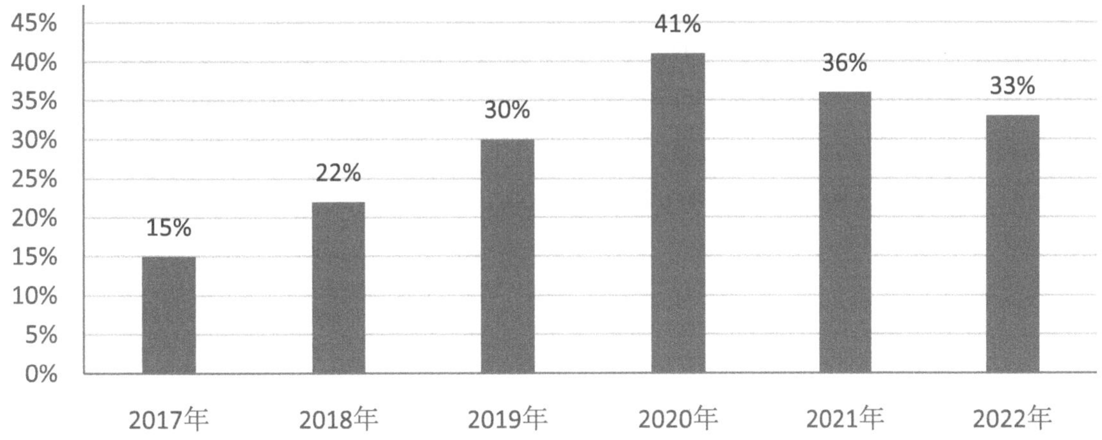

图3-17　2017—2022年动态DR行业增长率

数据来源：中国医疗器械行业协会。

2.移动DR

2017—2022年，迎来了移动DR的高速发展。国内各级二级及以上医院，广泛配置移动DR设备，移动DR获得快速增长。2020年新冠疫情加速了移动数字化X线机的广泛普及，作为发热门诊、ICU、隔离病区的必要设备，移动数字化X线机凭借近床摄片的灵活、快速摄片优势，快速在二、三级医院得到装机普及。2017年移动DR产值规模为6.3亿元，2019年则增长到10.5亿元。受疫情应急采购需求的快速释放，2020年中国移动数字化X线机的行业产值规模达到了30亿元规模。2021年，移动DR市场进入平稳发展期，全年移动DR行业产值规模为22亿元。2022年，移动DR行业产值规模约为18亿元，受限于移动DR在疫情期间的快速普及，移动DR的市场需求逐步回落至稳定水平。如图3-18所示。

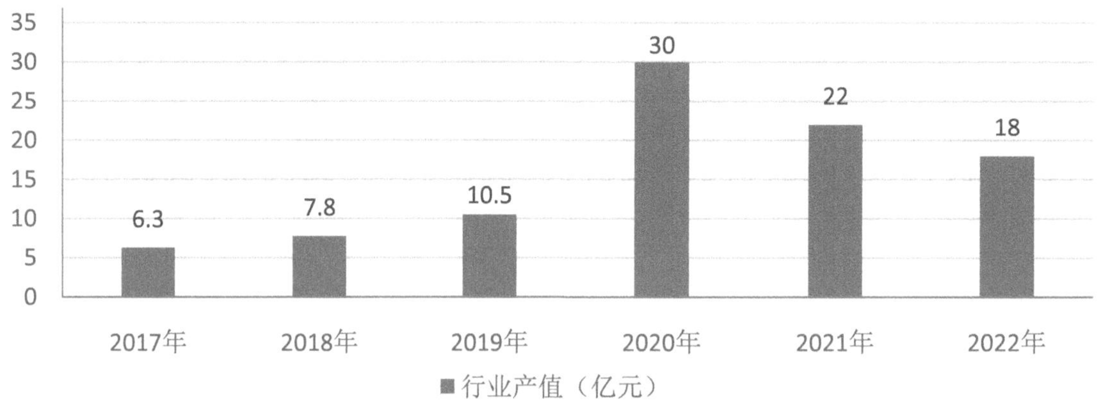

图3-18　2017—2022年移动DR行业产值增长

数据来源：中国医疗器械行业协会。

3.乳腺DR

伴随国家广泛进行两癌筛查，乳腺DR作为乳腺癌筛查的必要设备，在微小钙化的识别中具有其他影像检查设备无可比拟的检查优势。目前乳腺摄影技术发展迅速，包括2D乳腺摄影技术、3D TOMO乳腺摄影技术以及CESM乳腺摄影技术在临床上得到广泛应用，在乳腺癌的检查上具有高检出率。乳腺癌的早期筛查、早期发现、早期介入的治愈率高，近几年在二、三级医院得到广泛的配置。目前，包括联影医疗、安健科技、圣诺医疗、万东医疗、蓝影医疗在内的国产乳腺设备厂商获得快速发展。2017年，乳腺DR设备行业产值为8.4亿元。2019年约为11.3亿元。2020年，乳腺DR市场规模约为14.4亿元。2021年，乳腺DR市场规模约为18.72亿元。2022年，乳腺DR行业市场规模约为24.63亿元。如图3-19所示。

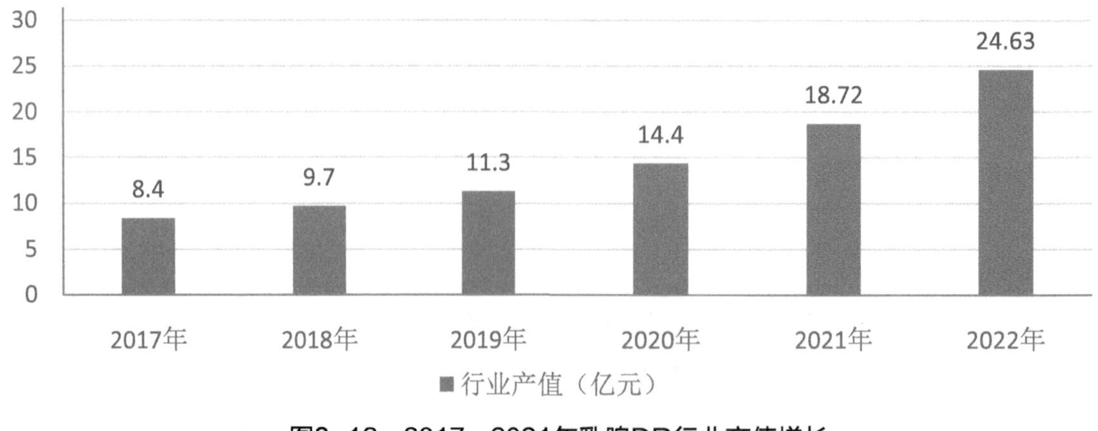

图3-19　2017—2021年乳腺DR行业产值增长

数据来源：中国医疗器械行业协会。

二、技术发展分析

（一）技术的发展状况

作为国产化率最高的影像设备，DR数字化摄影技术目前在中国获得成熟的发展，在诸多技术发展方向上都走在世界前列。其中包括动态功能成像技术、单光子成像技术、立位三维技术、高清低剂量数字化X线摄影技术、人工智能数字化X线摄影技术等。其中，以西门子医疗、安健科技、联影医疗、通用医疗为代表的数字化X线创新技术公司走在前列。目前，DR的技术发展趋势主要为以下几种发展方向。

第一，动态数字化X线摄影技术。由于常规的DR拍片是二维图像，尤其是胸片，由于胸部纵隔心影重叠像以及膈下肋骨重叠部位，导致相关细微病变很难准确诊断。动态数字化X线摄影技术通过动态多角度的观察，快速捕捉病灶点，实现数字化X线摄影的精准诊断。对于复杂体位的影像质控摄片，动态数字化X线技术也有常规静态摄片不可比拟的优势。此外，动态器官功能成像技术可以利用传统影像技术中的肋骨减弱、频率增强处理，基于对特定组织结构的定量跟踪分析，为膈肌、肺野面积变化率、肺通气功能、肺血流灌注气道直径、肺纵向活动度、肺血流量化等提供多种量化的诊断指标，实现高精度的检查。目前，动态数字化X线摄影技术在中国快速发展，动态数字化X线机产品覆盖所有常用DR机型。

第二，三维化X线摄影技术发展趋势。数字化X线摄影长期以来限制于二维解剖成像，难以对病灶形成全方位多角度的观察诊断，导致在微小病灶、占位性病灶、隐匿性病灶等诸多疾病的诊断上，有较高的漏诊与误诊率，尤其是在骨关节的X线摄影检查上。不同于早期断层融合摄影技术，三维化技术可以实现对下肢、腰椎等部位的MPR多平面扫描与重建，包括VR重建、MIP最大密度投影重建等，可实现在立位状态下的三维化扫描与三维影像输出。补位CT解决长期以来影像设备在立位状态下的三维化影像缺失。目前，该项技术已经在西门子医疗与安健科技的数字化X线摄影技术平台实现，未来有望引领数字化X线摄影从二维时代迈向立位三维时代。

第三，超低剂量摄影与高清摄影技术发展趋势。超低剂量技术与高清摄影技术是目前数字化X线行业快速发展的两大技术。基于单光子探测器技术的超低剂量技术取得了重要突破，百微平板探测器实现了规模量产，高达1800万的像素与5l线对数/毫米的空间分辨率，引领数字化X线摄影走向高清时代。

第四，AI人工智能技术。AI人工智能技术在2020年取得了长足的突破与发展，18个AI产品获得NMPA审批，获得上市许可，其中包括与数字化X线摄影相关的AI智能医疗诊断产品。AI智能诊断可以帮助临床诊断医生在乳腺钙化与结节识别、胸部结节识别以及骨折等场景中，提升初筛的效率，降低医师每日筛查诊断的工作强度，进一步地有效减少漏诊、误诊的发生。

总体而言，DR数字化摄影技术目前正朝着以上四个方向快速发展，普放不普通，数字化X线摄影创新技术不断发生。从二维到三维、从静态功能评估到运动功能评估、从人工到AI智能，数字化X线摄影技术正朝着更加符合临床需求的功能快速发展。

（二）技术的进展

在DR数字化摄影技术的具体进展上，目前国产DR设备厂商均取得了长足的进步。在动态DR创新技术上，安健科技率先研发出自产的全新一代动态43×43厘米大视野平板探测器，具备高对比度、高像素、高帧率与高空间分辨率等特点，探测器性能达到世界先进水平，并已经实现无线动态平板探测器量产。在三维化摄影技术上，西门子医疗与安健科技分别通过两种截然不同的技术路径，实现了人在站立位下的三维化扫描与三维化影像，弥补了传统数字化X线摄影二维成像的不足，填补了CT、核磁在站立位下的三维影像信息不足的问题。不同于断层融合等数字化X线技术的三维化，只能实现冠状面下的三维影像重建，西门子医疗与安健科技的三维化技术可以实现包括横断面、矢状面、冠状面的全三维影像、MIP最大密度投影影像、VR体绘制等诸多三维成像功能。

在超低剂量平板技术和高清成像技术上，来自深圳的帧观德芯科技发布了光子计数X射线成像技术，与传统的非晶硅探测器不同的是，光子计数X线技术无须闪烁体进行X光到可见光的转换，采集到的图像噪声低、图像灰阶深度高，具有更大的动态范围、更低的剂量。

此外，部分国产厂商正在积极探索新一代的低剂量探测技术，如超低剂量-MINI相衬成像技术与MINI-FOV成像技术。

在AI人工智能技术上，以推想科技、联影医疗、汇医慧影、深睿影像、翼展科技、锐达影像等为代表的诸多医疗AI智能公司已经在诸多疾病诊疗领域取得重大进展。以推想科技为例，其AI辅助诊断技术现阶段已较多地渗透恶性肿瘤的诊断，尤其针对肺癌、乳腺癌等疾病诊断已有较好的应用；下一阶段，预计在心脑血管疾病诊断方面会有更多突破。汇医慧影的智能AI技术可以实现胸片筛查，可以辅助胸部DR诊断，病灶区域自动识别和勾画，针对胸部气胸、肺结节、肺结核、肿块的自动诊断准确率高达95%，可以做胸片检查的初筛，大大提高了诊断效率，降低漏诊率。除此之外，针对手骨、足骨等小骨骨折和隐匿性骨折，通过深度卷积神经网络算法，可对DR、CR等设备不容易发现的骨折影像进行智能辅助诊断，自动识别勾画骨折处，给医生诊断和治疗提供辅助支持。

（三）技术发展趋势分析

总体而言，未来医疗影像主机包括DR设备都将会朝着向更清晰、更快速、更安全、更便携、更智能等五大趋势发展。具体技术上，未来DR数字化摄影技术将会主要朝着动态摄影技术、三维化摄影技术、功能成像技术、能谱技术、超低剂量技术、AI人工智能技术等趋势快速发展。

三、行业竞争情况分析

（一）竞争情况概述

在DR数字化X线摄影设备领域，目前在中国市场销售的进口品牌包括西门子、飞利浦、锐珂、通用、岛津、东芝、佳能、柯尼卡等。国产品牌主要有联影、安健、迈瑞、万东、蓝韵、康达、开普、东软、安科、新华、深图等品牌。从品牌数量上看，国内DR品牌商的数量远远大于国际品牌，目前市场上有50多家国内DR品牌，数量趋于稳定。在市场销售上，国产品牌领先于进口品牌，以联影医疗、安健科技、万东医疗、迈瑞医疗为主的四大国产DR设备公司占据了国内近50%的市场份额，DR前十大销量排名厂商中前五名均为国产设备厂商。值得注意的是，自2020年开始，国产各大DR设备厂商，先后推出了多款创新X线机产品，面向高等级医院市场强化国产渗透，三级医院DR国产化率进一步提升。

（二）竞争格局

整体来说，2022年DR市场中，通用、飞利浦、西门子、锐锕、岛津等品牌主要占据国内少量高等级医院DR设备市场，市场份额相对较小。与此同时，进口品牌强化对基层医院市场的渗透，形成了国产设备厂商向上生长，进口设备厂商向下扎根的局面。2022年，以联影医疗、安健科技、万东医疗、迈瑞医疗为主的国产DR设备厂商仍然占据着主要市场份额。值得注意的是，国产DR设备厂商的研发创新，DR产品先进性水平明显提升，三级医院对国产DR产品的接受度和认可度明显提升，国产DR的市场渗透率始终保持在70%以上水平。

其中，安健科技、万东医疗、联影医疗、迈瑞医疗等4家DR国产DR设备厂商，在国内DR市场占据接近50%的市场份额，DR市场竞争持续向头部设备厂商集中。2022年，联影医疗以12%的市场占有率，位居国内第一。安健科技市场份额为11%，位居国内第二。万东医疗DR销售1024台，市场份额10%，国内第三。紧随其后的分别是，西门子医疗7%、迈瑞医疗7%、普爱医疗7%、岛津医疗5%、通用医疗4%。市场占有率前十的DR设备厂商中，其中50%为国产DR设备厂商，国产设备厂商在三级医院市场的渗透率稳步攀升。如图3-20所示。

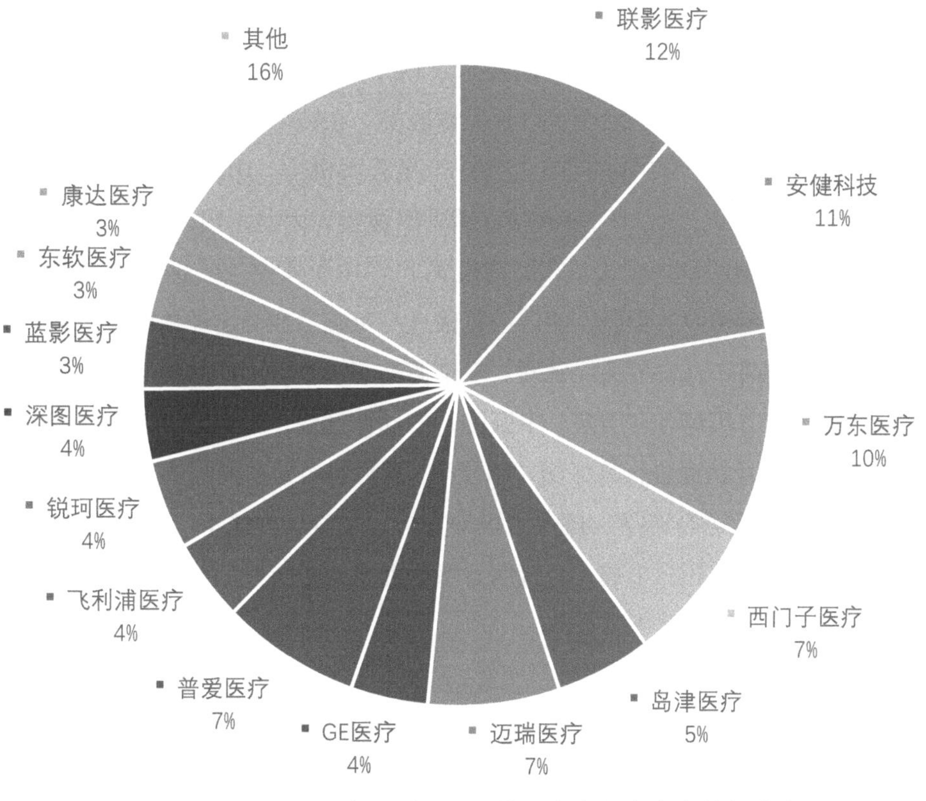

图3-20　2022年国内DR品牌厂商市场占有率份额分布

数据来源：中国医疗器械行业协会。

（三）竞争策略

对于DR影像设备产业的市场发展来说，由于产业链上下游的成熟度进一步提高，产品之间的同质化竞争愈加激烈，如何避免单纯的价格竞争，摆脱产品功能与设计的同质化竞争局面，基于临床需求研发出更加符合临床诊疗需求的设备是竞争的关键。产品是竞争的核心和关键，也是品牌的核心内涵，中国DR设备厂商要在产品上持续创新，基于中国市场更为复杂的临床应用场景，设计和开发出更精准、高效、低剂量、智能的DR产品。此外，要做好DR设备的售后服务，深化售后服务意识，强化售后服务的专业性、规范性、透明性。在全球市场竞争中，中国DR厂商要基于全球市场进行产品研发，根据全球市场的差异性进行有针对性的产品定价、产品推广与渠道合作，深度参与国际化竞争。

四、销售渠道分析

（一）市场运作模式分析

DR影像设备与其他大型影像设备一样，在生产方面，有刚性批量备件库以及多品种小批量柔性生产构成。刚性批量备件库存模式可以在最大程度提高生产效率的同时，降低生产成本，目前包括安健科技、万东医疗、联影医疗、迈瑞医疗在内的主要DR厂商都是采用“刚性”+“柔性”的生产模式。

在销售方面，DR影像设备在国内主要采取的是经销商模式，个别DR厂商采用的是代理商模式（如迈瑞）。在经销商模式下，DR影像设备厂商专注于产品的研发、工程化、生产以及售后服务技术支持，经销商负责产品在终端医院的销售。

（二）营销模式分析

DR影像设备的下游采购用户主要为各级医院和其他专业医疗机构，包括三级、二级、一级医院、基层医院（社区服务中心、乡镇卫生院）以及民营医院。在医院性质上，包括综合性医院、专科医院、中医院、妇幼保健院以及疾控中心等专业医疗卫生公共机构。DR影像设备的下游客户存在着数量大、分布广、类型多的特点，生产厂家依靠直销难以覆盖。因此，国内主要DR影像设备厂商采取的都是经销为主、直销为辅的销售模式。在经销模式下，DR影像设备厂商通过经销商进行DR影像设备的经营销售活动，并对经销商的资质、能力进行筛选与审查，在确定经销商符合经销资格后签署销售合同，并根据合同约定将产品销售给经销商。经销商购买产品后，产品的所有权即发生转移，再由经销商将产品最终销售给各级综合性医院、中医院、妇幼保健院、专科医院以及疾控中心机构等终端客户。生产厂家为了防止经销商进行跨区域“窜货”，会限定经销商的经销区域范围。与此同时，生产厂家也会固定针对经销商进行产品、技术的培训支持。在直销模式下，DR影像设备厂商直接参与各级政府部门组织的医疗器械招标采购，直接向各级医疗机构进行产品销售，并针对终端装机用户提供必要的产品技术培训支持和持续售后服务。

五、产业未来发展趋势

2020年，新冠疫情的全球性蔓延，对全球医疗公共卫生能力的建设提出了严峻挑战，暴露出全球公共卫生医疗能力建设的不足，加速了医疗器械设备的全球化发展进程。在中国，疫情暴露出我国在公共卫生医疗能力建设上的短板，医学影像设备是公共卫生医疗能力建设的必要环节，DR行业将会受益于中国公共卫生医疗能力建设。

进入后疫情时代，强化医疗公共卫生能力建设成为全球共识，包括非洲、亚洲、南美洲等诸多国家纷纷强化医疗卫生能力建设。在中国，国产医疗影像行业多数仍在成长期，且中国医疗影像市场广阔，未来仍有较大发展潜力。在市场需求端，中国相较欧美等国家，DR渗透率仍然较低，仍有巨大的成长空间，同时随着中国人口老龄化程度的进一步提高，对DR影像设备的需求会持续释放。此外，随着“健康中国”战略实施，多个部委出台了系列政策支持、促进DR医学装备的发展。如表3-2所示。

表3-2 2011—2022年出台支持促进DR影像装备发展政策汇总

序号	时间	政策	颁布部门
1	2011年	《医疗器械科技产业发展专项规划（2011—2015）》	科技部
2	2011年	《医疗器械科技产业“十二五规划”》	科技部
3	2011年	国产创新医疗器械“十百千万工程”	科技部、卫生部联合有关地方政府
4	2014年	《优秀国产医疗设备遴选品目录》	国家卫计委
5	2015年	《数字诊疗装备重点专项实施方案（征求意见稿）》	科技部
6	2015年	《中国制造2025》	国务院
7	2016年	《“健康中国2030”规划纲要》	中共中央、国务院
8	2016年	《“十三五”国家战略新兴产业发展规划》	国务院
9	2017年	《“十三五”医疗器械科技创新专项规划》	科技部、国家卫计委
10	2017年	《关于深化审评审批制度改革鼓励药品医疗器械创新意见》	国务院
11	2017年	国务院刊发经济日报评论文章《创新能力从弱到强关键技术从低到高产业发展从小到大医疗器械产业实现“国产化”突围》	国务院 经济日报
12	2018年	《关于促进首台（套）重大技术装备示范应用的意见》	国家发展改革委
13	2019年	《2018—2020年大型医用设备配置规划》	国家卫健委
14	2020年	《关于推进国家技术创新中心建设的总体方案》	科技部
15	2021年	《医疗装备产业发展规划（2021—2025年）》	工业和信息化部
16	2021年	《“千县工程”县医院综合能力提升工作方案（2021—2025年）》	国家卫健委
17	2021年	《“十四五”医疗装备产业发展规划》	工业和信息化部等十部门
18	2022年	《国家卫生健康委办公厅关于印发<“千县工程”县医院综合能力提升工作方案（2021—2025年）>的通知》	国家卫健委

数据来源：中国医疗器械行业协会。

国务院先后出台多条指导意见，引导县级医院与公立医院改革。国家卫健委先后推出《县医院医疗服务能力标准（2016年）》、《全面提升县级医院综合能力工作方案（2018—2020年）》、《“千县工程”县医院综合能力提升工作方案（2021—2025年）》，方案明确要求：坚持以人民健康为中心，坚持新发展理念，以满足县域人民群众医疗服务需求为出发点，巩固拓展脱贫攻坚成果同乡村振兴有效衔接，加快完善分级诊疗体系，推动县医院进入高质量发展新阶段。推动省市优质医疗资源向县域下沉，逐步实现县域内医疗资源整合共享，有效落实县医院在县域医疗服务体系中的龙头作用和城乡医疗服务体系中的桥梁纽带作用，力争通过5年努力，全国至少1000家县医院达到三级医院医疗服务能力水平，为实现一般疾病在市县解决打下坚实基础。县医院能力建设为DR设备发展提供了重要机遇。

与此同时，进口替代与现有医院设备升级换代也将为DR影像设备提供广阔的发展空间。在进口替代趋势下，安健科技、万东医疗、联影医疗、迈瑞医疗、蓝影影像等本土企业的综合竞争力和市场份额不断提升，产品技术、功能与设计都已经达到世界一流水平，DR设备的国产化率持续提升，高等级医院DR装机国产化率持续渗透。

在国际市场，广大的亚非拉等发展中国家，仍然处于CR时代，X线数字化摄影需求持续快速增长，未来将会有一批中国DR影像设备企业走出去，为全球市场提供来自中国智造的优秀DR影像设备。

第四章　产业链分析

一、产业链构成

医疗影像产业链主要由六大环节组成，产业链条较长，其中关键部分为中游核心组件与主机制造。具体可以分为原料生产、零部件生产、核心组件制造、主机制造、系统集成以及终端医院。其中，原料和零部件处于上游，核心组件（探测器、高压、球管、机架）属于中游，系统集成和医院属于下游。相对来说，DR影像产业链的中游包括平板探测器、高压发生器、球管，是DR影像产业链中最重要也是技术最为复杂的关键核心环节。目前，包括平板探测器、高压发生器、球管在内的DR核心部件已实现了国产。在探测器环节，以奕瑞科技为代表的国产探测器部件供应商，已经成为全球前三的探测器核心部件供应商，具备非晶硅探测器、CMOS/单晶硅探测器、IGZO探测器、非晶硒等探测器的研产能力，占据全球约12%的探测器市场份额，探测器供应包括柯尼卡、锐珂、富士、西门子、飞利浦、安科锐、DRGEM、上海联影、万东医疗、普爱医疗、蓝影影像、东软医疗、深圳安科等在内的国产以及进口整机设备厂商。此外，在整机厂商中，安健科技是国产设备厂商中少有的进行产业链垂直一体化发展的医疗科技公司，具备从探测器、球管、高压发生器、精密机架到图像处理的全产业链研产能力。在高端动态平板探测器方面，安健科技已经研发生产出包括43×43厘米大尺寸有线、无线非晶硅动态平板探测器。图3-21所示。

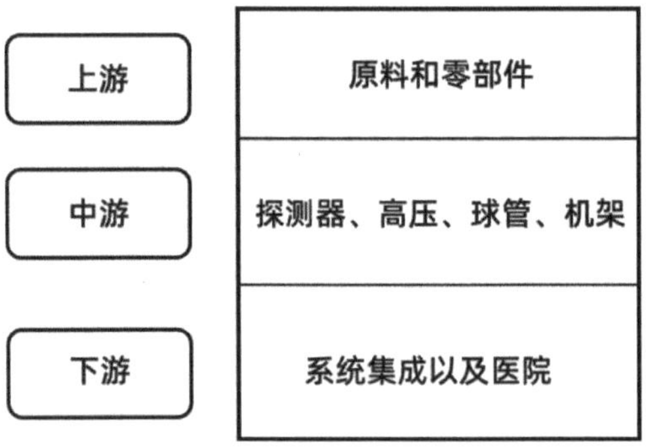

图3-21　DR影像产业链构成

二、产业链上游行业发展分析

（一）上游行业发展现状

DR影像链的上游包含众多原材料，主要分为电子元器件、传感元件、材料以及相关的结构件。在电子元器件里，主要包括集成电路（数字芯片、模拟芯片）以及电路组件（PCB、连接器、开关以及电容电阻）。传感元件以及材料主要有探测器、球管、压电陶瓷等。在结构件里，主要包括各种钣金件、塑料件、压铸件和标准件。其中，DR影像的传感元件是数据采集最为重要的环节之一。目前在上游的DR影像传感元件供应商里，国产厂商包括上海奕瑞、江苏康众医疗科技、上海品臻影像等上游公司，进口厂商包括瓦里安、泰雷兹、东芝（佳能）等上游公司。DR产品技术在大型影像设备中较易突破，国产基本实现自产。另外包括高压发生器、球管在内都具备完善的上游国产供应链公司。整体而言，随着近年来的基层市场扩容，基层医疗机构广泛配置DR影像设备，促进了上游供应链厂商的快速发展，DR设备的国产化率已经达到70%左右规模，产品集成化程度高，具备诸多领先的功能。

（二）上游行业对本行业影响

DR影像产业链上游对行业的影响主要表现为技术和市场两个层面。在技术方面，由于DR影像中的信号链主要由放大器、滤波器、数模转换器等组成：从物理信号到数字信号主要经过滤波器对信号进行筛选，用放大器进行电路放大、自动控制和测量，用数据转换器进行转换计算，最终变成数字信号进入数字世界存储和处理，反之会经过相反过程。其中，信号链是DR医疗影像设备中通用且重要的组件，直接影响数字成像质量：尽管不同成像原理涉及不同物理量的测量，但都包括模数信号转换、预调理等过程，是对模拟信号采样的必经过程，其高精度特性（如动态范围、分辨率、准确性、线性度和噪声）将决定最终数字成像的质量。随着目前DR影像朝着更清晰、更快速、更安全、更便携、更智能等五大趋势向上游传导影响信号链、传感元件及材料等领域，其中信号链在医疗影像的未来五大趋势中发挥主要作用。在市场方面，随着上游产业链的进一步成熟，国产DR设备功能将会得到进一步提升，在高端成像技术上，实现更大范围的国产替代。

三、产业链下游行业发展分析

（一）下游行业发展现状

DR设备的产业链下游主要为各级医疗机构，包括公立与民营医疗结构，在公立医疗机构中又包含各类级别的医疗机构。其中，在下游医疗机构中，二级、三级医院共12519家，由于科室设置相对完善，对基本医疗影像设备需求多样；一级医院、社区及乡镇卫生院、专科医院共92610家，需求主要集中在X光机。2013—2019年，基层医院万元以上设备数持续增长，其中50万元以下设备由4723台增至7326台，50万~100万元设备由75台增至265台，100万元以上设备由21台增至69台。如表3–3所示。

表3–3　中国医疗机构DR影像设备配置①

医疗机构	数量（台）	床位（张）	影像科设置	DR影像设备
三级医院	2681	>500	放射科	多台
二级医院	9478	100~499	放射科	多台
一级医院	11014	20~99	X光室或放射科	1~2台
社区卫生服务中心	35176	20~99	X光室或放射科	1~2台
乡镇卫生院	36179	<19	X光室或放射科	1~3台
专科医院	10241	不等	X光室或放射科	不等

数据来源：中国医疗器械行业协会。

① 数据采用国家卫健委发布的全国医疗机构数量，以 2019 年 11 月底数据为准。

（二）下游行业对本行业影响

在下游市场主要将受到以下几个因素的影响：人口老龄化、设备低渗透率、分级诊疗。在人口老龄化方面，根据第七次人口普查数据显示，2018年，我国60周岁及以上老年人口规模为2.49亿人，占总人口比重达到17.9%。2019年，我国60周岁及以上人口25388万人，占总人口的18.1%，65周岁及以上人口17603万人，占总人口的12.6%。2021年第七次人口普查结果数据显示：2021年60周岁及以上人口26402万人，占总人口的18.7%，65周岁及以上人口19064万人，占总人口的13.5%。从目前的趋势来看，未来中国老龄化速度会以较高斜率上升，"十四五"期间中国或进入中度老龄化社会，2030年之后65周岁及以上人口占总人口的比重或超过20%，人口老龄化将会带来DR设备的持续扩容。

此外，中国医疗影像设备相比发达国家渗透程度较低，增长空间较大。对比日、美、韩、中在DR领域的渗透程度来看，中国相较其他国家差距较大，市场发展潜力较大。以美国为例，2019年美国每百万人口DR保有量约为中国的10倍。如图3-22所示。

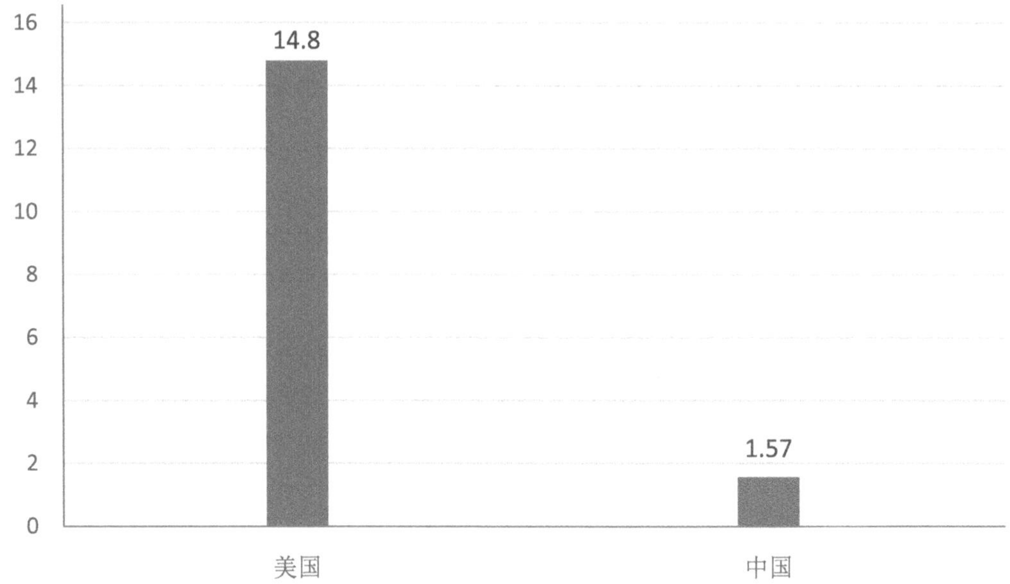

图3-22　2019年中美每百万人口DR保有量

数据来源：中国医疗器械行业协会。

伴随分级诊疗的进一步发展，县级医院以及基层医院的诊疗能力会进一步释放，带来影像设备需求的释放，会促进DR影像设备进一步发展。预计到2030年，中国DR每百万人口保有量将会与美国的距离缩短至5倍以内。

第五章　国内外重点企业分析

一、联影医疗

联影医疗在DR产品线中拥有包括高端悬吊DR悟空系列、移动DR哪吒系列、嫦娥3D乳腺DR，以及双立柱与直臂DR机型。其高端悬吊DR悟空系列产品，采用了高精度大尺寸高清整板平板探测器，优质球管与高压发生器。全自动机架具有一键智能摆位功能、自动束光器调节、无线遥控控制等功能设计，大幅提升检查效率。2022年，联影医疗DR产品线销售数量为1146台（套），销售金额4.9亿元，市场占有率11.76%，位居国内第三。如表3–4所示。

表3–4　2022年联影医疗DR销售额及市场份额分析

年份	销售台（套）	DR销售额（亿元）	市场份额
2022	1200	5.7	11.5%

数据来源：联影医疗企业财报，中国医疗器械行业协会。

二、安健科技

（一）企业概况

深圳市安健科技股份有限公司（成立于2002年），总部位于深圳，是目前国内医用数字化X线设备行业的领军公司，持续专注于数字化X线影像设备研发创新与制造，拥有近百项数字化X线技术与发明专利，是全球少有的实现数字化X线设备垂直一体化发展的医疗科技公司，具备数字化X线设备探测器、球管、高压发生器、精密机械与影像处理等五大核心部件的研发制造能力，DR整机出口到欧洲、美洲、非洲、东南亚、中亚等近100个国家和地区，是国内动态数字化X线摄影技术、立位三维数字化X线摄影技术、数字化X线动态功能成像技术的开拓者与引领者。与此同时，安健科技也是国内第一家具有先进动态探测器研发创新技术的DR整机厂商。

（二）经营情况

作为国内动态DR摄影创新技术的领先公司，安健科技在常用DR机型中（悬吊式、床式、双立柱式、臂式）全面实现动态化，动态DR产品销量稳居行业第一，2012—2022年DR设备全球装机数超过10000台（套），是国内少有的近5年来DR销量始终保持在千台以上的设备厂商之一。2022年，安健科技实现整机销售1068台（套），整体销售额4.6亿元，市场占有率10.7%，位居国内第二。如表3–5所示。

表3–5　2022年安健科技DR销售额及市场份额分析

年份	销售台（套）	DR销售额（亿元）	市场份额
2022	1068	4.6	10.7%

数据来源：安健科技企业财报，中国医疗器械行业协会。

三、万东医疗

（一）企业概况

北京万东医疗股份有限公司成立于1955年，专业从事影像类医疗器械的研发、制造、生产，以及影像诊断服务，1997年在上海证券交易所成功上市，是全国医用诊断X线机生产企业中的首家上市企业。总部位于北京，建有北京、上海两大研发生产基地，生命事业覆盖大型影像产品（北京万东）、移动影像产品（上海万东）、影像诊断服务（万里云）、X线球管（杭州万东）和超声诊断产品（万东百胜）。目前，万东医疗普及型射线产品的市场占有率居全国前列，DR销量连续多年创国内佳绩。出口至世界80多个国家及地区，累计为全世界提供10万台（套）医学影像设备，年服务患者数量超过1.5亿人次。

（二）经营情况

作为国内DR设备的老牌制造商，万东医疗2022年实现DR整机销售1024台（套），DR整体销售额4.2亿元，市场占有率10.3%，DR市场占有率位居国内第三。如表3–6所示。

表3–6　2022年万东医疗DR销售额及市场份额分析

年份	销售台（套）	DR销售额（亿元）	市场份额
2022	1024	4.2	10.3%

数据来源：万东医疗企业财报，中国医疗器械行业协会。

四、迈瑞医疗

（一）企业概况

深圳迈瑞生物医疗电子股份有限公司创立于1991年，于2018年10月在深圳证券交易所创业板挂牌上市。

迈瑞医疗主营业务覆盖生命信息与支持、体外诊断、医学影像三大领域，通过前沿技术创新，提供更完善的产品解决方案，帮助世界改善医疗条件、提高诊疗效率。历经多年领域内深耕，公司已经成为中国最大、全球领先的医疗器械以及解决方案供应商。

迈瑞医疗产品及解决方案已应用于全球190多个国家和地区，在中国覆盖11万家医疗机构和99%以上的三甲医院。公司在2019年全球医疗设备供应商排行榜中位列第42名，被波士顿咨询公司评选为2018年全球挑战者，《经济学人》杂志评价迈瑞为“高效整合全球资源，提升创新效率”。

迈瑞医疗全球员工近万人，其中研发人员超过25%，来自全球30多个国家及地区的外籍员工超过12%。公司研发人员的专业背景覆盖电子技术、计算机技术、传感器技术、信号处理技术、临床医学、精密机械等多种类学科。

（二）经营情况

2017—2019年，迈瑞医疗的营业收入持续增长至约166亿元；同时，其利润总额也持续增长。2020—2022年，由于新冠疫情的暴发，相关需求持续爆发，其营业收入增加至303.66亿元。如图3–23所示。

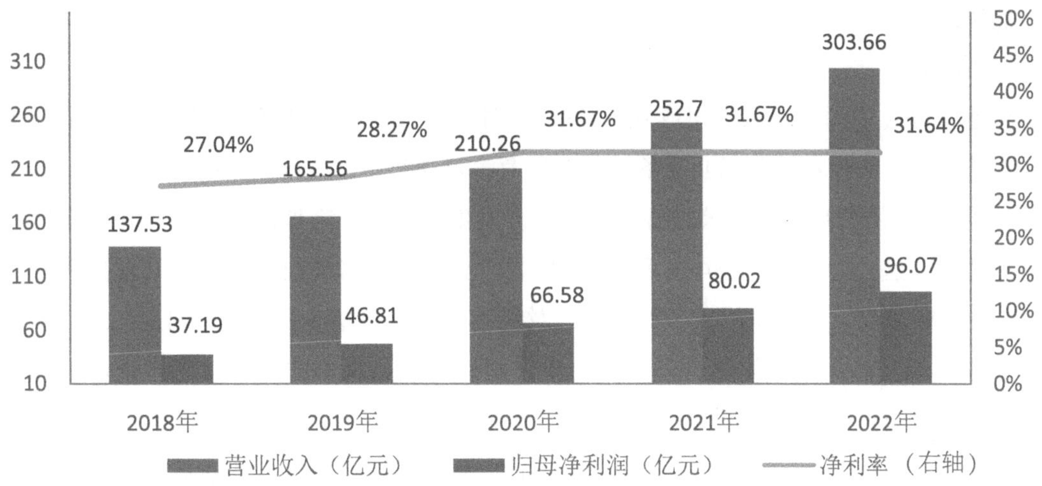

图3-23　2018—2022年迈瑞医疗经营情况

数据来源：迈瑞医疗企业财报，中国医疗器械行业协会。

迈瑞医疗放射产品线，主打产品为移动DR Mobile700型号，该移动产品独创长续航高电量技术，灵活轻巧的机身设计，轻便穿梭于医院与各临床科室之间，整体机身重量仅为350千克左右，广泛应用于国内的医疗机构。2022年，迈瑞医疗整体实现销售670台（套），销售额3亿元，占据6.7%市场份额。如表3-7所示。

表3-7　2021年迈瑞医疗DR销售额及市场份额分析

年份	销售台（套）	DR销售额（亿元）	市场份额
2022	670	3	6.7%

数据来源：迈瑞医疗企业财报，中国医疗器械行业协会。

五、南京普爱

（一）企业概况

南京普爱医疗设备股份有限公司，成立于2003年，是一家集医用X射线影像设备的研发、生产、销售和售后服务为一体的高新技术企业。销售网络覆盖全国，产品远销100多个国家和地区。公司始终坚持自主研发、科技创新，以客户需求为导向，紧贴临床，为全球医疗机构提供优质的产品和服务，推动医疗科技发展，让更多的人享受高品质的医疗服务。

（二）经营情况

普爱医疗目前拥有移动式C臂、DR、牙科CBCT与宠物X线等四大产品线。2022年，普爱医疗整体实现销售710台（套），销售额3.3亿元，占据7.1%市场份额。如表3-8所示。

表3-8　2021年普爱医疗DR销售额及市场份额分析

年份	销售台（套）	DR销售额（亿元）	市场份额
2021	710	3.3	7.1%

数据来源：普爱医疗企业财报，中国医疗器械行业协会。

六、岛津医疗

（一）企业概况

岛津企业管理（中国）有限公司成立于1999年8月11日，是日本岛津制作所的海外子公司。岛津制作所是测试仪器、医疗器械及工业设备的制造厂商，自1875年创业以来始终坚持“以科学技术为社会作贡献”，不断钻研满足社会需求的科学技术，开发生产具有高附加值的产品。并以实现“为了人类和地球的健康”这一愿望作为公司的经营思想，以光技术、X射线技术、图像处理技术这三大核心技术为基础，不断革新，不断挑战，一如既往地对科学技术发展作出贡献。特别是在2002年，岛津制作所的田中耕一荣获诺贝尔化学奖，开创了岛津公司研究人员获奖的先河。岛津企业管理（中国）有限公司自成立之日起便继承了岛津制作所100多年来的创业理念，成立至今已取得了很大的发展。目前，在中国有14个分公司、7个分析中心、60多个技术维修点，开拓了岛津制作所在中国国内的业务，满足顾客对于岛津公司及其附属公司生产的高科技分析和测试仪器、医疗器械及工业设备等产品日益增长的需要，更有效、更及时地提供优质的服务。

（二）经营情况

2022年，岛津医疗整体实现销售490台（套），销售额5.4亿元，占据4.9%市场份额。如表3–9所示。

表3–9　2022年岛津医疗DR销售额及市场份额分析

年份	销售台（套）	DR销售额（亿元）	市场份额
2022	490	5.4	4.9%

数据来源：岛津医疗企业财报，中国医疗器械行业协会。

七、通用医疗

通用医疗在DR产品线上率先业推出FlashPad HD百微高清平板技术，该平板探测器拥有高达125毫秒的平板刷新速度，并拥有业界领先的100微米像素尺寸，支持1500万像素影像大数据采集，实现了5线对/毫米的超高分辨率成像；同时，FlashPad HD的X线光量子检出效能（DQE）高达75%，能够在获得高清图像的同时，保证更低的剂量。目前，通用医疗DR产品在国内三级医院广泛应用。2022年，通用医疗DR产品线销售390台（套），销售金额4.8亿元，市场份额3.9%。如表3–10所示。

表3–10　2022年通用医疗DR销售额及市场份额分析

年份	销售台（套）	DR销售额（亿元）	市场份额
2022	390	4.8	3.9%

数据来源：通用医疗企业财报，中国医疗器械行业协会。

八、西门子医疗

西门子医疗在DR影像领域拥有百年设计与制造经验，最新发布的Multix Fusion Max悬吊产品系列配备Trixell新一代无线平板，重量3.3千克（含电池），采用整板设计，移动灵活，图像预览仅需2秒，搭载西门子新一代高阳极热容量球管，具备更强的连续曝光能力。2022年，西门子医疗在中国市场实现DR销售720台（套），销售额7.8亿元，占据国内7.2%市场份额。如表3-11所示。

表3-11　2021年西门子医疗DR销售额及市场份额分析

年份	销售台（套）	DR销售额（亿元）	市场份额
2022	720	7.8	7.2%

数据来源：西门子医疗企业财报，中国医疗器械行业协会。

九、飞利浦医疗

飞利浦医疗DR产品线拥有CombiDiagnost R90微剂量多功能诊疗系统DigitalDiagnost悬吊DR系列、MobileDiagnost wDR移动DR全线DR产品。其创新无线平板探测器，重新定义了轻薄X线探测器设计的行业标准，其设计可实现轻松舒适的摆位，尤其适用于困难的解剖学视域。使用便携式无线X线探测器可以支持快速检查和承受高患者流通量。独创的虚拟滤线栅技术，可有效降低无滤线栅床边胸部检查的散射线影响，获得和使用滤线栅相似对比度的DR图像。2022年，飞利浦医疗DR产品线在中国市场实现410台（套）销售，销售额5.2亿元，市场份额4.1% 。如表3-12所示。

表3-12　2022年飞利浦医疗DR销售额及市场份额分析

年份	销售台（套）	DR销售额（亿元）	市场份额
2022	410	5.2	4.1%

数据来源：飞利浦医疗企业财报，中国医疗器械行业协会。

十、锐珂医疗

（一）企业概况

锐珂（上海）医疗器材有限公司（以下简称“锐珂医疗”）是一家独立的全球医疗影像解决方案提供商，在X射线解决方案、数字输出解决方案、各种数字和传统X光胶片和无损检测产品等多个领域中，锐珂医疗凭借丰富的整合方案以及专业全面的服务体系获得包括中国市场在内的全球客户的认可。锐珂医疗的总部位于美国罗切斯特，拥有近4300名员工，为全球170多个国家的数万名客户提供优质的医疗产品。公司拥有超过755项技术专利，产品在全球90%的医疗机构中运用。

（二）经营情况

锐钶医疗作为一家在放射影像领域拥有百年经验的国际化公司，一直为全球医疗服务提供商提供先进的医疗成像解决方案。锐钶医疗目前面向中国市场提供多种X射线设备，包括多种固定式DR、乳腺DR以及移动DR。2022年，锐钶医疗在中国市场共销售DR450台（套），销售额3.5亿元，市场份额约为4.5%。如表3-13所示。

表3-13　2022年锐钶医疗DR销售额及市场份额分析

年份	销售台（套）	DR销售额（亿元）	市场份额
2022	450	3.5	4.5%

数据来源：锐钶医疗企业财报，中国医疗器械行业协会。

十一、东软医疗

东软医疗拥有丰富的DR产品线，其高端悬吊DR采用全新的NeuVision Sight系统平台，搭载“Drive”技术，可以进行大数据、多任务的并行处理，提高诊断的工作效率。全新的图像处理引擎“S.E.P”技术，能够确保图像细节、图像结构的完美呈现；“倚天”高端悬吊DR还拥有独特算法的图像拼接软件功能，可以极大地拓展临床应用范围，成为脊柱、长腿摄影的最佳解决方案；同时“倚天”的云平台，可以轻松实现移动阅片、云会诊、云存储、云预约等功能，让影像漫步云端。2022年，东软医疗实现DR销售300台（套），销售额1.8亿元，占据国内3%市场份额。如表3-14所示。

表3-14 2022年东软医疗DR销售额及市场份额分析

年份	销售台（套）	DR销售额（亿元）	市场份额
2022	300	1.8	3%

数据来源：东软医疗企业财报，中国医疗器械行业协会。

第四篇　磁共振成像系统（MRI）行业发展报告

第一章　MRI概述

磁共振成像系统（magnetic resonance imaging，简称MRI）是利用核磁共振（nuclear magnetic resonance，简称NMR）原理，依据所释放的能量在物质内部不同结构环境中不同的衰减，通过外加梯度磁场检测所发射出的电磁波，即可得知构成这一物体原子核的位置和种类，据此可以绘制成物体内部的结构图像。

磁共振技术是20世纪80年代发展起来的一种全新的检查技术，是继CT后医学影像学的又一重大进步。自应用以来，它以极快的速度发展。MRI被广泛运用在与运动相关伤害的诊断上，对近骨骼和骨骼周围的软组织，包括韧带与肌肉，可呈现清晰影像，因此在脊椎及关节问题上，是极具敏感的检查方法。

根据产生磁场原理不同，市场上的磁共振系统主要以永磁型和超导型为主。临床目前使用最多的超导磁共振以1.5 T和3.0T为主（7.0T也逐渐开始使用）。根据磁场强度的大小，可以把磁共振设备分为低场、中场、高场及超高场。磁共振成像系统主要由五部分构成，即磁体、谱仪（梯度控制器、RF脉冲发生器、序列发生器、数据采集器等）、梯度、射频、计算机及图像处理系统等组成，各部件之间相互连接，由计算机控制、协调。

第二章 MRI市场发展分析

一、市场发展现状

（一）全球MRI市场规模

2018—2022年全球MRI行业市场规模保持稳定增长趋势，截至2022年已达到103.7亿美元，预计随着相关技术的不断发展，到2026年行业市场规模将突破120亿美元。如图4-1所示。

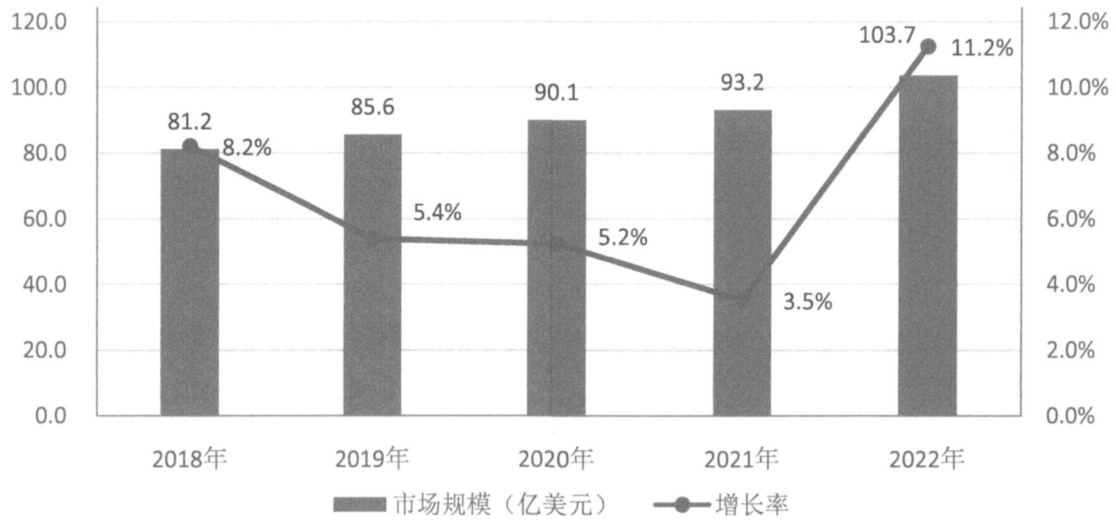

图4-1 2018—2022年全球MRI行业市场规模

数据来源：中国医疗器械行业协会。

MRI行业的国际巨头主要是通用医疗、飞利浦医疗和西门子医疗。如表4-1所示。

表4-1 主要MRI企业及其产品布局

公司	产品
通用医疗	5.0T及以上，3.0T，1.5T及以下
西门子医疗	5.0T及以上，3.0T，1.5T及以下
飞利浦医疗	5.0T及以上，3.0T，1.5T及以下
联影医疗	5.0T及以上，3.0T，1.5T及以下
东软医疗	1.5T及以下
万东医疗	1.5T及以下
贝斯达	3.0T，1.5T及以下
朗润医疗	1.5T及以下

数据来源：中国医疗器械行业协会。

（二）中国MRI市场规模

2015年以来，中国医疗机构对于MRI的需求一直处于稳步增长的趋势。据华经情报数据显示，MRI行业的市场规模从2018年的97.2亿元增长至2022年的118.0亿元。其中，2020年后，受新冠疫情影响，增长率出现了小幅下降。2021年之后，MRI市场增长率逐步增加。如图4-2所示。

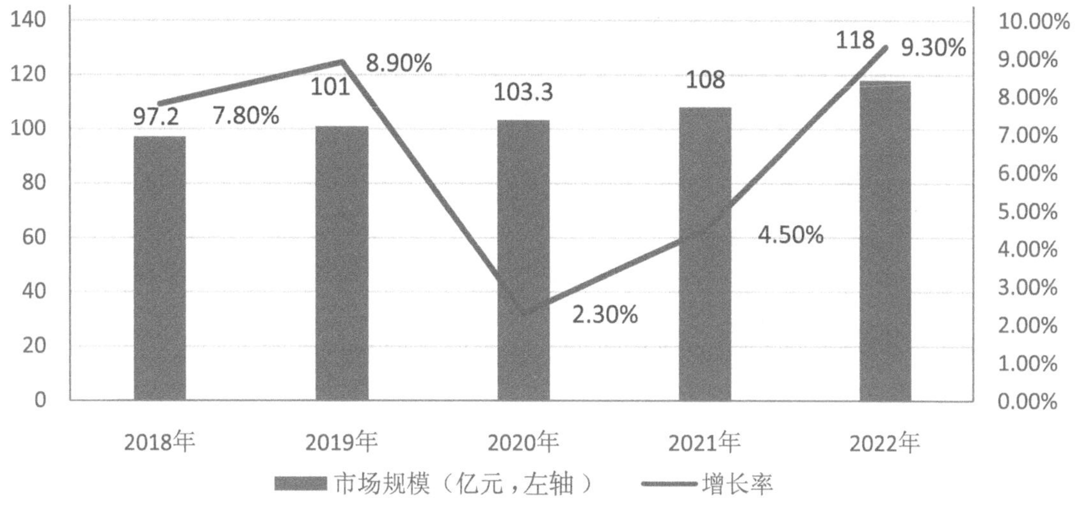

图4-2　2018—2022年中国MRI行业市场规模

数据来源：中国医疗器械行业协会。

2018年，国家卫生健康委发布《大型医用设备配置许可管理目录（2018年）》，规定MR等不再作为乙类大型设备管理，释放了各级医疗机构特别是县级医院和乡镇卫生院等基层医疗机构的需求，促进了国内MRI市场的快速增长。目前，中国MRI市场销售的主流产品是1.5T和3.0T产品。据华经情报数据显示，2022年1.5T和3.0T产品的市场份额均有所提高，达到了45%。2023年3月，国家卫生健康委发布了《大型医用设备配置许可管理目录（2023年）》，规定1.5T及以上磁共振成像系统调出管理目录，产品不再需要配置证。一方面，这直接助力优质医疗资源的扩容下沉，有利于基层医疗机构和民营医疗机构对于MRI的采购；另一方面，部分二、三级医院对于中高端MRI的需求也将得到进一步释放。如图4-3所示。

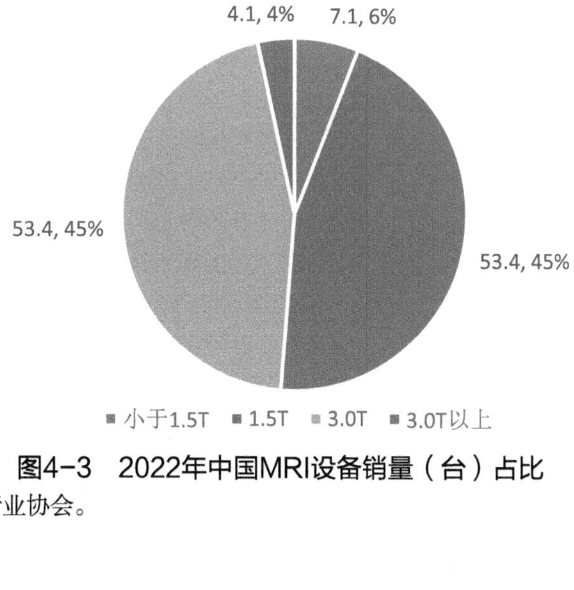

图4-3　2022年中国MRI设备销量（台）占比

数据来源：中国医疗器械行业协会。

二、进出口分析

从MRI设备进出口数量来看，2018—2022年，中国MRI进口数量比较稳定，维持在400台左右。出口数量在2018—2021年基本在100台左右；2022年出口数量降至700台以下。如图4-4所示。

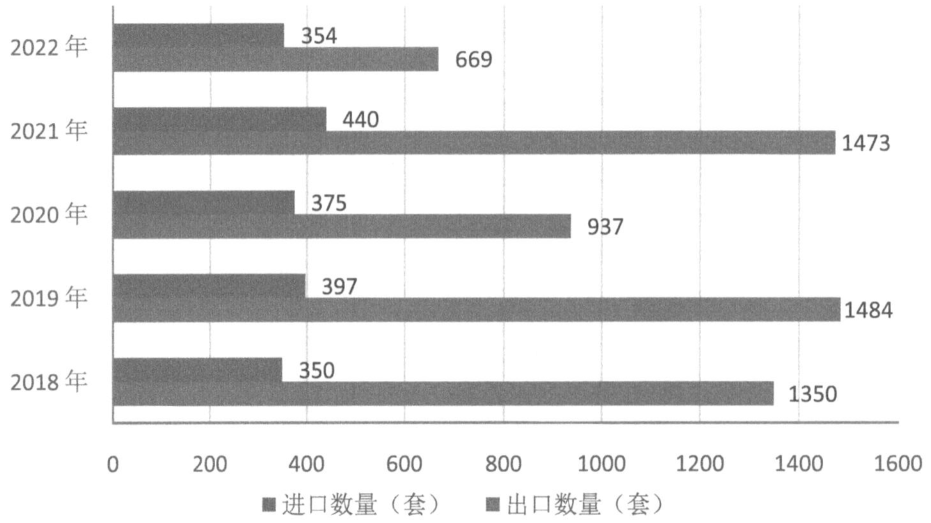

图4-4　2018—2022年中国MRI市场国产和进口数量

数据来源：中国医疗器械行业协会。

（一）中国MRI出口情况分析

从出口额来看，2018—2022年，中国MRI出口额从1.55亿美元增长至2.75亿美元。其中，2020年，由于新冠疫情影响，中国MRI出口额大幅下降。2021年和2022年，由于新冠疫情趋于稳定，国内厂商的生产线逐渐恢复，其增速提升至正常水平。如图4-5所示。

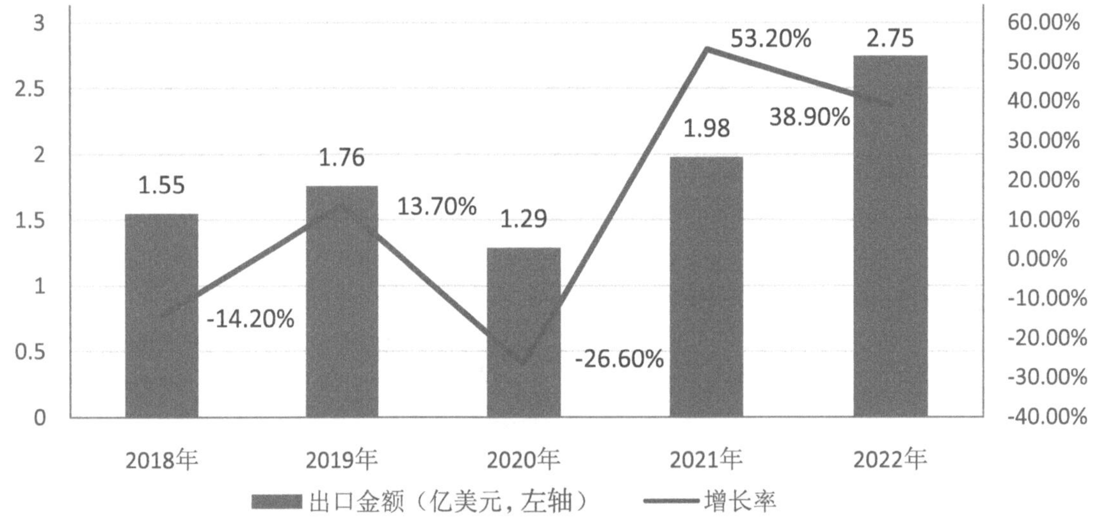

图4-5　2018—2022年中国MRI出口额及增速

数据来源：中国海关。

从国家来看，印度、澳大利亚和日本是我国最主要的MRI设备出口国家。我国对这三个国家的MRI设备出口额之和超过我国MRI设备出口总额的50%。

（二）中国MRI进口情况分析

2018—2021年，中国MRI进口额从4.72亿美元增长至6.34亿美元，总体保持逐步减少趋势。如图4-6所示。

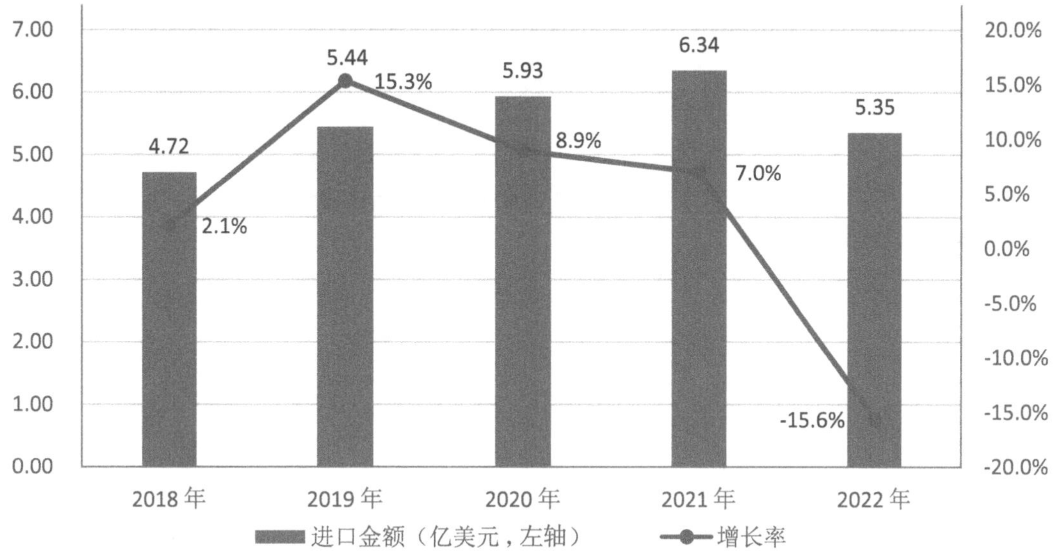

图4-6　2018—2022年中国MRI进口额及增速

数据来源：中国海关。

我国MRI设备进口来源是德国、美国和荷兰。2022年，这三个国家的MRI设备进口数量占比达到了98.5%。

按国内进口省份来看，2022年广东、北京、山东、江苏等地区MRI设备进口量及进口金额也很高，这些地区经济较为发达，医疗设备投入预算较高，同时，居民对医疗服务的需求也较高。

三、市场发展趋势

随着技术的不断发展以及医学影像重视程度的提高，MRI特别是超导MRI市场需求有望持续扩大。据推算，2023—2027年，全球MRI市场规模仍将保持约为5%的中低速增长。预计到2027年，全球MRI市场规模将增长至129.5亿美元。如图4-7所示。

随着MR技术日趋成熟、我国经济高速发展、人口老龄化问题加重、民众健康意识的提高，医疗保健服务的需求持续增加，我国市场对高端MRI的需求也相应快速增长。中国MRI市场规模增速将会达到10%，处于中高速增长状态，2027年，其总体规模预计会接近200亿元人民币。如图4-8所示。

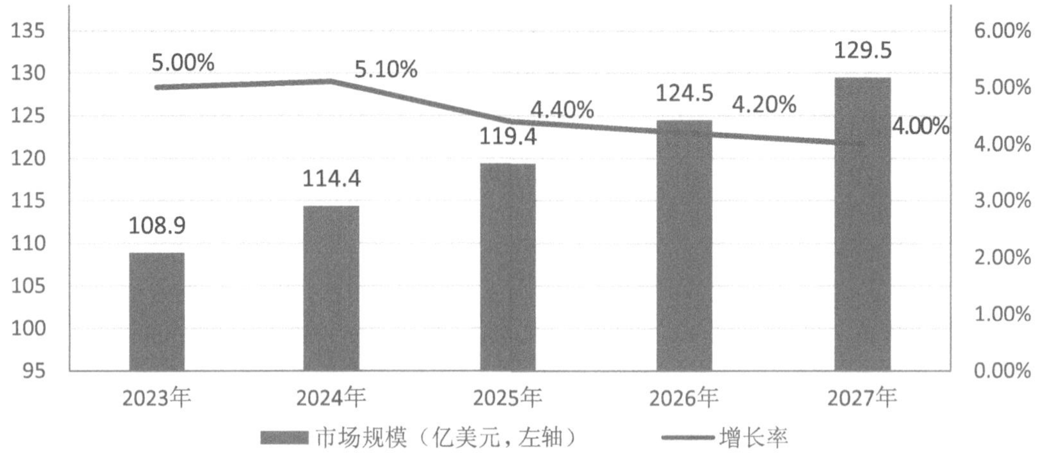

图4-7　2023—2027E全球MRI行业市场规模预测

数据来源：中国医疗器械行业协会。

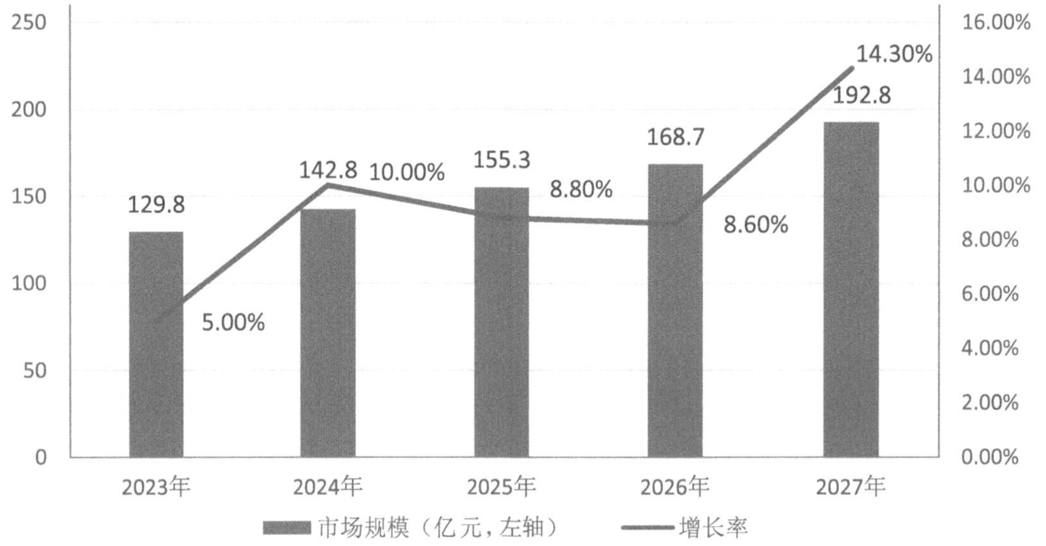

图4-8　2023—2027年中国MRI行业市场规模预测

数据来源：中国医疗器械行业协会。

第三章　MRI行业发展分析

一、生产情况分析

虽然我国MRI产业起步较晚，但经过多年发展，国产MRI设备企业不断加快市场布局和核心技术突破，逐渐打破GPS垄断局面。特别是在永磁MRI设备市场，安科、万东、东软、鑫高益等厂家在20世纪90年代纷纷推出永磁产品。在2000年到2005年之间的永磁市场，是国产品牌和进口品牌激烈竞争的时代，国产永磁产品因为成熟、稳定、价格低廉的优势，市场份额逐步增高，并迫使进口品牌逐步退出国内永磁市场，在2010年之后，GPS三家先后退出国内永磁市场，永磁市场全部为国产品牌。

目前1.5T MRI产品从数量上来说，是MRI市场上的主要类型，随着国内企业在新产品研发投入的增加以及不断掌握核心技术，国内外1.5T MRI设备性能差距不断缩小。国产设备凭借着出色的性价比优势，快速抢占国内市场。奥泰、贝斯达、鑫高益、卡勒福、联影、万东等推出了1.5T产品。2014年开始，国产品牌市场占有率逐年提升，在2017年全年的1.5T磁共振市场中，国产1.5T市场占有率已经达到了36%。2017—2019年，国产1.5T市场占有率稳中有升，用户认可度也不断上升。

在3.0T MRI设备市场，国内企业仅联影和贝斯达具备注册证，其中联影实现了规模化销售。在中国3.0T以上MRI设备市场中，主要市场参与者为通用医疗、西门子医疗、飞利浦医疗和联影医疗。

二、竞争格局分析

从MRI行业主要参与者的市场份额来看，2021年和2022年，通用医疗MRI设备销售量占有率蝉联榜首。2022年，联影医疗销售数量首次超越西门子医疗位居第二，占比为25.8%。如图4-9所示。

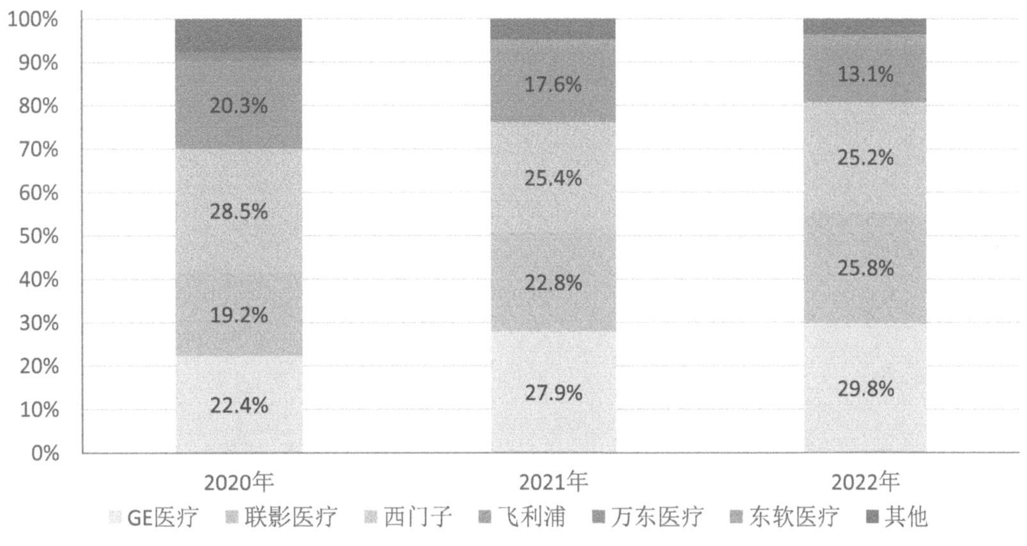

图4-9　2020—2022年中国MRI市场主要参与者份额

数据来源：中国医疗器械行业协会。

2022年新增市场金额统计，在中国3.0T MR及以上设备市场中，主要市场参与者为通用医疗、西门子医疗、飞利浦医疗和联影医疗。在中国1.5T MR及以下超导MR市场中，联影医疗市场占有率排名第二；在中国3.0T MR市场中，联影医疗市场占有率排名第三；在中国3.0T以上超高场MR设备市场中，联影医疗市场占有率排名第二。

第四章　MRI行业产业链分析

MR的主要核心零部件包括超导磁体、射频线圈/梯度线圈、射频功率放大器/梯度功率放大器、谱仪等，已有部分国产整机厂商和第三方供应商实现1.5T超导磁体、线圈、功率放大器、谱仪的自研自产，与进口厂商差距逐步缩小，其中，联影医疗自研的核心零部件均已达到国际先进水平，部分甚至达到国际领先水平。

超导磁体中，MR最核心的部件，技术门槛高，主要包括1.5T和3.0T超导磁体，国内厂商联影医疗完全掌握1.5T、3.0T和5.0T技术。

一、关键部件原料研发与生产

超导磁体的研发生产涉及电磁学、力学、超低温、超高真空、机械、焊接、电子应用等多学科专业技术。针对产品所要求的极端标准和条件，需要设计出独特的工艺方案，达到性能要求后还需要进一步优化工艺来降低成本、提高稳定性，国际上可以生产医学影像超导磁体的企业仅IGC、牛津超导、日本三菱。我国的医学影像超导磁体市场曾被IGC和日本三菱公司的产品占据，随着国内辰光医疗、宁波健信、联影医疗、东软医疗等企业实现了超导磁体的规模化销售，日本三菱公司逐渐退出中国市场。

二、下游应用领域发展

与X射线、CT相比，MRI所获得的图像具有清晰、精细、分辨率高、对比度好、信息量大等特点。因此，MRI对神经系统、心血管协同、胸部、腹部器官、盆腔脏器、骨与关节病变等软组织层次具有显著优势。

中国是人口老龄化最严重的国家之一。2010年，中国65周岁以上的人口数量为1.18亿，占总人口的比重为8.9%，2020年这两个数字分别攀升至1.91亿和13.5%。老年人口数量和占比的持续增长带来了较大的疾病诊疗需求，给MRI行业带来了巨大的市场潜力。

三、销售渠道现状与趋势

（一）销售渠道

大部分国内企业MRI设备采取经销和直销相结合的销售模式。终端用户主要包括医疗机构、科研院所及高校，销售过程中企业一般根据客户需求进行设备的安装调试。

（二）销售现状

从MRI保有量情况来看，中国MRI设备市场保有量呈快速增长态势。2013—2022年中国MRI设备保有量的复合增长率为14.84%。其中，2022年MRI市场保有量为13242台，同比增长10.77%。2022年MRI设备人均保有量增长至9.38台/百万人，同比增长10.83%。如图4-10、图4-11所示。

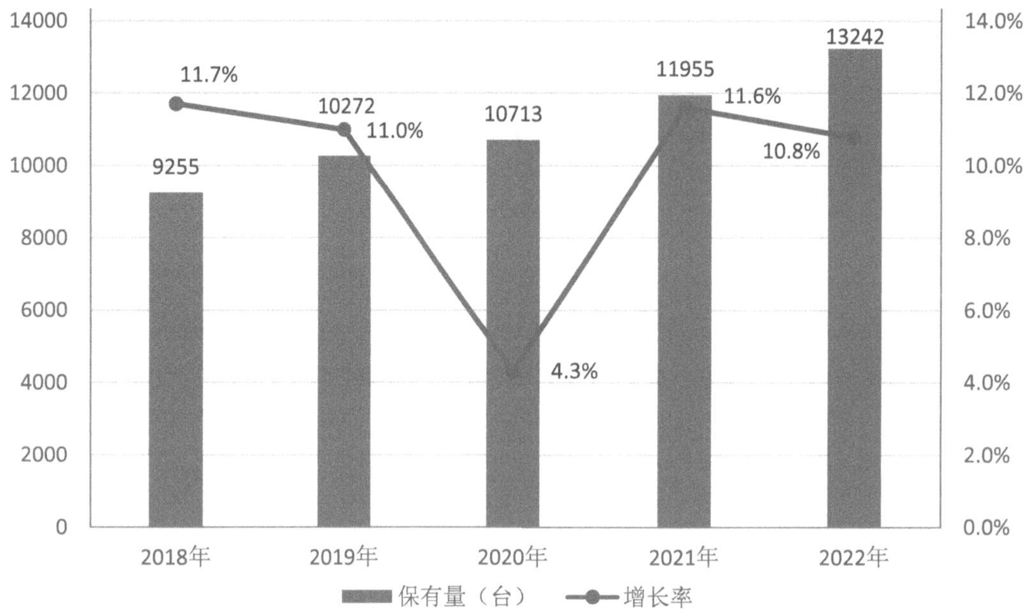

图4-10　2018—2022年中国MRI设备保有量

数据来源：中国医疗器械行业协会。

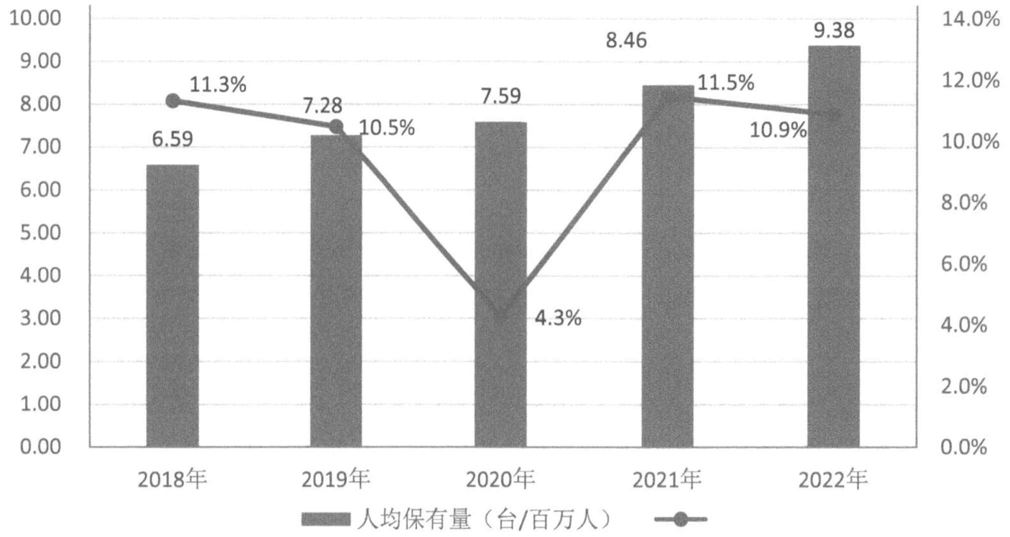

图4-11　2018—2022年中国MRI设备人均保有量

数据来源：中国医疗器械行业协会。

但是，与全球其他国家相比，中国的人均MRI设备保有量较低。中国MRI人均保有量远不及欧美发达国家，日本每百万人口拥有57.4台MRI，美国每百万人口拥有38台MRI，希腊每百万人口拥有37.2台MRI，而中国每百万人口拥有CT数量仅为9.4台MRI，与发达国家存在较大差距，未来增长空间广阔。如图4-12所示。

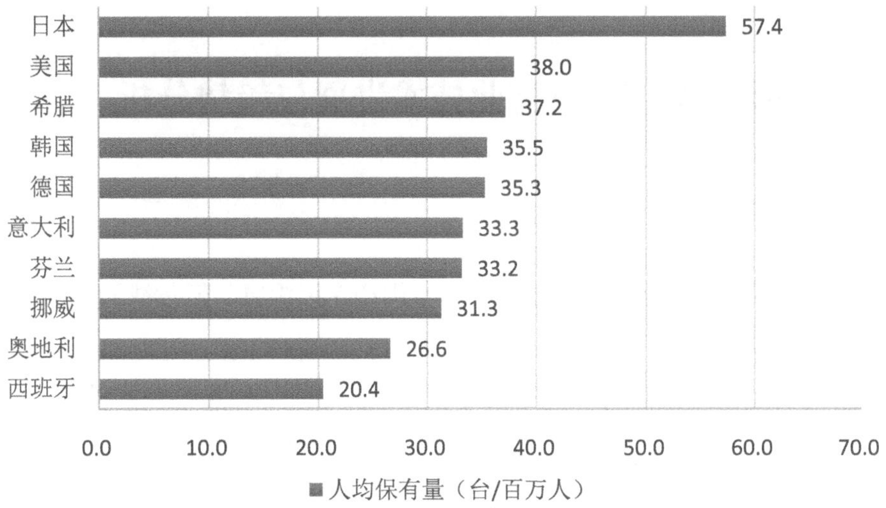

图4-12　各国MRI人均保有量

数据来源：中国医疗器械行业协会。

第五章　MRI行业技术进展与趋势分析

一、技术进展情况

据器械之家分析，近年磁共振技术的发展，基本围绕在无液氦、轻量线圈、快速扫描、AI、静音、小型化等几个方面。

（一）无液氦

氦是一种不可再生资源，液氦也是磁共振运行必需的制冷剂。常规磁共振用液氦量通常在2000升左右，而飞利浦的Ambition X 1.5T MRI为了简化磁共振的使用条件，降低使用成本，运用其独有的低液氦传导式制冷超导磁体——Blue Seal磁体技术，利用设置在磁体四周的4个小腔体，仅用约7升液氦，就能完成对超导线圈的传导制冷。低氦设计使得运输安装限制更少，使用成本也大大降低，目前该设备已于中国上市。据悉，朗润、鑫高益等国产品牌也将很快推出自己的无液氦超导产品。

（二）轻量线圈

自从十几年前西门子推出TIM技术，简化了更换线圈的操作流程，迄今几乎所有的磁共振生产商都在寻找一体化线圈设计的极限，而不久前通用医疗发布的AIR技术，则将轻量化线圈的概念推向新的高度。AIR Technology™（AIR技术平台）核心技术来源于对传统磁共振线圈的颠覆性创新，使用革命性材料INCA纤维导环结构。这种材料有效克服了传统铜材质线圈一直以来存在的问题，即单元间的耦合效应。若相邻两个单元重叠过多，就会出现磁通量相互抵消。现在的AIR Coil线圈将相邻单元之间的重叠范围增加到原来的3.5倍之上，实现了最大密度的线圈单元通道分布。

（三）快速扫描

提升扫描速度，降低操作难度，提升病人舒适度，其实都离不开采集方法和采集技术的更新和提升。不久前发布的联影ACS智能光梭成像技术将人体全身各部位完整序列的成像时间从数十分钟缩短到100秒内。联影ACS智能光梭成像采用了两大突破性技术：uAI人工智能与uCS光梭成像。

uAI人工智能区别于业内所有基于图像域的AI辅助技术，采取业界首创基于K空间优化欠采样技术，而uCS光梭成像则融合迄今为止所有主流磁共振成像加速技术（包含压缩感知、并行成像、半傅里叶等技术），uAI与uCS光梭成像技术共同造就ACS智能光梭成像的独特优势，即在极速扫描的同时呈现高保真图像质量。

（四）AI技术

很长一段时间内，AI用于磁共振成像基本上聚焦于两个方面：一是磁共振流程智能化，即自动识别解剖部位、自动连续扫描等；二是图像重建后处理环节的多种智能分析和辅助诊断，如结构与功能成像的多模态融合，可帮助提升图像处理效率，提供更详细的影像诊断信息。

磁共振因为成像原理、成像过程以及影像处理的复杂性，让AI技术在磁共振成像领域的发展和应用相对滞后。而70%时间被成像过程占据，且半数图像有伪影。因此几乎每一个磁共振生产商都在开发磁共振设备的专用AI技术。以通用医疗的智简AI平台为例，该平台将成像过程中对每个线圈单元采集到的原始数据进行特征提取，对噪声、伪影信息进行识别处理，第一时间将数据中的噪声等杂质剔除，获得高质量的原始图像数据。同时，图像重建优化过程中，也基于AI算法抑制图像伪影，深度提升图像信噪比，让成像速度大幅提高。

（五）静音技术

噪声与盲区是限制磁共振发展的两大瓶颈，2015年初，Discovery Silent MR全球首款静音磁共振的推出，从根本上解决了磁共振扫描噪声与磁共振成像盲区这两大磁共振发展瓶颈。

传统磁共振扫描时发出的声音有120分贝，第一代静音磁共振降至60分贝，第二代静音磁共振的扫描噪音更小，仅有40分贝。

（六）小型化

POCT的逐渐盛行，设备小型化越发得到重视，磁共振的小型化之路也在探索中，而世界首台便携式MRI的问世仍然令人震惊，这台便携式MRI的重量约为常规高场强MRI的1/10，所消耗的能量约为常规高场强MRI的1/35，价格约为常规高场强MRI的1/20。

二、技术发展趋势

MRI设备未来主要发展趋势：增强系统主磁场强度，提升梯度性能、数字化高通道谱仪性能，提高成像清晰度；采用新型数据采集及重建算法，提高扫描成像速度；开发大孔径、低噪音系统，改善检查舒适度；以人工智能技术赋能检查流程，优化检查工作流；低能耗；低液氦。

第六章 国内外MRI行业重点企业分析

一、通用医疗

Signa Premier是GE旗下的一款3.0T高场MRI设备，适用于全身成像，包括神经、肌肉骨骼、心血管和乳腺成像。Signa Premier采用了GE Healthcare的最新技术，如高密度磁体线圈、高度自动化的扫描软件和先进的图像处理技术，为临床医生提供了高质量、高分辨率的图像。

Singa Architect 3.0T是通用医疗全新科研级别大孔径磁共振，首次采用基于人工智能成像的智能射频激发技术——Intell-Scan。相比较于以往的1.5T磁共振，3.0T磁共振大幅提升了成像空间分辨率，在脑功能及各类骨关节成像中实现了弥散成像、DTI功能成像、灌注成像，便于探索神经功能网络新的方向。该技术通过全新智能技术调控射频激发与梯度涡流场的矫正。在预扫描、扫描成像与图像重建全过程中进行全面优化。超越60厘米升级为70厘米标准大孔检查体验更舒适，适应不同人群，实现了磁共振对人体外周磁场的适应。

二、西门子医疗

Magnetom Vida是西门子医疗旗下的一款3.0T高场MRI设备，适用于神经、肌肉骨骼、心血管和乳腺成像。Magnetom Vida具有BioMatrix技术，可自动适应患者的生物学特征，实现个性化成像。此外，它还具有先进的图像处理技术，可提高图像质量，降低噪声水平。

三、飞利浦医疗

Ingenia Ambition是飞利浦医疗旗下的一款1.5T宽孔径MRI设备，设计旨在为患者提供舒适的扫描体验。Ingenia Ambition采用了全球首款商用Blue Seal磁体，实现了全自动冷却，减少设备维护成本。同时，它还具有高度自动化的扫描软件，简化操作流程，提高工作效率。这项新MRI技术的分辨率超出现有技术64万倍，为医学影像领域带来了革命性的突破。这一重大成果不仅有望提高疾病的早期发现和诊断准确率，还有可能揭示人类生物学领域未知的细微差异，为未来的研究奠定坚实的基础。

四、联影医疗

联影医疗拥有独立设计、研发和制造高场超导磁体、高性能梯度线圈、高密度射频线圈、多通道分布式谱仪，以及MR成像软件和高级应用的能力。联影医疗已推出1.5T、3.0T、5.0T等多款超导MR产品，可满足从基础临床诊断到高端科研等不同细分市场的需求，其中多款产品为行业首款或国产首款。uMR Jupiter 5T为业内首款全身成像的5.0T M机型，可实现超高场全身临床成像；uMR770为国产首款自主研发的3.0T MR机型；uMR 780搭载光梭成像技术平台，为国产首款融合压缩感知、并行成像、半傅里叶三大加速技术并实现0.5秒/期快速三维动态高清成像的设备；uMR 790为国产首款高性能科研型3.0T MR；UMR 890搭载高性能梯度系统，单轴场强和切换率分别达到120mT/m、200T/m/s，助力脑科学研究；uMR Omega为行业首款75厘米超大孔径3.0T M机型，可以更好地支持术中和放疗定位，并能满足孕妇、超重人群等特殊群体的诊疗需求。

2022年，联影医疗在MR方面无论在硬件、软件平台、磁体、梯度、射频等技术指标提升方面，还是在高性能线圈开发，智能工作流、快速扫描和智能化图像重建开发方面都有重要进展。联影医疗推出了业界领先的超高性能8系3.0T产品，有力赋能公司MR产品在临床和科研应用中的开拓力度。另外作为MR技术领域重要的研究方向之一，联影医疗的低液氦1.5T MR产品也已成熟，正逐渐推向市场。而无液氦的MR磁体系统往往受到重量、成本、性能和维护复杂等因素的综合影响，使其临床应用受限，目前仍未成为市场的主流产品。但是，联影医疗已完成无液氦磁体系统的样机开发，正在持续迭代和优化，希望在未来的几年中将优化的无液氦磁共振系统推向市场。

2022年8月，联影医疗研发的全球首款5.0T人体全身磁共振系统获批。该产品采用全身临床5.0T超导磁体，首次在超高场磁共振系统中将全身体激发线圈应用于临床扫描，从而实现全身成像，可以提升图像信噪比和图像空间分辨率，并实现超高场体部成像。人体全身磁共振uMR Jupiter 5T作为“十三五”国家重点研发计划“数字诊疗装备研发专项”，攻克了超高场磁共振核心部件及核心技术难题，实现了超高场全身临床成像。

在2022年阿拉伯国际医疗器械展览会（Arab Health）上，联影医疗携uMR Omega、临床前超高场9.4T磁共振等多款尖端医疗成像设备亮相会场，撬动全球产学研医紧密协同，帮助“一带一路”沿线国家解决民生难题，为提高当地医疗水平贡献高效的中国方案。

五、东软医疗

东软医疗研发的1.5T磁共振NSM–S15P为新一代超导磁共振成像系统，该系统紧紧围绕“以客户为中心”的设计理念，涵盖包括全性能零液氦挥发磁体系统、16通道并行加速平台及NAIS东软腹部成像解决方案等众多创新科技成果。

NAIS（东软部成像解决方案）是东软医疗以全性能的国际标准零液氦挥发磁体系统及NeUSENSE+16通道并行加速平台为基础，搭载东软自主研发的4D Shimming（4D匀场）技术、eFLl（enhanced Fat eliminaton macing，增脂防抑制技术）等先进技术，制造而成的全面磁共振腹部检查解决方案。该方案可提供全面、快速、稳定、优质的磁共振腹部检查图像，使得诊断更加准确高效。

其全性能国际标准零液氦挥发磁体系统具备卓越的均匀性、稳定性及可用性，支持500毫米超大FOV及偏中心成像，实现身体各部位尤其是腹部、脊柱关节等的优质成像。更低的运行成本，更稳定的高患者流通率，为设备综合效益的稳定提升提供了保障。

NEUSENSE+16通道并行加速平台由成像领先的16通道频系统，与东软全新并行加速成像技术NEUSENSE高效结合而成，平台融汇更优化的线置设计、更精确的线圈敏感信息探测、更强化的图像重建算法及空间自适应降噪等多项创新技术，显著降低检查时间的同时，既获得了优异的图像质量，又有效提升了病人检查通过率，大幅提高了工作效率。

六、深圳安科

（一）企业概况

深圳安科高技术股份有限公司以下（简称“深圳安科”）成立于1986年。深圳安科专业从事大型医学影像设备及微创治疗设备的研发、生产、销售及技术服务，主要产品包括CT、磁共振成像系统（MR）、X射线摄影系统（XR）、微创治疗设备。

深圳安科是国内最早自主研发大型医学影像设备及微创治疗设备的企业之一，创造了多个民族品牌第一，包括我国首台MR1、首台螺旋CT、首台移动式CT、首台乳腺X线机、首台神经外科手术导航系统等，具备深厚的技术积累。深圳安科承担了科技部“数字诊疗装备研发专项”等国家级科研、产业化项目，并积极参与CT、车载CT、数字乳腺机等医学影像设备相关的多项行业标准的起草。

深圳安科以技术和产品创新为基础，逐步构建了覆盖全国主要省份、面向各级医疗机构的多层次立体营销服务网络，通过产学研合作、窗口示范医院等多种形式与国内知名医院开展深度合作，目前深圳安科产品已销售至全国百家三甲医院并得到广泛认可。此外，公司积极实施“出海”战略，重点布局独联体、拉美、非洲等地区，推动全球范围内医学影像设备的应用普及。

（二）新产品与新业务

2023年5月，深圳安科在第87届中国国际医疗器械博览会（CMEF）上展示了大孔径高性能智能化1.5T磁共振。基于过去在超导磁共振研发设计上的多年经验和客户反馈，深圳安科在结构设计、磁体、线圈、算法等方面都作出了突破性创新，打造了全新一代超导核磁共振产品。在适应功能方面，SuperMark全新一代超导磁共振可用于全身各部位检查，全面满足中枢神经系统、腹部、盆腔、骨与关节等疾病的临床诊断需求。同时，大幅度提高了图像质量、提升检查速度，在患者舒适度方面也作出了全方位改进。SuperMark S780新一代大孔径高性能智能化1.5T磁共振，拥有70厘米大孔径，提供更广范围的成像，采用全新一代静音扫描技术，让患者更加舒适。采用APEX智能生产力影像链，ASL 3D自旋标记灌注、动脉斑块成像、亚毫米弥散成像、小视野弥散成像、4D CEMRA等多项高级成像技术，使医生操作更加高效；同时搭载了自适应压缩感知技术，可实现更快的扫描速度，获得更加精准的扫描影像。

（三）经营情况

2022年6月30日，深圳安科IPO申请获得受理，2023年3月30日，深圳证券交易所官网显示深圳安科创业板上市中止。

2019—2021年，深圳安科营收分别为4.23亿元、5.59亿元及6.82亿元。如图4-13所示。

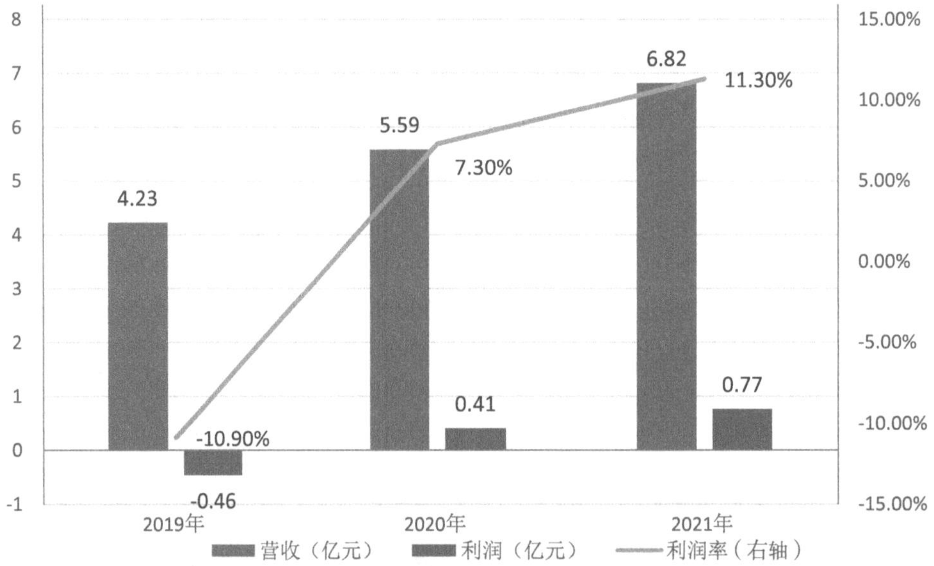

图4-13　2019—2021年深圳安科营收情况

数据来源：深圳安科招股书，中国医疗器械行业协会。

第五篇　化学发光免疫分析仪与试剂行业发展报告

第一章　概述

从细分领域看，体外诊断按照检测方法分类主要包含免疫诊断、生化诊断、微生物、分子诊断、血液学诊断、POCT等几大方面，发达国家的临床免疫诊断和生化诊断市场已经接近成熟，而POCT和分子诊断是诊断市场的主要增长点。免疫诊断主要用于激素、肿瘤标记物、内分泌功能、传染性疾病等项目的检测，受化学发光市场推动，是近年来体外诊断领域规模最大、新增品种最多的细分领域。

化学发光标记免疫分析又称化学发光免疫分析（chemiluminescence immunoassay，CLIA），是用化学发光剂直接标记抗原或抗体的免疫分析方法。化学发光免疫分析仪包含两个部分，即免疫反应系统和化学发光分析系统。化学发光分析系统是利用化学发光物质经催化剂的催化和氧化剂的氧化，形成一个激发态的中间体，当这种激发态中间体回到稳定的基态时，同时发射出光子（hM），利用发光信号测量仪器来测量光量子产额。免疫反应系统是将发光物质（在反应剂激发下生成激发态中间体）直接标记在抗原（化学发光免疫分析）或抗体（免疫化学发光分析）上，或酶作用于发光底物。

化学发光免疫分析仪器中的核心探测器件为光电倍增管（PMT），由单光子检测并传输至放大器，且加高压电流放大，放大器将模拟电流转化为数字电流，数字电流将发光信号由R232数据线传输给电脑并加以计算，得出临床结果。

一、技术原理

（一）化学发光标记免疫分析法

化学发光标记免疫分析常用于标记的化学发光物质有吖啶酯类化合物（acridiniumester，AE），是有效的发光标记物，其通过起动发光试剂（NaOH-H_2O_2）作用而发光，强烈的直接发光在1秒钟内完成，为快速的闪烁发光。吖啶酯作为标记物用于免疫分析，其化学反应简单、快速、无须催化剂；检测小分子抗原采用竞争法，大分子抗原则采用夹心法，非特异性结合少，本底低；与大分子的结合不会减小所产生的光量，从而增加灵敏度。

（二）化学发光酶免疫分析法

从标记免疫分析角度，化学发光酶免疫分析（chemiluminescence enzyme immunoassay，CLEIA），应属酶免疫分析，只是酶反应的底物是发光剂，操作步骤与酶免分析完全相同，即以酶标记生物活性物质（如酶标记的抗原或抗体）进行免疫反应，免疫反应复合物上的酶再作用于发光底物，在信号试剂作用下发光，用发光信号测定仪进行发光测定。目前常用的标记酶为辣根过氧化物酶（HRP）和碱性磷酸酶（ALP），它们有各自的发光底物。

1.HRP标记的CLEIA

常用的底物为鲁米诺（luminol，3–氨基–苯二甲酰肼），或其衍生物如异鲁米诺（4–氨基邻苯二甲酰肼），是一类重要的发光试剂。鲁米诺的氧化反应在碱性缓冲液中进行，在过氧化物酶及活性氧［过氧化阴离子（O_2–）、单线态氧（$1O_2$）、羟自由基（OH·）、过氧化氢（H_2O_2）］存在下，生成激发态中间体，当其回到基态时发光，其波长为425纳米。

早期用鲁米诺直接标记抗原（或抗体），但标记后发光强度降低而使灵敏度受到影响。近来用过氧化物酶标记抗体，进行免疫反应后利用鲁米诺作为发光底物，在过氧化物酶和起动发光试剂（NaOH–H_2O_2）作用下，鲁米诺发光，发光强度依赖于酶免疫反应物中酶的浓度。Kodak Amerlite™半自动分析系统就是利用这一体系专门设计的。

2.增强发光酶免疫分析

增强发光酶免疫分析（enhanced luminescence enzyme immunoassay，ELEIA），即在发光系统中加入增强发光剂，如对二碘苯酚等，以增强发光信号，并在较长时间内保持稳定，便于重复测量，从而提高分析灵敏度和准确性。在全自动分析仪中，还可通过计算机严密控制，进行自动操作，如加试剂、混合、温育、洗涤、加发光试剂、发光计数、数据处理、绘制标准曲线，直至完成病人血清样品的分析并打印出结果。Amerlite™发光增强酶免分析系统用荧光素、噻唑等增强剂，其发光时间可持续长达20分钟，试剂盒有甲状腺功能检测的促甲状腺素、三碘甲腺原氨酸、甲状腺素、甲状腺素结合球蛋白、游离甲状腺素，与性激素有关的有促黄体激素、促卵泡激素、人绒毛膜促性腺激素、甲胎蛋白、雌二醇、睾酮，以及其他方面的如癌胚抗原、铁蛋白、地高辛等。

3.ALP标记的CLEIA

所用底物为环1，2—二氧乙烷衍生物，这是一类很有前途的发光底物，用于化学发光酶免分析底物而设计的分子结构中包含起稳定作用的基团——金刚烷基，其分子中的发光基团为芳香基团和酶作用的基团，在酶及起动发光试剂作用下引起化学发光。最常使用的底物是AMPPD［3–（2–spiroadamatane）–4–methoxy–4–（3–phosphoryloxy）–phenyl–1，2–dioxetane］Dioxetane中文名为：3–（2–螺旋金刚烷）–4–甲氧基–4–（3–磷氧酰）–苯基–1,2–二氧环乙烷。在碱性磷酸酶（ALP）作用下，磷酸酯基发生水解而脱去一个磷酸基，得到一个中等稳定的中间体AMPD（半衰期为2～30分钟），此中间体经分子内电子转移裂解为一分子的金刚烷酮和一分子处于激发态的间氧苯甲酸甲酯阴离子，当其回到基态时产生470纳米的光，可持续几十分钟。AMPPD为磷酸酯酶的直接化学发光底物，可用来检测碱性磷酸酯酶或酶和抗体、核酸探针及其他配基的结合物。可检测到碱性磷酸酯酶的浓度为10~15摩尔/升。

除CLIA外，利用免疫技术的分析方法还有酶联免疫吸附（ELISA）、放射免疫分析（RIA）、荧光免疫分析（FIA）等技术方法。CLIA与ELISA的原理和操作步骤相似，因此CLIA有时也被称为CL–ELISA，区别为ELISA的结果通过显色反应呈现，CLIA的结果由发光反应呈现，在同样实验条件下检测相同待测物时，CLIA的灵敏度高于ELISA。与RIA相比，CLIA的误诊率更低，灵敏度与特异度更高，无放射危害，标记物不受半衰期影响，试剂盒保质期长。随着技术改进，FIA的背景干扰在逐渐降低，但由于需要外源紫外光的激发，FIA的背景干扰仍大于CLIA。此外，与高效液相色谱法

（HPLC）、液相色谱串联质谱法（LC-MS/MS）等相比，CLIA还具备线性范围宽、操作简便、检测时间短等优势。

二、产品优势

（一）宽动态范围

CLIA方法的宽动态范围意味着更高的分析灵敏度和准确检测高浓度抗体的能力，而无须稀释样品。CLIA测定与ELISA和FEIA测定在测量某些抗体的动态间隔幅度（2~3个数量级）时存在差异，这对患者的临床管理具有重要意义，且检测阳性率优于FEIA。

（二）分析灵敏度和预测价值

采用CLIA技术进行自身抗体检测可显著提高免疫学实验效率，以应对科学界提出的不断扩大的自身抗体种类以及由于自身免疫疾病意识增强而从各个临床学科增加的测试需求。引入自动化分析仪，可在短短几个小时内完成抗体测试，从而进行临床诊断。

（三）周转时间和响应的有效性

CLIA允许同时检测各种单一自身抗体，在一小时内获得定量结果。一些危及自身免疫疾病的出现，可能导致重要器官功能的快速进行性丧失，因此快速获得抗体检测结果对于临床实践至关重要，以便及时诊断且进行响应免疫治疗。

第二章　市场发展分析

一、市场发展现状

（一）全球市场规模

全球化学发光免疫分析仪与试剂规模快速扩张，目前在全球范围内已经逐步成为规模显著的成熟产业。随着慢性病发病率增加及医疗技术和服务水平的提升，2018年全球市场规模为84.75亿美元，2022年全球市场规模为137.85亿美元，期间复合增长率为10.22%。如图5-1所示。

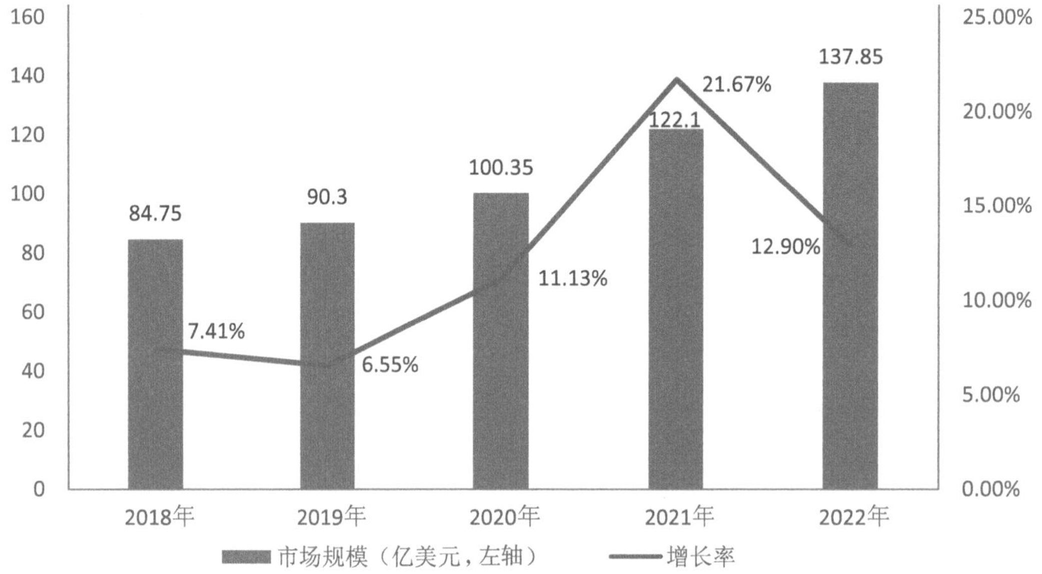

图5-1　2018—2022年全球化学发光免疫分析仪与试剂市场规模

数据来源：中国医疗器械行业协会。

（二）中国市场规模

我国化学发光仅占40%免疫诊断市场，仍存在技术横向替代空间；在价格方面，化学发光收费标准相对较高，市场呈现较高增速。

2018年中国化学发光免疫分析仪与试剂市场规模为179.5亿元，2020年中国化学发光免疫分析仪与试剂市场规模约为284.4亿元，2022年增长至394.1亿元，期间年复合增长率达17.03%。如图5-2所示。

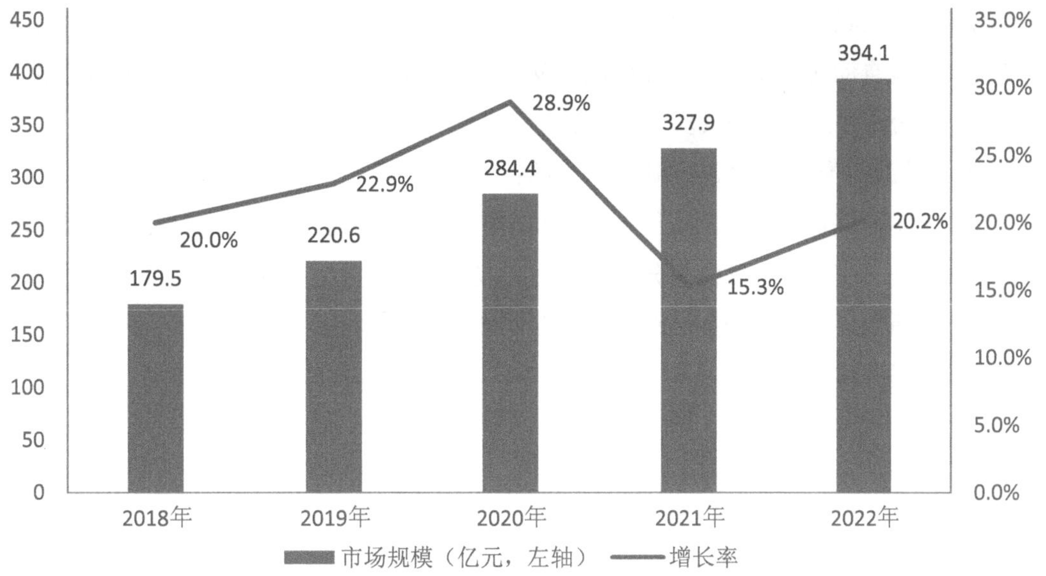

图5-2　2018—2022年中国化学发光免疫分析仪与试剂市场规模

数据来源：中国医疗器械行业协会。

二、市场发展趋势

近年来，化学发光免疫分析仪与试剂获得了良好的发展，试剂国产化进程快于分析设备，高端设备主要依赖进口，中低端设备国产产品占有较大的比重。

未来，我国化学发光免疫分析仪与试剂还会有大量的本土企业和外资企业进入，行业竞争将越来越激烈。同时，随着国家对审批注册及生产经营各个环节监管力度的加大，大批小企业将退出市场竞争，以产品研发水平和质量管理为核心的大企业会尽享政策红利，行业市场集中度将有所提高。

随着医学的进步及其新技术、新成果的不断涌现，现代卫生事业对医疗装备的要求也越来越高，加之市场的激烈竞争，促使医疗器械对新技术高度敏感。世界各国，尤其是发达国家都把医疗器械作为战略性新兴产业着重扶持，重点发展。

（一）国产化学发光类产品替代进口成必然趋势

目前，外企占据了国内化学发光免疫分析市场75%以上的份额，在三级医院等高端市场上更是处于垄断地位。近年来，中国体外诊断行业发展迅速，检验产品的种类迅速增加，国内外的技术差距正在缩小；据兴业证券研究所预计，化学发光国产企业在5年内将占有近一半的市场份额，到2021年，国内厂家总共占有百亿元以上的市场份额。国产替代不可逆转。

（二）对肿瘤、感染性疾病的发光检测将是主要驱动力

未来增速最快的应用主要在肿瘤和传染病领域，在中国这样的传染病大国，传染病是最大的应用领域，并且还在不断扩张。随着基层医疗的发展，基层的常规体检和筛查，会对肿瘤标志物的需求越来越大，同时由于基础医学的发展和对肿瘤研究的深入，未来也会有更多的标志物可以作为靶标进行检测。

（三）全自动化学发光免疫诊断产品引领免疫检测市场快速增长

作为免疫诊断领域中的高端技术，在国内的三级医院以上的高端市场被国外的全自动化学发光免

疫分析系统所垄断的背景下，国内厂商以二级医院和基层医疗机构市场为突破口，加之国内企业技术水平的迅速提高，全自动化学发光免疫分析仪器及试剂将逐渐打破国际厂商对高端市场的垄断，继续引领着免疫诊断细分市场的快速增长。

（四）分级诊疗政策推动化学发光加快下沉基层

分级诊疗是近些年国内医疗界的重要课题，2015年国务院发布指导意见，以提高基层医疗服务能力为重点，以常见病、多发病、慢性病分级诊疗为突破口，完善分级诊疗制度。将来，明确诊断将作为基层医院承担的重要任务，而今基层医院缺乏专业检验人员和检验设备的现状，将使得近几年基层化学发光检验需求呈井喷式爆发。

第三章　行业发展分析

一、行业发展现状

近年来化学发光免疫分析仪与试剂行业内的企业并购频发，行业集中度进一步提升，化学发光免疫分析领域呈现寡头垄断特征。在国内，国际知名诊断企业同样占据高端市场，而本土多数体外诊断产品的生产企业普遍规模较小，企业的技术水平及整体产品质量相对较低，其用户主要集中在二级医院和基层医院。

化学发光免疫诊断技术的检测灵敏度限制极为明显。当前主流的化学发光免疫技术的检测灵敏度为10~22摩尔/升（RIA为10~12摩尔/升），虽在免疫诊断几大类技术中最高，但无论是雅培的吖啶酯发光还是罗氏的电化学发光，都是利用发光反应，通过对溶液整体发光强度的检测来实现定量分析。因此，检测灵敏度在检测原理上均受到方法学上的限制。

二、市场竞争格局

2003年，西门子化学发光分析仪ADVIA首次在中国获批上市，随后罗氏、雅培、贝克曼相继进入中国市场。2010年新产业打破进口品牌的垄断，推出中国第一台国产化学发光分析仪，此后，安图、迈瑞医疗、亚辉龙和迈克等国内厂商的自研化学发光分析仪陆续上市，逐渐形成了中国化学发光市场“四大进口品牌+五大国产品牌”的竞争格局。

目前罗氏、雅培、西门子、贝克曼四大进口品牌仍占据主要市场份额，约76%。由于化学发光法与其他免疫诊断方法，如RIA、酶联免疫法（ELISA）、荧光免疫酶法（FEIA）等相比，灵敏度更高，未来将进一步形成技术替代，挤压包括ELISA在内的其他免疫诊断方法的市场空间。在医保控费、国产替代的政策引导及集采政策的落地执行的助力下，随着国产仪器的各项性能及国产试剂的检测准确性改善，中国化学发光行业的国产化率有望持续提升。如图5-3所示。

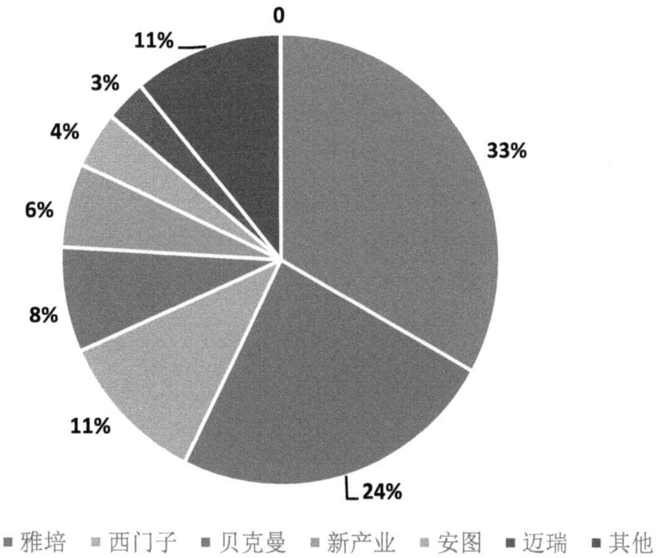

图5-3　2022年中国化学发光免疫分析仪与试剂市场份额

数据来源：中国医疗器械行业协会。

国内体外诊断行业经过多年的发展，取得了令人瞩目的成果，产品种类日益丰富，产品性能也迅速提高。20世纪末，国内市场上还是多采用酶免检测、普通生化检测等诊断手段，在操作上也是以手工操作为主。而目前市场上化学发光免疫诊断、分子诊断等代表国内技术水平的国产新型试剂与自动化仪器纷纷上市，且部分产品品质已经达到国际先进水平。技术的进步使得性能更优异的新产品不断推出，产品检测速度更快、结果更准确、使用更方便等特点促进了国内医疗机构更新换代需求的增长，从而推动了体外诊断市场的持续增长。如表5-1所示。

表5-1　主流化学发光技术情况

<table>
<tr><th>项目</th><th colspan="2">直接发光</th><th colspan="2">间接发光</th><th>电化学发光</th></tr>
<tr><td>标记物</td><td>ABEI</td><td>AE</td><td>HRP</td><td>ALP</td><td>三联吡啶钌</td></tr>
<tr><td>底物</td><td colspan="2">含H_2O_2的强碱溶液</td><td>鲁米诺及其衍生物</td><td>AMPPD</td><td>TPA</td></tr>
<tr><td>最大波长</td><td>425纳米</td><td>430纳米</td><td>425纳米</td><td>470纳米</td><td>620纳米</td></tr>
<tr><td>优点</td><td>发光过程3秒钟完成</td><td>发光系统简单、快捷，5秒钟完成发光，不需要催化剂</td><td colspan="2">酶的灵敏度高，稳定性好</td><td>稳定，在电解池中反复使用，稳定性好</td></tr>
<tr><td>缺点</td><td>异鲁米诺在缓冲液中不稳定，容易水解</td><td>吖啶酯在缓冲液中不稳定，容易水解</td><td colspan="2">激发时间较长造成速度相对较慢的标记过程中能遮掩抗体反应位点</td><td>同一个电解池反复使用后可能产生污染，影响结果</td></tr>
<tr><td>主要厂家</td><td>索林、新产业</td><td>雅培、西门子</td><td>安图、迈克、科美</td><td>西门子、迈瑞</td><td>罗氏</td></tr>
</table>

数据来源：中国医疗器械行业协会。

综合来看，主流的五大发光技术各有优缺点，不能说技术谁优谁劣，但是从市场来看，罗氏电化学发光技术的市场认可度稍稍领先。从国外四大家的优势项目对比来看，罗氏（电化学）在肿瘤项目上占优，雅培（吖啶酯）在传染病项目上占优，而丹纳赫（ALP）在甲功激素项目上占优，由此可以看出代表各个国外龙头厂家的代表性技术无法占据绝对优势。

第四章　产业链分析

一、下游应用行业发展

目前，在大多数三级医院，化学发光已基本取代酶联免疫成为主流，检测范围涵盖肿瘤、传染病、甲功、肾功、优生优育、产筛、内分泌激素等各个方向。如表5-2所示。

表5-2　化学发光应用范围

检测分类	细分人群
肿瘤标记物	肝癌、直肠癌、胰腺癌、胃癌、子宫癌、前列腺增生等筛选/诊断/术后监测患者
传染病	乙肝、丙肝、HIV、HPV等病毒感染检测、治疗监测的患者
甲状腺	对甲亢、甲减、自身免疫行甲状腺疾病的诊断患者
内分泌激素	巨人症、矮小症、皮质醇增多症、肾上腺功能不全；衰老、肾上腺肿瘤等患者
性腺	针对男女性不孕、女性闭经、预测排卵、孕检、多囊卵巢综合征、男性性功能
优生优育	优生优育、孕前或孕早期检查、产前感染的鉴别诊断人群
产前筛查	唐氏综合征和神经管缺陷的产前筛查人群
肾功能	肾脏疾病的诊断、肾脏功能检测的人群
心血管及心肌标志物	心肌损伤/梗死、心力衰竭、心脏病、深静脉血栓、高血压的诊断患者
药物监测	指导用药、用于器官移植的排异反应监测
糖代谢	糖尿病的诊断及监测、妊娠期高血压检测的人群

数据来源：中国医疗器械行业协会。

从各应用领域市场份额来看，化学发光目前主要用于传染病、肿瘤、甲功、激素的检测，这些检测项目占测试总量的75%~80%，占市场金额的60%；在国内，这些检测项目能占到市场金额的80%以上。从临床检测量来看，肿瘤检测规模最大，甲功检测位于第二位，分别占比23%、20%。肿瘤标志物检测增速更快，早期筛查诊断具有极大的增长潜力。如图5-4所示。

二、销售渠道现状与趋势

随着国产医疗设备质量持续提高，与进口品牌的差距不断缩小，政策端对优先采购国产设备的支持力度加大。因化学发光整体进口占比仍高达76%，相对采购成本高于其他体外诊断产品，在医保控费背景下，降低医院采购耗材占收费的比例是重要目标。国内发光领域，是全球第二大市场，由于进口品牌布局更早，已经在终端建立口碑，单纯国产产品替代，可能需要较长周期，而政策上的利好，对国产品牌在本地大市场的进口替代，能有促进作用。

医保控费长期不变，加上疫情带来的医疗支出增加，使得医疗费用“节流”的必要性增加，作为医院开支端的重要组成部分，医疗器械在药物集采后，也将更加频繁地被列入集采清单里，可以预见

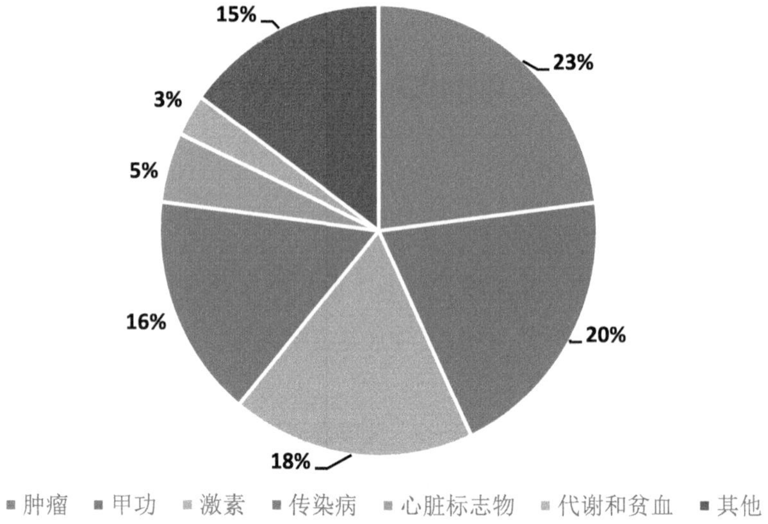

图5-4 化学发光应用范围分布情况

数据来源：中国医疗器械行业协会。

区域集采将成为常态化的趋势。器械品种相对较为分散；通过分类和一致性评价，药品集采有一套相对成熟的标准化流程，医疗器械分类、规格复杂，统一病种有不同疗效评价体系；药品主要是单品种突破，在专利期内大幅放量，器械则强调持续迭代，评价3~5年完成一次代间更新，对应的评价标准也需更新；药品一般通过医生和病人开单购买，器械则涉及科室用户体验、持续维保等问题。

随着分级诊疗的推进加速，基层需求带来增量市场，叠加行业本身的高增速，国产优秀品牌将受益于行业和政策红利。

第五章　行业技术进展与趋势分析

一、技术发展趋势

目前CLIA多由离散测试组成，即一次测量一种抗体。然而对于多参数测试的需求不断增多，这些测试可以在单个分析步骤中以合理的成本来高效识别复杂免疫学图像的所有组成部分。多重免疫测定可以为建立多参数CLIA测试打开大门。同时利用免疫反应的灵活性，将CLIA与多种技术联用可提高检测的灵敏度与特异性，缩短检测时间，提高检测效率。

（一）高灵敏度检测

实际样品的丰度低，在检测过程中也存在着信噪比低的问题。同时，如果检测方法稳定性不好也会对结果造成影响。化学发光免疫测定中，使用新发光试剂、增强剂，构建新的发光体系以及优化反应时间、选择合适的缓冲液等方法，可以大大提高检测范围和检出限及稳定性。得益于纳米技术的发展，各种纳米粒子及结构也被引入化学发光体系中，如金纳米粒子、银纳米粒子、铂纳米粒子等，由于它们具有高比表面积及电子密度，对于化学发光体系有很强的催化作用。

金纳米粒子作为最广泛使用的金属纳米粒子，可以作为模拟酶以及酶或大分子的载体。有实验表明，以辣根过氧化物酶功能化的金纳米颗粒作为抗体标记物，利用夹心标记法，实现对待测蛋白的信号放大检测，比原来工作中没有利用金纳米颗粒的方法，其信号提高了数倍。磁性纳米粒子则可以作为免疫反应的载体，通过磁场将免疫复合物与原始溶液分离，大大缩短了检测的时间，提高了检测的灵敏度。随着纳米技术领域的不断发展，利用纳米材料辅助的化学发光技术未来仍然具有广阔的发展空间。

（二）多组分检测

相比于单个组分的分析，对多组分进行联合分析可以获得更多的信息，得出的结论也更加具有说服力。若对多组分中的每种组分都进行单个分析，则存在着耗时长、试剂消耗多的问题。通过结合空间分辨技术与阵列检测器的同时分析方法则可以实现对于高通量样品的快速检测，而且试剂消耗少。如双通道流通池，实现了对于CA153、CA125、CA19-9和CEA等4种肿瘤标志物的检测，移动光栅就可以获得被光电倍增管收集到的不同通道的信号。

微流控芯片是实现多组分分析的有利工具。通过材料基质上刻蚀或压模便可形成所需要的微通道来实现所需的功能。有研究设计了一种微流控芯片用于检测睾丸激素和C反应蛋白，芯片的顶部为试剂储存区，中部为抗原抗体储存区，底部为硅树脂基板。不同的试剂预先装载在储存区并通过程序控制的阀门避免进入微通道，当样品引入后，预加载到微流体装置的单个储层中，并在关闭状态下通过片上机械阀从微通道中隔离。将样品引入后，阀门开启，通过发光仪可实现自动化检测。

毛细管电泳（CE）和高效液相色谱（HPLC）具有极强的分离能力，可应用在化学发光免疫分析方法的前处理阶段。除此之外，层析技术也实现了与化学发光技术的耦合。免疫层析技术通过样品在基质上的流动可以实现复杂组分中不同组分的分离以及反应产物与未反应产物的分离，不需要在分析过程中沉淀或是洗涤复合物，具有操作简便、简单经济的特点。有研究设计了免疫层析试纸条，通过记录在硝酸纤维素膜的两个测试区中所捕获的探针的化学信号，实现对于莱克多巴胺和沙丁胺醇的检测。

（三）自动化检测

传统免疫分析需要将免疫物质人工混合，由此导致反应效率降低，会耗费较多的时间。流动注射分析（flow injection analysis，FIA）由于不需要人工操作，能够自动化进行分析，可以减少误差，缩短反应的时间，已经被用在基于化学发光方法的免疫测定中。通过加快反应动力学如利用容易控制的电场来加快免疫物质的传质速率或是采用电磁搅拌等常用方法，同样可以减少分析时间，并且由于这些方法容易构建，可以大大提升化学发光免疫分析的自动化水平。随着技术的发展，结合各类辅助方法，具有各类不同功能的全自动免疫发光仪不断被开发出来并应用在临床检测中。然而，目前自动化的化学发光免疫分析仪仍然由国外公司占主导地位，以罗氏（Roche）、贝克曼（Beckman）等公司产品为主，国产化学发光免疫分析仪距离替代进口产品还有很大的进步空间。随着化学发光免疫分析法在我国临床上的普及，市场规模仍在不断增长，国产自动化仪器与国外产品之间的差距会逐渐缩小。

二、产品升级替代

化学发光以其灵敏度高、线性范围宽、特异性好、精确定量等优势，逐步替代传统的酶联免疫和定性产品。同时，早期的微孔板式化学发光也逐步被磁微粒化学发光技术取代。从目前化学发光市场占有率和主流技术应用来看，非酶参与的直接化学发光、电化学发光占比高于酶促化学发光，直接化学发光标记物的分子量很小，便于对小分子物质进行标记，能检测的项目多于酶促化学发光，在临床检验中的应用更广泛。

（一）化学发光仪器向高通量、流水线化发展

化学发光仪器向高通量、模块化、支持多项目联机全线流水化发展，进口厂家的流水线发展较早，包括罗氏、雅培、贝克曼、西门子都有自己成熟的流水线，目前罗氏的cobas e601单模块检测速度为170测试/小时，国内厂家深圳新产业推出的Maglumi 4000 Plus单模块检测速度达280测试/小时，第一个测试16分钟，且能和同型号仪器、生化分析仪、电解质组合互联，拼接组成全自动生化免疫流水线Biolumi 8000。随着化学发光仪器系统向高通量、流水线化发展，将极大缩短样本周转时间，提升实验室工作效率。

（二）化学发光项目日益完善

化学发光项目越来越丰富，覆盖肿瘤标志物、甲状腺功能、激素、心肌标志物、糖尿病、传染性疾病、贫血等免疫检测，为更多的临床科室及科研院所提供完整的检测方案，目前罗氏诊断可提供超过90种免疫检测菜单，而国内企业也不断研发和创新，推出新的项目，比如，深圳新产业目前有化学发光注册证103项、迈克生物有40多个项目。目前国内厂家既有常规项目，也有一些特色项目，如肝纤维化、肿瘤标志物糖类抗原CA50及CA242、自身免疫类等，差异化项目也能够使国产仪器更快进入三甲医院。

（三）自动化、智能化程度高

随着计算机和人工智能技术的发展，不断朝着自动化与智能化的方向发展，自动功能代替人工操

作，机器学习辅助甚至代替人工诊断。例如，临床检验工作已摆脱烦琐的手工操作，而被全自动生化分析仪、血细胞分析系统等大型检验设备所替代，这些设备的共同特点是样品量少、检验指标多。

化学发光免疫分析设备可根据设定的程序进行自动处理和检测，结果准确，重复性好。新兴的放射组学技术，通过机器学习的方法，已经可以实现对病变部位的准确定位和诊断。手术机器人、手术导航等可以实现微创、精准的介入、检测与外科治疗。

AI类智能临床检验设备在疫情控制中，能有效解决疫情中的疾病海量数据处理、疾病标记物筛查、检验等工作，全面提高诊断的效率及准确性。同时减轻相关科室医生的工作量及工作强度。相信未来以AI为基础的智能临床检验设备都将提升诊疗效率。

（四）单分子免疫诊断技术有望占据一席之地

单分子免疫检测是指通过免疫标记的方法，利用抗体捕获和识别抗原，进行信号分子标记或是酶联标记的形式，通过单分子荧光信号检测或单分子酶促反应来实现单分子级别蛋白分子的检测，其从检测原理上打破了现有发光体系检测灵敏度的瓶颈，可造就1000倍于ELISA技术的超高检测灵敏度。此外，单分子检测技术实现了分子检测与免疫检测平台统一化，能显著降低成本、减少污染问题，以及降低分子诊断的耗时。因此，其有望替代化学发光的核心地位，支撑免疫诊断产业的继续发展。

第六章　国内外重点企业分析

一、罗氏诊断

（一）企业概况

罗氏总部位于瑞士巴塞尔，业务遍及全球100多个国家及地区。自1896年成立以来，罗氏始终致力于不断探索更好的疾病预防、诊断和治疗方案，可以提供从疾病隐患筛选、早期检测、预防、诊断、治疗到治疗监控全过程的诊疗一体化服务。

罗氏诊断致力于开发和提供从疾病的早期发现、预防到诊断、监测的创新、高性价比、及时和可靠的诊断系统和解决方案，从而帮助医务人员提高患者的治疗效果，改善人们生活质量，并减少社会医疗成本。

罗氏集团拥有诊断和制药两个业务领域。这一结合使其能够应用突破性的疾病知识来开发创新产品、发现和监测疾病，并引导治疗方案的选择。

2000年8月，罗氏诊断产品（上海）有限公司作为外商独资公司在上海外高桥保税区成立，开展中国大陆的业务。

公司自成立以来业务不断增长，规模也不断壮大，是中国体外诊断市场的领导者之一。至今，公司拥有2800多名员工，分布在全国77个城市。公司总部位于上海，在北京、广州、成都、南京、武汉、西安、杭州、济南和乌鲁木齐均设立了分公司。

（二）新产品与新业务

Elecsys PIVKA-Ⅱ是罗氏诊断开发的一种检测肝癌的诊断工具，它通过检测异常凝血酶原（PIVKA-Ⅱ）的水平来辅助诊断肝癌。PIVKA-Ⅱ是一种与肝癌发生、发展、浸润和转移密切相关的蛋白质，与甲胎蛋白（AFP）联合检测可以有效改善大部分肝癌初诊患者已是中晚期的现状，进而为更多患者抓住最佳治疗时机，提高肝癌患者的生存率，延长生存期。

Elecsys GAAD是罗氏诊断开发的一种数字化算法，可以帮助医生在超声检查中更准确地识别肝癌。GAAD可以自动分析超声图像，识别肝细胞癌的特征，并提供风险评估和诊断建议。这种数字化算法可以帮助医生更快速、更准确地进行肝癌诊断，提高肝癌患者的生存率和治疗效果。

二、丹纳赫

（一）企业概况

丹纳赫公司创立于1969年，前身是Diversified Mortgage Investors, Inc.，于1984年改为现名，总部位于美国华盛顿，全职雇员71000人，是一家跨国医疗及工业仪器制造商。

（二）经营情况

2019年整体营收达到179.11亿美元，受疫情影响波动较小。2022年，继续保持增长，为314.71亿美元，同比增长6.85%。

其诊断业务分为临床实验室业务、分子诊断业务、急性护理诊断业务、病例诊断业务，总营收98.44亿美元，同比增加33%。丹纳赫诊断业务增长主要来源于化学和免疫测定产品线的需求增加、血气和免疫分析产品线、分子诊断业务的强势推动。2021年，丹纳赫诊断着重布局精准医疗与基因诊断领域，进行了多起并购。如图5-5所示。

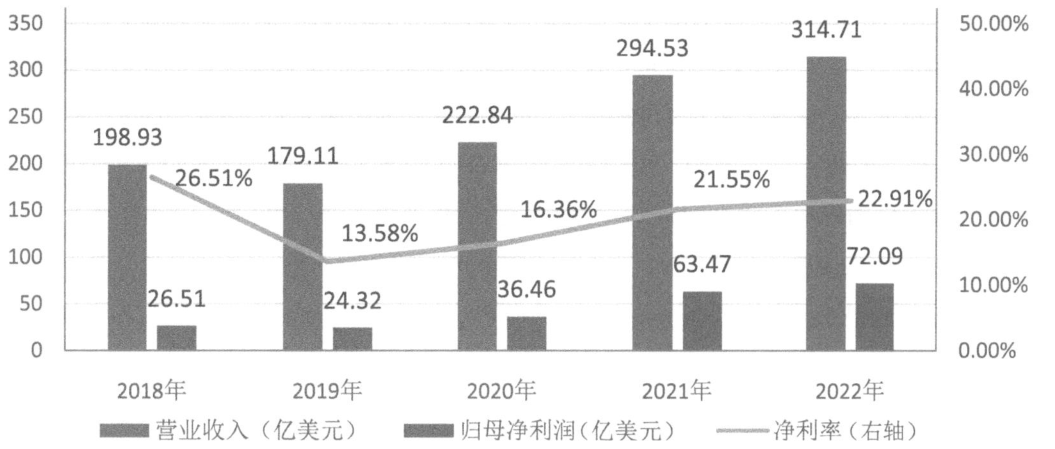

图5-5　2018—2022年丹纳赫经营情况

数据来源：丹纳赫企业财报，中国医疗器械行业协会。

三、上海西门子医疗

上海西门子医疗器械有限公司（SSME，以下简称“上海西门子医疗”），成立于1992年，是西门子医疗业务领域影像及临床设备方面重要的全球研发、制造中心之一，致力于计算机断层扫描（CT）、X光、超声等诊断设备和相关医疗零部件的研发生产以及相关客户服务。其研发生产的产品销往全球70多个国家和地区，目前拥有1000多名员工，其中研发人员超过三分之一。

近年来，上海西门子医疗不断加大研发力量的投入，相继为中国及全球医疗用户研发并推出了双层、6层、16层到全新的128层螺旋CT，以及数字X射线成像系统、数字胃肠机、骨科C臂等多种X光影像设备。以CT产品为例，全球销售的每两台西门子CT中，就有一台来自于上海西门子医疗。上海西门子医疗的CT产品约70%出口到包括欧盟、美国、日本、韩国等全球150多个国家和地区。同时上海西门子医疗也是西门子医疗全球X光基础医疗产品的研发中心。

2023年6月，西门子医疗亚太区首个诊断试剂生产研发基地——西门子实验系统（上海）有限公司（以下简称“西门子医疗上海诊断试剂基地”）在浦东正式投产。西门子医疗上海诊断试剂基地总投资近30亿元人民币，建筑面积为35000平方米。全面投产后，该基地将生产多种针对心脏、甲状腺、性激素、肿瘤等临床检测的免疫试剂和用于免疫诊断的校准物、稀释剂、质控产品，预计年产能将可满足6亿人次测试。作为一座现代化的诊断试剂工厂，西门子医疗诊断试剂基地同时配备包括生物二级实验室、全自动灌装线在内的众多国际尖端设备。其中，上海生产系统中最大的二级生物安全防护实验室将极大提高西门子医疗生产的免疫试剂的检测能力；西门子医疗全球首款全自动多盒型试剂灌装线每小时最大可灌装3000个试剂盒，相当于30万人次检测数，并实现100%在线检查，全方位确保试剂产品质量。在华市场销售约90%免疫试剂将实现国产。

四、迈克生物

（一）企业概况

迈克生物股份有限公司（以下简称“迈克生物”）始创于1994年，一直以来专注于体外诊断产品的研究、生产、销售和服务。迈克生物是经国家相关部门认证的“高新技术企业”，先后通过了CMDISO13485、CQCISO14001、TUVISO13485认证和部分产品CE认证。迈克生物拥有专业的研发、生产和管理运营团队；已完成从生物原材料、医学实验室产品到专业化服务的全产业链发展布局；具备研发制造体外诊断设备、试剂、校准品和质控品的系统化专业能力；产品涵盖生化、免疫、POCT、凝血、输血、血球、尿液、分子诊断、病理等技术平台，并通过产品整合，满足医学实验室90%以上需求。迈克生物在2010年率先成为国际临床化学与检验医学联合会（IFCC）在中国的企业会员。并于2013年获得CNAS医学参考实验室认可。迈克生物在2015年成为中国率先进入国际溯源联合委员会（JCTLM）医学参考测量实验室列表的企业，并成为欧盟标准物质委员会（IRMM）合作成员，承担国际参考物质的赋值工作。迈克生物与国内外著名的研究开发机构紧密结合，通过引进国际上先进的研发、生产及检测设备，逐渐形成了有特色的创新体系；与社会相关优势单位、实验室及个人合作，构建面向21世纪的创新型的检验医学开放实验室。迈克生物拥有丰富的市场管理经验和渠道管理能力，为产品经销商及终端客户提供完善的专业化服务。迈克生物以“科技服务人类健康”为使命，坚持量值溯源能力及医学实验室建设能力的提升，把为客户提供优质的产品作为企业的尊严和责任，将人类生命健康事业作为企业不断前进的动力和方向。迈克生物以“成为全球诊断产业一流企业”为企业愿景，通过不断的技术创新，为全球客户提供优质的产品和服务。

迈克生物是较早布局全产品线发展战略的体外诊断企业，现已拥有试剂、仪器、生物原料三大专业技术的系统化研发创新能力，迈克生物自主产品涵盖生化、免疫、血液、血型、尿液、分子诊断、POCT、病理、原材料等多个产品平台，是国内体外诊断生产企业中产品平台搭建最完整、产品品种最为丰富的企业之一。从研发布局到产品竞争力来看，迈克生物处于国内体外诊断行业头部企业，在生化诊断、免疫诊断、血液诊断产品平台以及自动化流水线构建上均具有代表性和系统化竞争优势。

（二）新产品与新业务

迈克生物免疫类产品主要有：传染性疾病系列检测试剂、生殖激素系列检测试剂、甲状腺功能系列检测试剂、肿瘤标志物系列检测试剂、唐筛筛查系列检测试剂、优生优育系列检测试剂、糖代谢系列检测试剂等；设备类主要有i 3000全自动化学发光免疫分析仪、i 1000全自动化学发光免疫分析仪、i 800全自动化学发光免疫分析仪等。

2022年，迈克生物完成实验室三大平台——生化、免疫、临检集成化连接，可为终端客户提供全实验室智能化检验分析流水线，迈克生物全年大型仪器市场端出库达成3014台（条），其中生免流水线16条、血液流水线141条；化学发光仪器1070台、血液仪器992台，铺入终端市场的仪器持续增长将陆续带来试剂销量的增长。

2022年，迈克生物推出的全自动样本处理系统LABAS MAX搭载了MALAB实验室智能化系统软件、AI视觉识别系统、生物安全防护系统等先进技术，并链接i 3000全自动化学发光免疫分析仪、LST 008系列全自动生化分析仪、LABAS F 9000 X全自动血液分析工作站，形成全实验室智能化检验分析流水线。

2022年，迈克生物吖啶酯直接化学发光技术平台的新增配套试剂产品注册证书19项，已累计取得82项（涵盖甲状腺功能、传染病、心肌、肿瘤标志物、贫血、炎症、自身免疫性疾病、生殖激素、骨代谢等病种检测），其中生长分化因子-15测定试剂盒（直接化学发光法）成为国内首个基于化学发光检测原理的生长分化因子-15获证检测试剂，也是迈克首个创新医疗器械产品，不仅填补了市场空白，也为GDF-15走向临床使用迈出了重要一步，该产品创新性强，具备诸多临床优势。

（三）经营情况

2018年整体营收达到26.85亿元，受疫情影响波动较小，2021年整体营收为39.81亿元，2022年整体营收为36.08亿元，整体下降9.37%。如图5-6所示。

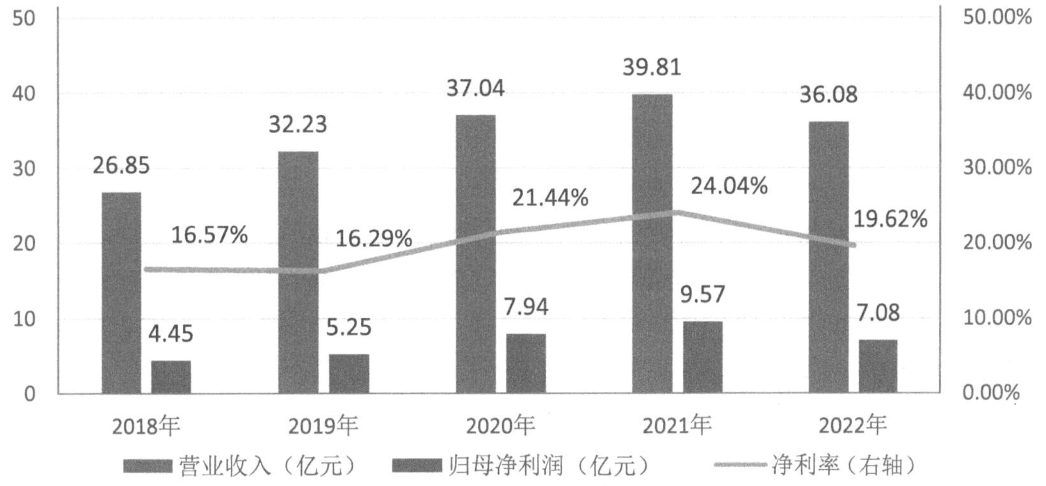

图5-6　2018—2022年迈克物公司经营情况

数据来源：迈克生物企业财报，中国医疗器械行业协会。

五、迈瑞医疗

迈瑞医疗产品包括化学发光免疫分析仪、血液细胞分析仪、生化分析仪、凝血分析仪、尿液分析仪、微生物诊断系统等以及相关试剂，通过人体的样本（如血液、体液、组织等）的检测而获取临床诊断信息。2022年，迈瑞医疗体外诊断业务实现营业收入102.6亿元，同比增长21.39%，其中化学发光增长近30%。国内体外诊断试剂消耗在受到常规门急诊量、体检量、手术量下降带来的负面影响下，通过加大仪器和流水线的装机，以及加速渗透海外中大样本量客户，体外诊断业务仍然实现了快速增长。海外市场常规诊疗量、体检量、手术量均已显著恢复，使得海外常规试剂消耗量实现了完全复苏。更重要的是，得益于过去几年迈瑞医疗对海外市场的营销、物流供应、生产制造、临床支持、IT服务等本地平台化能力的建设，海外中大样本量实验室的渗透显著加速，2022年也成为体外诊断业务海外第三方连锁实验室成批量突破的元年，成功突破了近70家，使得国际体外诊断业务全年增长超过35%。虽然国内体外诊断试剂消耗受到了整体市场检测量下降的影响，但血球BC-7500系列、化学发光CL-8000i、生化BS-2800M、凝血CX-9000、TLA流水线等仪器仍然获得了亮眼的装机表现，其中BC-7500系列装机近2000台，进一步巩固了迈瑞医疗血球市场第一的行业地位，并且三级医院占国内体外诊断收入的比重在过去4年有一倍以上的提升。

为了支撑体外诊断业务未来可持续的高速增长，迈瑞医疗不断加大该业务领域的研发投入力度，并于2022年推出了小型生化免疫流水线M1000、全新一代高端凝血分析仪CX-9000及配套试剂、全自动生化分析仪BS-600M、全自动血液细胞分析仪BC-760和BC-760CS、可溶性白细胞分化抗原14亚型及白细胞介素六化学发光试剂、EU8600全自动尿液分析流水线及配套试剂、鉴定药敏分析仪AF-600、特定蛋白分析仪BP200n等新产品，这些重磅产品的推出将成为助力体外诊断业务延续高速增长的坚实基础。2021年，迈瑞医疗收购了全球知名的IVD原材料领域的公司海肽（HyTest）生物，实现了在IVD原材料领域核心技术的自主可控。未来，迈瑞医疗将加大海肽生物的研发和运营投入力度，除了全球范围增加销售和运营管理人员外，还将大幅增加其研发团队的规模和研发场地，确保未来5年开发的新产品能够满足迈瑞医疗化学发光业务对原材料的需求。

六、安图生物

（一）企业概况

郑州安图生物工程股份有限公司（以下简称“安图生物”）创立于1998年，专注于体外诊断试剂和仪器的研发、制造、整合及服务，产品涵盖免疫、微生物、生化、分子等检测领域，能够为医学实验室提供全面的产品解决方案和整体服务。安图生物于2016年9月1日挂牌上市，是国内第一家在上海主板上市的体外诊断生产企业。安图生物建有国家认定企业技术中心、免疫检测自动化国家地方联合工程实验室、河南省免疫诊断试剂工程技术研究中心等，承担了多项国家、省、市重大科技项目，其中包括“863计划”两个项目。安图生物高度重视产品研发及技术创新，始终将提升研发创新能力作为提升企业核心竞争力的重要手段。公司重视研发投入，近三年研发投入均超过营业收入的10%；注重团队建设，技术研发人员占公司总人数的1/3；比肩国际先进，严格研发流程管理；注重核心原材料研发，创建了针对数万个抗原表位的诊断抗体库，免疫诊断试剂产品的抗原抗体自给率高，保证了供应的稳定性和安全性。安图生物是业内注册文号较多、产品线较全面的企业之一。

安图生物关注品质，追求精良制造。在试剂生产方面，引入自动化生产线，提高产品自动化和流水作业程度，提升精细化管理水平；在仪器制造方面，持续加大精细化管理力度，倡导追求卓越、精益求精、不断优化的工匠精神；在质量管理方面，通过GMP、ISO9001和ISO13485等认证，严格质量管理考核，持续促进质量提升。

安图生物注重自主创新和精良制造的同时，注重全球资源整合。通过对研发创新资源，乃至行业先进产品的整合，为医学实验室提供更加丰富的产品。安图生物以“用户至上，创造价值”为服务理念，坚持以用户为中心，不断提升服务标准和能力，为全国各地用户提供专业、及时、周到的技术服务。在为用户提供产品技术服务的同时，为医学实验室提供质量控制服务和整体服务。安图生物营销网络覆盖全国，在国际营销方面，安图生物产品已销售至欧洲、亚洲、中东、南美、非洲等地区。建设中的安图生物体外诊断产业园，建设用地面积250余亩，建筑面积逾50万平方米，全面建成后，将成为中国最大的体外诊断产业基地之一。

（二）新产品与新业务

安图生物的免疫检测产品拥有242项注册（备案）证书，并取得了186项产品的欧盟CE认证，试剂品种涉及传染病、肿瘤、生殖内分泌、甲状腺功能、肝纤维化、优生优育、糖尿病、高血压、心脏病、骨代谢、呼吸道等多个检测方向，仪器涵盖了化学发光免疫分析仪、酶标仪、洗板机、全自动化学发光免疫分析仪等产品。

安图生物产品覆盖了从传染病到非传染病的诸多方向，是我国业内提供免疫检测产品较多的企业之一，也是国内能够提供全面免疫检测解决方案的企业之一。其中，安图生物的微孔板免疫检测产品（含酶联免疫产品、微孔板化学发光产品）拥有100项注册证书，竞争优势明显。该类产品可为临床医院、体检、第三方独立实验室、疾病控制、人口与计划生育等市场提供低成本、大通量解决方案。磁微粒化学发光免疫检测技术是目前国际先进的主流技术方向，经过多年的研究开发，安图生物陆续推出了基于单个检测管理下达200测试/小时、100测试/小时、180测试/小时和600测试/小时的系列全自动磁微粒化学发光仪器，现已获得131项磁微粒化学发光诊断产品的注册（备案）证书，为临床提供了随机、快速的自动化免疫检测产品。

2022年，安图生物陆续推出多款自动化检测设备，助力医学实验室自动化、物联化、智能化的发展。安图生物自主研发、制造的流水线Autolas X-1 Series正式上市，该流水线提升了线体多项关键性能指标，能更好地控制成本，满足中国本土实验室的需求，也实现了从本土品牌到本土研发生产的重大转折和突破。同时，安图生物推出了新一代高通量化学发光免疫分析仪Autolumo A6000系列，进一步丰富了化学发光产品线，可满足大、中型医学实验室的检测需求。除此之外，新一代全自动生殖道分泌物分析仪AutowoMo W500的上市，实现了干化学酶法功能学+镜检形态学全自动一体检测。

（三）经营情况

2018—2022年每年都保持增长趋势，截至2022年营业收入达到44.42亿元。如图5-7所示。

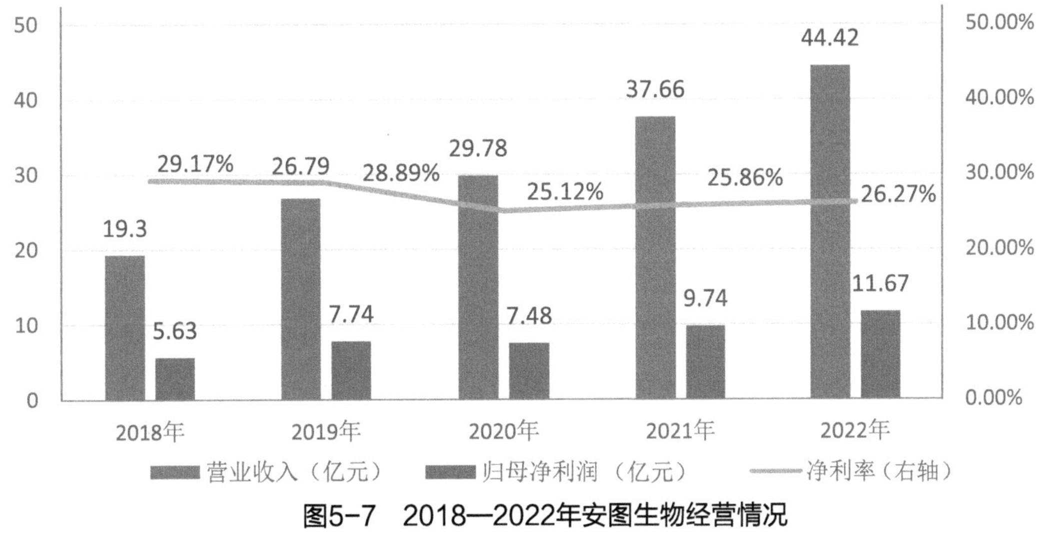

图5-7　2018—2022年安图生物经营情况

数据来源：安图生物企业财报，中国医疗器械行业协会。

第六篇 流式细胞仪行业发展报告

第一章 概述

流式细胞仪（flowcytometer）是对细胞进行自动分析和分选的装置。它可以快速测量、存贮、显示悬浮在液体中的分散细胞的一系列重要的生物物理、生物化学方面的特征参量，并可以根据预选的参量范围把指定的细胞亚群从中分选出来。多数流式细胞仪是一种零分辨率的仪器，它只能测量一个细胞的诸如总核酸量、总蛋白量等指标，而不能鉴别和测出某一特定部位的核酸或蛋白的多少。也就是说，它的细节分辨率为零。

一、基本结构

流式细胞仪主要由四部分组成：流动室和液流系统、激光源和光学系统、光电管和检测系统、计算机和分析系统。

1.流动室和液流系统

流动室由样品管、鞘液管和喷嘴等组成，常用光学玻璃、石英等透明、稳定的材料制作。设计和制作均很精细，是液流系统的心脏。样品管贮放样品，单个细胞悬液在液流压力作用下从样品管射出；鞘液由鞘液管从四周流向喷孔，包围在样品外周后从喷嘴射出。为了保证液流是稳液，一般限制液流速度μ<10米/秒。由于鞘液的作用，被检测细胞被限制在液流的轴线上。流动室上装有压电晶体，受到振荡信号可发生振动。

2.激光源和光学系统

经特异荧光染色的细胞需要合适的光源照射激发才能发出荧光供收集检测。常用的光源有弧光灯和激光。光器又以氩离子激光器为普遍，也有配置氪离子激光器或染料激光器。光源的选择主要根据被激发物质的激发光谱而定。汞灯是最常用的弧光灯，其发射光谱大部分集中于300～400纳米，很适合需要用紫外光激发的场合。氩离子激光器的发射光谱中，绿光514纳米和蓝光488纳米的谱线最强，约占总光强的80%；氪离子激光器光谱多集中在可见光部分，以647纳米较强。免疫学上使用的一些荧光染料激发光波长在550纳米以上，可使用染料激光器。将有机染料作为激光器泵浦的一种成分，可使原激光器的光谱发生改变以适应需要，即构成染料激光器。例如用氩离子激光器的绿光泵浦含有Rhodamine6G水溶液的染料激光器，则可得到550～650纳米连续可调的激光，尤其在590纳米处转换效率最高，约占到一半。为使细胞得到均匀照射，并提高分辨率，照射到细胞上的激光光斑直径应和细胞直径相近。因此需将激光光束经透镜会聚。光斑直径可由激光波长、透镜焦距、激光束直径确定。色散棱镜用来选择激光的波长，调整反射镜的角度使调谐到所需要的波长λ。为了进一步使检测的发射荧光更强，并提高荧光讯号的信噪比，在光路中还使用了多种滤片。带阻或带通滤片是有选择性地使某一滤长区段的光线滤除或通过。例如，使用525纳米带通滤片只允许FITC（fluorescein isothiocyanate，异硫氰荧光素）发射的525纳米绿光通过。长波通过二向色性反射镜只允许某一波长以上的光线通过而将此波长以下的另一特定波长的光线反射。在免疫分析中常要同时探测两种以上波长的荧光信号，因此采用二向色性反射镜或二向色性分光器，来有效地将各种荧光分开。

3.光电管和检测系统

经荧光染色的细胞受合适的光激发后所产生的荧光是通过光电转换器转变成电信号而进行测量的。光电倍增管（PMT）最为常用。PMT的响应时间短，仅为纳秒数量级；光谱响应特性好，在200～900纳米的光谱区，光量子产额都比较高。光电倍增管的增益从10^3到10^8可连续调节，因此对弱光测量十分有利。光电管运行时，特别要注意稳定性问题，工作电压要十分稳定，工作电流及功率不能太大。一般功耗低于0.5瓦；最大阳极电流在几个毫安。此外要注意对光电管进行暗适应处理，并注意良好的磁屏蔽。在使用中还要注意安装位置不同的PMT，因为光谱响应特性不同，不宜互换。也有用硅光电二极管的，它在强光下的稳定性比PMT好。

从PMT输出的电信号仍然较弱，需要经过放大后才能输入分析仪器。流式细胞计（仪）中一般备有两类放大器。一类是输出信号辐度与输入信号成线性关系，称为线性放大器。线性放大器适用于在较小范围内变化的信号以及代表生物学线性过程的信号，例如DNA测量等。另一类是对数放大器，输出信号和输入信号之间成常用对数关系。在免疫学测量中，常使用对数放大器。因为在免疫分析时常要同时显示阴性、阳性和强阳性三个亚群，它们的荧光强度相差1～2个数量级；而且在多色免疫荧光测量中，用对数放大器采集数据易于解释。此外还有调节便利、细胞群体分布形状不易受外界工作条件影响等优点。

4.计算机和分析系统

经放大后的电信号被送往计算机分析器。多道的道数是和电信号的脉冲高度相对应的，也是和光信号的强弱相关的。对应道数纵坐标通常代表发出该信号的细胞相对数目。多道分析器出来的信号再经模-数转换器输往微机处理器编成数据文件，或存贮于计算机的硬盘和软盘上，或存于仪器内以备调用。计算机的存贮容量较大，可存贮同一细胞的6～8个参数。存贮于计算机内的数据可以在实测后脱机重现，进行数据处理和分析，最后给出结果。

除上述4个主要部分外，还备有电源及压缩气体等附加装置。

二、发展历程

在20世纪30年代初，Caspersson和Thorell就开始研究细胞的计数。

1936年，Caspersson等将显微分光光度法引入细胞计数中。

1949年，Coulter提出在悬液中计数粒子的方法并获得专利。

1954年，Beirne和Hutcheon发明光电粒子计数器。

1969年，发明第一台荧光细胞检测仪。

1972年，对细胞分选器进行新的改进。

1975年，Milstein和Kohler发明单克隆抗体技术，进一步促进了流式细胞仪（计）的发展。

从此，流式细胞仪进入了飞速发展的时代，很多公司相继推出各具特色的流式细胞仪并不断升级完善，使检测性能不断提高。

国产流式细胞仪最早研制于20世纪80年代初，但受到当时科技发展和国内生产力的限制，并没有商业化的产品问世。

至2010年起开始流式细胞仪的设计、研发和生产，迄今已推出了中国自主研发的具有绝对计数功能的从单激光至三激光甚至可同时分析高达13种荧光颜色的流式细胞分析仪Bricyte E6、NovoCyte系列等。

这些流式细胞仪不仅从性能上能够和国外仪器比肩，也有着自身的特色和优势。例如，具有对插拔滤光片、通道配置更改及升级简便、灵活，能够24管/40管及6/24/96X多孔板上样等功能。

进入21世纪，随着光电技术、计算机技术进一步发展，流式细胞仪已开始向模块化、经济型发展。其光学系统、检测器单元和电子系统更加集成化，并可按照使用要求进行灵活的调整和更换。临床型的仪器追求更加自动化的操作，包括自动样本处理及与LS的双向通信等。

三、分类

根据功能不同，可分为临床型和综合型（科研型）。

根据有无细胞分选功能，可分为流式细胞分析分选仪和流式细胞分析仪。

根据结构不同，可分为一般流式细胞仪（零分辨率流式细胞仪）和狭缝扫描流式细胞仪（高分辨率流式细胞仪）。

前者的激光光斑为椭圆形，光斑直径大于被检细胞体积。后者激光光束为一条线状扁平光斑，直径在3~5微米。如表6–1所示。

表6–1　流式细胞仪分类

按功能分	按结构分
临床型	流式细胞仪（零分辨率流式细胞仪）
综合型（科研型）	狭缝扫描流式细胞仪（高分辨率流式细胞仪）

数据来源：中国医疗器械行业协会。

第二章　市场发展分析

一、市场发展现状

（一）全球市场规模

流式细胞仪市场的增长主要受全球艾滋病发病率和流行率上升的推动，以及研究和学术界也越来越多地采用流式细胞术，免疫学和免疫肿瘤学研究领域的合作不断扩增，技术的进步，人工智能平台越来越多地融入流式细胞术工作流程和流程进步的细胞仪软件。

2018年流式细胞仪全球市场达23亿美元，2022年流式细胞仪全球市场达52亿美元，2022年增长率为20.9%；2018—2022年5年复合增长率17.72%。如图6-1所示。

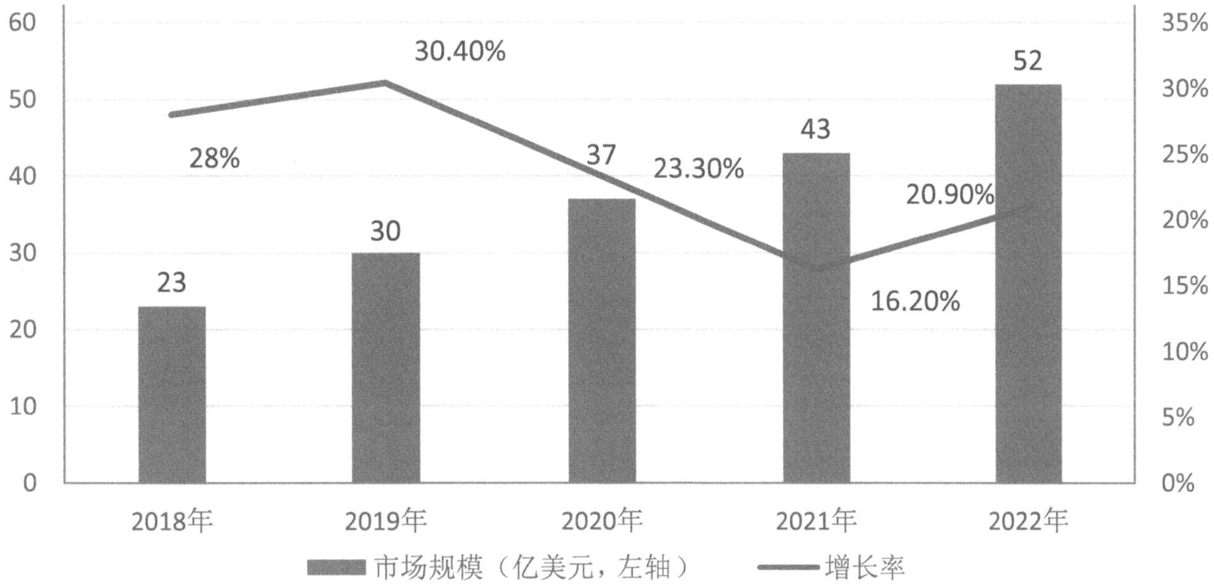

图6-1　2018—2022年全球流式细胞仪市场规模

数据来源：中国医疗器械行业协会。

2022年北美占全球流式细胞仪市场的38%，占据主导地位；其次是欧洲。北美市场已经成熟，流式细胞术技术在主要最终用户中的渗透率很高。如图6-2所示。

（二）中国市场规模

据统计，中国流式细胞仪行业市场规模在2018年为24亿元，2022年为55亿元，流式细胞行业保持高增速状态，2020年新冠疫情暴发，市场需求增长，2022年的增长速度为14.6%。2018—2022年5年复合增长率为18%。如图6-3所示。

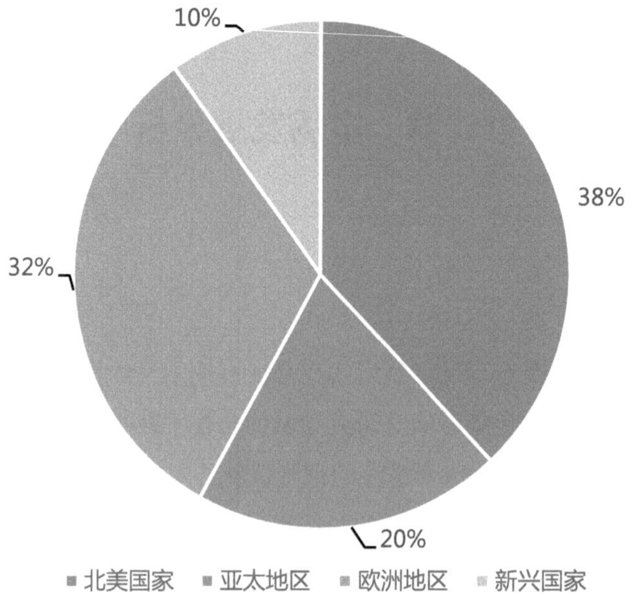

图6-2　流式细胞仪全球市场分布

数据来源：中国医疗器械行业协会。

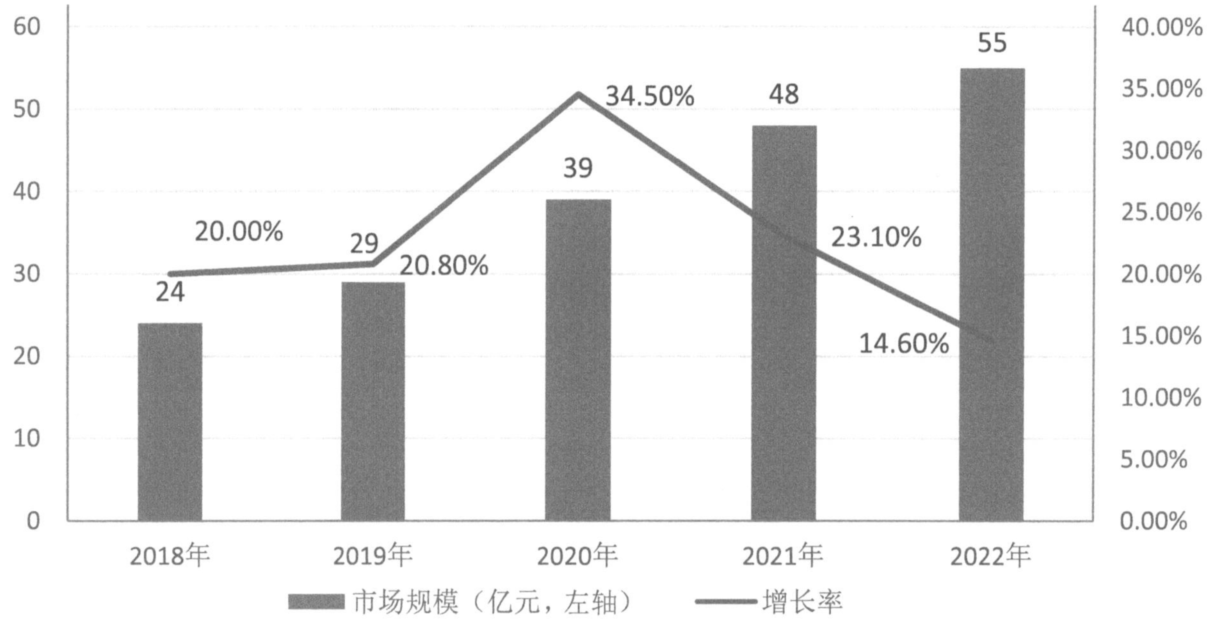

图6-3　2018—2022年中国流式细胞仪市场规模

数据来源：中国医疗器械行业协会。

二、市场发展趋势

流式细胞仪市场关注度高，为争夺更多市场份额，全球流式细胞仪市场收购、上市、强强联合等事件较多。2021年7月，PerkinElmer公司宣布以52.5亿美元现金和股票组合的方式收购BioLegend，BioLegend在流式试剂领域处于领先地位，试剂品种过万。表6-2为近几年流式细胞仪收并购情况。

表6-2　近年流式细胞仪市场收并购情况

公司	收购
BD	2022年Cytognos：血液流式试剂，EuroFlow联盟许可检测方法
贝克曼库尔特	2019年Cytobank：在线流式数据分析网站
PerkinElmer	2021年Biolegend：过万种流式试剂，Fire、Spark、iFlour等是其品牌
Agilent	2018年杭州艾森：流式仪器
Cytek	2023年DiaSorin：流式细胞仪和成像业务
	2021年Tonbo：900余种流式试剂
Abcom	2021年BioVision：抗体等
BioM é rieux	2011年CHEMUNEX：微生物快速检测流式
Bio-Techne	2022年Namocell：微流控分选
DiaSorin	2021年Luminex：流式荧光，Amnis成像流式，Guava毛细管流式
	2018年Luminex收购Merck的Amnis和Guava，2011年Merck收购Amnis，2009年Merck收购Guava
Medix	2021年DiaClone：300余种流式相关产品

数据来源：中国医疗器械行业协会。

2014年以前，国内临床流式市场完全是国外品牌的天下，并且仅仅是BD和贝克曼库尔特。得益于国家药监局《关于过敏原类、流式细胞仪配套用、免疫组化和原位杂交类体外诊断试剂产品属性及类别调整的通告》(2017年第226号)，许多抗体归为一类管理。目前已有19家公司的流式细胞仪经国家药监局注册批准。

随着疫情大流行结束，未来受应用范围拓展，市场发展等因素，增速将回落；预计2023年流式细胞仪全球市场达54亿美元，2027年达到75亿美元，5年复合增长率为6.79%。如图6-4所示。

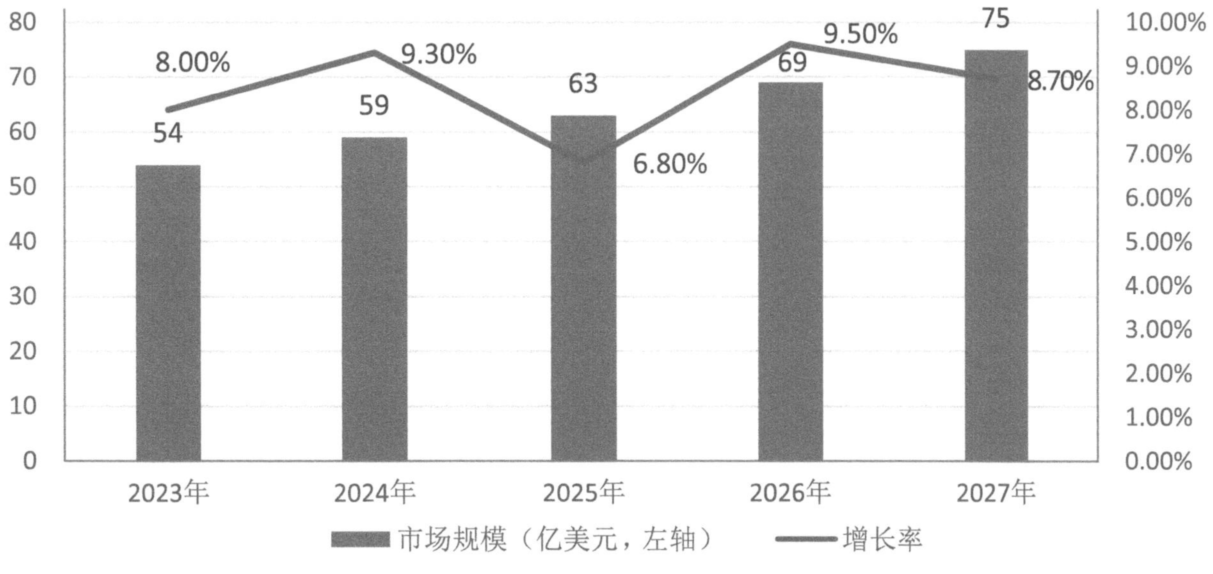

图6-4　2023—2027年全球流式细胞仪市场规模

数据来源：中国医疗器械行业协会。

其中，中国市场2023年将达到61亿元，2027年预计达到86亿元，5年复合增长率为7.11%。如图6-5所示。

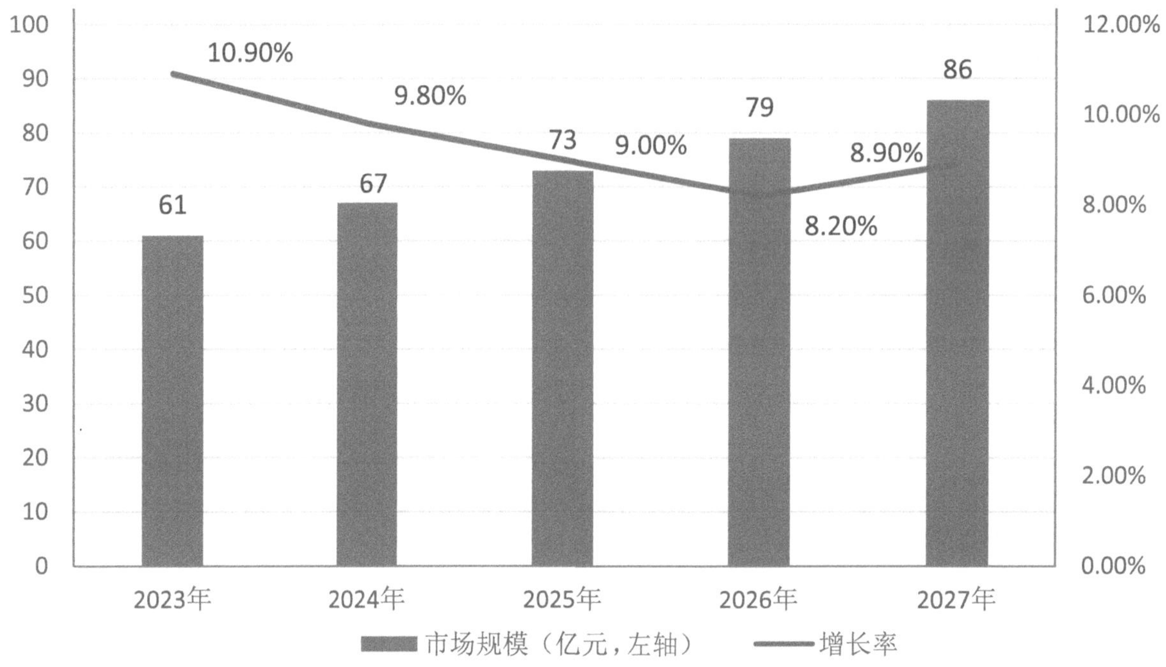

图6-5 2023—2027年中国流式细胞仪市场规模

数据来源：中国医疗器械行业协会。

第三章　行业发展分析

一、发展现状

产量方面，2018年中国流式细胞仪产量约为1.3万台，2022年为1.9万台，2022年增长率为16.4%，5年复合增长率为7.89%。如图6–6所示。

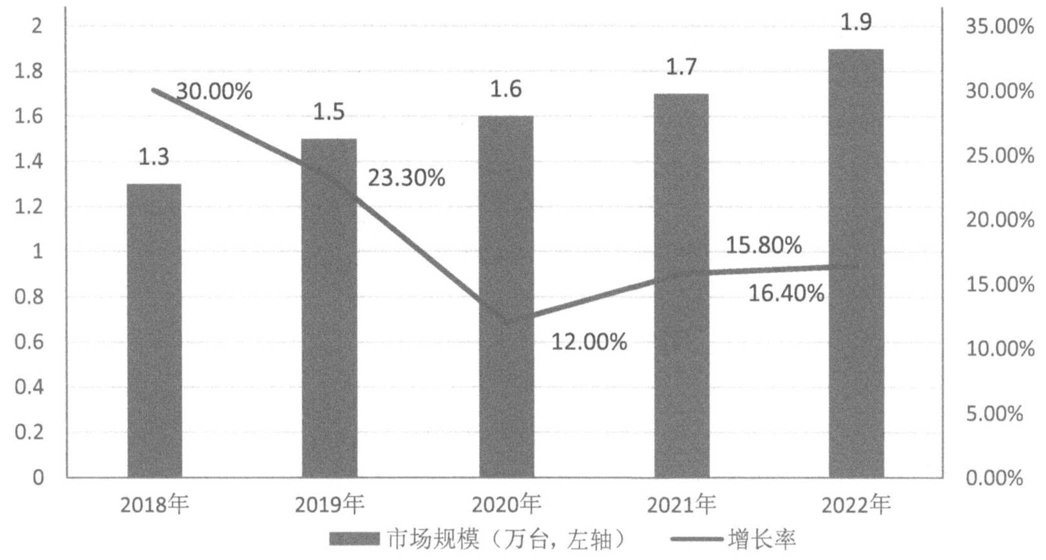

图6–6　2018—2022年中国流式细胞仪产量规模

数据来源：中国医疗器械行业协会。

2018年中国流式细胞仪产值约为31.2亿元，2022年约为43.7亿元，2022年增长率为7.1%，5年复合增长率为6.97%。如图6–7所示。

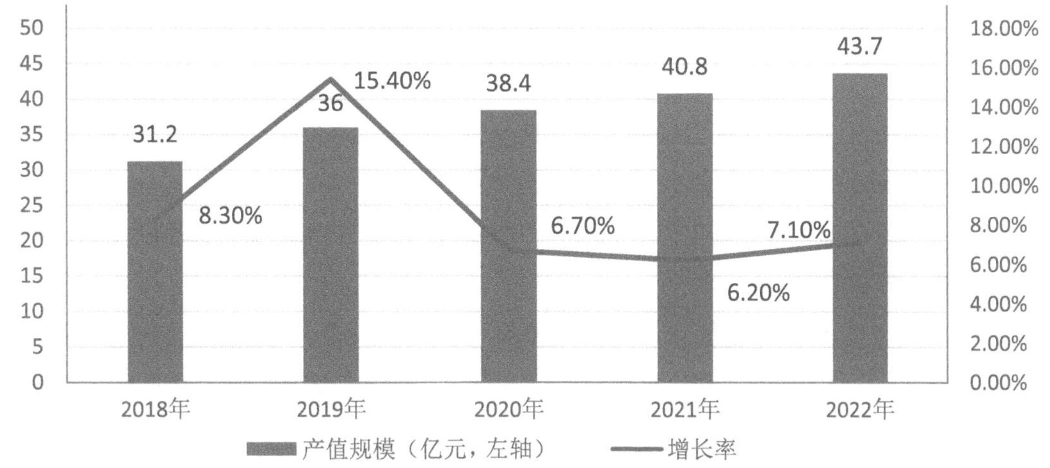

图6–7　2018—2022年中国流式细胞仪产量规模

数据来源：中国医疗器械行业协会。

二、市场竞争格局

我国流式细胞仪市场主要由碧迪、贝克曼库尔特和安捷伦三大进口品牌占领，其中，碧迪占据主要市场份额，2019—2022年市场份额分别为63.5%、67.3%、58.5%和55%；中国品牌中，迈瑞市场份额为4%。如图6-8所示。

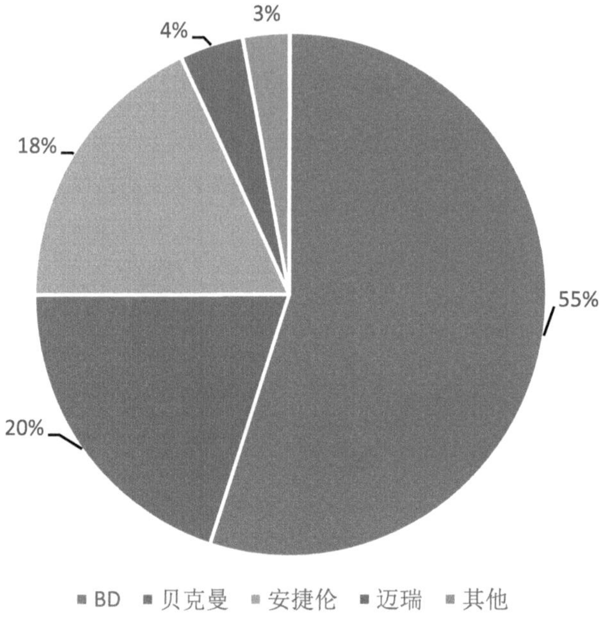

图6-8　2022中国流式细胞仪市场分布

数据来源：中国医疗器械行业协会。

三、进出口分析

中国是流式细胞仪的生产大国和消费大国之一，近年来，随着国内科学技术的不断发展和市场需求的不断增长，中国流式细胞仪的进出口情况发生了一些变化。

中国的流式细胞仪进口数量逐渐增加，主要来自美国、德国、日本等发达国家。进口的流式细胞仪多为高端产品，具有高精度、高效率和高稳定性等特点，适用于各种复杂的科学研究和医学检测。

与此同时，中国的流式细胞仪出口数量也在不断增长，主要出口发展中国家和地区，如东南亚、中东、非洲等地。中国出口的流式细胞仪多为中低端产品，具有较高的性价比和灵活性，适用于一些基层实验室和医疗机构的日常检测工作。

总的来说，中国流式细胞仪的进出口情况反映了国内市场需求和生产能力的不断提高，以及国际市场对中国产品的认可和需求。

2022年，中国进口的流式细胞仪数量约为2900台，进口总额约为4亿美元；出口数量约为1800台，出口总额约为2亿美元。其中，进口数量和出口数量相比，进口数量较多，说明国内市场对流式细胞仪的需求较大。

第四章　产业链分析

一、关键部件原料研发与生产

流式免疫荧光，又称液相芯片、悬浮阵列。相比化学发光，其最大优势是同时实现多参数检测，这是通过荧光编码微球来实现的。

1.液相芯片技术

生物芯片技术是近年来随着人类基因组计划和蛋白质组计划的进展而在生命科学领域中迅速发展起来的一项新技术，现已被大家所熟知。将生物芯片技术和FCM有机结合在一起，把不同生物探针（核酸、蛋白等）标记在各种有荧光的微球上，以荧光标记微球作为反应载体在液相系统中完成生物学反应，即为流式细胞术液相芯片技术。

它由“微球体+探针+目的分子+报告分子”组成的一种简单反应模式，可以在同一液相中同时检测多个目的分子，如对血液中多种白细胞介素检测。

中翰盛泰编码微球采用微米级球表面共价结合纳米级球的方式，微米球和纳米球分别有10种不同荧光染料浓度，微米球还可以加入不同大小。此编码模式能获得更大的比表面积，更小的空间位阻。

2.定量流式细胞分析

定量流式细胞分析（quantitative flow cytometry，QFCM）是指用流式细胞术对细胞或微粒上标记荧光分子的定量分析，从而对细胞的生物分子进行精确测量。如每个分子表达的平均分子数、抗原数等。

定量流式细胞分析不同于以往的相对荧光强度或阳性细胞百分率测量，它更为准确、灵敏。在获得性免疫缺陷综合症（艾滋病）和“非典”的研究与治疗中，对外周血中的CD4+T淋巴细胞进行绝对记数，来反映病情进展及监测疗效。

根据法律法规规定，试剂盒需要注册，旷博、唯公、瑞斯凯尔、重庆博生特、赛基、湖南拜恩美等6家公司均有相应产品。

近年来，赛基生物推出三款细胞因子试剂盒：首款炎症因子四联检试剂盒；肿瘤免疫评估六因子联检；趋化因子联检，免疫细胞诱导剂的监测。美瑞特推出移植物抗宿主病（GVHD）六因子试剂盒，包括IL-6、IL-8、ST-2、TNFR1、REG3α、Elafin，已在注册之中。

二、下游应用行业发展

流式细胞仪应用场景涵盖科学研究、临床体外诊断、生物制药、细胞疗法等多个领域，其终端用户包括商业组织、医院、学术机构、临床测试实验室等。

免疫学领域：淋巴细胞亚群检测，用以评估机体的免疫状态、辅助疾病如AIDS/HIV的诊断等，是目前各医疗单位开展和应用最广泛的项目。

血液学领域：血液系统疾病的免疫分型及白血病微小残留病变（minimal residual disease，MRD）

监测，用于血液系统疾病的诊断、治疗评估和复发监测。FCM的细胞免疫分型是国际公认的诊断造血细胞疾病所必不可少的重要标准之一，是目前被广泛接受和认可的免疫分型方法。

临床肿瘤学：主要是DNA倍体和细胞周期分析，了解细胞DNA倍体和增殖能力，异常倍体的出现意味着DNA合成的异常，可能是肿瘤或是癌前病变发生的重要标志。另外，FACS还可以检测分析肿瘤相关标志物（肿瘤细胞的增殖活性标志分子、分化标志分子、凋亡标志分子以及免疫学标志物），用于肿瘤发病机制的研究、个性化治疗方案的制定以及预后判断等。

临床细胞治疗：流式细胞仪是在细胞治疗领域的一个重要的研究和研发依托，其特有的单细胞水平分析能力在细胞治疗领域中发挥不可或缺的作用。

临床微生物：FACS快速、灵敏以及可以同时进行多参数分析的优点，使其在临床微生物检测中的作用受到越来越多的关注。不仅可以检测病原菌、毒素和血清抗体，还可用于抗生素敏感性试验，对抗生素后效应、细菌耐药的异质性等进行分析。

外周血细胞分析：五分类血细胞分析仪（将白细胞分成5个类别）是临床检验应用最为广泛的血细胞分析仪。

尿沉渣分析：目前，一些全自动尿沉渣分析仪也应用了FCM，例如SYSMEXUF系列尿沉渣分析仪就是采用FCM结合荧光染色和半导体激光技术，将检测通道分为沉渣通道和细菌通道。

辅助生殖：流式细胞术在辅助生殖医学领域得到了大量应用，在判断免疫性不孕、预测精子受精能力等技术中发挥重要作用。

目前，流式细胞市场主要应用于生物学研究、制药工业等科研领域，但临床应用正加速发展，呈现反超之势。例如，我国《新型冠状病毒肺炎诊疗方案（试行第七版）》中，明确了流式细胞仪在细胞因子检测和淋巴细胞亚群检测中的应用，这带动了医疗用流式细胞仪的需求增长。据统计，2020年一季度医院与疾控中心的流式细胞仪采购量占国内市场采购总量的73.47%。分析人士指出，医疗机构对流式细胞检测项目的采用率不断提高，将是推动市场增长的主要因素。

同时，流式细胞仪在细胞疗法的开发、制备、应用过程中也发挥重要作用，将受益于该行业的快速发展。2021年6月23日，复兴凯特申报的阿基仑赛注射液成为我国首个经药监局批准上市的细胞治疗类产品，用于治疗既往接受二线或以上系统性治疗后复发或难治性大B细胞淋巴瘤成人患者，标志着细胞治疗领域的商业化竞争开启。据弗若斯特沙利文分析，中国嵌合抗原受体T细胞免疫疗法（CAR-T）的市场规模将由2021年的2亿元人民币增长至53亿元人民币，并于2030年增长到289亿元人民币。

目前，流式细胞仪在中国科研和临床领域几乎各占一半左右。在中国科研市场，流式细胞仪已逐渐进入红海，主要增长点在小型化、智能化设备。而临床市场则目前处于快速发展期。而中国临床使用流式细胞仪仍以一线市场、三甲医院为主。中国一线市场流式细胞术的研究和应用水平已与全球没有太大差距。但在县域基层市场，因为此前经济受限以及人才缺乏等原因，流式细胞检测项目开展得较少。近年来，一方面随着分级诊疗落地，流式细胞技术已下沉到二级市场，并处于快速发展期，尤其是利好性价比更高的国产厂商。而“2000亿元贴息政策”更是为医疗机构提供了设备更新改造契机，同时也为国内医疗设备厂商带来了显著的增量。

三、销售渠道现状与趋势

业务的拓展一般是通过经销商（少量或厂商直销）销往医院、科研机构等终端用户。流式细胞仪的下游市场目前在中国科研和临床领域几乎各占一半左右。随着医疗改革的深入，医疗领域占比更多的二级及以下的医疗机构市场渗透率将逐步提高，未来医疗领域将迎来加速发展。

第五章　行业技术进展与趋势分析

一、技术发展趋势

从技术角度来说，目前激光数量与通道数量的发展基本满足了大多数实验的需求，发展方向还是以性能与易用性为主。包括液相芯片、光谱流式、质谱流式、液流、光流和计算能力的提升、仪器自动化、前处理自动化等。

流式检测技术的发展方向是两个：一是向着更高、更快、更强，不断进行性能优化。二是进行尽可能的POC化。

1.应用对象从细胞到颗粒

流式细胞仪可以将“颗粒”视同为“细胞”进行检测，在特制的微球上包被抗原、抗体或核酸探针，以微球为载体来检测各种可溶性蛋白、细胞因子、自身抗体、特定的核酸序列等，从而使流式细胞仪的检测对象扩展到分子范围。

2.从相对计数到绝对计数

传统流式细胞仪的测试结果为相对计数，即目标细胞在某一总体系中的比值。随着应用的深入，绝对计数被证明更具实际价值。目前主要采用计数微球和测定进样体积来实现。

3.流路、光路、数据分析的优化

速度的提升是光路、流路和数据采集系统三者共同优化改善的结果。

流路：通过负压进样，其优点是无须鞘液，产生废液也少。某公司声波流式细胞仪利用超声波将细胞聚集在样品流中轴线上，大大加快了进样速度。

光路：庞大的水冷或气冷的激光器逐渐被小型化的固态激光器取代、光纤传导应用越来越普遍、雪崩光电二极管等新检测器提供新的选择。

数据分析：随着数字化技术的引入以及数据处理系统的升级，流式细胞仪的数据处理能力得到极大提升。

4.从传统流式到质谱流式、光谱流式

传统流式存在光谱渗漏、自发荧光等问题，使用的荧光染料的数量越多，这些问题就越大，为了克服这些问题，出现了质谱流式和光谱流式。

质谱流式：与传统流式相比，其标签系统（金属元素）和检测系统（ICP质谱技术）不同，最大的特点是超高分辨率，通道数量大大提升、无须计算荧光补偿、没有自发荧光（因为细胞内部不含镧系元素离子）等。

光谱流式：光谱流式是从另一条道路来解决荧光补偿问题，即光谱解析。不同荧光素都有其独特的光谱特征，通过事先学习荧光素的光谱特征，以消除传统流式的荧光渗漏影响。

5.小型化、自动化

小型化："小"意味着节省空间，容易安装和转移，"小"更值得期许的是减少样本体积，降低试剂消耗，提高检测速度，以及缩小空间所带来的光电及液路的改善。

便宜：国外进口的流式细胞仪多数价格较高（超过50万元），对于价格较为敏感的三级以下医院采购门槛太高。

自动化：传统流式操作复杂，人员培训周期长，通过各流程优化，实现全流程的自动化操作，将大大降低流式的临床应用门槛。

二、产品应用趋势

从市场角度来说，科研市场相对开始饱和，除仪器的换代升级以外，主要增长点会是小型化个人化机器从平台进入独立实验室；临床市场目前处于快速发展期，并且由于试剂的准入门槛降低，流式细胞仪会更快普及。

从应用方向来看，主要还是以免疫、肿瘤、单细胞研究为主。一些特殊的方向例如单细胞分选、微小颗粒的分析分选将会是未来的热点。流式细胞仪在临床医学中的应用也将得到进一步发展，例如用于疾病诊断、治疗监测、干细胞治疗等。

流式细胞术在临床环境中的应用领域不断扩大，预计该市场仍将提供高增长机会。艾滋病毒/癌症的高流行率，对目标疾病（如癌症和免疫疾病）治疗方案的开发越来越关注正在推动该地区的市场增长。此外，于亚太地区的研发外包及癌症和艾滋病等疾病发病率的增加，预测亚太地区也将成为快速增长的地区。

三、行业发展趋势

从企业角度来说，发现一些新的应用领域（比如肿瘤、自免疾病的多指标联检）、快速跟进国外的先进技术（比如光谱流式、质谱流式），或跟随国内分级诊疗的推进来实现流式的POC化，都是不错的策略。

第六章　国内外重点企业分析

一、碧迪（BD）

（一）企业概况

美国BD公司（becton dickinsonand company）于1897年在纽约成立，总部位于美国新泽西州的富兰克林湖，在全球约50个国家和地区设有分支办事机构、研究发展中心和制造工厂，业务遍及世界六大洲，全球雇员超45000人。BD的服务对象包括医疗机构、生命科学研究所、临床实验室、工业单位和普通大众，是世界上最大的生产和销售医疗设备、医疗系统和试剂的医疗技术公司之一，致力于提高全人类的健康水平。BD在100多年的发展进程中以其雄厚的实力相继收购了十多家相关的医疗器械及医疗设备公司，使公司的经营规模、产品全面性及配套、综合竞争能力有了飞跃性的发展，为世界同行所瞩目。

BD于1994年正式派员在中国注册建立代表机构，开展对华业务。

BD于1995年8月投资2500万美元在江苏苏州建立生产企业“苏州碧迪医疗器械有限公司”。2008年又投资2400万美元用于厂房扩建，该扩建工程于2010年5月顺利完成，厂房面积由原先的10000平方米扩大为26000平方米。

BD自2005年起总计投资4800万美元在中国江苏苏州工业园区建立“碧迪快速诊断产品（苏州）有限公司”。

BD于2012年5月宣布，苏州碧迪医疗器械有限公司生产二区项目在江苏省苏州工业园区正式启动。项目占地面积47866平方米，累积投资额将达到近20亿元人民币，其中初期投资将超过8000万元人民币。

BD在中国发展迅速。通过整合，成立了以上海为BD中国区总部，北京、广州等14个办事处为核心的业务格局，带动辐射全国；有员工近2500人。BD在中国市场推出的产品包括三大部分：医疗产品、诊断产品和生物科学产品。

（二）新产品与新业务

作为全球生物领域行业领先水平者，BD生物科学致力于通过为广大生命科学研究者和临床医生提供优质、高性能的细胞分析和分选工具，促进科学研究和临床应用的进展。

BD FACS™ Canto™是一款流式细胞仪，具有高效的细胞分离和分析功能。该系统使用流式细胞术，可以在短时间内对大量细胞进行分离和分析，从而帮助研究人员更好地研究细胞生物学和疾病机制。此外，该系统还可以进行多色荧光染色和细胞分选，帮助研究人员更好地研究细胞亚群和细胞功能。

（三）经营情况

BD公司2020年整体营收达到171.17亿美元，受疫情影响波动较小。2021年，BD公司加强资产负债表和现金流，增加对高增长空间的投资，并加快并购活动的步伐，整体营收达到202.48亿美元，同比增长18.2%。2022年，营收有所降低，保持188.7亿美元，同比减少6.81%。如图6–9所示。

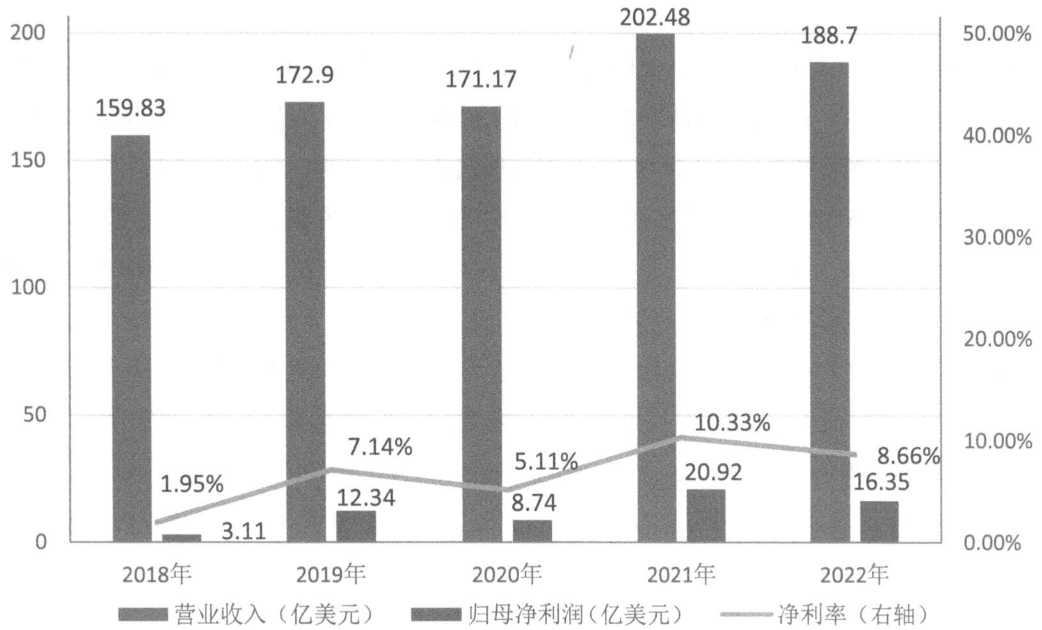

图6-9　2018—2022年BD营收情况

数据来源：BD公司企业财报，中国医疗器械行业协会。

二、贝克曼库尔特

（一）企业概况

美国贝克曼库尔特有限公司（以下简称“贝克曼库尔特”）是全球领先的专业仪器生产、销售和服务厂家，公司创立于1935年，在过去的70多年中，贝克曼库尔特以不断向生物医学研究、药物开发和临床诊断领域的科学家和医务工作人员提供简单化、自动化和创新的解决方案为己任，从一个小小的酸度计的生产开始，发展到一个拥有几十种产品、服务遍布全球160多个国家、年销售额约33亿美元的跨国公司。贝克曼库尔特在中国设有分公司、工厂、区域办事处和覆盖各个主要省份的销售和技术服务体系。在生物医学研究进入系统生物学（systems biology）的时代，公司最新推出了genome lab基因组学解决方案、proteome lab蛋白质组学解决方案和cell lab细胞组学解决方案等，并以自动化系统为平台加之全球领先齐全的离心系统技术构成了系统生物学的整体解决方案，以帮助科学家和研究人员解决基因组学、蛋白质组学、细胞组学和药物开发的技术瓶颈，从而更好地为人类的健康服务。

（二）新产品与新业务

贝克曼库尔特全新推出的CytoFLEXSRT流式分选仪，基于CytoFLEX卓越的光学系统、全自动化的操作、紧凑的设计，将会给用户带来全新的分选体验。CytoFLEXSRT继承了CytoFLEX小巧、智能的优越特性，同时拥有卓越的性能与简单的操作，用科技与创新，将分选化繁为简，使得分选更加轻松与准确，让科研工作者更加专注于科学研究本身。紫色-蓝色-黄绿色-红色（V-B-Y-R）系列最高配置仪器具有15个荧光检测器。用户可以根据需求购买不同配置的分选仪，之后可以升级到更高的配置。CytoFLEXSRT分选仪支持复杂的分选逻辑，可对4路液流使用不同的分选设置组合，包括捕捉其他液流中被丢弃细胞的能力。可选配配备气溶胶排除装置的biosafety生物安全柜或单独的气溶胶排除装置。支持复杂的分选逻辑，包括4路分选、混合模式分选，以及捕捉丢弃细胞和保存宝贵细胞的能力。

CytoFLEXS系列流式细胞仪是CytoFLEX平台的延伸产品。CytoFLEX流式细胞仪配备三色激光选项，波长分别为488纳米、638纳米和405纳米。CytoFLEXS流式细胞仪平台拥有4个激光选项、多种配置以及针对特定研究领域的独特滤光片组，从而拓展研究的可能性。CytoFLEXS系统能够预置多达4种激光，包括波长为561纳米、375纳米或原有平台中的激光，以及最高13色荧光通道。流式细胞仪平台新增561纳米的激光后，即可进行额外的多色检测，而且用户可以将成像检测结果转移到流式细胞仪上，从而轻松实现检测结果的定量分析。此外，相比488纳米激光，561纳米激光对于红色荧光蛋白的激发更加有效。利用561纳米激光检测红色荧光蛋白可以实现动态范围和灵敏度的提升。CytoFLEXS 375纳米激光是CytoFLEX系列桌面型流式细胞仪的新增选项。新增的375纳米波长激光，在空间分离光束点中，能够实现对hoechst、DAPI和亮紫外（BUV）染料的出色激发。这样能够确保无须使用真正的紫外光即可通过上述染料/荧光染料进行试验，从而避免了相应的费用，降低研究成本。

CytoFLEXS运用了与CytoFLEX相同的先进技术，具备卓越的灵敏度和分辨率，性能堪比尺寸超过它4倍的仪器。CytoFLEX平台拥有独一无二的流动室设计和一体化光学组件。创新性的波分复用（WDM）检测模块采用了高效、低噪音的雪崩式光电二极管检测器，令其具备超凡的性能。这一创新系统带来了无与伦比的激发与发射性能，将光损失降至最低，从而带来优异的仪器灵敏度。采用这项创新技术后，借助易用型软件界面即可轻松实现对弱阳性细胞群的检测。CytoFLEXS重量很轻，不超过22千克，且结构精巧、紧凑；尺寸为40.6厘米×40.5厘米×33厘米。

（三）经营情况

贝克曼库尔特公司被丹纳赫收购，故以下为丹纳赫集团营收，即2019年整体营收达到179.11亿美元，受疫情影响波动较小；2022年，继续保持增长，为314.71亿美元，同比增长6.85%。如图6-10所示。

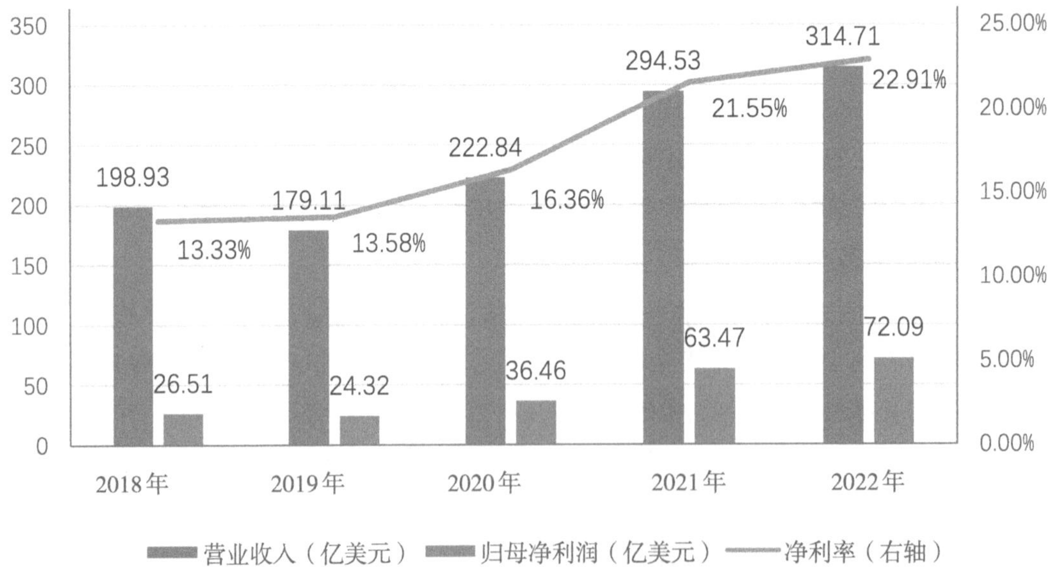

图6-10　2018—2022年丹纳赫（贝克曼库尔特母公司）营收情况

数据来源：贝克曼库尔特企业财报，中国医疗器械行业协会。

三、安捷伦

（一）企业概况

安捷伦科技（中国）有限公司（简称安捷伦）隶属于安捷伦科技有限公司。安捷伦科技有限公司是生命科学、诊断和应用化学市场领域的全球领导者，致力于为提升人类生活品质而提供敏锐洞察和创新经验。安捷伦的仪器、软件、服务、解决方案和专家能够为客户最具挑战性的难题提供更可靠的答案。

安捷伦公司总部位于美国加利福尼亚州圣克拉拉市，为全世界100多个国家和地区的实验室提供仪器、服务、消耗品、应用与专业知识。

作为生命科学、诊断和应用化学市场领域的全球领导者，安捷伦也是改革开放之后最早进入中国市场的高科技企业之一。20世纪80年代，安捷伦就已经进入中国。

安捷伦在中国拥有2000多名员工，总部位于北京，在上海和杭州分别设有工厂和研发中心，在中国众多城市设有子公司和办事处。业务涉及产品研发及制造、市场推广、销售，和售后服务支持等。

（二）新产品与新业务

Agilent Novo Cyte Quanteon Dx和Agilent Novo Cyte Advanteon Dx用于对单个细胞进行多参数分析。仪器采用先进的流式细胞术，可以在单个细胞水平上对细胞进行快速、准确的分析，从而提供对细胞群体的深入了解。具有多种分析模式，可以对细胞进行多种参数的测量，如细胞数量、大小、形状、荧光强度、DNA含量、RNA含量等。此外，该仪器还具有自动对焦和自动调节液流速度等功能，可以提高测量的准确性和精度。适用于多种应用领域，如细胞生物学、免疫学、生物制药、肿瘤学等。该仪器可以为科学家和研究人员提供有关细胞生物学的重要信息，有助于他们深入了解细胞功能和行为，从而推动生命科学研究的进展。

（三）经营情况

安捷伦公司2019年整体营收达到51.63亿美元，2022年继续保持增长，为68.48亿美元，同比增长8.37%。如图6-11所示。

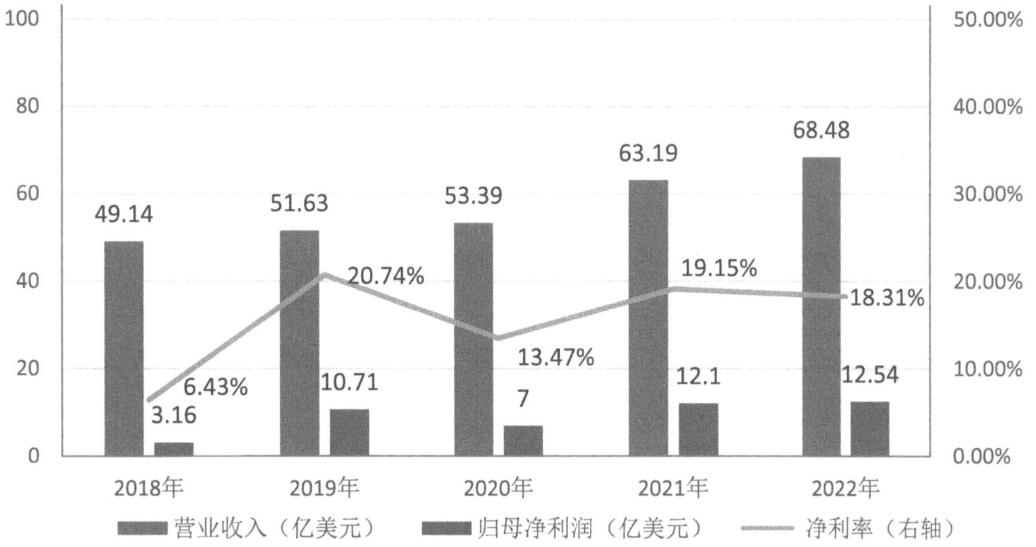

图6-11　2018—2022年安捷伦营收情况

数据来源：安捷伦企业财报，中国医疗器械行业协会。

四、唯公科技

（一）企业概况

深圳唯公科技有限公司（以下简称“唯公科技”）创立于2016年。公司主营业务覆盖生命信息与支持、体外诊断、医学影像三大领域，通过前沿技术创新，提供更完善的产品解决方案，帮助世界改善医疗条件、提高诊疗效率。历经多年领域内深耕，公司已经成为中国最大、全球领先的医疗器械以及解决方案供应商。

深圳唯公科技有限公司是依托国家海外高层次人才计划创立的创新型高科技企业，专业从事体外诊断医疗设备和试剂的研发及产业化。旗下包括深圳唯公生物科技有限公司和北京唯公医疗技术有限公司两所子公司。

作为生产基地的深圳唯公生物科技有限公司，位于深圳国家生物产业基地的核心——深圳市生物医药创新产业园。公司生产场地近1800平方米，其中包括用于体外诊断试剂生产的400平方米的十万级和万级超净厂房，以及用于医疗设备生产的800平方米生产车间。

作为研发基地的北京唯公医疗技术有限公司，位于国家级生物技术和新医药高科技产业的创新基地——北京中关村生命科学园。公司占地近800平方米，其中包括用于单克隆抗体和编码微球研发的400余平方米生物专业实验室，以及近100平方米的光学和机械专业实验室。

公司自成立以来获得国内大型投资机构的多轮投资，曾获2018年最具投资价值企业300强（Venture 50中的新芽榜Top300），以及2019年中国医疗器械创新创业大赛第三名。

（二）新产品与新业务

EasyPlex2200全自动流式荧光发光免疫分析仪是一款由唯公科技（Virkon）研发的高端免疫分析仪器。该设备为中国首台获批上市的全自动流式荧光发光免疫分析仪，采用了先进的流式荧光发光技术，可在短时间内对多种免疫指标进行同时检测，具有高灵敏度、高精度和快速检测等特点。EasyPlex2200还具备智能化的检测系统，能够自动进行数据分析和处理。EasyPlex2200全自动流式荧光发光免疫分析仪适用于各种医学实验室，包括医院、独立实验室和科研机构等。该仪器能够检测多种免疫指标，如抗体、抗原、细胞因子等，广泛应用于疾病的诊断、治疗和研究。

EasyCellAuto流式一体机是一款由唯公科技研发的集成化流式细胞仪。该仪器将流式细胞术与自动化技术相结合，实现了细胞分选、检测和分析的一体化。EasyCellAuto适用于各种生物医学研究领域，如免疫学、肿瘤学、干细胞研究、药物筛选等。EasyCellAuto流式一体机的主要优点包括：一是一体化设计，EasyCellAuto将流式细胞术与自动化技术相结合，集成了细胞分选、检测和分析功能，减少了操作步骤，提高了工作效率。二是高速分选，EasyCellAuto具备高速分选能力，能够对细胞进行快速、准确的分选，提高分选效率。三是高精度检测，EasyCellAuto采用先进的流式细胞术，能够对细胞进行多参数检测，提供高精度的细胞分析结果。

五、中生北控

（一）企业概况

中生北控生物科技股份有限公司（以下简称“中生北控”）是由中国科学院生物物理研究所创办并控股的高新技术上市企业，主要从事体外诊断（IVD）产品的研发、生产、销售及服务。自1973年创立以来，始终以满足民生需求为导向，积极推动民族IVD产业的发展，打造产、学、研、用相结合的自主创新体系，探索“国际化、集团化、复合化”的经营模式，构建“系统化、系列化、整体化、智能化”四化一体的全产业链，提升核心竞争力，奠定了行业的领先地位。

中生北控自首创中国酶法单双生化试剂以来，经过多年的发展，建立了完整的生化检测系列产品平台，发展了免疫、分子、流式等体外诊断系列化产品，致力打造临床诊疗综合解决方案。

根植于中国科学院这片知识创新的沃土，中生北控始终以积极推动民族IVD产业发展为己任。公司拥有多名博士和硕士组成的研发团队，建立“企业博士后科研工作站”，与国内生命科学领域最高水平的科研机构联合建立体外诊断工程研究中心，并与国际知名企业开展全面合作。公司多次承担国家“863计划”、国家科技支撑计划、国家高技术产业示范工程、中国科学院知识创新工程项目等一系列国家科技任务，被认定为国家自主创新示范区“创新型企业”。

中生北控拥有16000平方米严格按照GMP标准建设的生产基地，通过了ISO9001、ISO13485、欧盟CE、韩国KGMP及加拿大CMDCAS等质量管理体系认证，通过了ISO/ICE17025:2017《检验与校准实验室能力的通用要求》认可，获得使用CNAS实验室认可标志。目前已取得260余项体外诊断试剂产品注册证书，主要涵盖肝功、肾功、血脂、心血管、糖尿病和风湿等12类生化检测项目，是中国生化诊断试剂产品最齐全的生产厂家之一。

中生北控拥有500多家代理商和销售商，在全国大部分省份和海外设立分支机构，建立了覆盖全国的市场营销网络及技术服务支持体系。公司始终坚持国内、国际市场同步拓展的市场营销战略，市场营销体系涉及国内销售、国际贸易、创新业务、技术及应用支持等板块，实现了科学的营销体系能力建设和渠道布局。多年来，公司诊断产品稳居国内市场前列，不断拓展海外市场，产品远销欧洲、北美、非洲以及东南亚等60多个国家和地区。

（二）新产品与新业务

作为中生北控的明星产品，SinoCyte流式细胞仪受到了众多业界同仁、专家及学者的关注。与前一代相比，配置全面升级，最高3个激光器15个荧光通道，最多18个检测参数，具有高分辨率、高灵敏度和高稳定性，进样速度可达50000事件数/秒，极大提高进样效率，检测流程全自动，采集和分析能同步进行。且基于数据库的自动荧光补偿调节功能，无须更改采集条件绝对计数——基于柱塞泵的体积法绝对计数方法，更准确进样选配——自动进样器支持40试管转盘/96孔板，操作简单高效。

（三）经营情况

2018—2019年，中生北控的营业收入持续增长至约3.97亿元。2019—2020年，由于新冠疫情的暴发，其营业收入受其影响减少至3.25亿元。2021—2022年随着疫情发展逐步稳定，营业收入也处于平稳发展状态，营业收入有所增长，2021年为3.48亿元，2022年则增长至3.73亿元。如图6-12所示。

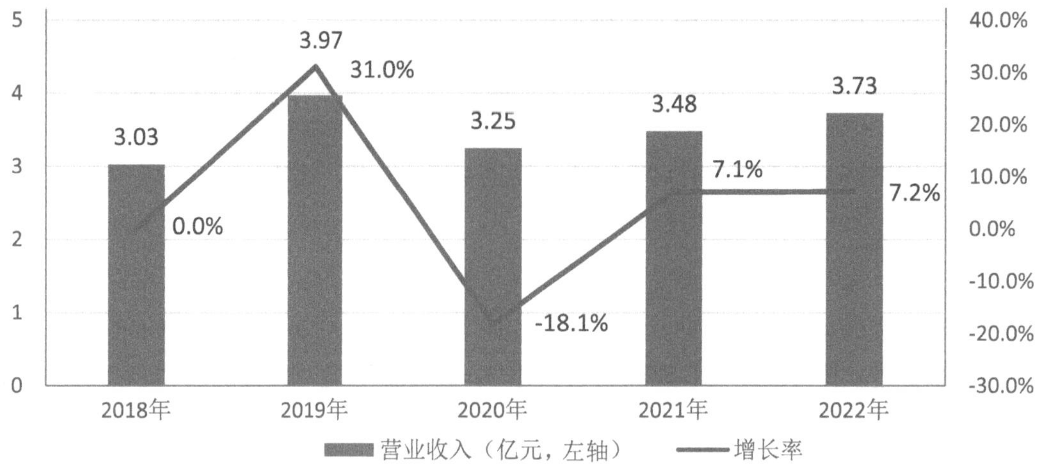

图6-12　2018—2022年中生北控生物科技营收情况

数据来源：中生北控企业财报，中国医疗器械行业协会。

第七篇　外科吻合器行业发展报告

第一章　概述

吻合器是手术中使用的替代手工缝合的手术器械，工作原理是利用钛钉对组织进行离断或吻合，类似于订书机。吻合钉是专用于手术中的吻合钉，用来代替缝合线来闭合皮肤伤口，连接或切除肠或肺的部分。相对于传统的手工缝合，吻合器具有以下优势：（1）缝合快速，操作简便，节省手术时间；（2）一次性使用，避免交叉感染；（3）通过选择合适的钉腿高度而正确使用吻合器，既能缝合严密，又能保证血供；（4）副作用少，手术并发症少。

吻合器最早广泛服务于开放手术，产品种类包括线性吻合器、线性切割吻合器、管型吻合器、荷包吻合器等，这些开放类吻合器的构造和外观被保留并迭代至今；随着微创手术在全球逐渐推广，腔镜下均使用外形相对统一的腔镜吻合器，腔镜吻合器已经成为我国微创外科手术最常用的吻合器品种。

现代外科吻合器是匈牙利外科医生HümérHültl于1908年开创的，后来在50年代由苏联的MarkM. Ravitch进行了改良。看到早期的原形后，莱昂·赫希（LeonHirsch）于1964年成立了美国外科公司（United States Surgical Corporation），在美国制造和销售外科缝合器。经过短暂的垄断后，Tyco Healthcare于1960年进入市场，强生公司的Ethicon品牌于1977年开始销售自己的外科吻合器。Tyco于1998年收购了竞争对手USSC，并于2007年公司公开交易时更名为Covidien。目前市场竞争激烈，强生、美敦力（Medtronic）等是行业的领导者，拥有关键技术和专利，并拥有高端客户，已在行业中处于垄断地位。

根据能否反复使用，分为一次性使用的吻合器和可重复使用的吻合器。

根据外形，分为弯的圆形吻合器、直的圆形吻合器、直线形闭合器。

根据设计目的，可分为吻合器、闭合器、切割闭合器、直线形侧侧闭合器。

根据是否带有切割功能，分为闭合器和切割闭合器。

根据适用场所，分为开腹手术用的吻合器（或闭合器）和腹腔镜下手术用的吻合器（或闭合器）。

根据不同的应用方式，开放吻合器可以进一步分为直线形缝合器、管形吻合器、皮肤吻合器、荷包吻合器及直线形切割吻合器。腔镜吻合器主要用于在腹腔镜、胸腔镜及诸多其他微创外科手术中切除部分器官（切除）、切割器官及组织（离断）或在结构之间建立连接（吻合）。智能吻合器是电动腔镜吻合器，具有组织探测、智能击发等智能功能。

（1）管形吻合器类。管形吻合器又分为管形消化道吻合器、管形肛肠吻合器以及管形泌尿吻合器。管形消化道吻合器的具体产品有管形消化道吻合器（CSC）以及直肠低位前切除术用吻合器（KOL）。管形肛肠吻合器的具体产品主要有开环式微创肛肠吻合器（TST）、大视窗选择性切除肛肠吻合器（TSTmega）以及管形痔吻合器（PPH）。管形泌尿吻合器主要产品为包皮吻合器（CC、小金人）。

（2）腔镜吻合器类。腔镜吻合器类主要产品为情景用切割吻合器（ELC），以及钉仓组件用于心胸外科、胃肠外科、肝胆外科、脾胰外科、普外科等各种微创外科手术，进行组织的闭合、切除或器官功能重建。

（3）线形吻合器类。这种缝合器可将组织进行直线形缝合。将组织放在钉仓和钉钻之间，安置好定位针，根据组织厚度，标尺预定好适合的厚度，扳动击发手柄，缝钉驱动器即将两排交错的缝钉植入组织并弯曲成"B"形，和订书机原理一样，牢固地将两层组织钉合封闭。这种缝合器无切割功能，在松开缝合器前，须沿缝合器鹗嘴边缘，切除多余组织和预计要切除的器官，用碘酒消毒断端后，松开和移去缝合器。这种缝合器虽只有一种功能，但应用较为广泛，主要由于支气管、食管、胃、十二指肠、肠、血管等残端的封闭。血管缝合器的安全性要求更高，因此缝钉为三排，且缝钉较细，确保血管断端不会出血。

（4）线形切割缝合器类。这种缝合器可以同时在组织的两侧各击入两排（共4排）直线、交叉排列的缝钉，然后用推刀在两侧已缝合好的组织之间进行切割离断。目前临床广泛应用这种缝合器进行胃、空肠侧侧吻合，肠-肠侧侧吻合，胃管的制作，不全肺裂离断，肺部分切除等手术。

（5）荷包吻合器类。主要应用于食管、胃肠外科，有节省手术时间、针距和深度均匀、缝合规范可靠等优点，常与管形吻合器配合使用。尤其是在消化道两端行手术时，术野狭窄，徒手荷包缝合费时困难，使用荷包器在一定程度上可以克服上述困难。荷包缝合器由上下两个叶片组成，叶片上均有相对应的带孔凹凸齿槽，钳夹组织时，组织嵌入齿槽内，当用带线直针穿过齿槽孔时便自动做好荷包缝合。

上述内容参见表7-1所示。

表7-1 外壳缝合器分类及用途

类别	名称	用途	方式	特点	领域
线形吻合器类	直线形吻器	开放手术下肿瘤或病变组织的闭合、消化道重建及残端或切口的闭合	开放手术	需要较大的操作空间，只钉合不切割	胸外科、胃肠外科、普外科
	直线形切吻合器	开放手术下肿瘤或病变组织的离断、消化道重建术涉及的离断与闭合	开放手术	适合伸入较狭窄的空间进行吻合，既钉合又切割	胸外科、胃肠外科、普外科
管形吻合器类	普通管形吻器	食管、胃肠肿瘤消化道重建，直肠低位前切除术中的结肠和直肠残端吻合	开放手术	环形成钉，尤其适用于消化道的端端/端侧吻合	胸外科、胃肠外科
	痔吻合器	人体肛管内直肠黏膜脱垂或痔黏膜组织环状钉合修复	开放手术	环形成钉，专用于痔病变手术治疗	肛肠外科
	管形泌尿合器	包皮切割离断	开放手术	环形成钉，专用于包皮切割手术	泌尿外科
荷包吻合器	自动荷包吻合器	用于消化道重建手术中代替手缝快速制作荷包	开放手术	荷包式缝合使用	胸外科、胃肠外科
腔镜吻合器	腔镜用切割吻合器	用于多种微创外科手术，进行组织的闭合、切除或器官功能重建	腔镜手术	腔镜手术的通用性吻合器，一般为直线成钉	胸外科、胃肠/肛肠外科、泌尿外科、普外科

数据来源：中国医疗器械行业协会。

第二章　市场发展分析

一、市场发展现状

（一）全球市场规模

全球吻合器市场规模稳步增长，由2015年的73.64亿美元增长至2019年的90.18亿美元，复合增长率约5%。未来随着科技进步及吻合器工艺技术不断发展，手术治疗需求不断增长，尤其是微创手术治疗需求量稳步提升，吻合器的市场规模仍将继续增长。2019—2022年，全球吻合器市场规模的复合增长率为5%，2022年，全球外科吻合器市场规模为104.39亿美元。如图7–1所示。

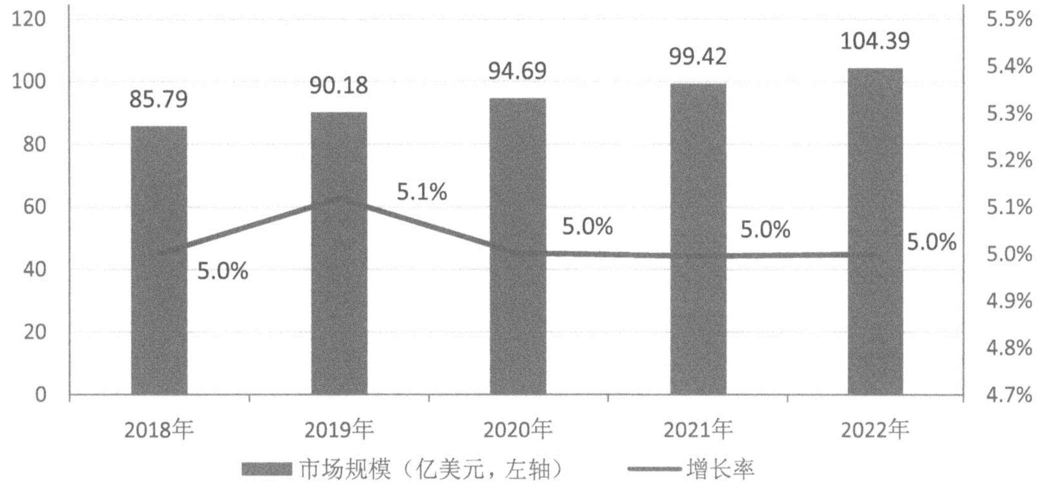

图7–1　2018—2022年全球外科吻合器市场规模

数据来源：中国医疗器械行业协会。

（二）中国市场规模

我国吻合器市场销售额由2018年的74.71亿元增长至2022年的109.29亿元，年复合增长率为7.9%，其中腔镜吻合器销售额增长速度更是超过了30%。由图7–2可以看出，我国吻合器市场逐年扩大，腔镜吻合器销量已经超过了开放式吻合器。随着微创外科技术的快速发展，腔镜吻合器市场将持续加速扩张。如图7–2、图7–3、图7–4所示。

二、市场发展趋势

随着我国经济实力的不断增强和医疗体制改革的不断深化，我国居民的医疗服务支付能力不断提升。目前，我国人口老龄化趋势明显，在心脑血管疾病、癌症和糖尿病等疾病患者越来越多的背景下，预计吻合器在我国的使用率增长水平将超过全球平均水平。结合推动外科吻合器行业发展的关键因素，预测未来我国吻合器行业将有以下发展趋势。

首先，手术微创化、器械操作智能化是大势所趋。发达国家和地区的微创手术比例已达

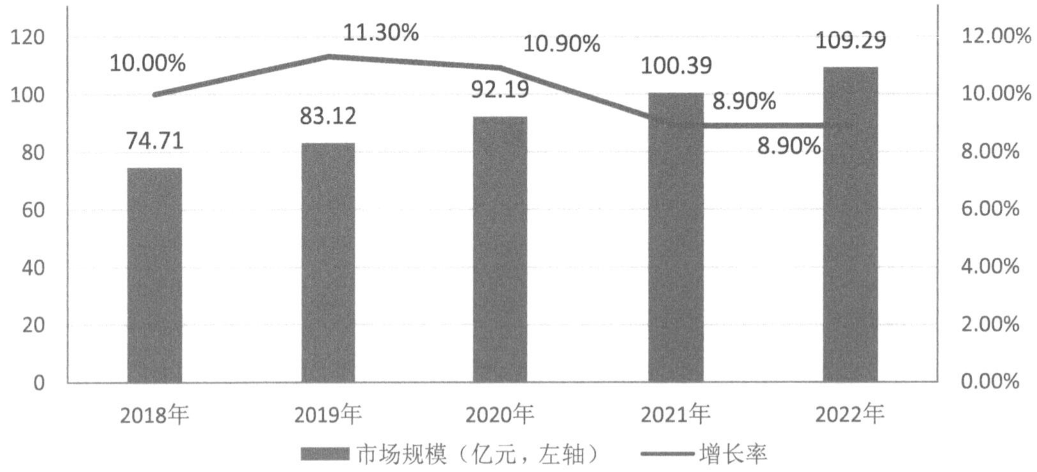

图7-2　2018—2022年中国外科吻合器市场规模

数据来源：中国医疗器械行业协会。

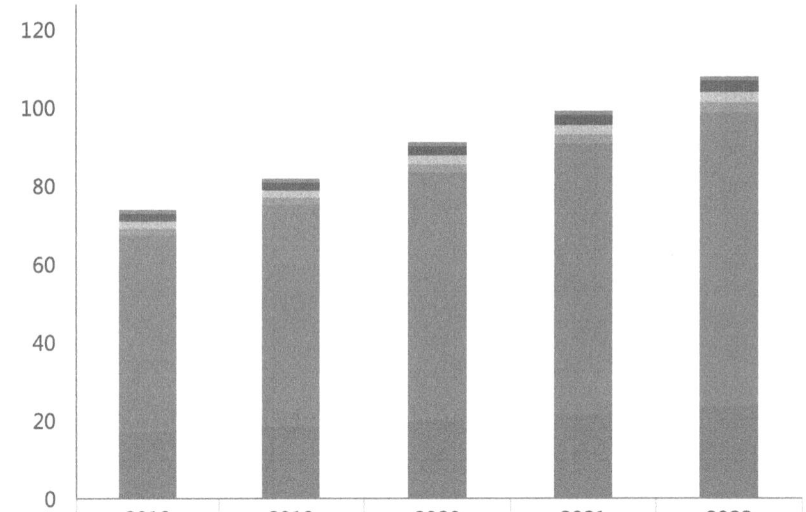

	2018	2019	2020	2021	2022
其他	1	1	1	1	1
代谢与减重外科	1.9	2	2.4	2.6	2.9
泌尿外科	1.8	1.9	2.2	2.4	2.7
肝胆胰脾外科	1.7	1.8	2.1	2.3	2.5
肛肠外科	50.25	56.57	63.36	69.06	75.22
心胸外科	17.15	18.58	20.09	21.74	23.54

■心胸外科　■肛肠外科　■肝胆胰脾外科　■泌尿外科　■代谢与减重外科　■其他

图7-3　2018—2022年中国外科吻合器细分市场规模

数据来源：中国医疗器械行业协会。

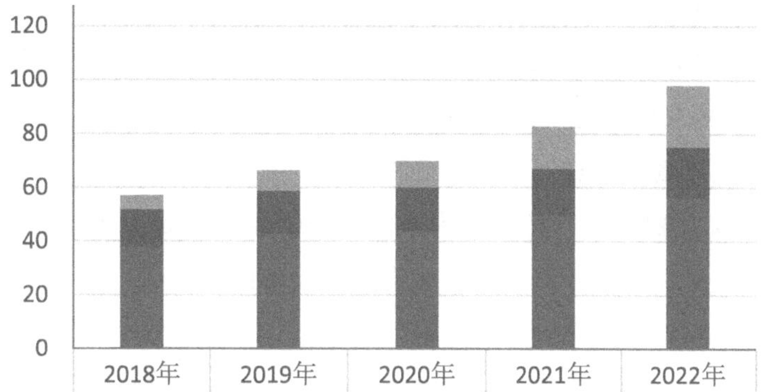

	2018年	2019年	2020年	2021年	2022年
■智能电动吻合器（亿元）	5.26	7.68	9.88	15.65	22.77
■开放吻合器（亿元）	13.88	15.97	16.26	17.31	19.07
■腔镜吻合器（亿元）	37.93	42.85	43.79	49.92	56.16

■腔镜吻合器（亿元）　■开放吻合器（亿元）　■智能电动吻合器（亿元）

图7-4　2018—2022年中国外科吻合器细分市场规模

数据来源：中国医疗器械行业协会。

80%～90%，而我国顶尖医院的微创手术比例也才70%，二线、三线医院的这一比例更低，国内微创手术有较大发展空间。微创手术的普及将会拉动吻合器市场持续增长。微创手术不断普及，高值腔镜吻合器需求持续向好。微创手术是指依靠微创介入医疗器械进行切口微小的外科医疗手术，与传统开放手术相比，微创手术具有创口小、痛感低、感染风险小、术后并发症少、痊愈快且不易留疤等优势。随着医疗水平的整体提升、医保制度的逐渐完善，医生和患者愈发青睐微创手术，微创介入手术得以在多种领域得到更加广泛的应用。微创手术的普及将拉动适配的外科手术医疗器械需求的增长，腔镜吻合器作为微创手术配套的高值医用耗材，市场规模也将随之迅速增长，发展前景向好。根据国家卫健委发布的《2018年国家医疗服务与质量安全报告》，以腔镜为代表的微创手术逐步取代了传统手术，在部分三级甲等医院中，腔镜手术的占比已经达到80%以上。在诸多微创手术种类中，腹腔镜临床手术经过多年的发展已逐渐普及到腹部外科、妇产科、泌尿外科、胸外科等诸多领域，手术操作从规则性切除向精准化切除方向过渡，手术质量不断提升。另外，腔镜吻合器未来的市场需求也将随着我国基层医疗条件的提高、诊疗效果的改善以及诊疗新技术的推广而持续攀升。

其次，基层医院放量、区域医保覆盖将促使吻合器市场高速发展。随着我国医疗体制改革的深入，新医改鼓励一般手术尽量在县级及县级以下医院进行，这将促使吻合器市场在基层医疗市场持续放量。从各级别城市医院对吻合器的使用情况来看，我国县级医院吻合器的使用率明显低于省级医院，不同区域之间使用率差别较大。预计未来3～5年，随着吻合器在各地县级医院的推广普及和医疗保险覆盖人群比例的提高，吻合器市场将迎来高速发展。

最后，政策扶持力度加大将加速国产吻合器实现进口替代。近年来，国家大力支持医疗行业发展，从2015年的“鼓励国产”到2016年的“优先国产”，再到2017年的“限制进口，采购国产”，已经将对国产器械的支持落实到采购执行层面。此外，部分地区已经开始进行医疗器械省级集中采购，对国产器械的支持力度会上升到新的高度，这将极大激发国内吻合器企业的研发热情，加速进口替代。

（1）人口老龄化进程加快带动医疗器械需求上升。根据国家统计局统计，我国60岁及以上人口数量由2011年的18499万人增长到2021年的26736万人，60岁及以上人口占比由2011年的13.7%增长到2021年18.9%，从人口结构变化趋势来看，我国人口老龄化现象不断加剧，居民对医疗服务的需求将不断释放，进而推动医疗器械市场的发展。

（2）国产医疗器械进口替代成为未来趋势。目前，我国医疗器械行业仍处于高速发展阶段，以美敦力等为代表的国外医疗器械企业凭借较为完整的产品线、技术领先、研发能力强等优势，占据全球及国内医疗器械市场较高的市场份额。我国医疗器械领域企业起步较晚，国内生产企业一般规模较小，研发实力、资金实力均难以与全球领先企业形成全面竞争。

近年来，国家相关部门就医疗器械耗材领域实现进口替代给予政策倾斜，先后推行“健康中国”“中国制造2025”等一系列政策，大力支持国产医疗器械的进口替代。国家及各地方近年来相继在医用耗材采购、医保支付、价格谈判等多维度出台政策支持国产耗材企业，推动国产医疗器械实现进口替代。

（3）微创技术契合临床诊治需求逐渐成为临床应用主流方向。外科学是通过有创医疗操作达到疾病治疗目的的医学科学，在外科学的发展过程中，在手术过程中尽可能减小手术创伤、以求最大限度地减轻病人的痛苦是外科医学的发展目标。开放式手术会形成较大的创伤，住院时间较长，给患者带来较大的生理和经济负担。微创化的提出及应用，在现代外科学的发展中起到了重要的引导和促进作用。1991年，我国施行了国内首例腹腔镜胆囊切除术，标志着微创外科在我国的起步。与传统外科手术相比，微创外科手术结合了医学影像系统与高科技医疗器械，操作更加人性化，患者创伤小、术后恢复快，手术风险低，特别是在胸外科、心血管外科等复杂外科技术领域尤其显现出微创外科的技术优势。

外科微创、低侵害的理念是外科里程碑式的发展，主要体现的形式表现为内腔镜手术方向上。内腔镜手术的进展与吻合器器械的发展相辅相成。腔镜手术从1987年法国医生的第一例真正意义的腔镜外科手术发展至今已有30余年的历史，手术从最初简单的胆囊切除手术发展到今天的许多高难度、超复杂的消化道重建及重要脏器切除手术。能在腹腔镜下完成现代医学临床中的复杂手术，很大程度上得益于包括腔镜吻合器在内的微创外科手术器械的发展。腔镜手术的发展需求催生了腔镜切割吻合器，而腔镜吻合器的出现又反向推动了微创下内腔镜手术的蓬勃发展。

第三章　行业发展分析

一、发展现状

近年来，随着经济发展，医疗改革不断深化，吻合器在外科手术中的使用量不断提升，2018年对开放吻合器的需求量为400万个，到2022年需求量上升为600万个。如图7-5所示。

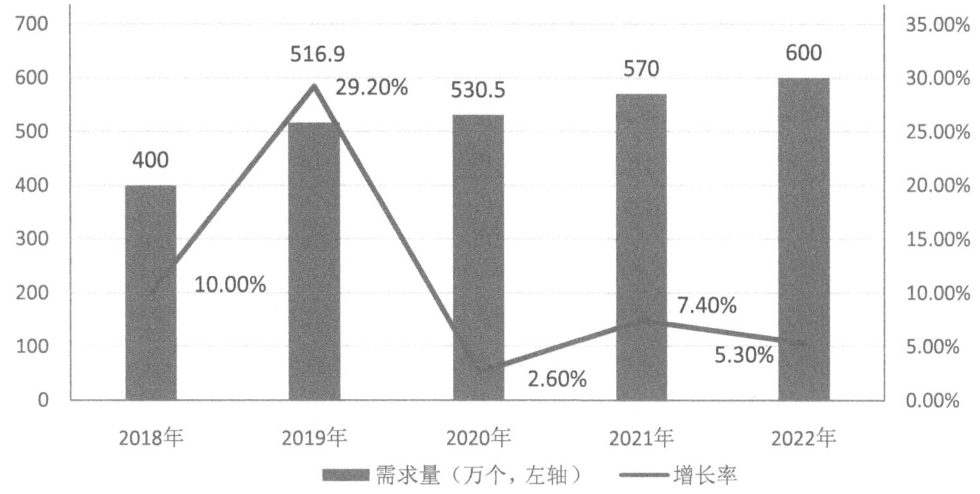

图7-5　2018—2022年中国外科吻合器需求量

数据来源：中国医疗器械行业协会。

吻合器市场需求的旺盛对生产提出了要求，但目前国内吻合器市场依旧处于被外资主导的阶段，经过多年努力，开放吻合器国产品牌发展迅速，在国内市场上已渐渐获得与外资品牌相抗衡的实力。国产开放吻合器产量不断上升，据统计，2018年我国开放吻合器产量为285.7万个，到2022年产量已达到了600万个，翻了将近7倍。如图7-6所示。

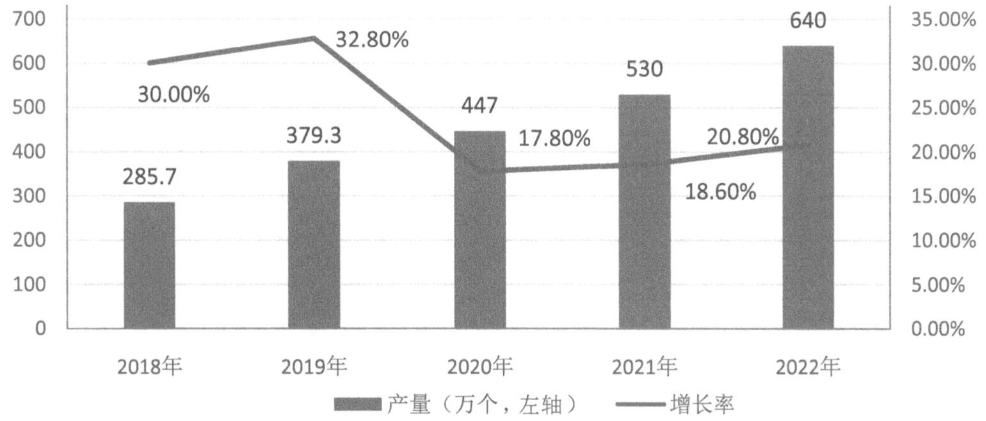

图7-6　2018—2022年中国外科吻合器产量

数据来源：中国医疗器械行业协会。

在传统开放吻合器领域，由于技术要求和专利壁垒相对较低，近几年以天津瑞奇、派尔特、天臣、康迪等为代表的国产品牌逐步涌现，凭借质量、售后服务、性价比等优势，挤掉强生、美敦力为代表的跨国医疗器械企业，不断实现进口替代，现已占据国内市场份额半壁江山，并成功赢得包含意大利、英国、韩国、巴西、伊朗等国家地区在内的部分国际市场。

二、市场竞争格局

在市场格局方面，近年来，国内吻合器市场主要由外资品牌主导。2022年，进口吻合器占据国内吻合器市场65%左右的份额。从吻合器类型来看，开放式吻合器国产化率高于腔镜吻合器。国产开放式吻合器经过多年的发展已经获得了50%的市场份额，目前市场格局相对稳定，但竞争激烈。腔镜吻合器由于技术壁垒较高，市场主要由外资品牌主导，进口产品市场占比达85%。国产吻合器竞争激烈，国家出台政策推动行业整合。

目前，我国有吻合器相关业务公司250余家，其中具有研发能力的公司不足100家。我国吻合器行业集中度总体偏低，呈现小而散的状态，还没有形成规模化发展格局。此外，我国吻合器行业创新能力有待提升，以高技术腔镜吻合器为例，外资品牌以强生和美敦力为主，这两大品牌也分别代表两种不同的吻合器技术。国内大多数吻合器厂家生产的是美敦力款吻合器，如法兰克曼、天津瑞奇、北京派尔特等，产品同质化严重，竞争激烈；国内生产强生款吻合器的厂家较少，有江苏风和、常州华森、山东威瑞等。

近年来，在国产替代相关政策的支持下，国内涌现出一批优质的吻合器企业，如上海逸思医疗，该公司的腔镜吻合器产品具有全球首创的60°超大转角，并且将钛钉的成钉形态改为圆弧形，不同于传统强生系列的类矩形；常州健瑞宝推出的新一代腔镜切割吻合器及钉仓，采用“非等高缝钉成型”专利技术，全面提升了产品缝合和止血性能。

腔镜领域国产替代仍有空间，国产份额有望稳步增长。2022年国产开放吻合器市场份额约75%，国产替代基本完成；2022年强生、美敦力等进口厂商在腔镜吻合器市场份额高达75%，国产腔镜吻合器市场份额不足30%，中国腔镜吻合器市场仍有较大的国产替代空间。开放和腔镜的市场份额差距充分说明国产吻合器厂商仍在低端领域竞争，但高端腔镜产品研发实力有限，尤其是医院微创手术渗透率有待提升。如图7–7、图7–8所示。

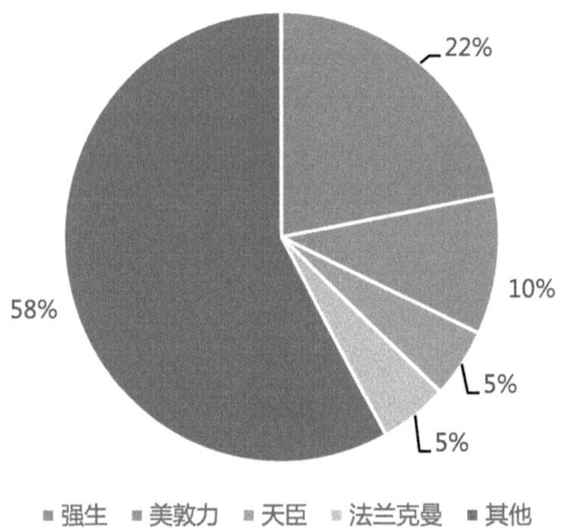

图7–7　2022年中国开放外科吻合器市场份额

数据来源：中国医疗器械行业协会。

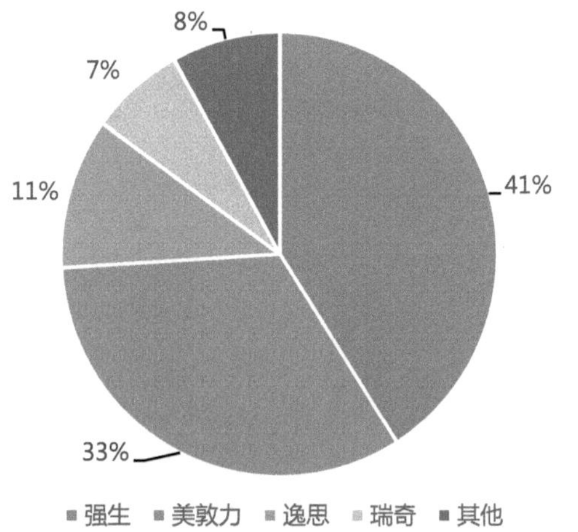

图7–8　2022年中国腔镜外科吻合器市场份额

数据来源：中国医疗器械行业协会。

三、进出口分析

腔镜吻合器进口品牌具有先发优势，国产吻合器销售占比稳步提升。由于进口品牌强生、美敦力等最早进入中国市场，引领国内腔镜吻合器的发展。随着我国腔镜吻合器研发投入、质量提升以及价格优势，国产品牌占有率稳步提升。如图7-9所示。

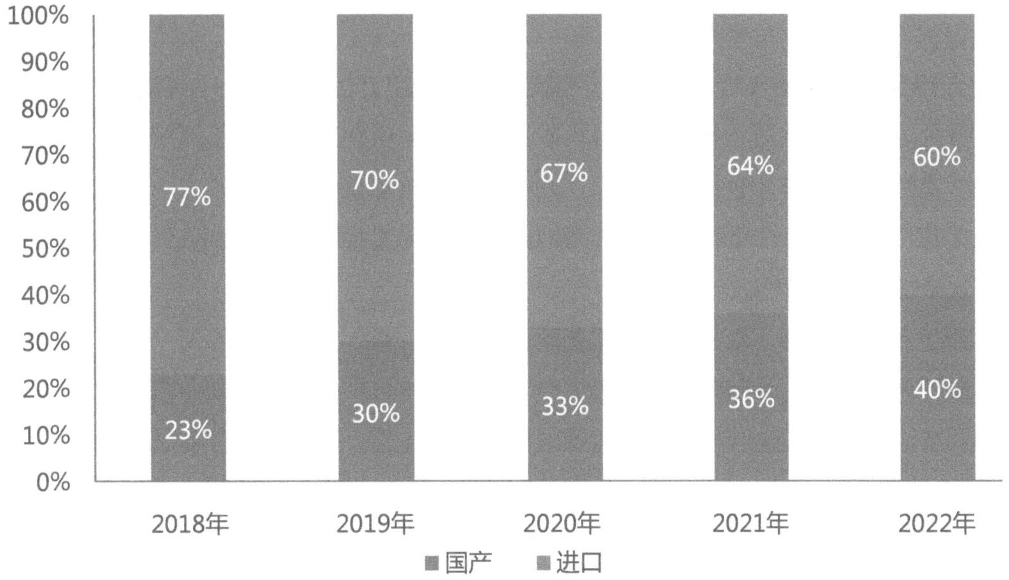

图7-9　2018—2022年中国外科吻合器出口市场份额

数据来源：中国医疗器械行业协会。

2022年国内吻合器设备共向100多个国家和地区出口，其中出口额前五名的国家和占比分别为：巴西17%、英国9%、意大利8%、西班牙7%、韩国6%。其他还有伊朗、奥地利、委内瑞拉等国家。如图7-10所示。

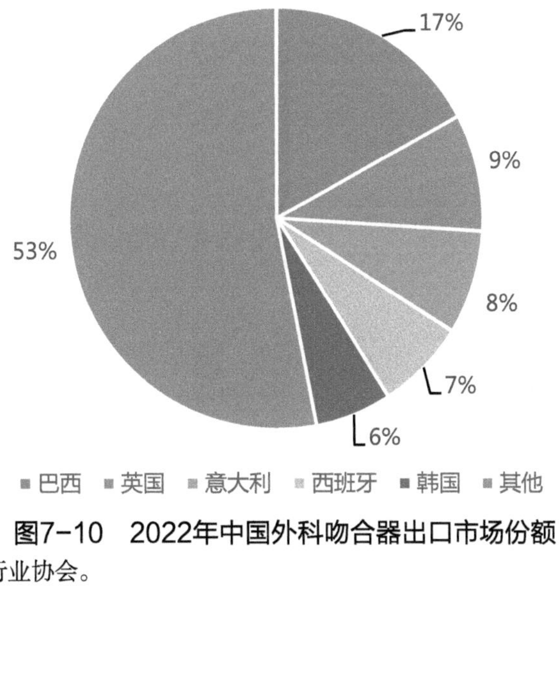

图7-10　2022年中国外科吻合器出口市场份额

数据来源：中国医疗器械行业协会。

第四章 产业链分析

一、关键部件原料研发与生产

外科吻合器未来的发展方向是平台化、智能化。据介绍，美敦力的Signia智能吻合平台装载了高性能芯片、微处理器和传感器，并配有LED屏幕，能够自动识别和计算组织厚度，通过显示屏进行实时信息反馈，提醒医生选择合适的缝合钉仓，并在操作中自动调整合适的击发力度与速度，对不同器官组织，根据其特性进行个性化精准吻合，帮助医生在不能直接看到和触到人体内部组织的微创腔镜手术中，实现个性化手术治疗。

对吻合器生产企业而言，专利研发、工艺改进、模具升级、环境改善等每个环节的进步都需在生产实践中不断积累经验，从而形成核心技术优势。同时，吻合器的产品在面市前都需要较长时间的开发测试，需要持续的、大规模的临床实验和数据作为反馈支撑，以保证医疗器械产品的安全、稳定、可靠。

二、下游应用行业发展

吻合器在外科手术中的使用十分普遍，被广泛应用于心胸外科、胃肠外科、肝胆胰脾外科、泌尿外科等手术中，术式总计30余种（不区别开放和微创手术）。2022年我国直辖市所属医院外科手术中吻合器的使用率约为86%，地级市和县级市的使用率分别为78%和55%。目前，吻合器在直辖市的使用率已经超过90%，地级市超过70%。如图7–11所示。

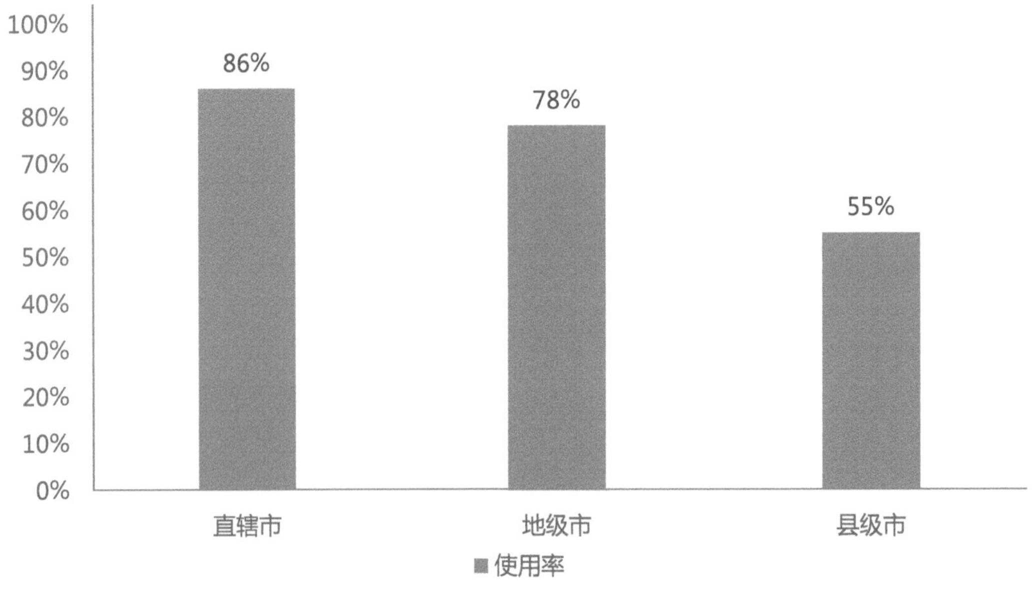

图7–11 2022年中国医院外科吻合器使用率

数据来源：中国医疗器械行业协会。

我国吻合器的应用范围涵盖心胸外科、胃肠外科、肝胆脾胰外科、泌尿外科及其他普外科等手术领域。涉及的主流术式包括肺叶、肺段切除术，三切口、Ivor-Lewis食管癌根治术，全胃、近端胃、远端胃切除术，右半结肠切除术，直肠低位前切除术，PPH痔切除术，胰十二指肠切除术，前列腺、全膀胱切除术，袖状胃切除术。

心胸外科、胃肠外科手术量数据来源于《2016—2021中国卫生健康统计年鉴》《中国三级医院胸外科学科临床发展现状的调查研究》《中国胃肠肿瘤外科联盟数据报告（2014—2016）》《中国痔病诊疗指南（2020）》，肝胆胰脾外科、泌尿外科手术量源自对应诊疗指南或专家共识中提供的发病率、诊断率、手术治疗率等数据进行估算，减重与代谢外科手术量来源于《中国肥胖代谢外科数据库：2019年度报告》。

从社会层面来看，目前国内住院2亿多人次，其中手术微创率不足15%，中国每百万人口接受微创外科手术的数量及微创外科手术的渗透率分别为8514台及38.1%，而美国则分别为16877台及80.1%，可看出中国微创手术市场与发达国家仍有较大差距。微创手术量预计2024年将达2600万次，微创外科手术量持续增加将带动腔镜吻合器需求持续增长。

微创外科手术相比传统开放手术具有明显优势。微创手术具有手术创伤小、疼痛轻、术后恢复快、出血量少、腹部切口瘢痕美观等诸多优点，微创手术是未来手术方法发展的一个必然趋势。

对于难度较高的三级、四级微创外科手术，传统需要手工缝合的相关术式难度进一步增加，临床对吻合器的使用需求更加迫切。随着医院逐步开展复杂微创外科手术，但凡在腔镜下涉及的组织或器官的裁切步骤，都十分依赖腔镜吻合器的使用。

第五章　行业技术进展与趋势分析

随着新材料、大数据、人工智能等技术的发展，吻合器也正在向自动化和智能化的方向迈进。强生公司和美敦力公司都研发出了电动吻合器，并实现了部分智能化操作，这也是未来国产电动吻合器需要努力提升的方向。同时，伴随手术机器人的发展，配套的吻合器械在未来也有具备动力和信号接口的需求，传感、判断及操作的智能化和自动化，都将使产品向着智能吻合平台一体化的方向前进。随着未来科技浪潮对医疗行业的塑造，吻合器行业作为传统微创外科手术器械及配件的细分领域，极有可能融入未来外科机器人手术平台化的一部分。如表7-2所示。

表7-2　外科吻合器行业发展趋势

分类	潜力公司	潜力产品	技术特点	行业壁垒	体量要求
电动吻合器	已有电动吻合器产品的公司	Echelon、Signia、E-Stapling、Lunar、easyEndo、Power、安志等	电动击发	研发	无
智能吻合器	强生、美敦力、英途康	Echelon、Signia、E-Stapling	电动旋转+击发，通过感应芯片实时反馈，智能调整击发速度	研发+创新	龙头
智能化吻合平台	强生、美敦力、直觉外科	Echelon、Signia、SureFrom	智能吻合的前提下，多种吻合设备一体化，实现与手术设备进行通信交互、实时演算、医疗决策	研发+创新+产业链整合	具备并购能力的龙头

数据来源：中国医疗器械行业协会。

吻合器的出现使医生和患者受益，但依然有术后并发症风险，吻合口瘘、吻合口狭窄、吻合口渗血等并发症甚至会威胁患者生命安全。相关研究表明，术后并发症与多种因素有关，包括患者体质、医生专业程度和操作水平等。目前临床上使用的多为机械吻合器，需要手动压榨和手动击发，需要医生凭借个人经验判断吻合需要的压榨时间、压榨强度、切割速度，以及根据组织厚度选择对应的吻合钉，这意味着吻合效果很大程度上依赖于医生的操作水平。

为了建立更为安全有效的吻合口，在使用吻合器的过程中需要保证均匀用力、压榨组织强度合适、压榨时间合适和选用的钉仓适合组织的厚度，这些均对手术医生提出了较高要求，而吻合器的电动化、智能化则是解决这些问题的有效方法。

目前，一些公司已经对吻合器的电动化、智能化进行了研究，如强生Powered Echelon Flex系列吻合器和北京派尔特的一次性电动腔镜吻合器，都有效提高了吻合质量，有利于患者术后伤口恢复。美敦力的SigniaTM Stapling System腔镜吻合器可以自动调节击发速度，还能在压榨组织时反馈组织与钉仓的匹配程度，提醒医生使用更合适的钉仓，有效提高了吻合安全性，具有一定的人机交互能力，此外还可单手操作，方便医生操作。

未来，吻合器技术将进一步通过与人工智能及机器人技术结合的方式进行创新，加速吻合器走向智能时代。目前，市场上已经有一些半智能化的吻合平台，但这些吻合平台更多的还是偏向于自动化，与真正的智能化还有较大差距。未来的全智能吻合器会与智能反馈系统一起被接入手术机器人中，在对组织进行吻合手术时，可实时反馈组织厚度及压榨和吻切强度等参数，让医生对患者的手术情况进行更为全面的把握，让手术更加智能化、简单化。

2021年12月，直觉外科Intuitive宣布FDA批准其SureForm吻合器和钉仓，手术机器人平台操控下的吻合器钉仓具有无极旋转、精确操控的巨大优势，这无疑向传统吻合器厂商发起了挑战。我们认为，随着未来科技浪潮对医疗行业的塑造，吻合器行业作为传统微创外科手术器械及配件（MISIA）的细分领域，极有可能融入未来外科机器人手术平台化的一部分。

腔镜切割吻合器是腔镜手术中开展高难度超复杂手术的关键必备器械，在早期肺癌解剖性肺段切除术、消化道重建术、袖式胃切除及胃旁路手术等临床术式中均有应用。目前，绝大多数企业生产的腔内切割吻合器均为手动，手动腔内切割吻合器存在如下缺点：一是击发时器械头部晃动，导致牵拉组织，可能对组织产生损伤；二是击发时缝合力非线性，容易对组织造成压榨性损伤；三是医生需要根据不同的组织厚度选择不同规格的吻合器，可能由于医生经验、吻合技术规范掌握不充分而导致吻合器使用效果不理想。

电动吻合器较好地解决了击发时头部晃动和缝合力非线性的问题，目前国际两大医疗器械跨国企业均研发推出了电动吻合器，强生公司推出了Echelon电动吻合器，该产品拥有独特的抓持面技术（griping surface technology），有效降低电动吻合器的出血相关并发症发生率；美敦力公司则推出了Signia智能吻合器，该产品装载了高性能芯片、微处理器和传感器，并配有LED屏幕，能够自动识别和计算组织厚度，通过显示屏进行实时信息反馈，提醒医生选择合适的缝合钉仓，并在操作中自动调整合适的击发力度与速度，对不同器官组织，根据其特性进行个性化精准吻合，帮助医生在不能直接看到和触到人体内部组织的微创腔镜手术中，实现个性化手术治疗。

行业集中度进一步提升，国产高端品牌实现进口替代。就目前的高值医用耗材市场来看，多数国内企业难以在规模上与历史悠久的国际品牌匹敌，本土品牌的市场竞争力有限，整体来说，行业集中度较为分散。近年来，在陆续施行的行业法律法规及颁布的国家产业政策的引导下，国内高值医用耗材的市场竞争逐渐加剧，大型企业凭借自身的资本优势和规模优势进一步实现集约化经营，中小企业则逐步退出市场，未来的竞争格局趋于集中。

随着一系列关于创新医疗器械特殊审评制度改革、医疗器械质量标准升级、优秀国产医疗设备遴选、国产品牌培育、医疗器械唯一标识系统规则建设和新版医疗器械监管等扶持政策的发布，国产高值耗材医疗器械在绿色通道中加速自身产品的研发创新与生产工艺的迭代升级，建立了严格的管控体系，逐渐缩小与国际先进水平的差距，树立了良好的质量口碑。同时，随着医保目录与医保基金改革的深化，国产器械的价格优势日益凸显，昂贵的进口产品在医保支付和患者经济压力的挑战下优势减退。在研发创新及价格的推动下，高值耗材的进口替代必将加速。

从发展路径来看，平台型公司将成为趋势。与药品不同，某一疾病领域所涉及的医疗器械可达数十种。因此，企业需要不断通过自主研发或者并购整合等方式来扩充产品线，对渠道的利用形成协同效应，增加收入来源的同时控制销售费用增长，从而提升企业抗风险的能力。

第六章　国内外重点企业分析

一、强生

（一）企业概况

强生公司成立于1886年，是全球最具综合性、业务分布范围广的医疗健康企业之一，业务涉及医疗器材、制药和消费品三大领域。总部位于美国新泽西州新布仑兹维克市，在全球60个国家地区拥有260多家运营公司，全球员工超过13万人，2020年全球营收达826亿美元，全球研发投入达122亿美元。

强生坚信健康是活力人生、繁荣社区和不断进步的基础。正因如此，130多年来，强生始终致力于推进健康事业，让人们在每个年龄段和每个人生阶段都保持健康。强生作为一家全球业务分布广泛、综合性的跨国医疗健康企业，致力于用广泛的影响力来促进人类健康、建设更美好社会。在努力提高医药可及性和可负担性，创造更健康的社区的同时，让世界各地的人们都能拥有健康身心，享受健康环境。

强生作为改革开放以来首批进入中国市场的跨国企业，于1985年在华成立了西安杨森制药有限公司。多年来，强生一直致力于提供高质量的创新产品来满足不断增长的医疗健康需求，为中国病患和消费者带来健康，建设健康中国。如今，强生全球包括医疗器材、制药、消费品、全视业务均已进入中国，并分别成为该业务领域的领军者。目前，强生在华设有10余家法律实体、9大供应链基地，分布于北京、上海、广州、苏州、西安等城市，员工数约1.1万人。

强生中国区总部位于上海，在上海徐汇区、浦东新区、闵行区等拥有多家注册公司和生产工厂，是上海外资企业纳税百强。中国市场是强生全球发展最快的地区之一，2019年，强生全球执行委员会在北京宣布将中国定位为全球创新引擎。此外，强生也是支持上海市政府打造全球科创中心的领军企业。上海作为强生在全球的四大开放式创新平台之一，结合公司在亚太和全球的资源、专业知识和区域优势，支持本土初创企业发展，将突破性的医疗健康解决方案贡献给全球的患者和消费者。2021年，强生中国获得上海市政府认定的外资开放式创新平台。

（二）经营情况

强生公司2018年营收为815亿美元，疫情期间保持持续增长，2022年增长为950.15亿美元，2022年增长率18.88%，5年复合增长率为3.12%。如图7–12所示。

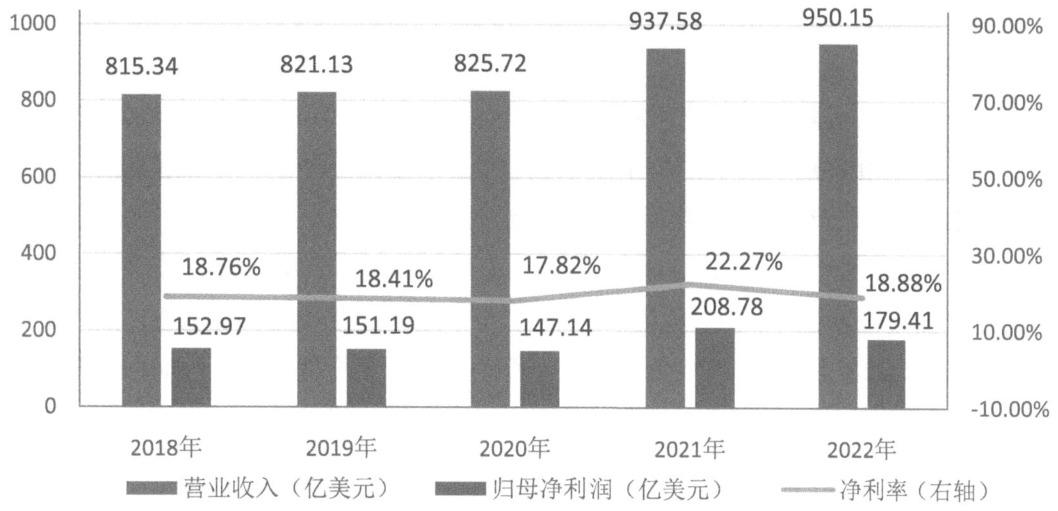

图7-12　2018—2022年强生营收情况

数据来源：强生公司企业财报，中国医疗器械行业协会。

二、美敦力

（一）企业概况

美国美敦力公司（Medtronic Inc.）成立于1949年，由Earl E.Bakken及Palmer J.Hermundslie建立，全球500强企业。总部位于美国明尼苏达州明尼阿波利斯市，是全球领先的医疗科技公司，致力于为慢性疾病患者提供终身的治疗方案。美敦力主要产品覆盖心律失常、心衰、血管疾病、心脏瓣膜置换、体外心脏支持、微创心脏手术、恶性及非恶性疼痛、运动失调、糖尿病、胃肠疾病、泌尿系统疾病、脊椎疾病、神经系统疾病及五官科手术治疗等领域。

美敦力于1957年制造出第一台便携式体外心脏起搏器，并于1960年制造出第一台可靠的可植入式心脏起搏系统，由此奠定了美敦力全球起搏技术领导者的地位。

（二）经营情况

美敦力公司2018年营收为305.57亿美元，疫情期间保持持续增长，2022年增长为312.27亿美元，2022年增长率12.03%，5年复合增长率为0.43%。如图7-13所示。

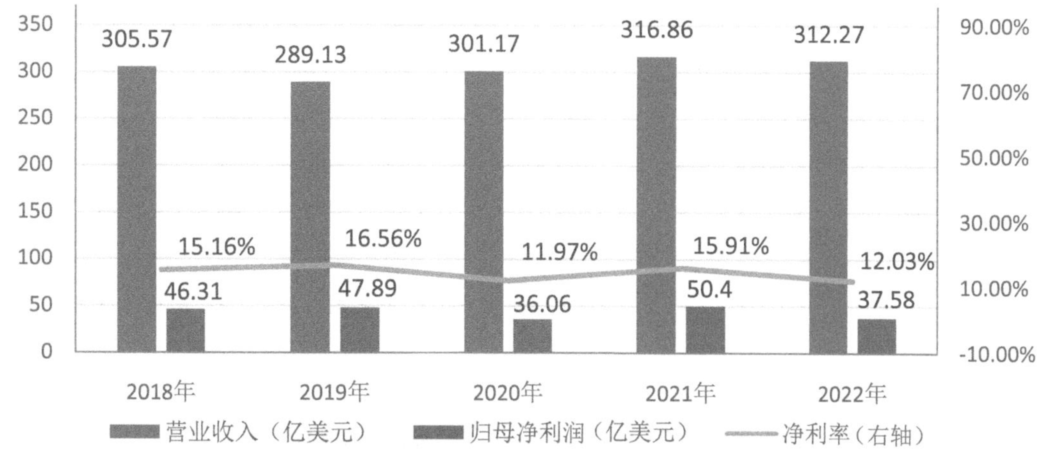

图7-13　2018—2022年美敦力营收情况

数据来源：美敦力企业财报，中国医疗器械行业协会。

三、天臣国际医疗

（一）企业概况

天臣国际医疗科技有限公司（以下简称“天臣国际”）于2003年8月成立，2019年公司整体变更为股份有限公司，2020年在科创板上市。目前已拥有管形吻合器（含痔吻）、腔镜吻合器、线形切割吻合器、荷包吻合器和线形缝合吻合器等五大类产品，是目前国产吻合器布局最全面的企业。腔镜吻合器和管形吻合器主营业务收入占比合计超过90%。应用范围涵盖心胸外科、胃肠外科、肝胆脾胰外科、普外科、泌尿外科等手术领域。凭借创新驱动，公司已积累了丰富的吻合器产品和技术，截至2019年底（公司于2022年上半年拿到腔镜电动吻合器注册证），拥有境内外专利380项，其中发明专利228项，国内处于领先地位。产品覆盖中国、欧洲、美国、日本等国家和地区，有效突破了美国医疗器械巨头在该领域垄断多年的知识产权壁垒。

（二）新产品与新业务

天臣国际医疗作为国内高端外科手术吻合器出口的领先企业，各项产品的海外注册证书齐全，产品销往境外50多个国家和地区，吻合器出口额稳居前三，预计未来海外出口份额有望超过派尔特成为第一。天臣国际医疗已在管形吻合器、腔镜切割吻合器等产品技术方面取得成果。天臣国际医疗的一次性使用电动腔镜吻合器在2022年上半年以前完成开发并取得NMPA注册证，即将在国内迅速推动商业化。

天臣电动吻合器于2022年6月取得了产品注册证，开始进入市场。同时启动了电动吻合器的研发迭代，如TSN电动吻合器、TSF电动吻合器和EMG电动腔镜吻合器组件等。

（三）经营情况

天臣国际医疗营业总收入由2018年的1.19亿元增长至2022年的2.32亿元，复合年增长率为14.28%，2020年在新冠疫情下仍能保持较快增长。如图7-14所示。

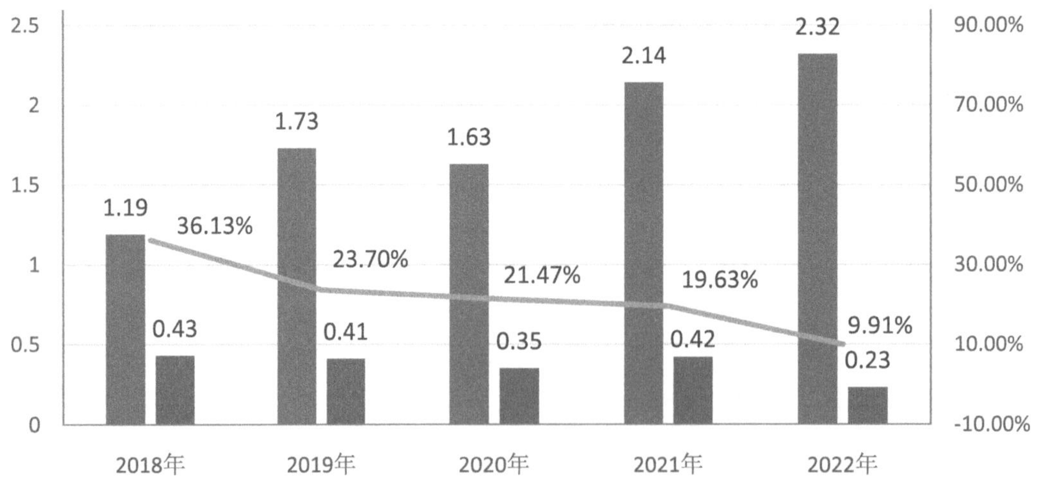

图7-14　2018—2022年天臣国际医疗营收情况

数据来源：天臣国际企业财报，中国医疗器械行业协会。

四、戴维医疗

（一）企业概况

戴维医疗成立于1992年，以婴儿保育设备起家，后收购宁波维尔凯迪公司。维尔凯迪配备30多年从事吻合器研发经验的团队，现代化、高标准实验室，高端检测设备配置齐全，为吻合器的研发生产打下坚实基础。目前吻合器产品涵盖线形吻合器、管形吻合器、腔镜吻合器、电动吻合器等四大类。维尔凯迪在电动腔镜吻合器领域竞争优势明显，其2018年自主研发的电动腔镜吻合器为国产首家获批，是公司核心品种。

（二）经营情况

戴维医疗自电动吻合器获批以来，吻合器营业收入从2018年的0.18亿元增长至2021年的1.83亿元，复合年增长率117%；得益于一次性电动腔镜吻合器的高起点，吻合器毛利率从2018年的28%增长至2021年的79%，在国产吻合器中处于领先地位。总体来看，戴维医疗吻合器业务已实现营收毛利双高增长。

戴维医疗原先以婴儿保育设备作为主要营业收入，近年来吻合器业务营业收入高速增长，而原有业务增长不足，吻合器业务占公司营业总收入比重迅速攀升。2018—2022年，吻合器营业收入占比从6%增长至44%，其中电动吻合器占吻合器业务收入70%以上，成为公司核心营收组成部分。如图7–15所示。

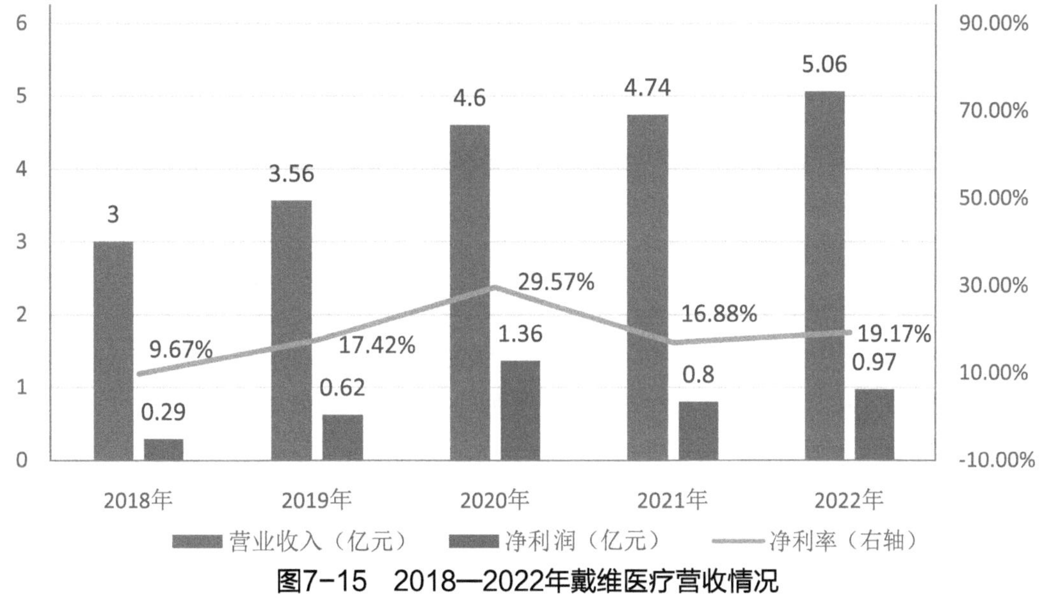

图7–15　2018—2022年戴维医疗营收情况

数据来源：戴维医疗企业财报，中国医疗器械行业协会。

五、派尔特医疗

（一）企业概况

派尔特医疗是中国领先的智能微创外科手术解决方案提供商，主要设计、开发、制造及销售外科手术器械（专注于外科吻合器），并提供定制手术培训服务。派尔特医疗目前有超过300种型号的产品可供出售，实现了吻合器全产品覆盖，目前已有智能电动腔镜吻合器产品（SMART系列），预计2022

年上市第二代电动智能吻合器。关键产品中有7项产品取得FDA认证、21项产品取得CE认证、11项产品取得MDSAP认证，以及众多潜在候选产品。派尔特医疗产品远销巴西、西班牙、土耳其、意大利及加拿大等全球70多个国家及地区。根据弗若斯特沙利文的数据，派尔特医疗连续5年（2016—2020年）在中国外科吻合器品牌中出口销量排名第一。

（二）经营情况

派尔特医疗2021年12月29日底递交上市申请材料，未能在半年内聆讯自动失效。通过派尔特招股书得知，派尔特医疗自2020年起营业收入受疫情影响较大，但根据2021年3月的营业收入和归母净利润合理估算2021年全年，并未达到反弹预期，业绩依然处于下滑姿态；2021年3月的毛利率也从2020年的66%下降至60%。

六、瑞奇外科

天津瑞奇外科器械股份有限公司（简称瑞奇外科）坐落于天津经济技术开发区，是一家研发、生产、销售专业化的自动缝合器系列产品及能量外科产品的科技型企业。瑞奇外科主要专注于微创外科手术领域，产品组合覆盖开放吻合器、腔镜吻合器和能量产品三大系列，为普外、胸外、妇产科手术提供优质安全的开放式手术器械和腔镜下手术器械。

瑞奇外科在上海、天津和美国设有三个研发中心，一直致力于为全球的医疗机构输送技术先进、性价比高的微创手术产品，为医生和患者提供优质的微创手术治疗解决方案。

瑞奇外科在天津设有制造中心。制造中心建筑面积约2.1万平方米，拥有10万级洁净间、万级洁净间、EO灭菌站等先进设施，同时配备了完善的质量检测室、工程试验室、微生物学实验室等设施，最大年产能可达1000万件产品。

目前，瑞奇产品已经覆盖国内的500多家医院；在海外市场，瑞奇产品已经远销美国、英国、韩国、德国、意大利、澳大利亚、巴西等30多个国家。

瑞奇外科海外销售业绩亮眼，根据大连维斯马医疗器械研究中心的数据，瑞奇外科在2019年吻合器销售额中，其企业份额排名第三，占比9.8%，仅次于派尔特医疗、天辰医疗。瑞奇外科目前已有一次性电动式腔镜吻合器（iReach SRC），第二代电动智能吻合器（iReach magnum）已于2021年获NMPA优先审批上市，新一代电动腔镜吻合器在原有基础上加强了性能和智能交互功能。

瑞奇外科连续多年获得高新技术企业认定，并多次被评为天津市技术领先型企业。瑞奇的优质产品也多次获得荣誉，例如：CSUS6000超声止血切割系统于2020年荣获天津市科学技术进步奖；Reach牌外科手术吻合器在2019年被授予“天津市名牌产品”称号。

2019年，瑞奇外科正式加入健适医疗科技集团。健适医疗科技集团由一批富有医疗器械行业经验并汇集全球和中国本地经营能力的专业人士创立，公司业务覆盖高值医用耗材的研发、生产和营销等领域，产品组合包括外科产品、神经介入、外周介入、心脏介入和肿瘤介入等。

第八篇　手术机器人行业发展报告

第一章　概述

机器人手术系统是集多项现代高科技手段于一体的综合体，其用途广泛，在临床上、外科上有大量的应用。外科医生可以远离手术台操纵机器进行手术，完全不同于传统的手术概念，在世界微创外科领域是当之无愧的革命性外科手术工具。

一、分类

从临床医学应用角度分类，手术机器人可分为腔镜手术机器人、骨科手术机器人、泛血管手术机器人、经自然腔道手术机器人、经皮穿刺手术机器人和其他手术机器人（如神经外科手术机器人）。如表8-1所示。

表8-1　手术机器人按临床医学应用分类

类别	应用场景	代表产品
腔镜手术机器人	可进行广泛类型的手术，例如泌尿外科、妇科、胸外科及普通外科。腔镜令外科医生的视线可延伸至病人体内，而机械臂则模仿其双手握住并指示腔镜及手术器械	达芬奇（直觉外科）、图迈（微创机器人）
骨科手术机器人	用于协助骨科手术，例如关节转换手术及脊柱手术。骨科手术机器人提供更佳的手术区域影像，对健康骨头的损伤较低且更快康复	天玑（天智航）
泛血管手术机器人	主要适用于治疗外周血管系统、心脏、脑部相关疾病的介入手术中，辅助医生远程控制导管导丝进行手术	CorPath® GRX（西门子）
经自然腔道手术机器人	将有关手术机器通过人体自然腔道送达手术区域，并可控制其进行诊断或手术，可用于检查肺、肠及胃等手术	ION（直觉外科）
经皮穿刺手术机器人	用于经皮穿刺手术，主要执行为收集组织样本用作诊断用途的程序，例如早期肺癌、乳腺癌及前列腺的检测。此外，经皮穿刺机器人亦用于某些治疗程序，例如经皮肾镜取石术，该手术通过在患者背部的切口去除肾结石	MAXIO、RobioEX（PerfintHealth care）

数据来源：中国医疗器械行业协会。

按操控方式分为被动支撑手术机器人、协同操作手术机器人、主动驱动手术机器人，以及主从遥控操作手术机器人。其中，主从遥控操作手术机器人为最常见的手术机器人，主端一般为主刀医生控制，从端为机械臂控制，主端通过从端进入人体体内进行手术操作，同时通过从端上的视频成像系统获得高清目标图像。

按功能划分，手术机器人主要分为操作手术机器人和定位手术机器人。如表8-2所示。

表8-2 手术机器人按功能分类

项目	操作手术机器人	定位手术机器人
功能	协助医生完成腹腔镜手术的操作	协助医生进行术前规划、术中导航与定位，甚至自主完成部分手术操作
应用范围	应用于针对软组织的微创手术	应用于骨科、神经外科手术
核心技术	操作手机械结构设计、三维图像建模技术、操作网络传输技术、计算机虚拟现实技术等	多模影响的配准融合技术，基于光学、电磁学等导航技术，路径自动补偿技术等
产品组成	主要由控制台、操作臂、成像系统组成	主要由机械臂、导航追踪仪和主控台车组成
代表产品	达芬奇Da Vinci	ROBODOC

数据来源：中国医疗器械行业协会。

二、发展历程

外科手术一直是治疗疾病的一种重要手段，但为了消除大面积创伤对患者的不利影响，微创手术从20世纪80年代起逐步发展起来。微创手术为患者带来创口小、恢复快的福音，但其局限性也十分显著：内窥镜限制了医生手术视野，器械的设计需要医生反向操作，器械活动自由度少，手部震颤无法消除等；同时，骨科、神经外科等领域的手术一直存在精度不准、辐射伤害等问题。为打破技术瓶颈，人们展开了对手术机器人的探索。

1985年，美国首次将机器人技术用于外科手术，洛杉矶医院医生使用工业机械臂Puma 560完成了机器人辅助定位的神经外科脑部活检手术。20世纪80年代末，斯坦福研究院（SRI）开始关于外科手术机器人的研发，为战地手术服务，该项目收到了美国国防部高级项目研究局（DARPA）的巨额投资。1992年美国IBM与加州大学联合推出第一个正式的医疗手术机器人ROBODOC用以关节置换。1995年，曾在SRI工作的Frederic Moll博士创立直觉医疗公司（Intuitive Surgical），欲将手术机器人商业化，并在1999年推出达芬奇手术机器人。1998年，Computer Motion公司发布宙斯机器人系统，该公司在2003年与直觉医疗公司合并，达芬奇作为唯一得到FDA认证的手术机器人，几乎垄断全球市场。2015年，谷歌Alphabet生命科学部与强生创办Verb Surgical，致力于开发包括机器人技术在内的“数字手术平台”。

相较于美国，我国对于手术机器人的探索滞后了大约10年之久。我国最早的手术机器人出现于1997年，中国海军总医院与北京航空航天大学（以下简称“北航”）共同研制出第一台医用机器人CRA-S，并在海军医院神经外科实施了立体定向颅咽管瘤内放射治疗术；同年我国“863”计划立项无框架脑立体定向仪，由清华大学、北航、海军总医院共同承担。2010年，天津大学、南开大学和天津医科大学总医院联合研制“妙手A”腹腔镜微创手术机器人；同年，天智航公司第一代骨科手术机器人获批。2016年，香港理工大学成功研发了首台内置马达单切口手术机器人系统NSRS，并已成功应用于动物实验。

整体来看，手术机器人从定位类机器人发端，在操作类机器人的推广中走向大众，并将逐步在更细分的领域中进化升级。美国手术机器人的发展大体经历了高校/医院牵头研究→企业与高校/医院联合→企业主导产业化的历程。中国手术机器人的发展同样遵循这个过程，只是还处于从“企业与高校/

医院联合”到“企业主导产业化”的过渡阶段中。

三、产品优势

对比传统手术，手术机器人优势明显。手术机器人是融合多学科和多项高新技术为一体，用于手术影像导航定位和临床微创手术的综合化医疗器械。手术机器人通过清晰的成像系统和灵活的机械臂，以微创的手术形式，协助医生实施复杂的外科手术，完成术中定位、切断、穿刺、止血、缝合等操作。手术机器人的发展能够充分结合医疗服务需求，解决手术效率与技术问题。对比开放手术及传统微创手术，手术机器人具有如下优势：减少手术伤口；灵活的机械臂与高度复杂的手术兼容；手术精准度及手术结果稳定性均提升；降低外科医生疲惫及学习曲线；减少辐射暴露。如表8-3所示。

表8-3　手术机器人优势

特点	开放手术	传统微创手术	机器人微创手术
成像方式	裸眼	二维图像	三维高清图像
进行复杂手术的能力	5	3	5
手术结果的稳定性	3	3	5
操作精准度	4	3	5
高灵活度	3	2	5
震颤滤除的器械运动	1	2	5
伤口创面小且恢复快	1	4	5
出血少且术后并发症少	2	4	5
降低外科医生疲惫	2	2	4
减少辐射暴露	1	1	5

数据来源：中国医疗器械行业协会。

注：按1~5分的区间值打分，分值越高代表优势越明显。

第二章　市场发展分析

一、市场发展现状

（一）全球市场规模

随着数字化医疗的发展，全球医疗机器人发展迅猛、市场规模迅速扩大。2018—2022年，全球手术机器人市场规模由58.55亿美元增至155.74亿美元，复合增长率为21.88%。如图8-1、图8-2所示。

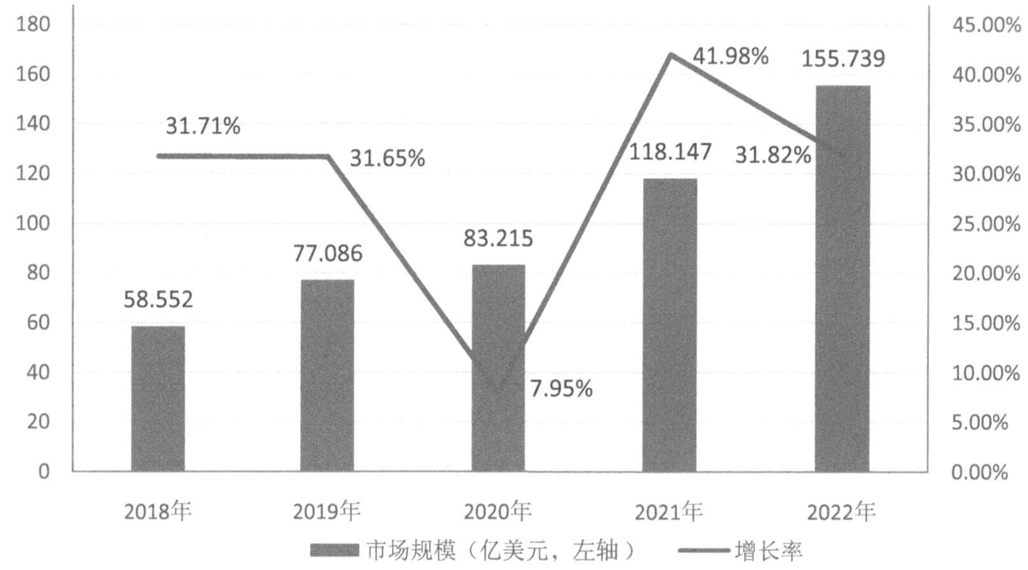

图8-1　2018—2022年全球手术机器人市场规模

数据来源：中国医疗器械行业协会。

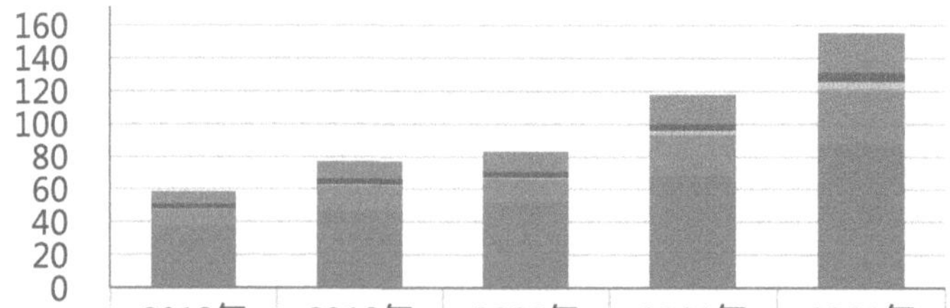

	2018年	2019年	2020年	2021年	2022年
其他手术机器人	7.57	10.44	11.86	17.63	24.21
经皮穿刺机器人	2.93	3.67	3.80	4.45	5.55
经自然腔道机器人	0.19	0.42	0.76	2.08	4.11
泛血管机器人	0.11	0.28	0.31	0.68	1.61
骨科机器人	9.11	15.05	13.94	23.96	31.82
腔镜机器人	38.64	47.23	52.55	69.36	88.43

图8-2　2018—2022年全球手术机器人细分市场规模（亿美元）

数据来源：中国医疗器械行业协会。

放眼全球，北美、欧洲和亚太地区是医疗机器人的主要市场。其中，北美市场较为成熟，欧洲紧跟其后，亚太地区由于发展较晚仍处于初步阶段。与其先进的研究水平和相对较长的研究历史一致，北美地区使用医疗机器人的比例远高于其他地区。如图8-3所示。

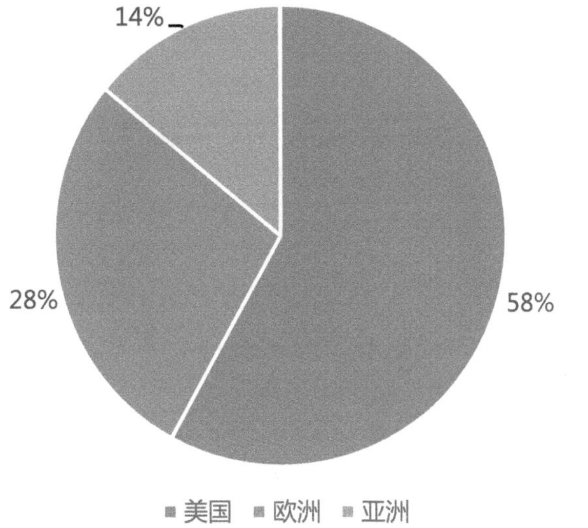

图8-3　2018—2022年全球手术机器人市场分布

数据来源：中国医疗器械行业协会。

（二）中国市场规模

随着医疗机器人在美国市场的发展逐渐步入成熟期，市场重心逐渐向亚太地区转移，亚太地区的医疗机器人装机量和承接手术量快速增长。其中，我国人口基数大、手术市场需求大且医疗机器人起步晚、增长空间大。包括直觉外科的达芬奇、美敦力旗下的Mazor Robotics、捷迈邦美旗下的MedTech公司在内的国外机器人公司均已布局中国市场。除了国外成熟产品瞄准中国市场，国内的机器人创业公司数量也显著增加，2013—2016年新增医疗机器人创业公司超过100家，公开披露融资的公司超过40家，还有包括微创医疗在内的部分上市公司也将业务拓展到医疗机器人领域。

基于当前中国的机构数量和手术量，中国市场对多功能软组织手术机器人的潜在需求量超过1万台；骨科、神经外科、口腔科等临床学科对硬组织手术机器人的需求量同样庞大。当前中国部署了手术机器人的医院不到50家，全国范围内软组织手术机器人装机量不到150台，硬组织机器人装机量不足50台。医疗机器人产业在供给和需求的双向推动下，市场前景十分广阔。2018—2022年，中国手术机器人市场规模由11.91亿元增至81.77亿元，复合增长率为47.01%。如图8-4、图8-5所示。

二、市场发展趋势

中国老年人口规模庞大，老龄化进程加快。2017年我国65周岁以上人口数为15961万人，同比上一年度增长6.14%，占总人口比重为11.4%；2022年增至20978万人，同比增长4.6%，占总人口比重为14.9%。中国人口老龄化已到来，这将推动患病人群基数的增加和手术数量的上升，扩大手术机器人的市场规模。

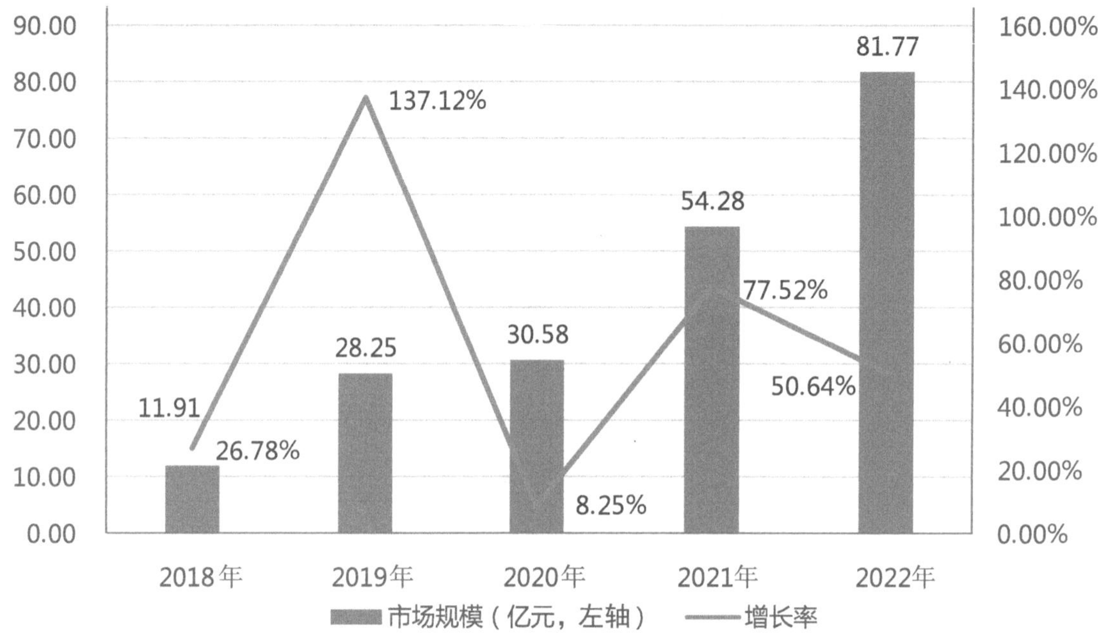

图8-4　2018—2022年中国手术机器人市场规模

数据来源：中国医疗器械行业协会。

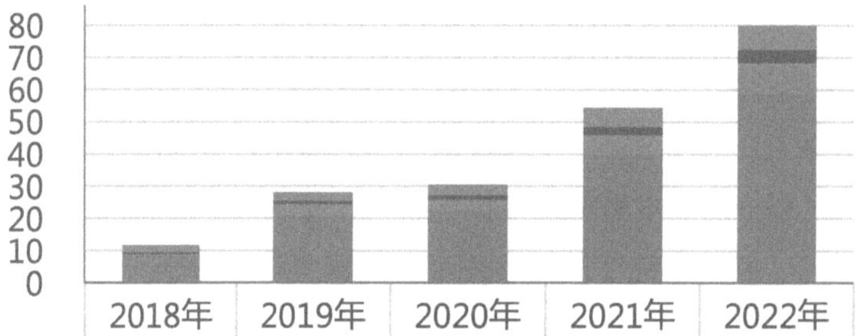

	2018年	2019年	2020年	2021年	2022年
其他手术机器人	2.29	2.73	3.13	5.78	9.26
经皮穿刺机器人	0.78	1.09	1.50	2.60	4.12
经自然腔道机器人	0.00	0.00	0.00	0.00	0.00
泛血管机器人	0.00	0.00	0.00	0.00	0.33
骨科机器人	0.29	3.39	3.06	5.78	9.00
腔镜机器人	8.55	21.05	22.89	40.13	59.06

图8-5　2018—2022年中国手术机器人细分市场规模（亿元）

数据来源：中国医疗器械行业协会。

中国医疗单位众多，地市级以上医院都是潜在的用户，市场前景广阔，医疗服务刚需催生技术创新，亟须国内企业以临床需求为导向，跨越技术壁垒，研发国产耗材，打破进口产品垄断局面。同时，为保护和鼓励技术更新迭代，手术机器人的知识产权保护也不容忽视。此外，随着AI、5G等技术与医疗装备的融合发展，对手术机器人的技术含量要求趋高。

第三章　行业发展分析

一、发展现状

国内市场处于发展初期，相关企业多处于研发、实验等相关阶段，2022年国产产值3.5亿元左右。当前中国企业仍面临市场拓展困难等难题。如图8-6所示。

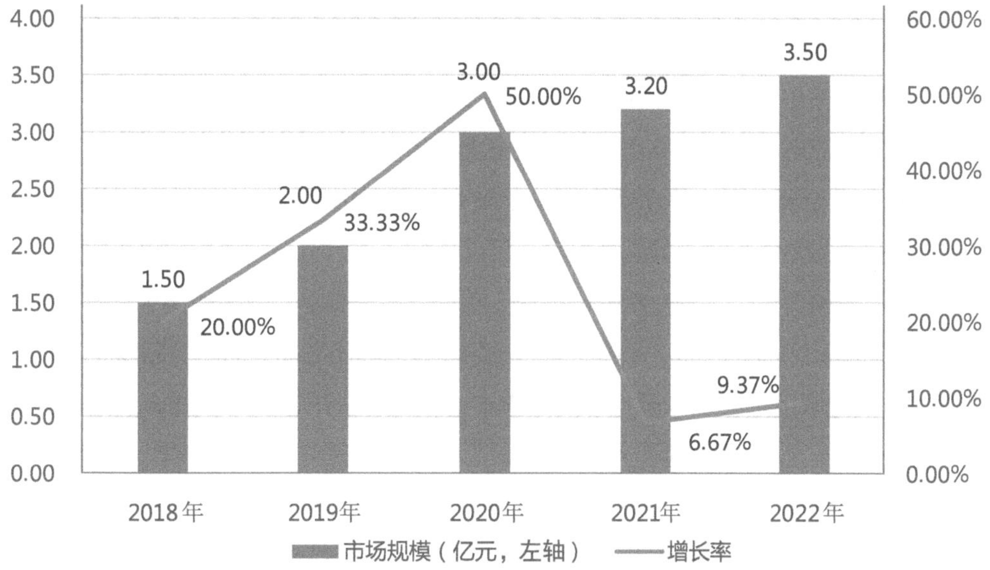

图8-6　2018—2022年中国手术机器人市场情况

数据来源：中国医疗器械行业协会。

二、市场竞争格局

2022年手术机器人市场，达芬奇腔镜手术机器人（直观复星）占据超一半的市场份额，达到68%。国内品牌起步晚，市场份额远不及国外品牌，但随着人口老龄化的加剧以及精准医疗需求的增长，国内品牌手术机器人的终端市场需求将不断扩大。如图8-7所示。

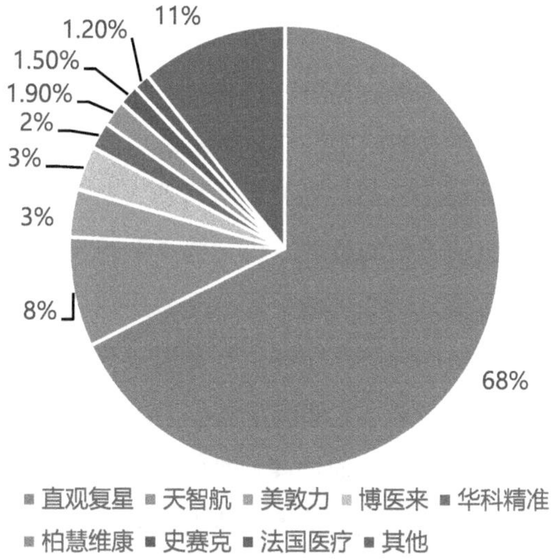

图8-7　2022年中国手术机器人市场份额

数据来源：中国医疗器械行业协会。

三、进出口分析

我国国产手术机器人发展较快，但仍存在技术稳定性、技术先进性等问题，当前并没有出口。随着我国企业投入手术机器人技术研发并取得显著成果，手术机器人随着国产化进程的推进，应用的成熟和成本的下降，市场必将迎来爆发式增长。当前中国市场进口机器人占比超过80%。

第四章　产业链分析

一、关键部件原料研发与生产

手术机器人的产业链主要分为原材料、核心零部件、机身组装和系统集成等环节。所有环节中，壁垒最高的三大核心零部件分别是伺服电机、减速器和控制器。根据OFweek机器人网显示，在机器人成本构成中，减速器、伺服电机、控制器分别占35%、20%、15%，合计占比达70%。

伺服系统主要为机器人的运动提供动力，包括伺服电机、伺服驱动和编码器。“伺服”的含义为跟随，即指按照指令信号作出位置、速度或转矩的跟随控制。伺服电机主要布置于机器人运动关节之中，手术机器人中主要以直流电机为主，其优点是功率更大；编码器安装于电机输出轴，与电机同步旋转，转动的同时将信号传达至驱动器，驱动器根据信号来判断伺服电机的转向、转速、位置是否正确，然后进行修正调整，根据指令发出相应的控制电流。目前应用于手术机器人的伺服电机仍然以外国品牌为主，包括日本松下、德国西门子、瑞士Maxon Motor、美国科尔摩根等，我国的伺服电机仍与国际品牌存在差距，主要表现在缺乏大功率产品、不够小型化、信号接插件不稳定、编码器精度不足。

由于提供动力的伺服电机转速很高，通常与手术机器人的应用场景不匹配，这就需要减速器来使输出转速降下来，在每一个电机处都要配套使用一个减速器。手术机器人中主要需要是以RV减速器和谐波减速器为代表的精密减速器。该类减速器具有结构紧凑、传递功率大、噪声低、传动平稳等特征，在制造上有着很高的壁垒，根据日本Nabtesco公司官方数据显示，世界75%的精密减速器市场被日系品牌Nabtesco和Harmonica Drive占领，因此手术机器人对减速器环节的议价能力很弱。

控制器作为手术机器人最为核心的零部件，相当于机器人的“大脑”，用来接收各组元信号，发布和传递动作指令。控制器包括硬件和软件两部分，硬件就是运动控制卡，包括一些主控单元、信号处理等部分；软件主要包括控制算法、二次开发等。手术机器人自由度的高低取决于可移动的关节数目，一般来说，自由度越高，对控制器的性能要求就越高。手术机器人厂商一般自行开发控制器，以保证机器人的稳定性和技术体系。

除核心零部件外，手术机器人对于原材料也有一定的要求。手术机器人在设计上，无论是从减小关节驱动单元的负载，还是提高系统响应性能、提高系统安全性方面考虑，都要减小主动定位机械的零件质量。例如机械手臂多是采用铝镁合金、碳纤维等，手术过程中又要考虑消毒问题，直接接触器官组织的部分必须能够进行高温或化学消毒，因此手腕机构材料多选用不锈钢、钛合金等。相关材料的国产厂商基本能够满足我国手术机器人厂商的需求。

系统集成商通过客户具体要求，完成机器人的组装和调试，相比于核心零部件的设计制造，该环节技术难度较低，手术机器人厂商对其议价能力较强。手术机器人作为一种精密的医疗设备，软件开发环节由手术机器人公司自主实现，该环节最体现开发者的设计能力，考验开发者对各学科的综合理解，也是手术机器人厂商核心竞争力的体现。

综上，手术机器人上游许多核心部件的进口依赖仍然较强，自研能力不足，如果不能实现核心部件国产化则成本下降空间有限。

二、下游应用行业发展

手术机器人共分为五大类，分别是腔镜手术机器人、骨科手术机器人、泛血管手术机器人、经自然腔道手术机器人和神经皮穿刺手术机器人。在我国，达芬奇腔镜手术机器人的使用已相对较为成熟，近年来国产手术机器人不断发展，已在腔镜、骨科、泛血管手术机器人领域有了重大突破性进展。手术机器人具有操作更精准、创伤更小等优势，是目前临床手术发展的主要方向之一。

一方面，由于新版配置证规划暂未发布，限制了医疗机构的购买。另一方面，机器人辅助手术（robot assisted surgery，RAS）在大部分省份暂未纳入医保支付，RAS较高的治疗费用也一定程度上限制了患者需求。疫情期间，国家和地方卫健委的工作重心更多聚焦在疫情防控上，这一定程度上延缓了对手术机器人扶持政策的出台。随着疫情防控逐步优化，手术机器人开机率逐步提升，手术机器人作为相对前沿的设备，有望逐步享受到政策扶持的红利。

腔镜手术机器人作为乙类大型医用设备受国家配额规划约束。国家卫健委于2018年10月发布的《2018—2020年全国大型医用设备配置规划》（同时也是首次提出配置规划数量要求），以及2020年7月发布的《关于调整2018—2020年大型医用设备配置规划的通知》，根据调整后的规划，截至2020年底，全国规划配置内窥镜手术机器人268台，其中2018—2020年规划增加225台。从配置地区来看，配额明显向经济发达地区倾斜，其中，配额最多的地区为广东（22台）、上海（20台）和北京（18台）。

骨科手术机器人未纳入《2018—2020年全国大型医用设备配置规划》的乙类大型医用设备列举目录清单，目前没有配置规划数量的约束，但若首次配置整台（套）单价在人民币1000万~3000万元则仍符合乙类大型医用设备的定义，医院采购需要向所在地的省级卫生健康行政部门提出申请。配置证规划逐步松绑的确定性较高，因为国家推动手术机器人发展态度明确，《“十四五”医疗装备产业发展规划》明确提出加强手术机器人的研发及应用，目前仍设置配额主因是手术机器人单价较高，监管者或许担心手术机器人超前购置，导致资源浪费。但对比美国单台手术机器人年手术量，目前我国手术机器人手术量已较高。

目前，国家卫健委专家组已完成配置证规划设计，后续国家卫健委将提交规划至国务院进行审批，随着疫情防控逐步放开，常规手术量恢复，新一轮配置规划的公布或已临近。预计大的趋势是开放速度加快，给予的配置额度更多，若配置证规划正式公布且配额充足，对行业而言是较大的利好。

手术机器人手术费纳入医保是大趋势。传统腔镜手术费用根据手术难度差异一般每台为2000~6000元，RAS费用每台多为3万~4万元。各地对于机器人辅助手术的收费模式及价格并不相同。价格虽仍高于传统手术医保报销后费用，但已处于患者可承担的范围，特别是对于癌症及器官切除等手术较为复杂的患者，从安全性和术后恢复角度考虑，RAS具备较高的吸引力。

广东：对于普通外科、胸外科、泌尿外科、妇科、头颈外科以及心脏手术等领域的手术（含器械）实行市场调节价，不同医院间收费有差异，以深圳市第二人民医院（三级甲等）公布的收费为例，RAS价格在2万~6万元人民币/台。

上海：普通外科、胸外科、泌尿外科、妇科、心外科、血管外科RAS手术价格全市统一为3万元人民币/台（含专用器械、臂罩等耗材）。上海将机器人辅助腔镜手术纳入乙类医保。2021年4月，上海医保局发布《关于部分新增医疗服务项目纳入本市基本医疗保险支付范围有关事项的通知》，将“人工智能辅助治疗技术”等28个新项目纳入上海基本医疗保险支付范围。限定支付范围为腔镜手术机器人的四类手术，即前列腺癌根治术、肾部分切除术、子宫全切术、直肠癌根治术，报销比例80%。

北京：腔镜手术，腹腔、盆腔、胸腔、心包、纵膈、头颈部、腹膜后等部位RAS由医院自主定价，价格约4.2万元人民币/台；骨科手术，在纳入医保前实行打包收费，价格在每台3.9万~4.5万元。北京将机器人辅助骨科手术纳入医保。2021年8月，北京市医保局发布《关于规范调整物理治疗类医疗服务价格项目的通知》，其中将机器人辅助骨科手术费用分为两部分：一是手术费规定为8000元/次，且列入甲类目录，可100%报销；二是一次性机器人专用器械部分被列入乙类目录，报销比例70%。

2022年3月，国家医保局向各地医保局下发《关于征求<关于完善骨科“手术机器人”“3D打印”等辅助操作价格及相关政策的指南（征求意见稿）>意见的函》，文件中对骨科RAS手术价格进行了规定。目前行业中对该定价模式是否合理仍未达成统一意见，更多专家认为技耗分离的收费更合理，而该次文件规定的收费模式则未区分服务与耗材收费。技耗分离能更好地区分设备耗材与服务的价值，相较目前同时包含设备耗材和服务费用的打包式收费更为清晰合理，或为长期政策发展趋势。

三、销售渠道现状与趋势

中国国产替代政策不断推出，有利于中国品牌打开市场。中国品牌的潜在价格优势叠加国产身份，更符合国产替代、控费大背景。同时，中国品牌的服务及商业化能力优异。例如：微创机器人在服务及商业化的优势主要体现在培训、商业化团队方面，医院实际采购前便通过培训的方式进行推广，提高医生对于图迈及其他微创机器人产品的认知，相较于达芬奇“先销售，后培训”的模式，微创推广模式的成本虽然更高，但可快速覆盖更多外科手术医生，叠加支持国产替代的政策倾斜，中国企业在商业化推广上的优势优于外国品牌。如表8-4所示。

表8-4 中国近年医疗器械国产替代相关政策

发布时间	文件名称	核心内容
2019年11月	《关于继续执行研发机构采购设备增值税政策的公告》	为鼓励科学研究行业技术开发，国家对研发机构采购国产设备给予了全额退还增值税的政策
2021年4月	《关于支持海南自由贸易港建设放宽市场准入若干特别措施的意见》	支持海南国产化高端医疗装备创新发展
2022年5月	《关于做好政府采购框架协议采购工作有关问题的通知》	在进口产品管理方面，对检测、实验、医疗等专用仪器设备，确有采购进口产品需求的，采购方案中可以就相应的进口产品设置采购包，但第二阶段采购人在采购入围进口产品前，需按规定履行相关核准程序

数据来源：中国医疗器械行业协会。

第五章 行业技术进展与趋势分析

一、技术发展趋势

目前手术机器人只是医生手术的备选方案之一，并没有颠覆手术方式，设备上还有很大的优化空间。

（一）力触觉反馈

现阶段应用于腹腔镜临床手术的机器人大多采用视觉反馈系统，外科医生在控制机械臂做手术时，需要通过分析视觉信息，实时判断器械对组织的作用力以及其他组织特征，一定程度上影响了手术效率。因此，力触觉反馈系统将成为机器人技术研发的重点方向。

力反馈系统是指医生操作手术臂时，通过器械末端的力传感器，感受器械所处位置及作用于组织上的力，并将其以电流的形式进行模拟和传导，之后再将力觉信息再现并传递给医生。

手术机器人的触觉反馈是指机械臂作用于组织时，触觉传感器能够感受到组织表面的信息（例如组织顺应性、硬度、质地、温度等），并将这些信息反馈给医生，从而使医生获得对于组织的真实感觉，并能够对异常组织作出判断。应建立高仿真度组织器官物理模型，以及基于解剖学人体组织特征的力反馈物理模型，将力反馈与触觉反馈相结合，以提高手术的现实感。

（二）多孔微创到单孔或自然腔道微创

目前达芬奇系统并非为经自然腔道（或无切口）手术程序而设计，仍要求医生术中在病人身上开多个创口。术后恢复时间虽比普通手术短，但是还有提升的空间，以减轻患者的痛苦。单孔手术机器人可以避免多操作臂碰撞及其复杂的术前摆位，简化手术流程，进而减少病人麻醉时间。

（三）定位导航中的成像、追踪与显示

理想的成像模块应能实时三维成像，并能分辨病人组织和手术工具，同时不对病人和医生的健康产生危害、不阻碍医生进行手术。目前还不存在满足上述所有要求的医学成像设备；在5类常用医学成像设备中，MRI、超声最接近以上要求。

因为目前成像设备存在性能局限性，需引入一套追踪模块来定位手术工具和病人。目前常见三种定位系统：磁场定位、光学定位和机械定位。这三种定位系统在定位精度上都能满足目前手术导航系统的需求，但每种系统都有其局限性：磁场定位易受铁磁性物体干扰，而且不能和MRI设备同时使用；光学定位必须保证光路畅通，且所追踪物体必须为刚性；机械定位灵活性有限，设备所占体积较大。

显示模块将术前成像、术中成像、手术器械、患者所处物理空间与定位系统的坐标进行统一，为手术提供更准确的定位信息。

实现更准确定位的技术路径是：成像模块的发展趋势主要包括对现有医学成像设备性能的提升和新医学成像技术的开发。追踪模块已经能提供足够的定位精度，未来的发展趋势可能为生产成本的降低。显示模块中的配准算法是目前手术导航系统误差的主要来源，尚有很大的提高空间。另外三维重建算法也有改善的空间，如提高重建效率和组织识别精度。

二、行业发展趋势

（一）手术机器人的辅助手术能力更加精确

通过技术加强，提高辨识率，不断强化手术机器人的手术精确度。通过与AR技术的结合来识别物体和环境，让手术机器人作出反应，更好地辅助医生完成手术，进一步延伸医生的能力。

（二）单孔手术、纳米靶向、柔性机器人等新型手术机器人兴起

单孔腔镜手术机器人相对多孔腔镜机器人具有创口更小、费用更低的特点，未来可能成为打破达芬奇多孔手术机器人市场垄断的新型手术机器人产品。北美、欧盟、日韩相继对单孔手术机器人研究立项。目前医用微型机器人以胶囊机器人为代表，随着技术不断发展，纳米靶向机器人通过磁场控制和血管注入，可将药物靶向输送至人体病灶区域。人体结构复杂，受限于人体内的狭小空间，柔性机器人的操作会更加便利，也是未来发展的一个趋势。

（三）医生与手术机器人的结合将更加深入

医生是手术机器人的直接使用者，应该在医疗机器人研发过程中发挥更加重要的作用。手术机器人的研发人员应与医生深度沟通功能需求、安全性要求及手术的方式与过程，在明确需求后确定设计输入、规划实现方式、形成工程语言。双方结合设计方案进行论证，不断修改、迭代与完善。形成设计方案后，医生也参与技术测试、评价与修改，使医生与手术机器人的合作更紧密、更深入。

（四）对手术机器人的监管将不断优化

手术机器人作为医疗设备产品，面临非常严格的医疗产品准入机制。一方面认证时间较长，如一款手术介入治疗机器人临床试验至少需要2~3年时间；另一方面认证不具有跨区域通用性，国际、国内各地区均有不同的本地化认证体系，这极大地提高了手术机器人产业化的难度。目前部分地区对一些创新性强、安全度高的手术机器人产品敞开了认证绿色通道。未来各国将不断优化监管机制，更好地平衡手术机器人的安全性与市场性，提高产业转化效率。

第六章　国内外重点企业分析

目前，微创机器人是业内唯一一家拥有覆盖五大主要手术机器人领域的企业——腔镜、骨科、泛血管、经自然腔道以及经皮穿刺手术。如表8-5所示。

表8-5　各品牌手术机器人产品布局对比

品牌	腔镜手术	骨科手术	泛血管手术	经自然腔道手术	经皮手术
微创机器人	√	√	√	√	√
直觉外科	√			√	
CMR Surgical	√				
Stryker / Mako		√			
Medtronic / Mazor	√	√			
Zimmer Biomet / Rosa		√			
Siemens			√		
Johnson & Johnson		√		√	
威高	√				
天智航		√			

数据来源：中国医疗器械行业协会。

一、直觉外科

（一）企业概况

直觉外科公司（Intuitive Surgical）是一家美国医疗设备公司，成立于1995年11月9日，由Frederic H.Moll、John Gordon Freund和Robert G.Younge创立，总部设在加利福尼亚州森尼韦尔。公司主要研究机器人辅助微创手术技术，其中最著名的产品是达芬奇外科手术系统。该公司研发的达芬奇手术机器人有代表性的临床用途近70个，涵盖泌尿科、妇科、胸外科、普通外科和经口外科（含小儿外科）等。

1999年推出了一款机器人辅助手术设备，名为达芬奇da Vinci。这台手术机器人的面世对外科手术的冲击很大。2000年，达芬奇手术机器人正式成为第一个获得美国食品药品监督管理局（FDA）批准用于临床手术的机器人辅助腹腔镜手术系统。达芬奇机器人在医疗界堪称“上帝之手”的尖端医疗器械，凭借所持有的多达4000余项专利，彻底垄断了手术机器人的市场。

截至2022年，直觉公司利用28年的创新和经验完善了客户学习历程，为外科医生、医生和护理团队提供结构化和测量的技术培训途径。达芬奇系统培训已经接受过全球使用达芬奇系统培训的外科医生66000多名，在全球举办的培训班7400多个，世界各地的机器人外科培训中心有70多家。

（二）新产品与新业务

达芬奇Xi手术系统在原有的达芬奇手术系统上进行了更新。

一是革命性的手术通路。全新设计的可升降、可旋转的吊杆式平台，配合可移动的患者手术车；患者手术车可以放置在患者周围任何位置，术中无须重新定位手术车即可实现腹部4个象限的手术操作。机械臂更细，手术器械更长；活动范围更大，扩大有效手术操作范围，减少术中机械臂碰撞，建立腹部操作通道的难度降低。内窥镜通道切换功能，内窥镜可放置在任意一个机械臂上面（不再像以往的达芬奇手术系统那样固定镜头臂），这一功能提供了更灵活的角度观察手术区域，术中高效率地改变牵拉臂（第三臂）的位置，实现主刀医生更大的自主控制能力。“灵动关节”，屈伸灵活的关节使活动范围最大化，并使机械臂的定位更加灵活。器械和患者安全距离的调节，器械和患者安全距离的调节可以使机械臂获得更大活动范围，实现多个象限的同时操作机会，也可确保机械臂与患者保持安全距离，避免机械臂与患者腹壁的摩擦。整合的手术在床术中具备随动功能，无须中断手术、术中调整手术床/体位，利用重力作用可更好地暴露解剖部位，最大化手术操作的可及范围和操作机会、简化术中工作流程、实时反馈手术床角度。

二是易学易用的操作方式。智能语音提示（虽然是英文），语音提示在设置过程中提供步骤指导、简化操作难度。移动式患者手术车设计，移动患者床旁手术车由吊杆和灵活的台车组成，轻按操纵杆即可轻松移动。激光精准定位功能，避免患者手术车泊位时出现碰撞，自动将吊杆定位至最优化的手术位置、方便手术室布局，缩短术前准备时间。一键式吊杆引导，选定的手术工作区域一键设置吊杆位置，并将系统调节到最优化的状况下，优化工作流程、缩短术前准备时间。手术床旁控制更简化，“抓持技术”使得机械臂移动非常灵活，在未入位之前，只要抓持灰色把手的部位，即可将机械臂移动至理想位置。此技术合并了“大臂关节按钮”和“器械离合按钮”的功能，整个机械臂均可一键控制移动，大大简化助手的床旁操作。另外，套管固定卡口安装更加简单，缩短了手术准备过程，方便手术室人员操作。

三是强大的影像系统。达芬奇Xi手术系统的成像很直观，比之前更加清晰，可视范围也更大，相同工作距离下，手术视野更宽广，这在手术操作中非常有利。一体化自动对焦，不再需要人工对焦、人工设置白平衡或是十字校准等复杂的术前准备。主刀医生还可以在控制台上一键切换内窥镜角度（30°上/ 30°下）。标配内嵌荧光显影功能，以识别关键解剖结构、实质脏器灌注显影、肿瘤组织，以及肠道血流灌注的评估。内窥镜更加轻巧，手持式内窥镜更加便于手术开始阶段的腹腔镜探查和黏连分离。十倍光学放大，四倍数码放大，使得解剖组织和血管细节更加清晰，有利于医生更有信心地开展手术。

2017年，复星医药直观外科在中国组建合资公司直观复星，旨在建成集研发、生产、服务为一体的区域创新中心，打造中国本土化精准医疗龙头企业。2022年8月，直观复星总部及产业化基地项目——医疗机器人制造研发中心正式开工建设，投资超过7亿元。目前，在国内已有超40万名患者受益于达芬奇手术系统，超1100名医疗专业人士在达芬奇创新中心接受过培训，而达芬奇手术系统装机量也超过了330台。

（三）经营情况

自2000年上市以来，直觉外科公司的营业收入从2000年的0.27亿美元增长至2022年的62.2亿美元，其股价也从最初的6.02美元一度上涨至369.69美元。直觉外科公司财报显示，截至2022年12月31日，达芬奇系统的全球总装机量已达7544台，2022年达芬奇机器人全球手术量约187.5万次，同比增长约18%。如图8-8所示。达芬奇机器人系统在全球装机量2021年达到6730台，预计有望在2023年达到8910台。

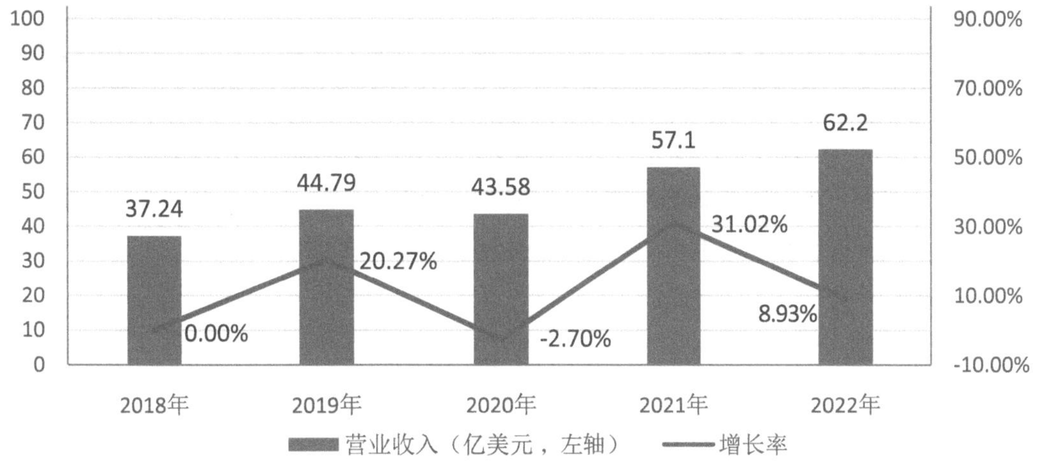

图8-8 2018—2022年直觉外科营收情况

数据来源：直觉外科企业财报，中国医疗器械行业协会。

二、美敦力

2022年5月，加拿大手术机器人公司Titan Medical宣布将通过仪器和相机支持美敦力的开发和临床前活动，并从美敦力获得260万美元（约合人民币1746万元）的仪器和相机采购订单。同年9月，Titan Medical宣布与美敦力签署最终协议。根据协议，两家公司都可以在各自的业务中开发机器人辅助手术系统，而Titan将在完成并验证后获得高达3100万美元（约合2亿元人民币）的付款。

2022年11月，美敦力在第五届中国国际进口博览会上展示了Hugo RAS system机器人辅助手术系统、Mazor X脊柱外科手术导航定位系统和Stealth Autoguide神经外科手术定位系统。

三、微创医疗机器人

（一）企业概况

上海微创医疗机器人（集团）股份有限公司（以下简称“微创机器人”），2014年启动研发图迈腔镜手术机器人（作为微创集团的内部孵化项目），2015年在中国成立公司，开始公司化运营，并启动研发鸿鹄骨科手术机器人。2021年11月2日，微创机器人在香港联交所主板成功上市，肩负着提供能延长和重塑生命的机器人智能手术全解方案的使命，踏上医疗科技创新的新征程，塑造超智能手术时代，实现“让天下没有难做的手术”初心。产品包括图迈腔镜手术机器人、蜻蜓眼三维电子腹腔内窥镜和鸿鹄骨科手术机器人。其中手术机器人应用于多个微创手术领域，包括内窥镜手术、骨科手术、泛血管手术、自然腔手术和经皮穿刺手术，同时该公司也提供手术机器人Medbot的教育培训服务。公司核心产品图迈于2022年1月获得NMPA的上市批准，成为首款由中国企业研发并获准上市的四臂腔镜手术机器人。同时图迈完成多学科、多中心注册临床试验，标志着图迈成为全球第二个、国产首个全面覆盖胸腔、腹腔、盆腔领域临床应用重要复杂术式的手术机器人。

（二）新产品与新业务

微创®鸿鹄®骨科手术机器人具有操作精准、高效协同、安全保护和兼容性强等技术优势。该设备可以在术前，基于患者术前CT扫描数据及假体模型数据，协助医生制定个性化假体植入方案；术中，它基于手术规划的精准定位，通过配准技术并结合自主研发的高灵巧、轻量化机械臂，快速完成截骨，帮助医生实现精准、安全、高效的手术目标。能够避免传统手术中的髓腔定位，术中无髓内杆植入，可降低手术损伤及出血量，改善术后下肢力线、减少并发症，帮助患者实现术后快速康复。

图迈®Toumai®腔镜手术机器人是一款完全由中国自主研发的腔镜手术机器人，其腕式手术器械高度灵活，其中，3D腔镜系统提供立体真实的手术视野，直觉式主从遥控操作灵敏易上手，从而简化手术操作，缩短手术时间，具有极高的临床优势。该设备成功应用于各类高难度泌尿外科手术，同时标志着国产手术机器人具有在狭窄解剖空间内辅助医生完成复杂手术的能力。

（三）经营情况

2021年上海微创医疗机器人的全年收入为0.21亿元，在2022年，微创图迈获得NMPA的上市批准，促进微创全年收入的爆发式增长，全年收入达到2.16亿元。如图8-9所示。

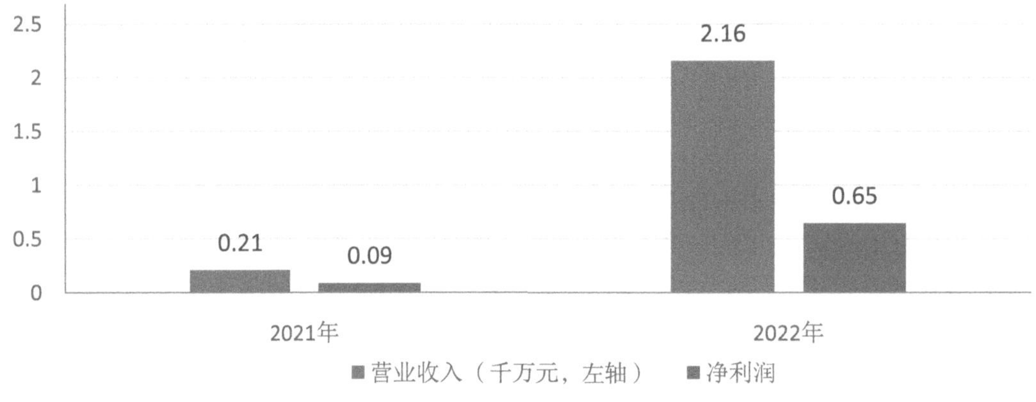

图8-9　2021—2022年上海微创医疗机器人营收情况

数据来源：上海微创医疗企业财报，中国医疗器械行业协会。

四、威高集团

（一）企业概况

威高始建于1988年，从一次性使用输液器开始创业。目前公司致力于发展主营业务医疗器械和医药，同时发展建工、金融等产业。威高控股公司下设威高集团、威高建工产业集团、威高金融控股集团，占地面积600多万平方米，拥有80多家子公司以及2家上市公司，员工3万多人。

威高集团下辖医药制品、血液净化、骨科、医疗装备、药业、心内耗材、医疗商业、生基、普瑞、洁瑞、血液技术、手术机器人等12个产业集团。拥有输注耗材及设备、输血器材、心内耗材、留置针及各种异形针、血液净化设备及耗材、骨科材料、手术设备及附件、创伤护理、手术机器人、微创器械及设备、ICU产品及附件、大容量注射液及其他药品、肾科产品、生物诊断试剂、手术缝合线、牙种植体、感控设备及耗材、PVC及非PVC原料等1000多个品种、15万多个规格。医疗器械在全球15大细分市场中进入了11个领域，成为全球品种齐全、安全可靠、值得信赖的医疗系统整体解决方案制造商。

威高大力完善创新体系，建有国家认定企业技术中心、植入器械国家工程实验室、全国创新试点型企业、院士工作站、博士后工作站、山东省高性能医疗器械研究中心、山东省医疗器械技术创新中心、省级工程技术研究中心、泰山学者实验室等创新平台，加快打造威高研究院、国家创新中心平台、北京及长春研发中心这三大平台，与中国科学院、中国工程院、军事医学科学院、301医院、哈尔滨工业大学、天津大学等30多家知名大学、科研院所开展产学研合作，建立了30多个研发机构。拥有专利1100多项，其中，发明专利400多项，自主知识产权产品900多项。高科技含量和高附加值产品达80%以上，其中，骨科材料系列、血液净化系列、心内耗材系列、人工肝、全自动化学发光分析仪、彩超、DR、预灌封注射器、膜式氧合器、蛋白A免疫吸附柱等100多种产品打破国外垄断，成为国际知名品牌。

威高的输注耗材、血液设备及耗材、药包材等产品国内市场占有率为70%左右，骨科材料系列、血液净化系列、心内耗材等系列产品国内市场占有率为30%左右。

（二）新产品与新业务

威高“妙手S”手术机器人不仅是国内首台具有自主知识产权的腔镜手术机器人，更是世界上首台完成5G远程腹腔镜手术的机器人。医生可以通过手术机器人实现对患者的远程操作，可以完成肝胆切除、胃肠手术、妇科手术、泌尿外科等一系列的手术。相较于传统手术，用机器人进行手术不仅创伤小、并发症少，出血量和住院时间也被大大缩短，目前已经通过手术机器人完成了30多例手术，且都取得了很大的成功。

（三）经营情况

2018年，威高全年营业收入为88.09亿元，2019年营业收入同比增长17.65%，达到103.64亿元。2020年，全年营业收入为113.45亿元，同比增长9.47%。2021年威高“妙手S”手术机器人获批上市，全年营业收入为131.52亿元。2022年保持稳定增长，全年营业收入为136.19亿元。如图8-10所示。

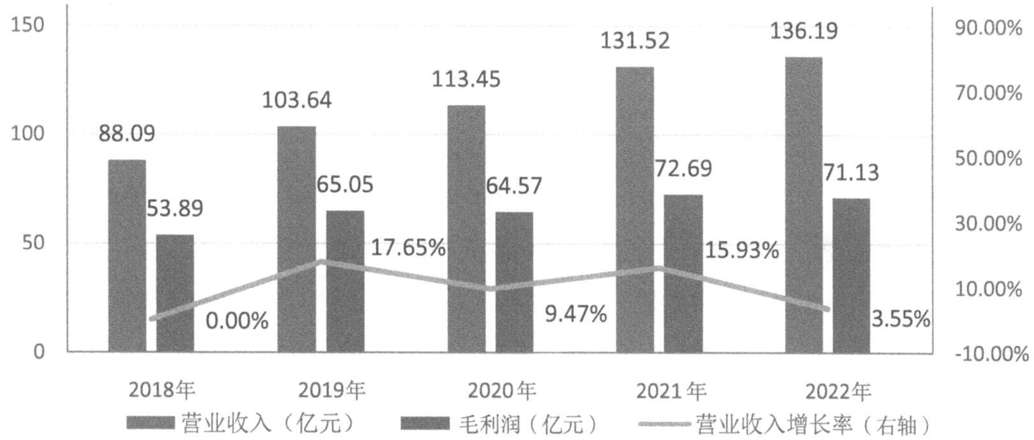

图8-10　2018—2022年威高集团营收情况

数据来源：威高企业财报，中国医疗器械行业协会。

五、天智航

（一）企业概况

北京天智航医疗科技股份有限公司（以下简称“天智航”）是一家专注从事集骨科手术机器人及其相关技术自主创新、规模化生产、专业化营销及优质临床应用为一体的高新技术企业，也是国内第一家、全球第五家获得医疗机器人注册许可证的企业。2020年，天智航公司成功上市IPO科创板。

天智航作为中国医疗机器人开拓者，获得了200余项专利，是“国家机器人标准化总体组”成员单位，“医疗机器人国家地方联合工程研究中心”依托单位，“北京市医疗机器人产业创新中心”依托单位；是中国医学装备协会理事单位，中国生物医学工程学会医用机器人工程与临床应用分会副主任委员单位，中关村医疗器械产业技术创新联盟理事长单位，中国机器人TOP10峰会的成员企业，北京市生物医药产业跨越发展工程（G20工程）创新引领企业。曾获2015年国家科学技术进步奖二等奖等国家级和省部级的多项荣誉，拥有博士后科研工作站。

天智航核心产品——天玑骨科手术机器人——用于辅助医生精确定位植入物或手术器械，可广泛应用于脊柱和创伤骨科手术，其临床精度可达1毫米以内，可显著减少术中辐射并提高手术效率，使复杂手术简单化、常规手术标准化、开放手术微创化、医疗资源均等化，助力医生成功，造福患者，服务“健康中国”战略，助力我国实现高端医疗装备自主可控，智慧骨科的未来可期。截至2023年第一季度末，天玑系列骨科机器人的临床应用已覆盖170余家医疗机构、30个省份，手术量突破4万例。

（二）新产品与新业务

天玑Ⅱ骨科手术机器人是天智航公司推出的最新款骨科手术机器人，意在打造智能手术舱，更加高效、易用、精准、智能。它优化了机器人操作手术流程，传承天玑家族精准智能优势，精益求精。通过无菌手术屏可以使术者对手术全面掌控、C臂跟踪器可以简化手术操作步骤、全向示踪以满足多体位手术。新的升级系统，给骨科医生带来了更高效的工作流程体验，大大丰富了机械臂功能，适应更多复杂的手术应用场景，显著改善手术操作体验，让术者更加轻易上手。

（三）经营情况

2018年，天智航全年营业收入为1.27亿元，2019年营业收入同比增长81.1%，达到2.3亿元。2020年，受疫情大环境影响，全年营业收入为1.36亿元，同比减少40.87%。2021年营业环境有所回温，全年营业收入为1.56亿元，同比增长14.71%。2022年保持稳定，全年营业收入为1.56亿元。如图8–11所示。

六、术锐机器人

（一）企业概况

北京术锐机器人股份有限公司（以下简称“术锐机器人”）成立于2014年，是一家致力于完全自主研发、生产和销售单多孔通用型微创腔镜手术机器人系统的高科技企业。术锐机器人成立以来着手打造核心自主知识产权和全链条关键技术，旗下主打产品有内窥镜手术系统（SR–ENS–600），2020年进入创新医疗器械特别审查程序。依托“对偶连续体机构”这一革新性设计，产品所搭载的高性能可形变手术臂动作灵动精准，综合性能比肩国际顶尖的单孔手术机器人水平，并一举打破国外多年技术垄断。术锐机器人已经在全球范围内提交知识产权申请500余项，拥有中国专利147项、海外专利40

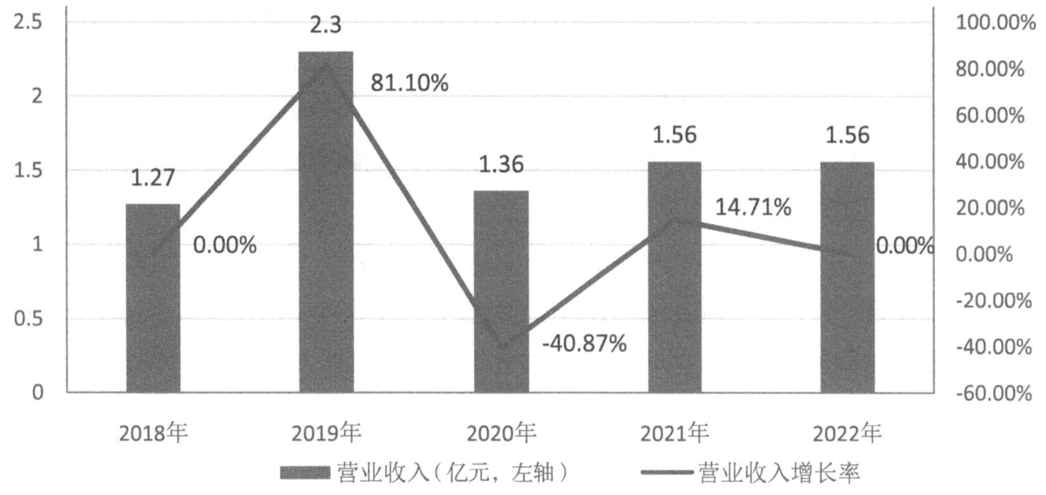

图8-11　2018—2022年天智航营收情况

数据来源：天智航企业财报，中国医疗器械行业协会。

项。术锐机器人产品主要应用于泌尿外科、妇外科、心胸外科、普外科等多个科室，为跨科室多适应症的治疗，提供更微创的解决方案。

（二）新产品与新业务

术锐机器人作为一家能完整独立自主研发、生产和销售第三代微创外科手术机器人系统的高科技企业，以一套系统实现单孔、多孔腔镜两种术式在多个科室的应用，以期为医院提供“术前规划-术中操作-术后管理”一体化全智能手术的完整解决方案，并最终推动人类健康卫生事业的不断向前发展。

目前，术锐机器人研发团队正加紧推进单多孔模块化腔镜手术机器人产品的临床研究。预计产品成功上市后将能打破达芬奇手术机器人的市场垄断，推动手术机器人的进一步应用，满足人民群众对高端精准医疗日益增长的需求，且有望以原创技术出口欧美市场，努力成为全球第三代手术机器人领域的技术先行者与市场领导者，并最终推动人类健康卫生事业不断向前发展。

（三）经营情况

2023年4月，术锐机器人宣布完成C3轮数亿元人民币的融资。本轮融资由正心谷领投，获得了源星资本、国投招商等老股东全力支持，并由德诺资本、新毅投资、三亚翠湖跟投。

七、精锋医疗

（一）企业概况

深圳市精锋医疗科技股份有限公司（以下简称“精锋医疗”）成立于2017年5月4日，由王建辰、高元倩两位留学美国麻省理工学院及哈佛大学的联培博士在深圳创立。精锋医疗致力于设计、开发和制造手术机器人，专注微创手术机器人及器械，提供外科手术的创新解决方案。

精锋医疗拥有卓越的研发能力，已完全独立掌握手术机器人所涉及的多项核心技术，并形成了完整的自有知识产权体系，在全球共有超过500项专利授权及专利申请，在中国的专利授权和专利申请数量均在中国手术机器人公司中排名第一，也是中国首家已完成多孔和单孔腔镜手术机器人关键临床试验的公司。

精锋医疗拥有知名投资人领航，注册资金3.6亿元人民币，成立以来，已获得博裕、淡马锡控股、红杉资本、三正健康、中国国有企业混合所有制改革基金、LYFE Capital和OrbiMed等在医疗技术领域具有深入见解的知名投资者的支持及投资。在2021年12月完成交叉轮融资后，公司估值突破15亿美元。

（二）新产品与新业务

精锋®多孔腔镜手术机器人由三部分组成：医生控制台、患者手术平台及三维高清影像系统。外科医生可安坐于控制台，轻松地操纵患者手术平台的机械臂及连接的手术器械，通过观看高分辨率的三维影像手术术野，进行微创手术。同时，精锋®多孔腔镜手术机器人还配备了可模拟人的手腕灵活度的、多样化的机器人专用手术器械，为各种手术术式提供灵活选择。

使用精锋®多孔腔镜手术机器人进行的手术将开放式手术与腔镜微创手术的优势相结合，既有开放式手术的操作灵活性和精准度，又兼具微创、病人恢复时间短的特点，且已在临床试验中成功应用于各种高难度四级手术，标志着国产手术机器人的技术性能及临床表现已达到国际领先水平。2022年12月，精锋®多孔腔镜手术机器人MP1000获得国家药品监督管理局（NMPA）上市批准（注册证编号：国械注准20223011623）。

精锋®单孔腔镜手术机器人SP1000是中国首个启动妇科手术关键性临床试验的单孔腔镜手术机器人，具备全球领先的功能：单臂单切口、高灵活性、高集成度及体积小、绝佳的主从控制体验、低延时和沉浸式三维高清图像、各种专有扩展器械，可以增强外科医生的手术能力并改善患者的治疗结果。该机器人仅需要一个体表手术切口，因此对患者的侵入性较小。患者预期术中出血量减少、疼痛减轻，且恢复更快、住院时间短，尤其适合对美观要求高的年轻患者。2021年4月，SP1000已被纳入国家药监局快速审查程序（绿色通道）。

精锋®单孔腔镜手术机器人SP1000已完成的代表性高难度手术：中国首例单孔腔镜手术机器人辅助下的宫颈癌根治术，也是国产单孔腔镜手术机器人四级手术首秀；中国首例单孔腔镜手术机器人辅助下的全子宫切除术。

（三）经营情况

在过去的2020年和2021年两个财政年度，精锋医疗没有业务收入，相应的研发开支分别为0.59亿元和2.22亿元人民币，相应的净亏损分别为0.79亿元和3.49亿元人民币，经调整后的亏损对应为3976.2万元、1.15亿元。虽然处于亏损状态，但是精峰医疗的现金流依旧高达15亿元，这是因为成立以来，已获得诸多在医疗技术领域具有深入见解的知名投资者的支持及投资。

八、奥朋医疗

（一）企业概况

上海奥朋医疗科技有限公司（以下简称“奥朋医疗”）成Robocath（R-one）立于2017年，专注于医疗机器人研发、生产和销售。奥朋医疗是目前全球领先的血管腔内介入手术机器人和人工智能创新企业。其中，血管腔内介入手术机器人产品可兼容全品类介入手术耗材，完成冠脉、外周、神经和肿瘤血管介入手术以及手术全流程。

奥朋医疗团队核心成员均曾在头部医疗器械企业担任重要岗位，深耕于医疗行业数十载，具有丰富的全球研发、生产、商业化以及市场营销工作经验。研发人员占比超过70%。公司秉承开放、创新、品质与效率并重的文化理念。公司现获得注册专利数十项，在途申请及授权专利、PCT近百项。

（二）新产品与新业务

ALLVAS®血管腔内介入手术机器人代表新一代血管腔内介入手术系统。基于平台化设计的理念，解决了血管腔内介入手术系统对介入耗材兼容性不强的问题，并且全面覆盖血管腔内介入手术的所有步骤，开启了血管腔内介入手术机器人的新时代。

其产品特点包括：与DSA设备相互独立，对DSA设备无任何影响；平台化设计，全面的血管腔内介入手术解决方案，涵盖了所有血管腔内介入手术的科室，如心内科、心外科、神经内科、血管外科和介入科（肿瘤）等。具有全流程自动化及手术导航系统；彻底解决介入手术的痛点，把医生完全从X光射线下解放出来，避免了辐射伤害；手术更加精准、稳定，一致性更好，避免了人为因素的影响。

奥朋医疗腔镜外科手术机器人使腹腔镜机器人具备方便、灵活、安全和全面的特性。其采用力控功能的分体式模块化机械臂结构、具有力感知的手术器械、多孔和单孔兼容方案，以及具有触觉反馈的操作主手。

（三）经营情况

2020年9月，奥朋医疗宣布完成近亿元A轮融资。

第九篇　康复机器人行业发展报告

第一章　概述

康复机器人被认为是特殊环境下的“可穿戴设备”，具备助残行走、康复治疗、减轻劳动强度等功能。康复机器人是近年发展起来的高端康复医疗技术，是机器人技术与医疗技术结合的产物，帮助残疾患者重新恢复运动功能，带来回归社会的希望。

康复机器人目前主要适用于脑卒中、脑部损伤、脊柱损伤、神经性损伤、肌肉损伤和骨科疾病等原因造成的上肢或下肢运动功能障碍，帮助患者对大脑运动神经进行重塑，恢复大脑对上肢运动的控制，从而提高患者日常生活能力。

康复机器人的分类有所交叉，它按照功能分类可分为康复治疗/训练机器人、辅助类终端机器人和康养结合智能机器人；按照针对躯体的部位可分为上肢和下肢机器人；按照人机结合的方式又可分为外骨骼式和嵌合式机器人。

外骨骼机器人是目前市场占比最高的康复机器人。外骨骼机器人技术是融合传感、控制、信息、融合、移动计算，为作为操作者的人提供一种可穿戴的机械机构的综合技术。

一、发展历程

最早实现商业化的康复机器人是由英国Mike Topping公司1987年研制的Handy1，至今已有30多年的发展历史。最早打入市场的两种康复机器人除了Handy1之外，还有一款名为MANUS。Handy1有5个自由度，残疾人可利用它在桌面高度吃饭。MANUS是一种装在轮椅上的仿人形手臂，有6个自由度，其工作范围可由地面到人站立时可触及的地方。

目前国外康复机构配备的主要是功能更多、自动化程度较高的、多自由度的牵引式/悬挂式康复机器人。牵引式/悬挂式康复机器人的分类尚未有通用标准。按照针对的肢体部位不同，主要可分为牵引式上肢康复机器人、牵引式下肢康复机器人和悬挂式下肢康复机器人。

而目前最先进的康复机器人则是可穿戴外骨骼机器人。它基于仿生原理进行设计，结合人体工程学，可以穿戴于患肢。每个关节上都对应有单独的驱动装置，患者佩戴后可以确保机器人的运动模式和人体自由度同轴，可以实现更有效的康复训练。

外骨骼康复机器人的人机交互工作分为三步。第一步是感知人体行为意图，一般采取陀螺仪+加速度计+肌肉电信号等方式结合起来采集人体信息；第二步是通过“激光+超声感知”对外界环境作出判断，通过算法计算所有电机下一步的自动运行策略；第三步是在物体实现运动的同时不断跳转到上一步，实时判断行为达成的程度，综合考虑外界环境变化和用于操作意愿，实时调整系统运动策略。

外骨骼机器人一般包括整机设计、驱动器（机构）设计、控制策略三部分；其中的“控制策略”

也就是人机实时交互和控制是核心难点。

人机交互中如何采集操作者的意图并将其转化成电机/液压的合适的输出力是关键。目前获得人类意图有两种方式：直接获取操作者意图和间接获取操作者意图。

直接获取操作用户意图的方法有EMG数据、或人和机器人之间的交互力；间接获取的方法是从外骨骼关节获取数据、估计操作者意图然后放大运动效果。目前能够直接获取的人体生物信号主要有肌电信号EMG（electromyogram）、眼电信号EOG（electrooculography）、皮肤电信号GSR（galvanic skin response）、脑电信号EEG（electroencephalogram）、脑磁信号MEG（magnetoencephalogram）等，而外骨骼控制最常用的是EMG（肌电信号）和EEG（脑电信号）信号。但是当下能够直接获取操作者意图的传感器灵敏度欠佳，降噪、建模和校准较为困难。所以现在绝大多数的外骨骼皆采用间接获取意图的方法，通过内置力学传感器来判断用户的行为意图并实现实时受控。

通过关节运动间接获取的操作者意图的技术也存在一些疑难杂症，目前比较突出的就是无法做到准确识别操作者的力和环境外力，从而使得外骨骼机器人有一定概率误判操作者的行为意图，导致外骨骼机器人不稳定乃至失控，进而严重危及操作者的人身安全。

二、分类

康复机器人是医疗机器人的一个重要分支，目前已经广泛地应用到康复护理、假肢和康复治疗等方面。而这不仅促进了康复医学的发展，也带动了相关领域的新技术和新理论的发展。目前康复机器人按功能康复方式分类，可以分为功能替代型、功能辅助型、功能恢复型，以及功能恢复与辅助复合型等4种类别；按照针对躯体的部位，可分为上肢机器人、下肢机器人。

上述内容参见表9-1、表9-2所示。

表9-1　康复机器人按康复方式分类

功能替代型	功能辅助型	功能恢复型	功能恢复与辅助复合型
智能轮椅 智能假肢 智能辅助机械臂	饮食护理机器人 个人卫生护理机器人 移位机器人 陪护机器人 导盲机器人 娱乐辅助机器人 其他	上肢康复训练机器人 下肢康复训练机器人	外骨骼上肢神经康复机器人 外骨骼下肢神经康复机器人

数据来源：中国医疗器械行业协会。

表9-2　康复机器人特征

功能/结构	软件系统	机械系统	感知系统	自由度	精度级
监测康复质量	检测系统 减重系统 保护系统 伺服跟踪	穿戴式装备 减重感器 医生操作台	柔性位移传感器 力传感器 扭矩传感 超声波传感	多自由度 运动	大于毫米级
定位康复					
长时间高强度					

数据来源：中国医疗器械行业协会。

功能替代型和功能恢复与辅助复合型康复机器人主要面向术后康复患者，辅助其运动，从而锻炼上下肢康复，以达到一定治疗效果。根据产品形态，又分为外骨骼式机器人与末端牵引式机器人，后者在院内使用更具有便捷性，成本也普遍偏低。

功能代偿替代型机器人和功能辅助型机器人主要面向老年和残疾群体，主要包括智能轮椅、陪护机器人等。目前，功能代偿型和恢复型为两代技术，未来极有可能进行技术融合，将主动与被动结合。

三、产品优势

康复机器可较长时间执行简单重复的运动任务，保证康复训练的强度、效果与精度，具有良好的运动一致性，针对患者对康复师的供需缺口现状提供了良好的解决方案，避免康复师长时间重复单一手法浪费时间。

康复机器人的可编程性能有利于患者进行不同强度的个性化训练，无论是术后早期还是接近康复的患者都可以使用康复机器人接受不同部位的定制化治疗，适用场景相较于现有康复器械大大拓宽。

集合多种传感器使得康复机器人具有强大的信息处理能力，可有效检测和记录复建数据，提供及时反馈。当下现状是康复师凭借人体感官接受力反馈，无法精确度量患者肌力与施力方向，导致康复治疗流程无法标准化规范化，康复机器人为此提出了解决方案。

第二章　市场发展分析

一、市场发展现状

（一）全球市场规模

医疗机器人的各类产品中，手术机器人占比最高，在60%以上，是医疗机器人中销售量最大的机器人。其次为微创放射性手术系统，约占20%。急救机器人、外骨骼机器人、辅助康复机器人、非医疗医院机器人等占比均较小。虽然医疗机器人中市场份额最大的是手术机器人，但是增长速度最快的却是康复机器人。2018年全球康复机器人市场规模为5.298亿美元，2022年康复机器人市场规模达到22亿美元，5年复合增长率为32.94%。按地区看，美国地区占比最高，市场占比为46%。康复机器人在美国、欧洲等发达国家的市场份额及增速要明显高于发展中国家。如图9-1、图9-2所示。

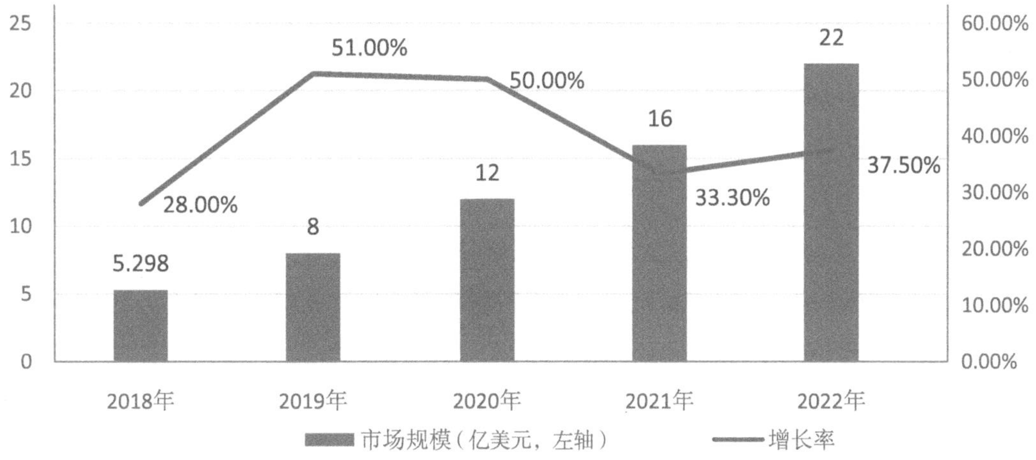

图9-1　2018—2022年全球康复机器人市场规模

数据来源：中国医疗器械行业协会。

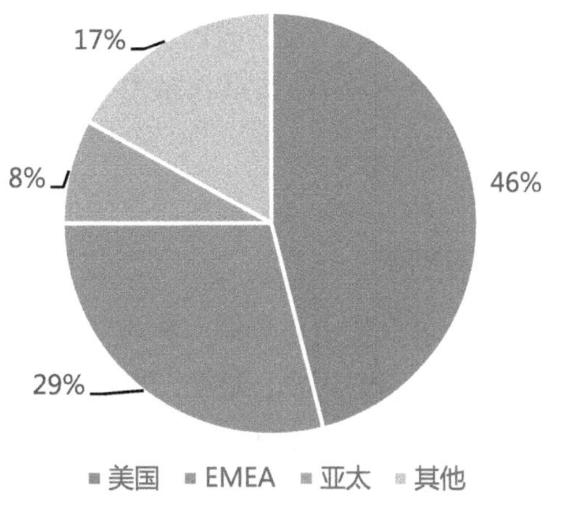

图9-2　2018—2022年全球康复机器人市场分布

数据来源：中国医疗器械行业协会。

（二）中国市场规模

随着康复医疗产业的发展以及政策的支持，市场得到较快发展。现阶段康复机器人存在巨大供需缺口，未来将有巨大的发展空间。根据数据显示，2019年我国康复机器人市场规模达到3.6亿元，2022年市场达到9亿元左右，5年复合增长率为20.11%。国内康复机器人市场规模较小，尚处于初期探索阶段，未来可期。如图9-3所示。

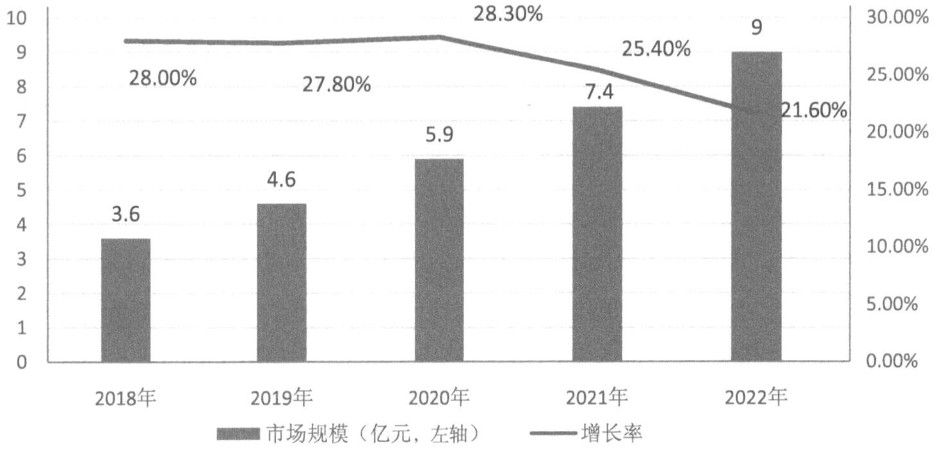

图9-3　2018—2022年中国康复机器人市场规模

数据来源：中国医疗器械行业协会。

二、市场发展趋势

康复机器人的市场规模受到多种因素的影响，包括人口老龄化、疾病发病率的增长、医疗技术的进步和政策的支持等。随着人口老龄化的加剧和康复医疗需求的增长，康复机器人市场有望进一步扩大。

机器人的治疗费用高昂。目前康复机器人成本价格较高，以上肢康复机器人为例，一台国产设备价格在70万元左右，使用年限6~10年，1次训练（约20分钟）的收费至少140元左右。如若不能降低成本，势必导致治疗费用大幅度提升，那么康复机器人将很难在民众中普及。机器人设备能够提升康复效果并降低医疗成本与治疗费用，这样才能让康复机器人被广泛采用。

产业研发与临床应用不匹配。一方面，国内研究机构过于强调项目立项而轻视成果转化，导致应用研究现状与临床需求之间的反差不断加大。另一方面，机器人设计缺乏人性化。康复机器人的目标之一是实现替代或辅助康复治疗师，简化传统一对一的繁重过程。而现在我们所实施的机器人治疗项目多作为常规治疗的辅助手段，而不是替代疗法，在许多情况下增加了额外的治疗时间，并不能减轻治疗师的工作强度。

目前，康复界正朝着“精准康复”的方向发展，临床需要的是拥有更多训练模式的康复机器人，起到更精确化、自动化、智能化的康复训练。

康复师短缺，康复机器人成为老龄社会刚需。机器人从20世纪五六十年代已经开始替代人类参与部分工作。回顾机器人参与社会工作与生活的历史，最初，机器人被应用于制造业，主要用于汽车零部件生产、电子电器行业，近20年，机器人逐步走进生活场景，出现了智能家居、仓储配送等应用场景。机器人正逐步从跟人类合作完成任务，到逐渐替代人类进行一些工作，它的广泛应用预示着人类工作和生活的方式都会发生巨大且不可逆的改变。

第三章　行业发展分析

一、发展现状

康复机器人属于高新技术产业，具有高投资、高风险、高附加值的特点，并具有部分公共产品的属性，需要政府的引导与扶持。

技术难点、成本高成为主要制约因素。通过美国发布的机器人外骨骼系统招标书，可以看到目前制约行业发展的三个难点——结构材料、能源动力、控制系统。在结构材料方面必须使用坚固、轻型材料，才能有效保护穿戴者；能源动力系统必须满足24小时标准强度的作业，且便于更换维修；控制系统方面要能够实现同步使用者动作，加强使用者的力量并能作跳跃、跑步等动作。以上三个难点制约了该产业的发展，但难点同时也是创新的突破点，掌握外骨骼康复机器人的核心技术，将占领行业制高点。

居高不下的成本也是一大难题，外骨骼机器人要达到最佳的效果，必须采用最合适的材料和最先进的技术，导致其造价昂贵。Ekso Bioncs的外骨骼机器人价格达到7.5万~15万美元；Rewalk外骨骼机器人达6.5万~13万美元；HAL-5外骨骼机器人为5万美元。目前，对外销售的个人用外骨骼机器人平均售价10万美元，相当于脊髓损伤患者5年的定期护理成本，对个人消费者来说，比较昂贵。

外骨骼机器人昂贵的价格，只有在保险公司补贴的情况下才能被更多患者负担得起。但是目前，愿意提供保险补贴的仍然不多。

二、市场竞争格局

康复机器人行业的竞争格局也受到政策和监管的影响。各国政府对康复机器人行业的支持力度不同，政策和监管环境也有所不同，这将对康复机器人行业的竞争格局产生影响。残疾人家庭在医疗康复上面临着更为严重的经济约束，与国外进口的康复机器人相比，本土康复机器人具备高性价比优势，将占据更高市场份额。

中国康复机器人中高端市场被欧美品牌垄断，例如Hocoma公司的Lokomat和WOODWAY公司的Lokohelp。国内康复机器人目前还处于初级发展阶段，随着中国自主研发能力逐渐增强，例如，中国康复机器人公司Rice Robotics和虞美人机器人公司等。未来几年，智能康复行业有望成为新风口。

总结起来，康复机器人行业竞争格局以欧美品牌为主，国内厂商正在蓄势待发，未来竞争格局有望发生变化。近年来，我国自主研发能力在逐渐增强，在高端机器人市场也有一定的产品出现，与欧美品牌之间的距离将渐渐缩小。

三、进出口分析

近年来，中国康复机器人的进口量逐渐增加，主要来自欧美国家和地区，如美国、德国、瑞士、日本等。这些进口的康复机器人多为高端产品，具有先进的技术和功能，可以满足国内高端市场的需求。

同时，中国康复机器人的出口量也在逐渐增加，主要出口到亚洲、非洲、南美洲等地区。中国康复机器人的出口产品多为中低端产品，价格相对较低，可以满足发展中国家的需求。

总的来说，中国康复机器人的进出口情况趋于平衡，但仍然存在一定的贸易逆差。未来，随着中国康复机器人技术的不断提高和产业的不断发展，中国康复机器人的出口量有望进一步增加，以促进中国康复机器人产业的发展。

第四章　产业链分析

一、关键部件原料研发与生产

康复机器人的核心零部件有无框力矩电机、高精度中孔编码器、谐波或者齿轮减速机、伺服驱动器、运动控制器。核心系统为人机交互。

机器人研发技术有待突破。现阶段临床中使用的上下肢康复机器人，不仅设备笨重、价格昂贵，而且大部分属于不可穿戴式康复机器人。近年来兴起的外骨骼穿戴式康复机器人，要求机器人小型、轻便，更便捷实用，对这类的康复机器人研发又提出新的要求。

日常临床接触的康复机器人人机互动模式单调，多为结构简单、色彩单一的二维场景，无法真正提供患者康复训练所需的真实环境。因此，对虚拟现实技术提出更高要求，有待通过3D视觉和听觉等效果创造出一个高度沉浸感和交互性的场景，形成一种反馈信息与控制命令的回路，强化患者自主参与的意识。

二、下游应用行业发展

康复机器人下游涉及终端消费群体，包括医疗机构、养老院、疗养院和个人消费者。康复机器人面向的康复患者主要为：脑卒中（50%），脊髓损伤（10%），骨折后遗症（40%）。人口老龄化的加剧增加了致残几率，残疾人年龄结构呈倒挂金字塔形。老龄化问题日益加剧，国家陆续出台多项政策鼓励社会推动民营医疗及养老机构加快建设，在此背景下，康复医疗行业有望得到快速发展。2021年6月，国家卫健委、国家发展改革委等八部委联合发布《关于印发加快推进康复医疗工作发展意见的通知》，提出要逐步建立一支数量合理、素质优良的康复医疗专业队伍，力争到2025年，每10万人口康复医师达到8人、康复治疗师达到12人。

国内现有7000余家康复医疗机构，但能提供康复训练的仅占不到1/3。2014年数据显示，中国已有2000多万肢体残疾患者，而其中只有相当一小部分（约30多万人）能得到肢体康复训练，而康复训练的效果也不甚相同。

康复科室属于综合性很强的科室，医生们对高端医疗设备及技术普遍有着急迫的需求。其中包括中风患者的康复、脊髓损伤的康复以及神经损伤的康复等。心脑血管、肿瘤、肢体骨折等住院患者中，大量患者需要康复治疗，而目前国内这些部分的工作还非常欠缺。

我国机器人产业“十三五”总体发展目标要求，2020年在产业规模上，助老助残、医疗康复等领域实现小批量生产及应用，随着国人逐渐摒弃“重治疗轻康复”观念，肢体残疾人士和老年人康复逐渐成为刚需，康复机器人的市场空间逐渐被打开。

而目前在国际上，针对中枢神经系统的康复机器人也是主流。中枢神经包括两大部分，一部分是脑，另一部分是脊髓，它们的损伤都会造成人体功能的损伤。损伤分为：由于老年人老龄化造成的中风、脑出血等损伤；外伤，如交通事故、工地上的损伤等；疾病造成或是天生造成的残疾。

严重的神经损伤会威胁患者生命，轻些的损伤也会使患者产生认知功能障碍和行为障碍。神经损伤的患者是需要做康复治疗的一类人群。

偏瘫通常是由中风造成的，它会带来感知和运动功能障碍，影响患者的生活质量。我国每年新增约200万此类患者，另外还有100万人左右的SCI（中枢神经损伤）患者，这些患者会造成沉重的家庭负担。

医学的统计结果显示，80%的幸存者都存在着认知、言语或运动功能障碍，需要进行康复。但是康复本身其实是一项体力劳动，并且容易造成患者二次损伤。我国现在缺乏康复治疗师，并且康复治疗费用较高。现有的传统的康复训练室中普遍是一些非常简单的设备，人机交互功能很差，而康复本身对人机交互的要求却很高。这就是康复机器人的研究背景。

康复机器人在国内的应用也存在不足。一方面，机器人的人机共融水平不高，技术成熟度有待提升，需要打造更加完善的产品；另一方面，机器人的市场接受度不够，并且使用成本较高。只有更好地解决这两方面的问题，机器人才能从适配性、主动性、系统性三个方面得到更好的应用。

康复机器人在我国仍处于高速发展的早期阶段，无论是产品完善度还是生产成本都有较大的优化进步空间，近年来，不但新兴康复机器人企业百舸争流，老牌康复器械与机器人制造企业也都纷纷布局，赛道具有高潜力。

随着人口老龄化的进一步加剧，康复需求激增。未来康复机器人在院内康复科及非康复科室的渗透率也有望随着学科发展与政策推动而进一步提高。使用场景也将从医院、康复中心逐步下沉拓展至养老院、社区和家庭，并实现用户与医疗机构的信息互联。从宏观角度来看，医疗机器人虽然无法完全替代医生职能，但可以有效填补医患供需缺口，促进医疗产业的数字化升级。

三、销售渠道现状与趋势

康复机器人的销售渠道包括以下几种。

医疗机构：康复机器人主要销售给医疗机构，如医院、康复中心等。这些机构通常会购买康复机器人用于患者的康复治疗。

医疗器械经销商：医疗器械经销商是康复机器人的主要销售渠道之一。他们可以将康复机器人销售给医疗机构，也可以销售给个人用户。

互联网销售：随着互联网的普及，康复机器人也可以通过互联网进行销售。消费者可以在网上搜索康复机器人的相关信息，并进行购买。

展览会：康复机器人生产商可以参加医疗器械展览会，展示自己的产品，并吸引医疗机构和个人用户的关注。

直接销售：康复机器人生产商也可以直接销售康复机器人，不通过中间商。这种方式可以更好地控制销售价格和售后服务。

业务的拓展一般是通过经销商（少量或厂商直销）销往医院、康复机构等终端用户。随着医疗改革的深入，医疗领域占比更多的二级及以下的医疗机构市场渗透率将逐步提高，未来医疗领域将迎来加速发展。

第五章　行业技术进展与趋势分析

一、技术发展趋势

外骨骼机器人三大核心系统：传感系统、控制系统、驱动系统。

传感系统收集运动相关的信号传递给控制系统，控制系统处理传递来的信号转化为运动的指令，再传递到驱动系统，最终由驱动系统带动外骨骼的行动。在此过程中，每个环节都存在着相应的技术难点，影响外骨骼机器人的形态、反应速度、随动能力、舒适程度等性能特征。传感系统通过分布在外骨骼不同位置的传感器收集使用者的步态信息或运动意图，通过获取这些数据，以一定形式传送给控制系统。

从收集的信息类型来分，可分为物理量传感器和生物量传感器。物理量传感器可采集位置、角度、压力、扭矩等物理信息，从而判断使用者的步态周期，力反馈方法具有难以克服的滞后性，在进行一些动作时容易有阻碍感；生物量传感器可采集由人体中枢神经控制的肌电信号，相对于物理量传感器来说，其数据有一定超前性，但由于关节力矩和肌电信号不能找到一一对应的关系，且传感器要贴在人体表面，容易脱落、异位，因此测量结果易受干扰。

控制系统是外骨骼机器人的中央枢纽，通过对传感系统反馈的数据进行分析并规划步态模式，对驱动系统实现闭环控制，其中涉及传感器融合算法、控制算法等一系列软件模块。一般来说，控制器集中位于背部，实施全局控制，包括系统主机、信号采集板、电机驱动板、电源管理等模块。但随着外骨骼自由度的增加、模型算法的复杂化，也可采用分布式控制，以减轻中央控制系统的负担，提高系统响应速度。

驱动系统位于机器运行的末端，负责带动机械结构，执行控制系统传递来的具体任务。根据驱动形式的不同，主要分为三种驱动方式：电机驱动、气压驱动、液压驱动。三种方式各有优劣，其中以电机驱动在实际中的应用较为广泛。如表9-3所示。

表9-3　三种驱动方式的技术优劣势

驱动方式	技术特点
电机驱动	结构简单、精度高、便于自动化控制
气压驱动	体积小、成本低、操作简便；但精度不高、难以控制，且移动范围受限
液压驱动	传动平稳、能动较高、安全性高；但结构复杂、重量较大、成本较高

日本筑波大学的HAL、美国Yobotics公司的Roboknee，以及中科院常州先进制造研究所在2014年研制的外骨骼机器人ExOP，采用的都是电机驱动方式。

气压驱动方式在外骨骼机器人上应用较少，意大利研制的PAGO机器人、日本神奈川大学的

weamble Power Assist Suit采用的是气压驱动方式。

美国的BLEEx外骨骼机器人、洛克希德·马丁公司的全身外骨骼机器人HULC、美国雷神公司的XOS系列外骨骼机器人采用的是液压驱动。

外骨骼机器人是项复杂的综合性任务，硬件及算法上仍然未取得突破。上述三大系统互相作用，以实现整个机器人的协调运动，其中涉及传感技术、机械控制、人体力学等多学科知识，是一项复杂的综合性任务。现阶段，技术上仍存在许多难以突破的瓶颈，从而限制了产品的易用性，如复杂运动下响应速度不足、下肢机器人重心不稳、多自由度下协调控制困难等。具体来说，难点主要集中在控制系统内，包括多传感器融合技术、意图识别、重心调节、关节自由度和建模复杂程度的平衡等，这些是软件层面的难点。此外，在驱动系统中，由于材料学科发展缓慢，电机的性能受到制约，进而限制了机器人的可应用场景，这是硬件层面的难点。

目前，外骨骼的研究方向主要是围绕以下几个方面。

第一，柔性关节技术，动力源主要是具有高速响应的高功率输出，目前主要是电驱动形式。

第二，意图识别技术，通过惯性量、交互量、脑电、肌电等来判断使用者运动意图。

第三，人工智能技术，每个人的步态方式不同，驱动角度和驱动力不同，通过数据磨合，寻找适合独自的模式。

第四，新型材料技术，通过更轻、更舒适的材料和人体结合，把各种模块合理布置。

第五，能源技术，保证安全性和高续航能力，还应该具有不同的防护能力。

总而言之，外骨骼机器人在技术上不断进步，功能上不断迭代。无论是学术界还是外骨骼机器人公司，都在全力进行软件算法的研发，欲在上述难点上实现技术的进一步突破，建立起技术壁垒和核心优势。

二、行业发展趋势

具备技术和制造先发优势，同时积极搭建民营销售渠道，合作模式灵活的公司将率先受益行业爆发，成为国产化进程中的龙头企业。

2020年10月，中国智能康复产业领军者傅利叶智能完成1亿元C轮融资，融资资金将用于新产品研发，加速完善康复机器人核心产品矩阵，完善产业链上下游平台，促进智能康复生态体系的建立。

2021年1月4日，智能康复机器人创新企业上海卓道医疗科技有限公司宣布完成数千万元A轮融资，由上海张江高科技园区开发股份有限公司，北京联想之星投资管理有限公司，本轮融资将主要用于创新康复机器人产品的研发注册，加速丰富康复智能硬件产品矩阵和市场开拓、品牌建设。可以预测，未来几年，智能康复将成行业新风口，智能康复机器人将是行业投资热点。如表9-4所示。

表9-4　2018年以来中国部分康复机器人融资情况

时间	公司名称	融资轮次	金额	投资机构
2022年4月12日	安杰莱科技	PRE-A轮	数千万元	未披露
2022年3月3日	英汉思动力	PRE-A轮	5000万元	普曼资本、凤翔投资、晨晖创投、浩方创投等

续表

时间	公司名称	融资轮次	金额	投资机构
2022年2月23日	迈步机器人	战略投资	数千万元	尚元基金
2022年1月26日	傅利叶智能	D轮	4亿元	软银愿景基金、PROSPERITY7 VENTURES等
2021年12月22日	程天科技	A+轮	1亿元	达晨财智、保利资本、国投创丰等
2021年7月9日	傅利叶智能	C++轮	数千万美元	PROSPERITY7 VENTURES
2021年3月30日	程天科技	A轮	数千万元	蓝驰创投
2021年1月29日	迈步机器人	A+轮	数千万元	星辰基金、四环医药等
2021年1月4日	卓道医疗	A轮	1.5亿元	张江集团、联想之星
2020年10月26日	傅利叶智能	C轮	1亿元	元璟资本、前海母基金
2020年5月6日	傅利叶智能	B+轮	数千万元	前海母基金
2019年9月29日	Enhanced Roboties	天使轮	未透露	清大创投
2019年7月11日	傅利叶智能	B轮	数千万元	国家中小企业发展基金（国中创投）、IDG、火山石资本
2019年3月14日	卓道医疗	Pre-A轮	数千万元	幂方资本、中铂基金
2018年8月14日	邦邦机器人	A轮	未透露	盛山资本、图灵资本、启迪金控、上海辰马企业管理中心、视源股份
2018年6月28日	天愈	B轮	未透露	科力投资
2018年6月12日	亿嘉和科技股份	IPO上市	—	公共股东
2018年5月17日	迈步机器人	Pre-A轮	数千万元	分享投资、联想创投集团
2018年5月4日	睿瀚医疗	Pre-A轮	2000万元	西高投、青锐创投、睿鼎资本
2018年2月27日	傅利叶智能	A轮	3000万元	景旭创投、前海母基金、火山石资本
2018年2月13日	大艾机器人	Pre-A轮	数千万元	金科君创、硅谷天堂

数据来源：公开资料，中国医疗器械行业协会。

第六章　国内外重点企业分析

一、ReWalk Robotics

（一）企业概况

ReWalk Robotics是一家创新的医疗设备公司，致力于设计、开发和商业化机器人设备，使行动不便或其他疾病的人能够再次站立和行走。该公司已经开发并继续将ReWalk Personal和ReWalk Rehabilitation设备商业化，用于脊髓损伤患者或SCI产品，这些设备是为截瘫患者设计的外骨骼，使用倾斜传感器技术以及机载计算机和运动传感器驱动电动腿，为运动提供动力。该公司于2011年开始在美国和欧洲销售ReWalk Rehabilitation，用于医院、康复中心和独立培训中心。2014年6月获得FDA批准在美国销售ReWalk Personal。在2019年第二季度获得CE标志和FDA批准后，于2019年6月开发并开始商业化的ReStore设备。ReStore是一种动力优良、轻质柔软的外服，旨在用于因中风而导致下肢残疾的人的康复。该公司的主要市场是美国和欧洲。在欧洲，在德国和英国设有直销业务，并与其他主要国家的分销合作伙伴合作。

（二）新产品与新业务

ReWalk Personal 6.0系统专为在家和社区的全天使用而设计。它是最可定制的外骨骼，专门为有需要的人配置。这种精确的配合优化了安全性、功能和关节对齐。该电池供电系统具有轻便、可穿戴的外骨骼，在髋关节和膝关节处带有电机。ReWalker使用他/她重心的细微变化来控制运动。系统感应到上身向前倾斜，从而启动第一步。重复的身体移动会产生一系列模仿腿部功能性自然步态。该系统的关键属性有：一是经FDA批准，可用于脊髓损伤（SPI）患者的临床和家庭使用；二是电池供电的髋膝外骨骼；三是经证明可在临床、家庭和城市环境中工作；四是定期改进和迭代（2016 ReWalk现在是第6版）；五是由用户重心的细微变化控制；六是物理治疗师控制的图形用户界面；七是为购买该设备的康复团队制定的结构化培训计划。

ReStore Soft Exo-Suit是外骨骼先驱ReWalk Robotics的一款可穿戴式外骨骼。它是一种动力轻巧的设备，旨在用于因中风影响下肢残疾的人的中风康复。ReStore软设计将自然运动与跖屈和背屈辅助相结合，可自适应地与患者自己的步态同步，以促进功能性步态训练。个性化的帮助水平和与补充支持辅助工具的兼容性确保ReStore在步态康复范围内广泛应用于患者。实时反馈和可调节的帮助水平使治疗师能够优化疗程并跟踪每位患者的进展。关键属性有：一是电池供电的脚踝护具；二是跖屈和背屈辅助；三是自适应控制与用户的步态同步；四是较小的设备占用空间使其与其他支持辅助设备兼容。

（三）经营情况

2018年RWLK全年营业收入为0.07亿美元，2019年营业收入同比下降25.55%，仅有0.05亿美元。2020年，RWLK整体全年营业收入为0.04亿美元，同比下降9.85%，2021年达到营业收入值为0.06亿美元，同比增长35.81%。2022年全年营业收入为0.06亿美元。如图9-4所示。

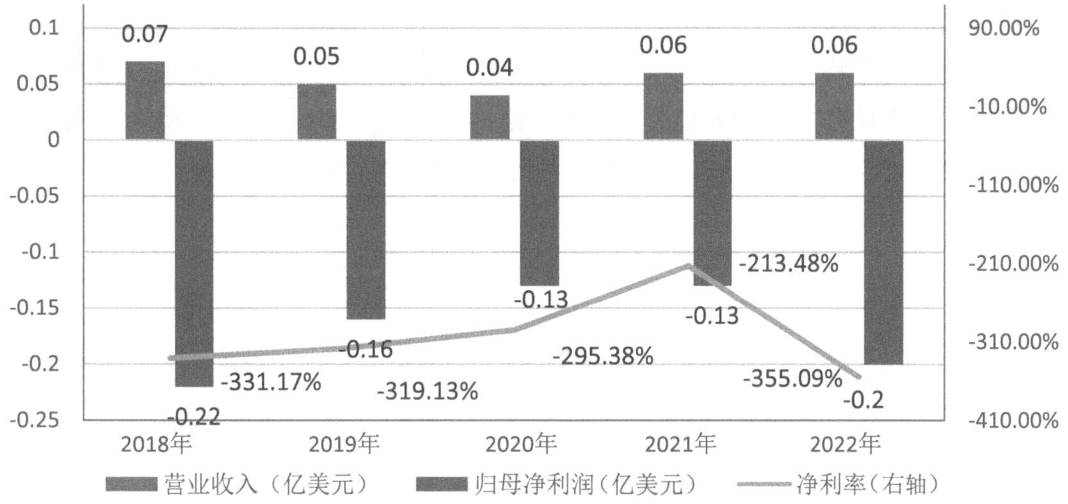

图9-4 2018—2022年RWLK营收情况

数据来源：RWLK企业财报，中国医疗器械行业协会。

二、日本Cyberdyne公司

（一）企业概况

2004年，日本筑波大学Sankai教授创立了Cyberdyne公司，旗舰产品HAL于2005年首次亮相于爱知世博会，2008年HAL正式发布，2013年成为全球首个获得安全认证的机器人外骨骼产品（ISO/DIS 13482）。2014年3月，Cyberdyne在东京证券交易所创业板上市，是日本首家生产医用及社会福利事业用机器人的上市公司。Cyberdyne的核心产品HAL发展至今已经经历了5代产品，HAL-5是一款可以穿在身上的机器人，高1600毫米，重23公斤，利用充电电池（交流电100伏）驱动，工作时间可达到近2小时40分钟。

HAL作为助力外骨骼机器人最大的优势是“实现意念控制”，即通过大脑向筋骨系统发出的运动指令而动作，身体在做动作时会有微弱的生物电位信号溢出到皮肤表面，采集皮肤上的生物电驱动外骨骼系统做出相应动作，外骨骼可以通过这套系统探测人体肌肉的发力点从而介入工作。2018年1月，美国FDA批准Cyberdyne公司的下肢外骨骼医疗用途版产品在美国上市。它使用传感器来检测从患者的大脑发送到患者肌肉的生物电信号，与患者的运动（或意图运动）配对，以增加强度和稳定性。

（二）新产品与新业务

HAL®（Hybrid Assistive Limb）/机器服混合辅助肢体，即可穿戴机器人HAL是一款划时代的、适用于脑血管疾患等或高龄造成的腿力变差的患者的腿部且具备步行功能自立动作支援的外骨骼机器人，是世界首个穿戴式医疗辅助设备。

它将“人”、“设备”与“信息”完美融合。它可以为残障人士提供支撑，刺激脑部，激发神经来重新学习养成运动感觉。重达23公斤的HAL，配备充电电池，续航时间高达2小时40分钟，能够检测到皮肤表面极为微弱的信号，并控制肌肉和骨骼的运动，让佩戴者可以轻松完成步行、抓握及举重等高难度动作，正常人穿上后用一只手就能抬起70公斤重的重物。

（三）经营情况

2018年Cyberdyne全年营业收入为0.12亿美元，2019年营业收入同比增长4.86%，为0.13亿美元。2020年，Cyberdyne全年营业收入为0.13亿美元，同比增长4.63%。2021年营业收入为0.15亿美元，同比增长14.67%。2022年全年营业收入为0.23亿美元，同比增长52.98%。如图9-5所示。

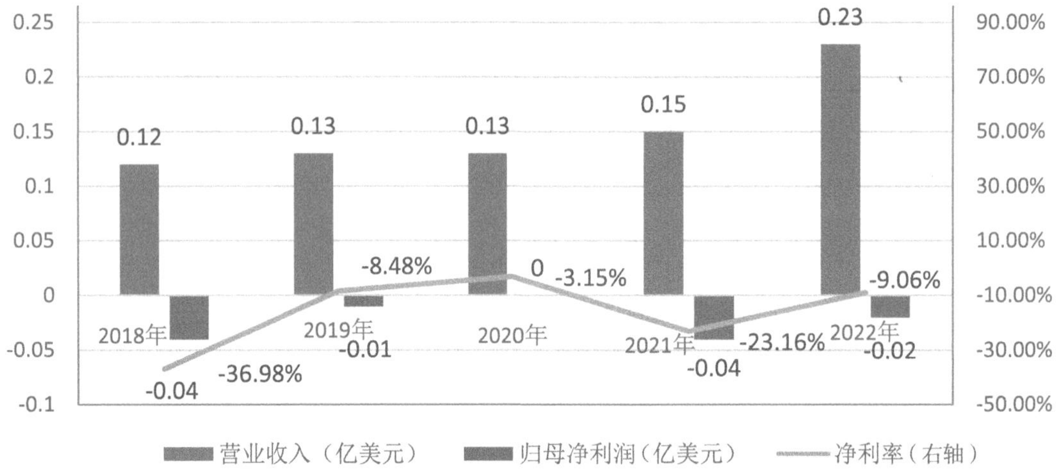

图9-5　2018—2022年Cyberdyne营收情况

数据来源：Cyberdyne企业财报，中国医疗器械行业协会。

三、伟思医疗

（一）企业概况

南京伟思医疗科技股份有限公司（简称伟思医疗）成立于2001年，2020年7月21日在上海证券交易所科创板挂牌上市。主要从事医疗器械的研发、生产和销售，以研发创新为发展驱动力，持续投入在电刺激、磁刺激、电生理、康复机器人以及医美能量源等方向的先进技术研发，并完善产品布局。致力于在磁刺激领域成为全球领先供应商，在康复领域和医美领域成为中国领先供应商，正在探索海外市场以及TMS治疗抑郁症技术及创新模式。

（二）新产品与新业务

X-walk外骨骼步行康复训练机器人服务于康复医疗、个人助行。该机器人通过模拟自然步态，充分挖掘患者的康复潜力。同时，转移方便、穿戴快速，支持短距离的步行，可满足患者日常对站立行走的需求。可调式伸缩结构满足不同患者的穿戴舒适性要求，曲线外观及充满科技感的造型配色减小患者心理距离。外观的金属色线条模拟腿部肌肉曲线，体现X-walk外骨骼步行康复机器人再造双腿、再次行走的设计理念。

X-walk100系列：减重训练平衡车，可用于早、中、后期的康复训练患者，帮助患者完成步行前的平衡和坐站能力准备。高、中患者可强化步态运动控制。

X-walk200系列：帮助早期、中期步行障碍者完成输入强化运动感觉，实现脑功能重塑。

X-walk300系列：可协助上肢、下肢瘫痪者，尤其是髓损伤患者站立。在机器人的助力下完成正常行走，进行步态康复训练。

X-Locom系列康复机器人主要针对运动功能障碍患者、术后康复患者或者老年人维持运动能力和生活自理能力打造的系列产品。

X-Locom100：适用于康复早、中、晚期患者增强上下肢肌肉力量，改善关节活动度，属于运动康复的基础设备。产品主要特色为强调患者的运动感知能力。

X-Locom200：适用于早期卧床患者，提供早期运动感觉输入，缩短卧床周期。

X-Locom300：适用于上肢的康复训练，强化上肢运动控制能力，提高生活自理能力。

（三）经营情况

2018年伟思医疗全年营业收入为2.08亿元，2019年营业收入同比增长53.37%，达到3.19亿元。2020年，虽受疫情暴发影响，但伟思医疗全年营业收入同比增长18.5%，为4.96亿元。2021年达到近几年的最好营业收入值为4.3亿元，同比增长13.76%。2022年因疫情反复，全国区域性疫情频发，受到物流等不同程度影响，全年营业收入为3.22亿元，同比下降25.12%。如图9-6所示。

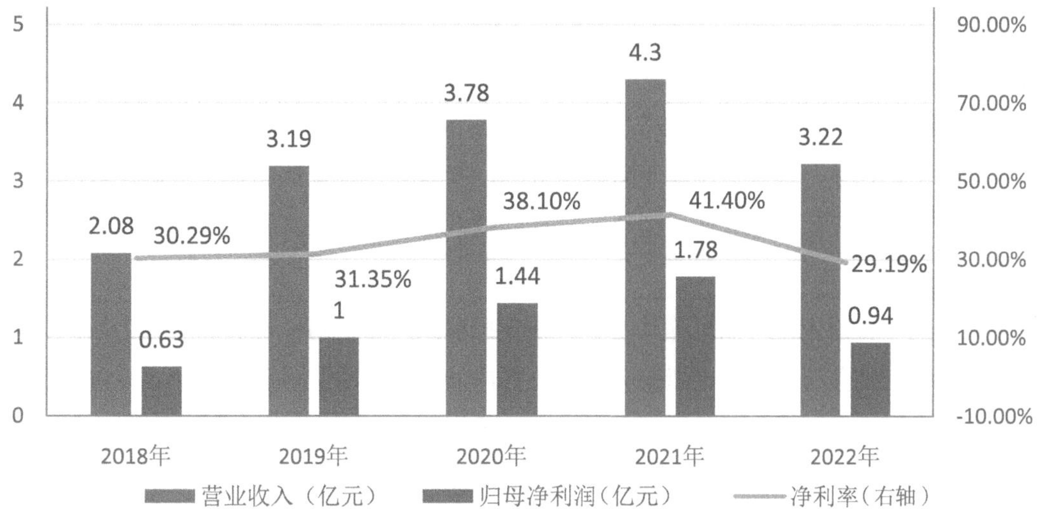

图9-6　2018—2022年伟思医疗营收情况

数据来源：伟思医疗企业财报，中国医疗器械行业协会。

四、傅利叶智能

（一）企业概况

傅利叶智能成立于2015年，深耕智能机器人技术领域。集团总部位于上海张江，同时在新加坡设立区域总部，在上海、广州、墨尔本、苏黎世、芝加哥等地进行研发及生产布局，已建立国际化的研发、生产和服务网络。傅利叶智能持续多年进行高强度的累计超过5亿元的研发投入，搭建为社会、行业增效赋能的智能机器人技术平台，垂直应用于健康、教育等多个生态场景，服务全球用户。2021年，傅利叶智能入选国家“专精特新”小巨人企业，并已牵头承担近20项国家及省级科研项目。

傅利叶智能集团旗下康复板块现已进入规模化应用，为全球超过40个国家和地区的2000多家客户提供以康复机器人为核心的一体化、信息化、标准化的智能康复综合性解决方案，推动康复医疗服务转型升级。在北京、上海、广州、长沙、合肥、珠海、苏黎世、芝加哥等8个城市形成复合化研发、生产、销售生态网络，将产品出口销售到全球40多个国家和地区，实现业务的全球覆盖。

（二）新产品与新业务

傅利叶智能自主研发了力反馈技术平台、多关节机器人运动控制卡、多维力传感器等核心技术和零部件，构筑起坚实的技术壁垒，摆脱了软硬件的进口依赖。AI、电子、机械、仿生的跨界融合，将形成一项面向未来的独特前沿技术平台，以实时力交互、沉浸式体验等技术为用户带来舒适的现代化康复体验。

傅利叶智能推出了ArmMotus EMU三维上肢康复机器人、ExoMotus M4下肢康复机器人、STSMotus坐站一体化平衡评估与训练系统、物理因子治疗系列等产品。

EMU三维上肢康复机器人采用了创新的线驱传动方式搭配轻量化的碳纤维材料，带来更轻更柔顺的康复评估及训练体验。基于自主研发的力反馈技术，模拟治疗师的手法提供辅助和引导，实现三维空间内的上肢运动控制及日常生活活动等能力训练。EMU荣获2022年度红点设计大奖、iF设计大奖、Good Design日本优良设计奖。在展会现场举办的评选活动中，EMU荣获2022年度十大创新科技产品影响力品牌。

M4下肢康复机器人采用一体化人体工学设计，针对脑卒中、脊髓损伤、脑外伤等疾病引起的下肢运动功能障碍患者，在康复早期通过优化的步态曲线实现节律性步行，促进髋膝关节的分离运动，提供正确的感觉输入，抑制异常运动模式，曾荣获2022年度德国iF设计大奖。

坐站一体化平衡评估与训练系统满足康复全周期的平衡评估与训练需求，首创性地将高精度、高密度薄膜传感器与坐站评估训练设备相结合，精准获取动作特征数据，辅助进行相关运动学分析，同时满足科研与临床需求。

2022年，傅利叶智能康复产品矩阵从上下肢康复机器人、运动与平衡训练系统扩展到物理因子治疗系列，促进理疗康复向智能化、便捷化和精细化方向发展。同时，傅利叶智能康复港信息平台助力康复科室数字化转型。一方面，通过设备互联互通，统筹科室资源，显著提升康复科室服务能力；另一方面，实现远程会诊、远程康复的落地，弥补专业人员的不足，完成跨域指导，有效提升基层康复服务能力。傅利叶智能围绕领先的机器人技术提供了完整解决方案，不仅能够帮助患者做康复训练，还降低了治疗师的重复劳动，提升科室服务效率。

（三）经营情况

2022年1月，傅利叶智能宣布完成4亿元D轮融资，该轮融资由软银愿景基金2期领投，沙特阿美旗下风险投资基金Prosperity7 Ventures、元璟资本跟投。

五、大艾机器人

（一）企业概况

北京大艾机器人科技有限公司（简称大艾机器人）成立于2016年4月。大艾机器人研制的外骨骼机器人是科技部“十二五”支撑计划、国家自然科学基金、北京市重大科技计划的成果转化项目，改变了截瘫、偏瘫、脑瘫等重大恶性疾病几乎无法康复的困境，成为可治愈治疗新手段，获得二类创新医疗器械、国家食药监局外骨骼机器人医疗器械注册证。

系列外骨骼产品以原理创新，突破技术瓶颈，独创仿生行走传动系统设计，大幅降低成本普惠大众。大艾外骨骼机器人作为中国致力于改善残疾人生活的领先者，被选为2022年冬残奥会火炬传递及火炬汇集代表。大艾机器人使外骨骼机器人成为大范围临床应用优效治疗工具和脑卒中、脊髓损伤重大恶性疾病治疗新手段，并在产品临床适用性方面独具优势，唯一拥有行业领先且成熟的神经康复全生命周期临床治疗解决方案的供应商。目前大艾机器人已拥有13款外骨骼机器人产品，实现多病种、全年龄段、全周期、全场景覆盖，满足不同患者、老年人、健康人的治病、健身、助行需求，为生命健康提供全方位解决方案。

产品覆盖针对性康复早期被动训练、双机组合康复中期主动训练、居家康复训练及Ai智能助力健行等智慧康复解决方案，配合一站式持续服务，满足医院、医疗机构、养老社区等庞大康复需求。针对医院/机构需求及痛点，大艾机器人推出智慧医院/机构全场景解决方案，构建了强大的平台体系，包括智能Ai康复平台、云评估平台、智能康复工程等，持续放大“软硬件+智能+优效”等优势，全面助力医院/机构智慧康复体系建设。

（二）新产品与新业务

艾行（Ai外骨骼机器人）搭载了在传感器优化分布及多传感器信息融合技术的基础上开发出的全新的Ai算法和传感网络技术，可实时判断患者运动意图，精准识别腰腿部多部位细节变化，基于此作出步态反应，实现快慢走任意切换。该设备还可根据地面特征和周边地形环境变化，提供匹配其自身能力的运动助力，帮助患者调整肌肉发力和掌控步态姿势，实现上下楼、上下坡等较复杂动作。

六、卓道医疗

（一）企业概况

卓道医疗成立于2015年，是国内从事高端康复机器人和智能康复综合解决方案研发与产业化的上海市高新技术企业。

卓道医疗核心团队拥有超过10年的康复机器人研发经验与医疗器械项目管理经验，依托系统化、框架式、多学科融合的康复机器人技术平台研发的康复机器人，已在全国近千家医院和机构中装机应用。卓道医疗累计数十次承担国家重点研发计划和上海市科技创新计划，是上肢康复训练机器人国家标准的起草单位。卓道医疗荣获多项国家级、省部级荣誉称号及奖项，多次被中央电视台《新闻联播》等主流媒体采访报道。卓道医疗®致力于传统康复产业的数字化升级和智能化改造，已逐渐成长为具有全球视野和行业影响力的高科技领军企业。

（二）新产品与新业务

卓道医疗推出的智能康复综合解决方案——卓道智慧方舟，涵盖作业疗法（OT）与上肢康复解决方案、运动疗法（PT）与下肢康复解决方案，包含数十款创新的康复机器人和智能软硬件，比如ArmGuider上肢康复训练系统、ArmLine上肢三维康复训练系统、NimBot外骨骼式上肢康复机器人、SmartSling下肢康复训练系统等。其中5款产品已获批医疗器械注册证，预计两年内将新增十余款创新产品进入市场，通过丰富产品矩阵，为用户提供更全面的解决方案。

（三）经营情况

2023年2月，卓道医疗宣布完成B轮融资，由丹麓资本领投，恒旭资本、顺为资本跟投，总投资额超过亿元人民币。此轮融资将加速卓道医疗在智能康复综合解决方案领域的创新研发、市场准入与规模化落地的进程。

第十篇　制氧机行业发展报告

第一章　概述

制氧机（oxygen concentrators）是制取氧气的一类机器，它的原理是利用空气分离技术，首先将空气以高密度压缩再利用空气中各成分的冷凝点的不同使之在一定的温度下进行气液分离，然后进行精馏将其分离成氧和氮。制氧机是我们生活中比较常见的氧疗设备。

制氧机采用分子筛的吸附性能，通过物理原理，以大排量无油压缩机为动力，把空气中的氮气与氧气进行分离，最终得到高浓度的氧气。这种类型的制氧机产氧迅速，氧浓度高，适用于各种人群氧疗与氧保健。

一、发展历程

制氧机一般用于医疗设备，能够为患者提供高浓度、高压力的氧气疗法。这种设备的发展可以追溯到20世纪初期，随着科技的发展，设备的功能和性能得到了大幅度提升。

1907年，Frederic Joliot在法国首次使用制氧机。这种机器利用了空气的压缩原理来生产氧气，但其产量只有每小时几十升，效率低下。

1929年，美国发明了一种名为Kellogg’s System的制氧机。该机器使用快速压缩和释放空气来产生氧气，使效率和产量均得到了提高。该技术被广泛应用于现代制氧机中。

20世纪50年代，随着医学科技的进步，国产制氧机开始迅速发展。中国开发了使用电动马达的制氧机，而且在使用时也相对便利。

随着医用制氧机的应用不断推广，对其性能和生产水平提出了更高的要求。到了70年代，制氧技术达到了一个新的高峰。不仅生产速度和效益得到了提高，而且在机器的制作和维护方面也有了更加稳健的措施。

进入21世纪，医用制氧机又出现了多项新突破。新型制氧机增加了智能控制系统，使得氧气的浓度和流量得到了更加精确的控制。此外，随着数字化技术的成熟，制氧机的操作界面也变得更加直观、简单。新的材料和制造技术的应用，使得制氧机的制作成本和使用成本都大幅度降低。

总之，医用制氧机的发展史见证了人类科技进步的历程。从最初的低效率机器到21世纪的智能控制系统，制氧机的生产水平得到了飞跃式的提升。随着制氧技术的不断革新和微创技术的不断发展，制氧机必将成为医疗设备领域不可或缺的重要工具。

二、分类

目前制氧机产品主要分为三类，包括保健类、医用类和便携类，主要区别为流量和浓度不同。相对而言，保健类制氧机的制造壁垒比较低，竞争相对激烈，毛利较低。而医用类和便携类产品的制造壁垒较高，能生产的厂家较少，竞争格局也相对较好。如表10-1所示。

表10-1　制氧机分类

类别	流量和浓度	使用人群	竞争
保健	1~3升浓度	消费者比如孕妇、老人、学生等需要保健人群	竞争激烈、壁垒较低
医用	5~10升浓度	一般是明显呼吸疾病，比如慢阻肺、哮喘支气管炎	制造壁垒较高
便携	1~3升浓度	应用场景广泛灵活，方便携带	制造壁垒较高

数据来源：中国医疗器械行业协会。

第二章　市场发展分析

一、市场发展现状

（一）全球市场规模

2020年随着疫情蔓延，全球各国均产生了较大的医疗需求，带动制氧机市场持续发展，2022年全球医用制氧机市场规模达140.89亿元。如图10-1所示。

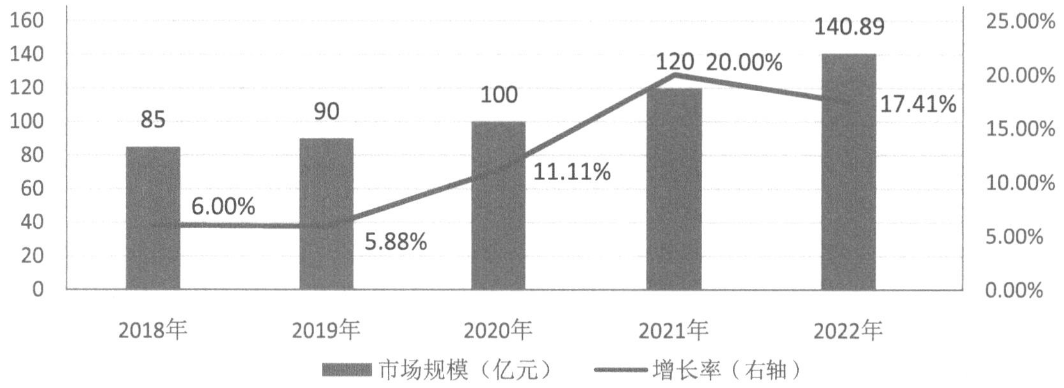

图10-1　2018—2022年全球制氧机市场规模

数据来源：中国医疗器械行业协会。

（二）中国市场规模

随着我国进入老龄化社会，居家养老人数迅速增加，国内的医疗设备市场规模不断上升，制氧机行业的发展将进入快速扩容阶段，2022年中国制氧机行业规模为48.93亿元。如图10-2所示。

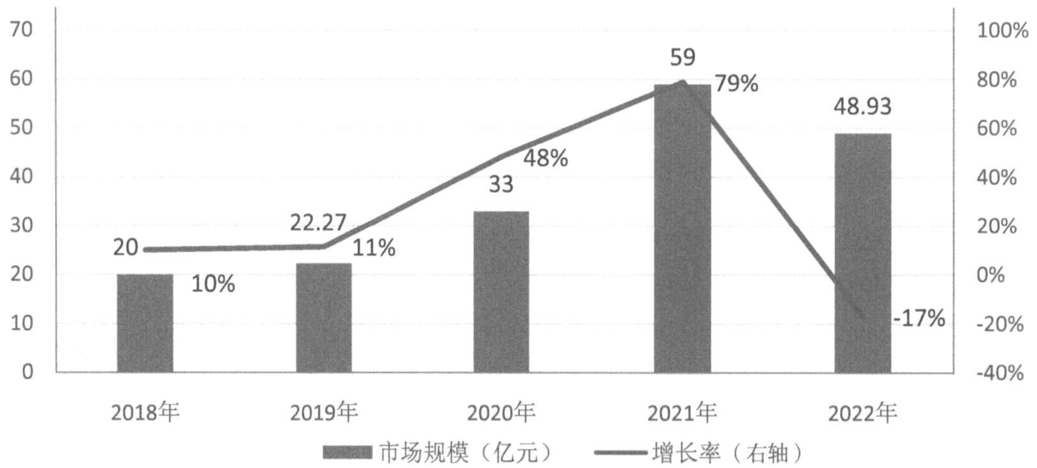

图10-2　2018—2022年中国制氧机市场规模

数据来源：中国医疗器械行业协会。

二、市场发展趋势

国内医疗器械产业并购需求旺盛，但是由于中国疫情进入后时代，制氧机行业增速将有断崖式降低。预计2027年中国家用制氧机行业市场规模将达到64亿元。如图10-3所示。

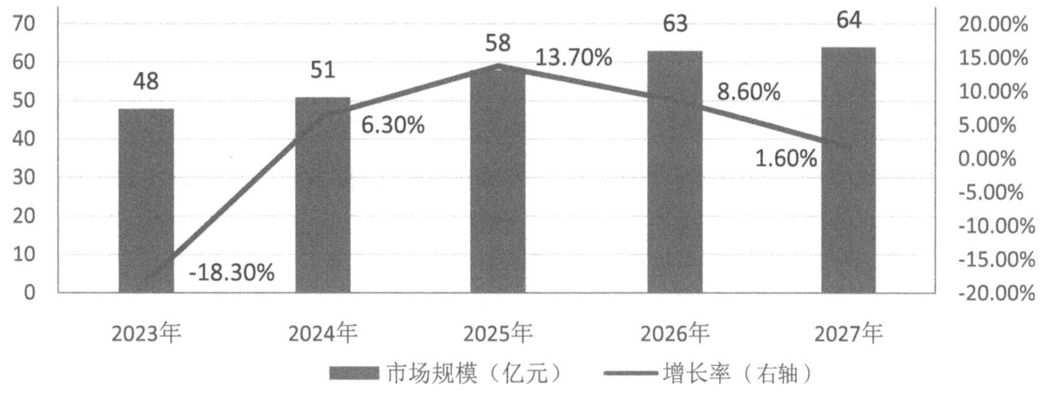

图10-3　2023—2027年中国制氧机市场规模

数据来源：中国医疗器械行业协会。

第三章　行业发展分析

一、发展现状

近年来，我国制氧机产量保持增长的态势，大于国内市场需求，且2019年前中国制氧机海外市场仍较小，导致中国制氧机呈现供过于求的局面，市场竞争也非常激烈。据统计，2021年由于海外部分国家疫情加速扩散，我国制氧机海外订单激增，产量大幅上涨，达416万台，同比增长98.1%。如图10-4所示。

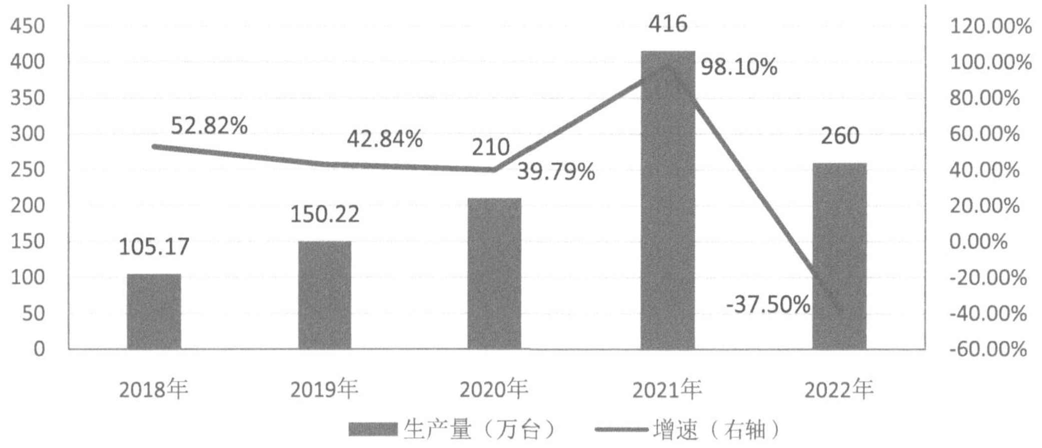

图10-4　中国制氧机产量情况

数据来源：中国医疗器械行业协会。

二、市场竞争格局

目前国内制氧机处于关键阶段，竞争非常激烈，约有70个品牌。其中，鱼跃、欧姆龙、飞利浦属于行业的第一梯队品牌，市场认可度、产品矩阵、技术方面有较大优势，但是行业总体来看，竞争较为激烈。如图10-5所示。

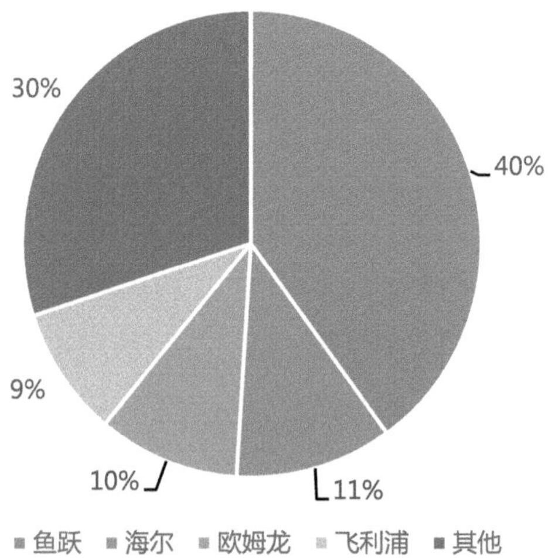

图10-5　中国制氧机竞争格局

数据来源：中国医疗器械行业协会。

三、进出口分析

由于我国制氧机技术逐步成熟，全球疫情大环境下国产厂商和产品借机进一步拓展海外市场渠道，我国制氧机出口数量呈爆发式增长，据统计，2021年我国制氧机出口量达到141.41万台，同比增长287.32%。截至2022年1—5月我国制氧机出口量为7.43万台，同比下降89.45%，2022年全年制氧机出口量为18万台。如

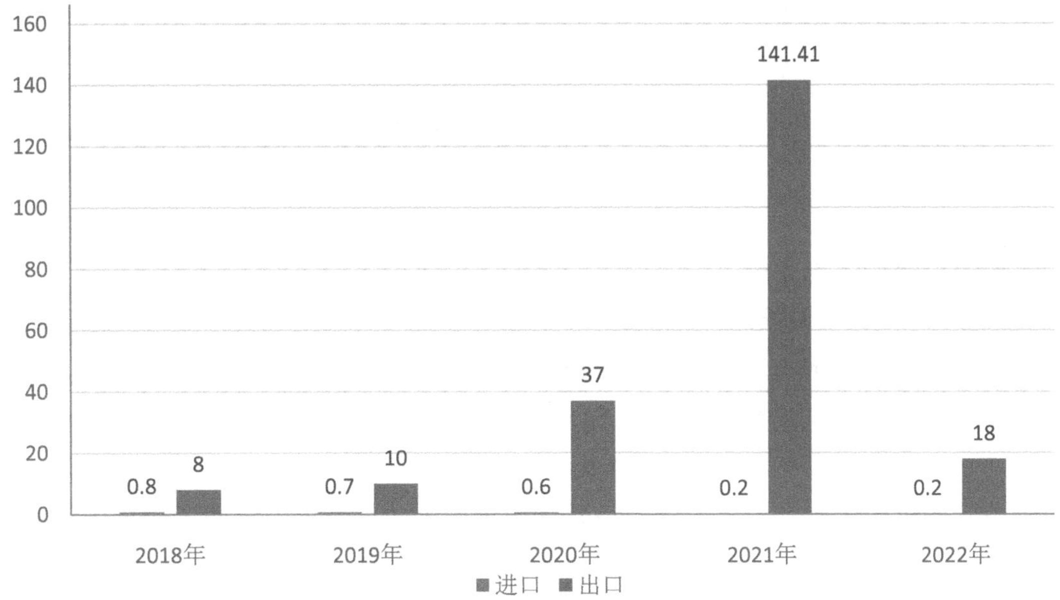

图10-6　中国制氧机进出口数量

数据来源：中国医疗器械行业协会。

图10-6所示。

进出口金额方面，据统计，我国2021年制氧机出口金额达到6.84亿美元，同比增长298.5%。从我国制氧机进口来源地的进口金额来看，我国主要从美国、德国与韩国三个地区进口制氧机，2021年进口金额分别为62.74万美元、39.11万美元与24.96万美元。2021年，我国制氧机共出口至181个国家或地区，其中，由于印度疫情防控不到位，新冠确诊病例急剧增长，在疫情失控的同时，印度医疗资源亦严重告急，共进口我国1.87亿美元制氧机，占出口总额的27.37%；其次我国制氧机主要出口缅甸、美国、荷兰、秘鲁等国。

第四章　产业链分析

一、关键部件原料研发与生产

制氧机原材料采购成本最低占到40%以上，有的甚至可以达到60%，其中占大头的是分子筛组件。分子筛是一类具有规则而均匀的孔道结构的无机晶体材料，又称沸石，作为催化材料、吸附分离材料以及离子交换材料在石油化工、煤化工、精细化工、环境保护、医疗制氧和供氧等领域有着广泛的应用。

分子筛主要有四种类型：3A，4A，5A和13X。类型取决于分子的化学式，它决定了分子筛的孔径。

分子筛的工作原理是吸附小于其孔隙有效直径的气体或液体分子，同时排除那些大于开口的分子，决定了制氧效率和浓度。

分子筛原粉合成技术以水热合成法的应用最为广泛。分子筛原粉的制备方法有水热合成法、水热转化法、离子热合成法、离子交换法等。水热合成法以水为晶化介质，将氢氧化铝等原料以特定的比例配制成反应混合物，制成凝胶后置于反应器内，在水热条件下进行晶化反应，再通过过滤、洗涤、离子交换、成型、活化等工序，可进一步制得具备特定结构或成分的分子筛催化剂。原粉再以一定比例与土混合烧结后，制得成型分子筛。

分子筛原粉具有高技术壁垒，对成型分子筛性能有关键影响。不同型号与应用领域的成型分子筛的区别由其孔径、铝比、杂原子等指标所决定，而多数相关指标在合成原粉时便已基本定型，因此原粉的性能直接影响成型分子筛的品质。分子筛原粉相关核心技术的主要流程为：初始反应凝胶的制备、老化、晶化、离子交换。通过多年研发积累，已实现分子筛原粉晶体尺寸可控、交换度可控、铝比可控、原粉类型可控。同时开发分子筛原粉合成母液回收再利用技术，在保证分子筛原粉性能指标的前提下实现合成母液的循环再利用。

全球分子筛产能呈两极分化局面，万吨级生产商占据绝大部分市场，建龙微纳为国内分子筛龙头。全球产能万吨级以上的分子筛企业主要有海外的霍尼韦尔UOP、阿科玛的CECA、Zeochem、日本东曹、美国格瑞斯、德国CWK，国内有建龙微纳、上海恒业、大连海鑫等，这9家企业全球产能占比为64.75%，产量占比为69.61%。随着建龙微纳加强产能建设，2023年产能为分子筛原粉4.3万吨、成型分子筛4.7万吨，2025年有望达到7万余吨成型分子筛产能，成为规模全球前三的生产商。如表10-2所示。

表10-2 主要分子筛企业

企业名称	成立时间	主营业务	国内布局
霍尼韦尔UOP	1914年	为炼油、石化、天然气、加工行业提供吸附剂、催化剂、加工设备和咨询服务	上海、张家港
阿科玛	1984年	吸附剂、化学中间体和添加剂	北京、上海、广州、常熟等地
Zeochem	1818年	分子筛吸附剂和硅胶	江苏
建龙微纳	1998年	分子筛相关产品研发、生成、销售和技术服务	河南
上海恒业	2000年	成型分子筛研发、生成和销售	上海
大连海鑫	1993年	新型催化剂、分子筛的研发和销售	大连
雪山实业	1995年	分子筛原粉、活化粉研发、生产和销售	河南、上海

二、下游应用行业发展

在呼吸系统疾病方面，制氧机渗透率较低，市场空间广阔。医用制氧机可适用于呼吸衰竭、严重缺氧患者，帮助改善低氧血症、提高心肺功能。2020年疫情发生以来，我国医用制氧市场规模超过200亿元，呼吸系统疾病发病人数快速增长。我国慢阻肺患者人数已达到1亿人，占成年人口的8.6%，2016—2022年慢阻肺患病人数复合增长率为1.02%。慢阻肺成为与高血压、糖尿病患者人数规模相当的慢性病，目前的主流治疗方法为“药物+长期氧疗”。而目前家用制氧机在国内慢阻肺患者总数的渗透率仅为10%，未来具有较大成长空间。中国哮喘患者数目不断增加，2016—2022年患病人数复合增长率为2.37%，2022年中国哮喘患者达到0.68亿人，哮喘急性发作时，可以使用制氧机给予氧气吸入。

疫情催生制氧机需求大幅提升。国内家用医疗设备市场规模稳定增长，2016—2020年市场规模复合增长率达26.18%。国内制氧机逐步实现国产化替代，进口量于2017年以后逐年递减至千台级别。由于2020—2021年海外疫情持续扩散蔓延，氧疗已经被认为是一种有效的治疗方式，因此国内医疗器械行业出口订单大幅增长，2021年制氧机出口量达141.49万台，至历史最高水平。

家用制氧机应用场景拓展，渗透率有望较快增长。对于有保健需求的老年人、学生族、孕期群体、三高人群和上班族等，通过吸氧可增加脑供氧、提高血氧浓度、改善生活质量。随着我国居民吸氧概念的普及以及人口老龄化，家用供氧机应用场景将拓展到保健站、卫生所、美容院、健身中心、宾馆以及体育训练中心等场所。

医疗制氧机市场空间持续拓展。2020年全球医用制氧机市场规模达到24亿美元，在全球呼吸系统患病率攀升及人口老龄化等因素影响下，2021—2027年将以12.10%年复合增长率增长，预计到2027年全球医用制氧机市场规模将达到57亿美元。2011—2021年中国制氧机需求进入爆发阶段，2021年中国制氧机需求量达275万台，制氧机需求量和行业市场规模复合增长率均超过90%。

三、销售渠道现状与趋势

制氧机的销售渠道包括以下几种。

医疗机构：制氧机主要销售给医疗机构，如医院、诊所、康复中心等。这些机构通常通过采购部门或医疗器械供应商购买制氧机。

医疗器械供应商：是制氧机的主要销售渠道之一，它们向医疗机构销售制氧机，并提供相关的售后服务和支持。

药店：药店销售制氧机，但通常只提供一些低端的制氧机产品。

在线销售平台：一些制氧机品牌或医疗器械供应商也在网上开设了销售平台，供消费者直接购买。

消费者直接购买：一些消费者可能会直接购买制氧机，尤其是在疫情期间，由于需求增加，一些制氧机品牌或医疗器械供应商也开始直接向消费者销售。

总的来说，制氧机的销售渠道比较单一，主要集中在医疗机构和医疗器械供应商。随着疫情的发展和消费者健康意识的提高，制氧机的销售渠道可能会发生变化，越来越多的消费者可能会直接购买制氧机。

第五章　行业技术进展与趋势分析

为让医院用上更安全、便捷的氧气，医用分子筛制氧技术也在不断更迭。特别是低压无油医用分子筛制氧设备的研制成功，通过低压吸附技术、全无油空气处理技术、真空解吸技术等，提高了制氧效率，降低了能耗，延长了分子筛的使用寿命。

大型PSA分子筛制氧设备多为分立式，体积大、占地面积大、噪音较高，不适于中小型医院推广，且须有工作人员值守，定时记录数据，不能实现远程操控。中小型医院使用的ATF分子筛医用制氧机存在着生产的氧气中水分含量较高、控制显示系统不够人性化、噪声较大等缺点。然而，医疗和家用环境中对设备的体积、噪音、运行成本和价格等方面均有严格限制，必须研究更先进的设备，使其工作更高效、结构更紧凑、噪声更低、成本更低廉。

因此，随着科技的进步，中小型医院希望有一种体积小、操作简便、运行稳定、噪声低、维护方便、可远程监控的高性能ATF医用分子筛吸附制氧机来取代其现有的集中供氧设备。高技术含量的一体式医用分子筛制氧设备的应用，将改变中小型医院氧气由制氧厂提供的传统模式，医院可以自己生产氧气供临床使用。

同时，随着网络技术和智能控制技术的快速发展，采用网络化分布式监控和远程控制技术在越来越多的领域得到了广泛的应用，实现制氧设备和用氧管理的网络化分布式远程控制代表了国内外该领域技术的发展方向。

未来，随着医院建设更多地运用到物联网、人工智能、5G等信息技术。医用分子筛制氧设备的发展趋势也将朝着智能化、集约化、精细化方向发展，即更便捷的智能控制，更高效的制氧效率，更集成的功能部件，更低的能耗和噪音，更简单的设备维保，更长的设备寿命。可以预见，凭借突出的设备优势，医用分子筛制氧设备将成为更多医院氧源的选择。

随着中国老龄化进程的加快，家用制氧机作为家庭保健和氧疗的工具，已成为老年人的必需品。未来几十年，制氧机将会作为消费品进入各个家庭，制氧机在自身发展方面也将面临新的发展趋势。据统计，家用制氧机将以膜分离式和变压吸附式为主，而变压吸附式将占据主流。由于产品集成式的应用，从而预计家用制氧机未来将会在以下几个方面取得进展。

功能多样性：除了满足标准中规定的性能外，还将考虑遥控、定时、臭氧消毒、音乐播放、耳麦式和弥散式吸氧等功能。

微型便携性：家用制氧机由于其体积重量较大，不便于携带，对于出行旅游、散步的老人来讲，还是有不足之处，小型化和便携式设计将是产品研发的重点方向之一。

高度集成性：家用制氧机目前采用部件组装模式，气路对产氧过程造成一定的阻力，增加了重量和体积，各部件之间很难保证气密性，故障率高。将气路集成，模组化设计是量产的未来趋势，将复杂烦琐的结构设计如同电路板一样进行沟槽式设计，既美观又实用。

价格亲民化：生产工艺的简化和优化，在不降低品质的前提下，去除行业高成本的医用规范要求，将大大降低生产成本，从而降低产品市场价格。

企业产业垂直向上整合：从下游应用来看，中国制氧机制造商分子筛组件都是外采自中国中型分子筛供应商和中外合资分子筛制造商。从成本控制角度，制氧机厂商一般会选择并购相关原材料供应厂商，或入股一些原材料供应厂商，以此或直接或间接地垂直向上整合。未来制氧机上游（主要是分子筛组件）将会成为医疗科技投资的重点赛道之一，解决医疗器械的核心零部件，减少核心材料外部进口，从产业链和供应链上去投资布局是医疗器械制造商的新命题。

第六章　国内外重点企业分析

一、鱼跃医疗

（一）企业概况

鱼跃医疗成立于1998年，是一家以提供家用医疗设备、医用临床产品以及与之相关的医疗服务为主要业务的公司，鱼跃医疗员工超6000人。鱼跃医疗自创立以来，经过多年不断发展，打造了由家庭医疗、临床医疗、互联网医疗组成的大健康生态圈，组建了一个覆盖医疗器械领域的专业化服务平台。集团总部设立在上海，拥有位于北京、上海、南京、苏州、丹阳、西藏和台湾，以及国外的德国、意大利等10大研发中心和8大生产基地，其中，位于丹阳的全球生产基地总投资30亿元、占地1000亩，已于2020年落成并陆续投入使用。鱼跃医疗在全球各地设立了56家办事机构，形成了完整的研发、生产、营销和服务网络，且在各主要商务电子平台设有品牌旗舰店。鱼跃医疗产品目前应用于全国90%以上的三甲医院与数十万家医疗机构。鱼跃旗下品牌矩阵包括“鱼跃yuwell”“华佗Hwato”“金钟JZ”“洁芙柔”“安尔碘”“普美康PRIMEDIC”等。

（二）新产品与新业务

在呼吸与制氧相关业务领域，鱼跃医疗拥有大量研发、制造与销售的经验与积累，其中，鱼跃医疗制氧机产品在业内处于领先地位，深受消费者信赖，自相关产品推出以来，鱼跃医疗一直持续进行技术革新，不断在稳定性、静音、轻量化三大属性方面进行改进，并积极推出新产品，在工业和信息化部公示的《第四批及拟通过复核的第一批制造业单项冠军》名单中，被认定为单项冠军产品。

在研产品主要有新款型制氧机开发、新款制氧机（8升、6升、10升）、壁挂式弥散制氧机等。鱼跃医疗不同款型的制氧机产品可满足院内外多类用户群体的需求，可适用于呼吸衰竭、严重缺氧患者，帮助改善低氧血症、提高心肺功能。对于有保健需求的老年人、学生族、孕期群体、三高人群和上班族等，通过吸氧可增加脑供氧、提高血氧浓度、改善生活质量。随着我国居民吸氧概念的普及以及人口老龄化，国内外疫情需求的拉动与催化，海内外业务前景广阔。

（三）经营情况

2015年后，鱼跃医疗就已经开始逐步实现外延收购扩张，规模逐步扩大。2020年新冠疫情之前，鱼跃医疗不断丰富家用+医用板块的产品线，帮助业绩持续不断增长；2020年新冠疫情后，鱼跃医疗凭借着其丰富的产品线以及完善的营销渠道，实现了业务的飞跃式上涨，从2019年的46.36亿元增长至2022年的71.0亿元。如图10–7所示。

按营收结构来看，2022年鱼跃医疗的营业收入构成为：呼吸治疗解决方案占比31.5%，家用类电子检测及体外诊断占比21.4%，康复及临床器械占比19.8%，感染控制解决方案占比16.7%，糖尿病护理解决方案占比7.5%。如图10–8所示。

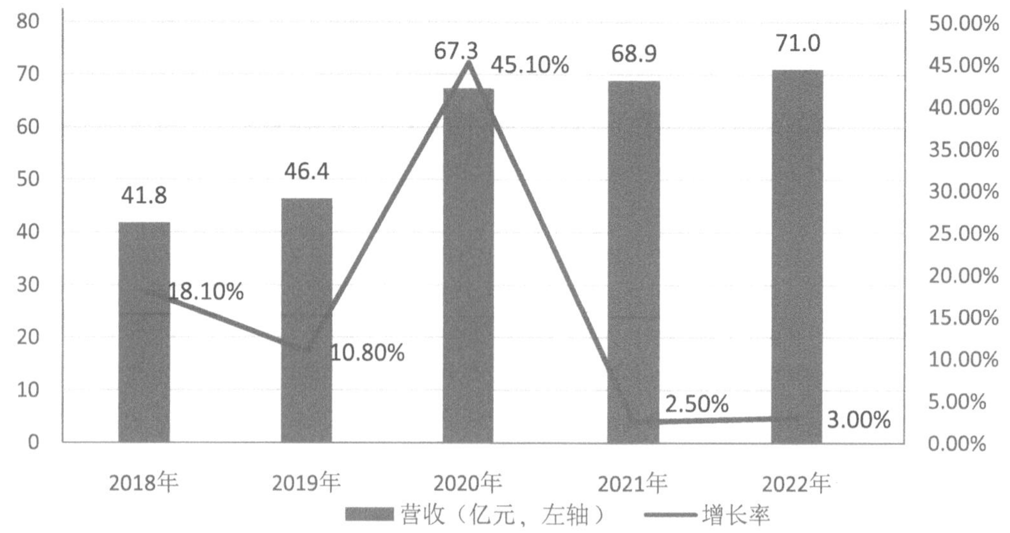

图10-7　2018—2022年鱼跃医疗营收情况

数据来源：鱼跃医疗企业数据，中国医疗器械行业协会。

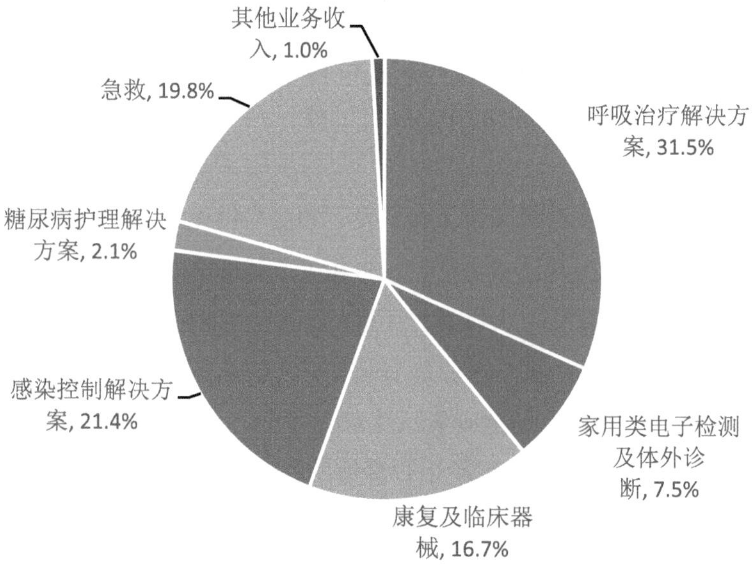

图10-8　2022年鱼跃医疗营收结构占比

数据来源：鱼跃医疗企业数据，中国医疗器械行业协会。

二、飞利浦伟康

飞利浦伟康创立于1976年，前身是美国伟康公司，是全球领先的家用呼吸机、医用制氧机等睡眠诊疗及无创通气治疗专家，专注于睡眠呼吸健康领域，为全球临床及终端用户及家庭提供睡眠障碍诊疗及无创通气一体化解决方案，拥有BIPAP双水平呼吸机发明专利，在国内家用呼吸机市场占主导地位。

三、欧姆龙

（一）企业概况

欧姆龙（Omron），创立于1933年的欧姆龙集团是全球知名的自动化控制及电子设备制造厂商，掌握着传感与控制系统核心技术。通过不断创造新的社会需求，欧姆龙集团已在全球拥有超过29000

名员工，营业额达61.2亿美元。产品涉及工业自动化控制系统、电子元器件、社会系统、健康医疗设备等广泛领域，品种多达数十万。

自20世纪70年代初期进入中国，欧姆龙一直与中国制造业共同前进，构筑了集研发、设计、生产、销售和服务于一体的全方位经营管理体制，为构筑“安心”“安全”“环保”“健康”的本地社会作出贡献。进入21世纪，欧姆龙迎来了“再投资、协同创造”的新阶段。截至2023年3月，大中华区的销售额达15亿美元，员工人数8500人。

（二）新产品与新业务

2022年，欧姆龙健康医疗进一步拓展其在关键品类的品牌影响力，推出更多本土化创新的产品与服务。在呼吸品类方面，欧姆龙立足全球视角，希望以全品类呼吸管理产品赋能全民呼吸健康。秉持“独特化+科学化+人性化”的设计理念，欧姆龙呼吸管理产品将持续推陈出新。专为7岁以下哮喘患者，研发设计的喘鸣音检测仪，助力在家庭环境下准确判新哮喘症状，为父母在家庭医疗决策中建立信心。为满足以慢阻肺病为典型代表的氧疗患者的多元用氧需求，欧姆龙深度挖掘用户的静音需求，推出全新静音系列制氧机，以降噪功能呵护安稳睡眠。

（三）经营情况

2018—2022年，欧姆龙的营业收入增长至约61.2亿美元；同时，其归母净利润保持稳定在5.2亿美元。2020年，其营业收入有所降低，至46亿美元。2022年随着疫情的逐步稳定，营收有所回升。如图10-9所示。

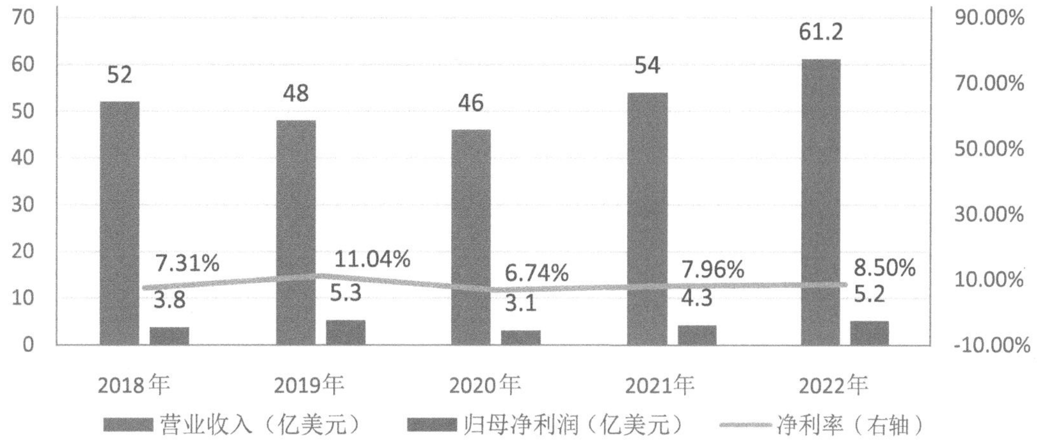

图10-9　2018—2022年Omron欧姆龙营收情况

数据来源：欧姆龙企业财报，中国医疗器械行业协会。

四、英维康

英维康（Invacare）集团是全球家用医疗器械研发制造厂商，拥有同行业最宽泛的产品线、种类最丰富的产品，可向客户提供覆盖整条供应链的创新性产品、服务和医疗解决方案，不懈地为全球用户提高生活质量。

英维康于2004年在苏州出口加工区和苏州工业园区分别注册成立了两家制造工厂——英维康医疗器械（苏州）有限公司与英维康康复器械（苏州）有限公司。英维康康复器械（苏州）有限公司引进国外先进的设备，建立起全球最大的制氧机组装、检测生产线，制氧机日产量可达1500台，同时超大规模的亚洲实验室的建成，为所有新产品的投产运行提供了强有力的技术支持。2004年，英维康陆续在中国设立了亚洲国际采购中心和亚洲研发中心，并计划在2004年至2020年间继续加大投资力度。2008年5月英维康组建了中国区市场销售团队，并随着“十二五”规划的出台，新医改的逐渐深入以及政府对养老和社会福利的加大投入，英维康强调满足中国不同地区与不同层次客户的需求——从医院到家庭，从专业机构到社区，从康复到长期护理，将进一步加快产品线的引进和创新，凭借自己在技术和品质方面的优势，拓展中国市场，提高基础人群的健康意识和家用医疗器械水平，让更多人可以使用优质的医疗产品，获得高品质的医疗服务。2017年6月26日，英维康宣布关闭在苏州的制造工厂。

五、亚适

（一）企业概况

亚适（CAIRE）始于1856年，总部在美国亚特兰大，是全球知名的制氧机品牌，主要从事生产独立式制氧机、成套制氧系统和标准制氧机以及各类呼吸道护理产品，提供成套制氧机设备及其商用解决方案。主要有AirSep、CAIRE、HELiOS以及SeQual等多个品牌，包括便携式、移动式制氧机设备，以及成套商用现场制氧机方案，在美国、日本、中国、德国、英国、法国、意大利设有工厂和分公司。公司生产的制氧辅助呼吸产品覆盖军事、商业、医疗及家庭护理领域，至今已成为全球领先的氧疗解决方案供应商。

慨迩医疗科技（成都）作为亚适在中国的唯一分公司，全力带给用户更好的氧气设备及服务，是继北美和欧洲生产基地后又一个专业的生产基地。公司应用亚适总部的先进设备、技术和管理，按照国际相关标准及中国现行规范进行生产制造，拥有先进的制氧机生产系统、专业的营销团队以及完善的售后服务支持。

（二）新产品与新业务

全新的液氧储存罐HELiOS U36和U46，而其中U46的LOX容量达到49.9千克、气态容量达到37.916升、使用时长达到13天21小时。

全新的便携式液氧机HELiOS Plus和Marathon，重量（满重）仅1.63千克、连续流量供氧模式和呼吸需求供氧模式分别达到了6升/分钟和4升/分钟，并且提供了连续流量模式和呼吸需求流量模式。

七、海尔医疗

上海海尔医疗科技有限公司（简称海尔医疗）隶属于海尔集团，成立于2014年。上海海尔医疗科技有限公司致力成为家庭场景下医疗健康第一生态品牌与平台，承接集团“智慧家庭”战略，致力营造“智慧健康全家解决方案”，聚焦用户家庭场景，通过“产品聚合数据，数据驱动服务”的运营模式打造领先的家庭医疗行业生态品牌，为用户提供智慧专业、人性化体验的产品与服务。公司主营业务为软硬件结合、用户体验导向的家庭医疗健康产品与服务。其中，硬件产品既包含制氧机、血压计、血糖仪等家庭医疗设备，也包含按摩椅、按摩仪等大健康周边场景设备。软件是以（智家爱健康）平台为基础的全流程慢病管理数据生态平台，通过大数据方法部署分布式计算环境，根据用户体征数据生成用户健康画像，针对不同的用户特点定制对应的家庭场景健康方案。

第十一篇　呼吸机行业发展报告

第一章　呼吸机概述

在现代临床医学中，呼吸机作为一项能人工替代自主通气功能的有效手段，已普遍用于各种原因所致的呼吸衰竭、大手术期间的麻醉呼吸管理、呼吸支持治疗和急救复苏中，是一种能够起到预防和治疗呼吸衰竭，减少并发症，挽救及延长病人生命的至关重要的医疗设备。

根据2017年版《医疗器械分类目录》，家用呼吸支持设备（非生命支持）、睡眠呼吸暂停治疗设备等家用呼吸机均属于Ⅱ类医疗器械，使用场景为家庭；医用治疗呼吸机（生命支持）、医用急救和转运用呼吸机、医用高频呼吸机以及家用呼吸机（生命支持）属于Ⅲ类医疗器械，多在医疗机构使用。

呼吸机一般根据其连接方式进行分类，分为有创医用呼吸机和无创医用呼吸机两种。通常来说，有创呼吸机用于重症监护病房，主要用于治疗重度呼吸衰竭的无意识患者；无创呼吸机主要用在监护病房、普通病房，主要针对有呼吸意识的呼吸衰竭高危患者。如表11-1所示。

表11-1　呼吸机分类情况

<table>
<tr><th>注册类型</th><th>呼吸机分类</th><th>具体产品</th><th>连接方式</th><th>应用场景</th></tr>
<tr><td rowspan="2">Ⅱ类医疗器械</td><td>家用呼吸支持设备（非生命支持）</td><td>家用呼吸支持设备；家用无创呼吸机；无创呼吸机等</td><td rowspan="2">无创连接</td><td rowspan="2">家用</td></tr>
<tr><td>睡眠呼吸暂停治疗设备</td><td>睡眠呼吸机；睡眠无创呼吸机；持续正压呼吸机等</td></tr>
<tr><td rowspan="4">Ⅲ类医疗器械</td><td>治疗呼吸机（生命支持）</td><td>治疗呼吸机；呼吸机</td><td rowspan="4">有创、无创</td><td rowspan="3">医院用</td></tr>
<tr><td>急救和转运呼吸机</td><td>院外转运呼吸机；急救呼吸机</td></tr>
<tr><td>高频呼吸机</td><td>高频喷射/震荡呼吸机</td></tr>
<tr><td>家用呼吸机（生命支持）</td><td>呼吸机；家用呼吸机</td><td>家用</td></tr>
</table>

第二章　呼吸机市场发展分析

一、市场发展现状

由于医用呼吸机生产及产品注册要求较高，转型生产呼吸机需要突破原材料供应、零部件组装以及注册认证等多方面的壁垒，转型周期相对较长，因此在2020年新冠疫情暴发之前，全球呼吸机市场一直处在较为稳定的状态，相较于其他医疗设备市场，市场规模较小。新冠疫情影响结束后，医用呼吸机市场的增长速度会逐渐放缓，但增长态势不会停止。一方面，从需求端来说，全球老龄化趋势的逐渐加剧加重了医疗体系的负担，市场对于呼吸机的储备需求会不断升高；另一方面，从生产端来说，随着未来材料科学和制造业的不断发展，呼吸机的生产成本会不断下降。生产端和需求端的发展态势将同时促进呼吸机市场的持续稳定发展。

（一）全球呼吸机市场规模

对于专业的医疗设备制造商而言，生产一台呼吸机需要花费多达40天的时间；新进入市场的企业要经过转变生产线、克服技术难关和打通供应链等环节，需要花费500天左右才能实现量产。因此，在2020年新冠疫情暴发初期，虽然全球呼吸机需求上升，但受到技术因素制约以及物流受阻，新进入企业生产链尚未搭建成熟等因素影响，呼吸机市场规模变化不大，市场增长率在10%左右。

2021年，全球新冠疫情加重，世界卫生组织将呼吸机列入了治疗新型冠状病毒感染的基础必要设备之一，全球呼吸机需求开始进一步增长，全球范围内的呼吸机生产企业也逐渐达成加速产量供给，大部分呼吸机企业超负荷运转，多家受到政府支持的跨界企业，如美国特斯拉、通用、福特等车企，以及英国劳斯莱斯、戴森等相关企业的呼吸机产线也搭建完成，呼吸机行业进入发展高潮，增长率达到23.6%。2022年新冠疫情影响逐渐减弱，全球市场产能逐渐恢复正常状态，市场规模有所回缩。

根据中国医疗器械行业协会测算统计，2017—2019年，全球呼吸机市场规模低于40亿美元，2020年受新冠疫情影响，全球呼吸机市场规模增长至44.5亿美元，2021年全球呼吸机市场规模达到55.0亿美元，2022年缩减至54.4亿美元。如图11-1所示。

从全球市场看，目前全球医用呼吸机制造市场主要是欧洲、美国和中国，受技术水平的差别影响，目前欧洲和美国主要占据全球中高端市场，而中国及其他地区则以中低端市场为主。

（二）中国呼吸机市场规模

中国呼吸机市场起步较晚，但随着居民收入不断提高，人们的健康意识有了较大提升，外加中国对医疗机构的设备配置要求逐步提高，社会老龄化的程度慢慢加剧，各方面因素均导致中国医用呼吸机产量和消费量均持续走高，并向中高端市场逐渐渗透。

据公开数据，2017—2019年，中国呼吸机的市场规模从31亿元增长至35.5亿元左右，市场复合增长率约为12%。2020年新冠疫情暴发后，受疫情影响，中国呼吸机生产企业开始加量供应以保证满足国内需求，外加中国复工复产较早，海外订单增多，市场增速较往年有明显增长，达到34.1%。2021

年中国医用呼吸机市场规模达到70亿元。2022年疫情缓解后，中国医用呼吸机市场规模回落至68.7亿元。如图11-2所示。

其中，医院用呼吸机市场规模从2018年的22.0亿元增长到2022年的45.1亿元。如图11-3所示。

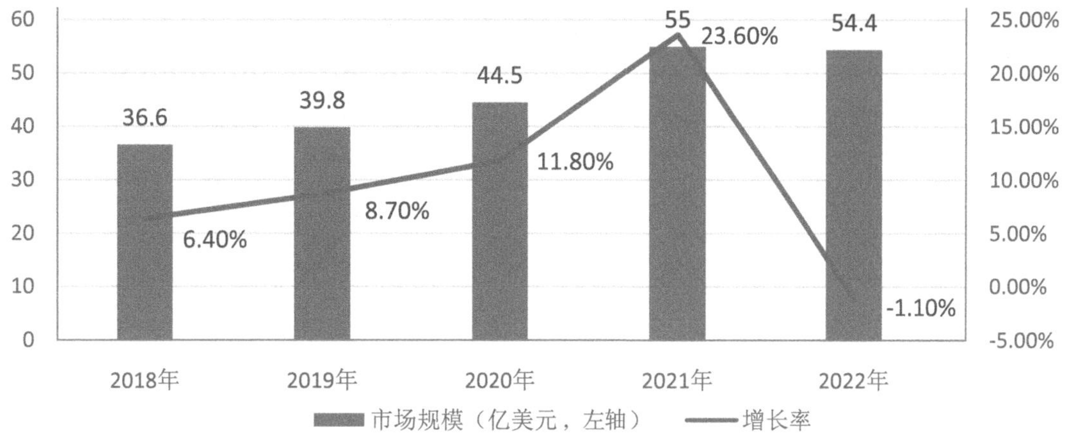

图11-1　2018—2022年全球呼吸机市场规模

数据来源：中国医疗器械行业协会。

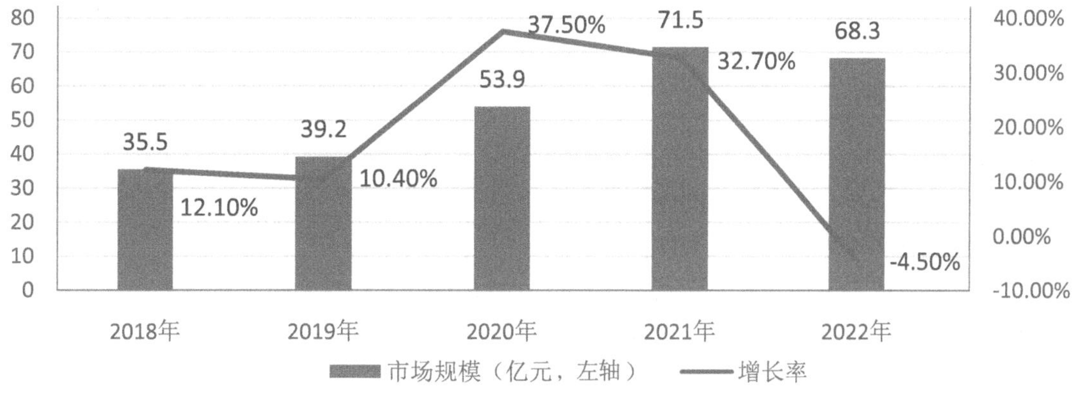

图11-2　2018-2022年中国呼吸机市场规模

数据来源：中国医疗器械行业协会。

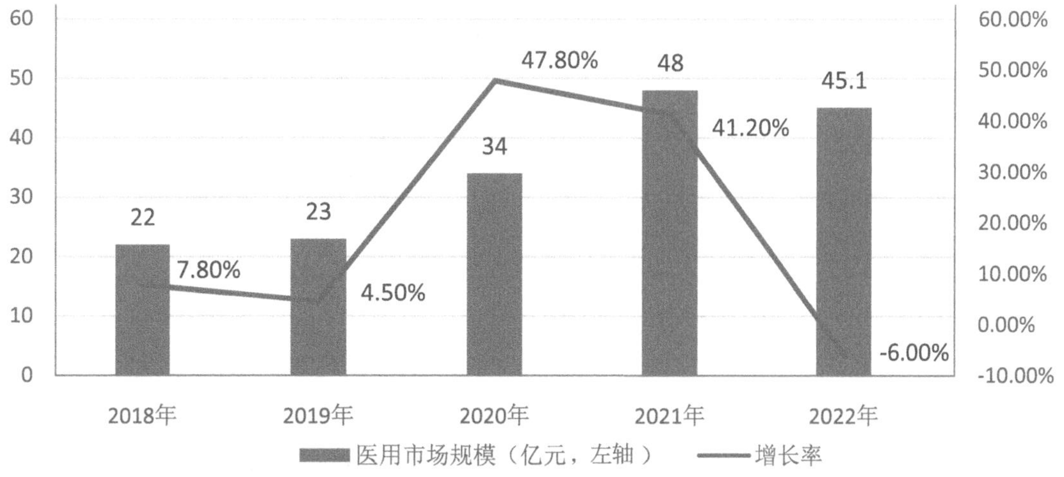

图11-3　2018—2022年中国医院用呼吸机市场规模

随着人们健康意识，以及对睡眠呼吸暂停综合征、慢阻肺等疾病问题的关注程度的提高，家用呼吸机市场规模日益扩大，家用呼吸机市场规模从2018年的13.5亿元增长到2022年的23.2亿元。如图11-4所示。

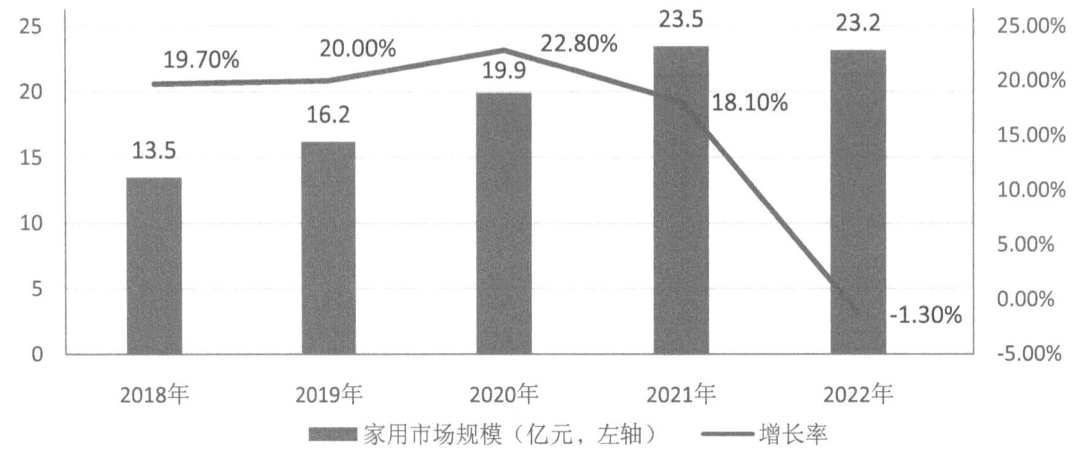

图11-4　2018—2022年中国家用呼吸机市场规模

二、市场发展趋势

以全球和中国呼吸机市场整体的发展趋势来看，一方面，2022年新冠疫情影响基本消失，市场规模会呈小幅度下降趋势，逐渐回归到疫情前水平；另一方面，社会老龄化程度的加剧以及技术的进步，会在生产端及消费端同时推动未来行业发展。

与此同时，随着技术发展与核心零件的生产成本越来越低，高端呼吸机产品将逐渐替代中低端产品，未来全球呼吸机市场规模增长会逐渐加快，增速预计达到6%左右。2027年，全球呼吸机市场规模预计可达到71.2亿美元左右。如图11-5所示。

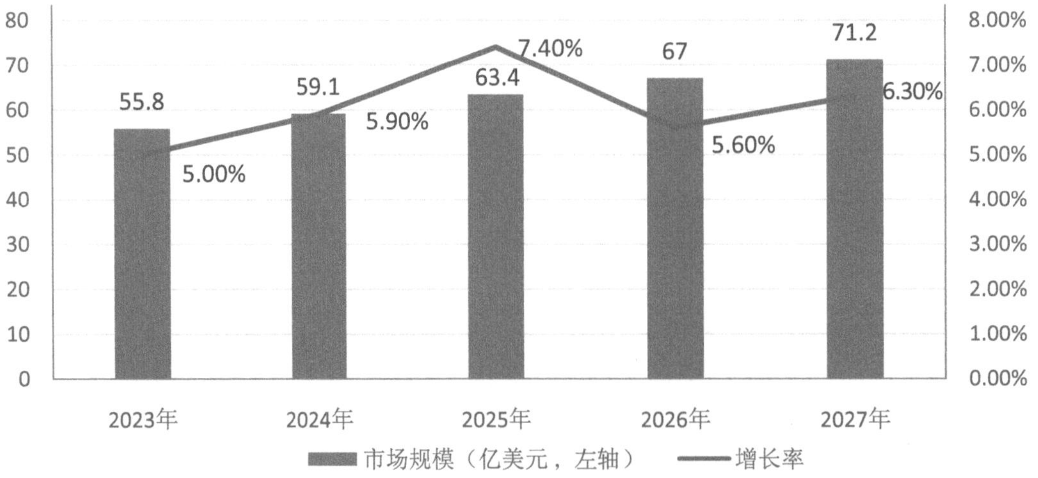

图11-5　2023—2027年全球医用呼吸机市场规模预测

数据来源：中国医疗器械行业协会。

预计2023年中国呼吸机市场将有小幅调整，2024—2027年中国呼吸机市场规模增速将超过全球增速，整体维持在10%左右。预计到2027年，中国呼吸机市场整体规模可突破100亿元。如图11-6所示。

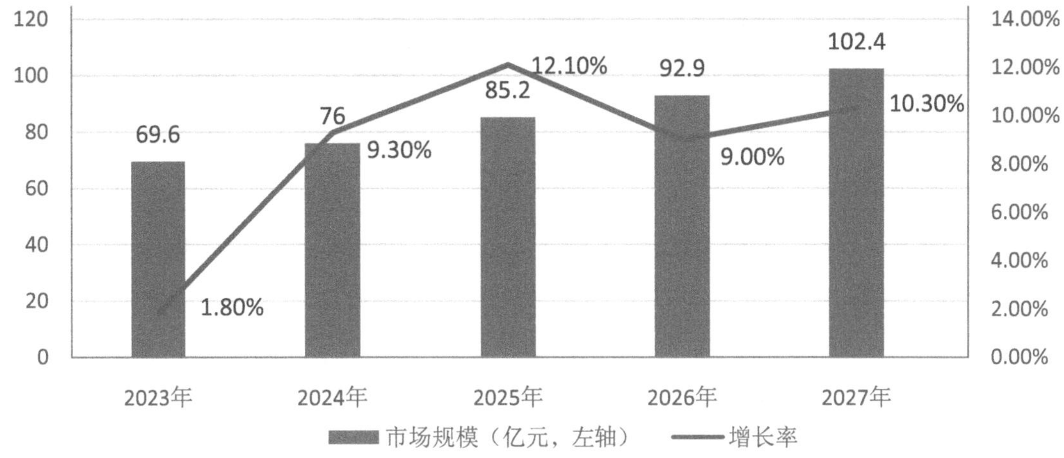

图11-6　2023—2027年中国呼吸机市场规模预测

数据来源：中国医疗器械行业协会。

2024—2027年，中国医院用呼吸机市场规模将从44.6亿元增长到70.1亿元。如图11-7所示。

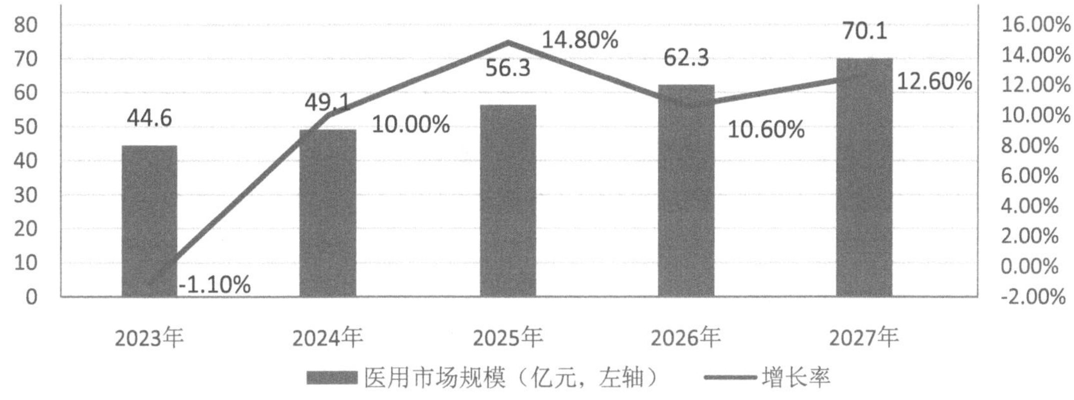

图11-7　2023—2027年中国医院用呼吸机市场规模预测

数据来源：中国医疗器械行业协会。

2024—2027年中国家用呼吸机市场规模将从24.9亿元增长到32.3亿元。如图11-8所示。

四、市场发展影响因素

（一）呼吸机消费需求基数不断增长

医用呼吸机主要应用在病人的治疗过程中，主要应用场景包括医院等医疗机构的患者在急诊时的就诊、住院、手术等。

首先，全球及中国人口正处在不断上升的趋势当中，人口的增长会带动整体社会对于医疗器械的需求上升；同时，不断加深的老龄化趋势也在逐渐加大整体医疗系统的负担，在两种因素的作用下，医用呼吸机产品的市场规模会逐渐增长。另外，老龄化程度加深会增加危重症人口数量，作为治疗危重症病人必备的医疗设备，全球医用呼吸机的市场需求会随着人口结构的改变而逐渐增长。

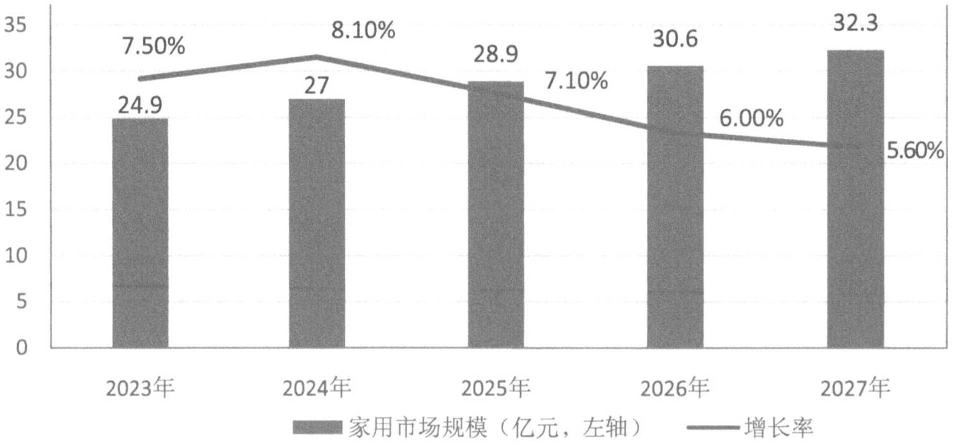

图11-8　2023—2027年中国家用呼吸机市场规模预测

数据来源：中国医疗器械行业协会。

同时，医疗机构对医用呼吸机的需求也在不断增长。根据经济合作与发展组织（以下称OECD）、《柳叶刀》等相关数据显示，2011—2021年，全球年手术量从3.42亿台增长至5.53亿台，以当前的增速水平估算，预计2023年，全球年手术量将突破6亿台。具体到中国的情况来看，国家统计局和《中国卫生健康统计年鉴》数据显示，2011—2021年，中国的年手术量从0.36亿台增长至0.91亿台，其中，外科手术从0.33亿台增长至0.76亿台，年复合增长率为8.8%，超过全球市场增长率。全球和中国手术量的稳定增长直接推动了医用呼吸机的需求增加，是医用呼吸机市场未来发展的稳定助力。

除手术外，住院治疗也是医用呼吸机的重要应用场景之一。OECD、国家统计局等相关公开数据显示，2011—2019年，全球年住院人数从4.78亿人增长至8.31亿人，人均住院时长在9日左右波动。而中国年住院人数增长速度更快，2011—2019年，从1.53亿人增长至8.31亿人，人均住院时长与全球水平基本持平，同样在9日左右波动。

2020年受到新冠疫情影响，各国对呼吸机的需求激增。2022年，全球医疗机构逐渐恢复正常状态，全球与中国的住院人数均开始恢复，预计到2024年，全球和中国住院人数将恢复到疫情前水平。2026年，预计全球住院人数可达到9亿人以上，中国住院人数可达到3亿人。

我国《健康中国行动（2019—2030年）》调查结果显示，我国40岁及以上人群慢性阻塞性肺疾病患病率为13.6%，总患病人数接近1亿人，当前我国家用呼吸机市场规模仍处于发展阶段，渗透率较低，随着慢性呼吸疾病患者数量的增加、销售渠道的优化以及居民健康管理意识的增强，渗透率有望进一步提升，业务潜力巨大。

（二）呼吸机行业发展获得积极政策支持

从政策方向来看，中国政府对于医用呼吸机的必要性较为看重，为市场需求增长提供了动力。另外，疫情使得政府意识到生命支持设备储备的重要性。后疫情时期，政府的公共卫生应急预案调整将大幅拉动市场对于医用呼吸机的需求。

2022年1月1日起，海关总署增列商品编号“90192010.10”，名称为“有创呼吸机（整机）”；增列商品编号“90192010.90”，名称为“有创呼吸机的零件及附件”；原商品编号“9019200.10”及

"90192000.90"停止使用。呼吸机增列子目，有助于准确统计分析、便于精准监管。如表11-2所示。

表11-2　呼吸机关税目录调整情况

调整前		调整后	
税则号列	商品名称	税则号列	商品名称
9019.2000	臭氧治疗器、氧气治疗器、喷雾治疗器、人工呼吸器及其他治疗用呼吸器具		臭氧治疗器、氧气治疗器、喷雾治疗器、人工呼吸器及其他治疗用呼吸器具
		9019.2010	有创呼吸机
		9019.2020	无创呼吸机
		9019.2090	其他

数据来源：中国海关。

按照ICU设置标准估算，未来中国将新增84142张ICU床位，根据《重症医学科建设与管理指南（2020版）》要求，ICU每床必备的医疗设备将按比例同量增加，其中，呼吸机有望增加约84142台，以满足ICU建设需求。

医疗设备国产化一直是中国医疗卫生改革的重点，目前中国本土医用呼吸机产业存在国产市场占有率不高、核心技术风险和产品海外认证壁垒多、短期产能不足和配套产品服务不到位等几大问题，2020年的全国人民代表大会上，一些医药界代表也针对此情况明确提出了"关于抓住机遇加快国产医用呼吸机转型升级和产业布局"的建议，医用呼吸机的国产化发展有望提上日程。

医疗器械产品具有高技术含量、高质量、针对性等特性，随着中国制造业技术水平的提高，机电一体化、精密制造等领域实现跨越式的发展，为医疗器械行业的发展提供技术保障。同时，为加快高端医疗器械发展，提高技术水平和核心竞争力，保障人民群众身体健康和降低医疗费用支出，中国制定《增强制造业核心竞争力三年行动计划（2018—2020年）》方案，进一步推动研发与使用相结合，增强医疗器械供给能力，产品质量向国际高端水平迈进。

第三章　呼吸机行业发展分析

一、生产情况分析

虽然中国在呼吸机的研发方面起步较晚，但凭借着劳动力与进出口贸易的优势，本土呼吸机的市场规模在不断扩大，尤其是中低端产品已在全球市场占据一定份额。2021年，中国呼吸机的出口额在全球呼吸机市场规模的占比已超过20%。

相比于其他医疗设备行业，呼吸机由于使用寿命长、生产周期长等原因，其行业产值也相对较低，在市场中一直属于小众行业。

虽然中国的呼吸机市场仍是中低端产品占据主导，但由于中国需求市场近年来受益于经济高速增长、居民消费水平提升、医疗服务体系完善等因素影响，其整体发展前景十分良好，目前正在向高端市场渗透，中国本土生产的高端呼吸机的市场占有率在不断增长。

近年来，航天长峰、迈瑞医疗、谊安医疗、鱼跃医疗、怡和嘉业等中国头部呼吸机生产企业均不断加大对高端产品的研发投入，通过与其他行业龙头企业进行联合研发、研讨行业生产标准，并与国际知名企业进行长期合作，使得这些大型企业可以及时了解呼吸机行业的技术发展趋势，并建立相应研发和生产体系，推出与市场需求更为贴合的新型技术和优质产品，从而带动中国呼吸机行业整体的结构化转型升级。

二、竞争格局分析

目前中国呼吸机市场的低端产品进口替代基本完成，高端产品正在渗透发展。国内企业通过抢占低端市场，基本完成进口替代，中高端市场逐渐成为外资和国产品牌的竞争领域。但受到核心技术限制，2021年，外资呼吸机品牌在中国市场占有率超过60%；高端呼吸机的市场占有率将近80%。在技术上，高端呼吸机的关键零部件有30%~40%以瑞士、美国和日本进口产品为主，21家本土有创呼吸机生产企业中，目前仅有8家的主要产品取得了欧盟强制性CE认证；同时行业还面临着产业链和生产周期较长、短期产能不足等问题。

在全球呼吸机市场中，有创呼吸机市场以国外品牌为主。洁定、哈美顿医疗、德尔格、美敦力、通用医疗、飞利浦等品牌占据了全球中高端呼吸机市场。

虽然海外品牌占据了大部分市场份额，但具体到中国来看，目前中国本土品牌也在崛起，如迈瑞、谊安等生产企业，在中国中低端市场中取得了一定的市场份额，同时也在拓展海外市场。数据显示，主要生产中低端呼吸机的迈瑞医疗，在全球市场份额中占比达到10%左右，高于美敦力、通用医疗及菲利普斯等国外医疗器械品牌，一旦突破高端呼吸机的技术壁垒，那么未来发展潜力极大。

2021年中国呼吸机销量排名中，德尔格、飞利浦、迈柯唯等医疗器械巨头处于优势地位，中国企业中较为领先的主要有迈瑞医疗和北京谊安。尽管国产呼吸机与海外领先产品相比仍有一定差距，但近年来中国呼吸机品牌逐步建立，如迈瑞医疗，自2012年推出呼吸机以来，经过多次的更新换代和产品升级，目前公司在院用有创呼吸机领域已经具备和国际顶尖厂商一较高下的实力。

国产品牌主要占据中低端市场，并向高端市场渗透。迈瑞、谊安等生产企业的产品也销往海外，并获得不错的市场反馈，能够占到发展中国家呼吸机市场份额的30%～40%。国产呼吸机出口方面，迈瑞医疗一骑绝尘，根据2021年统计数据，迈瑞占比高达77.5%，基本垄断呼吸机的海外出口，北京谊安次之。

整体来看，中国目前的呼吸机生产仍以中低端产品为主，但由于其生产技术要求较高，因此中国呼吸机市场的集中度较高，几大龙头企业占据绝大部分市场份额。未来随着中国在该领域的产业升级，以及中国具有的劳动力与原材料优势，呼吸机的生产企业数量可能会进一步增加，企业集中度会逐渐下降，但高端呼吸机的生产仍然还会集中在少数拥有一定技术积累和水平的海外企业中。

第四章　呼吸机行业产业链分析

呼吸机产业链由上至下可依次分为上游原材料和软件芯片供应商、中游本体制造企业以及下游流通场景。其中，上游呼吸机组成部件包括压缩机、风机、传感器、电路板、过滤器和阀门等；中游生产则是根据呼吸机类型与使用场景分为有创呼吸机与无创呼吸机；下游应用市场则一般为医疗机构及经销商。如图11-9所示。

图11-9　呼吸机行业产业链

一、关键部件原料研发与生产

就呼吸机的一般结构来说，其主要零部件包括氧气源、电磁阀、混合空气装置（即压缩机）、限压阀、空气湿化器和温控电路、气道阻力表、呼吸阀、压力传感器、电磁阀控制电路等九大部分。其中除去作为氧气源的氧气瓶之外，其他8个部分目前在市场上大都存在专利障碍，并且很多设备大都是各公司独自寻求研发路径或各自搭建的产业链。

目前，呼吸机行业的产业链上游主要把控在海外企业手中，针对不同零件的行业集中度都极高，若一家龙头零件生产商的生产发生问题，将导致该零件整体行业受到影响，进而影响到呼吸机市场的供给量。与此同时，一台呼吸机的零部件通常有数百个，其上游市场往往分散在全球各地。产业链上游的过度分散在增加采购和运输成本的同时，也会使得呼吸机生产效率受到制约。目前，呼吸机生产的核心元器件供应多数来自德国、瑞士、英国等欧洲国家，中国虽然也有企业生产，但性能与海外产品存在差异，且产能在短时间内也无法满足市场逐渐增长的需求。

压缩机是气动呼吸机的核心部件，其相关生产企业一般集中在经济技术较为发达的地区，如美国托马斯（Thomas）公司、瑞士的Micronel公司、德国的EBM公司和中国台湾的台达公司。高集中度的生产以及极高的技术壁垒使得压缩机的产品价格受外界影响较大，一旦某地区厂商因外界影响因素导致产能下降或产量减少，将会导致整个压缩机行业的产品价格上涨。2017年以来，受到全球钢铁、有色金属以及电机价格上涨的影响，全球压缩机价格持续波动上调。

流量和压力传感器作为呼吸机气路系统的重要部件也是不可或缺的。它负责将患者吸入和呼出的气体流量转换成电信号，进而监测并测算患者的呼吸状态，以便监控系统和医护人员判断患者是否有异常。目前传感器的核心技术只有市场中少数几家企业掌握，市场呈现垄断态势，其中，美国霍尼韦尔（Honeywell）公司作为该行业中的开创者，在市场中占据了近乎70%的市场份额。2020年，新冠疫情的暴发使得美国霍尼韦尔公司停产，直接导致了整个呼吸机传感器市场的价格飙升，同时带动了呼吸机市场的价格上涨；2021年霍尼韦尔公司复工复产后，整个传感器市场的价格才逐渐恢复常态，受此影响，全球呼吸机市场的价格也开始略有下降。

作为呼吸器“氧气源”的开关阀门——电磁阀的重要性也相当突出。它的工作原理虽与普通继电器有些相似，但在呼吸机领域，这一设备的要求又高于一般机械装置。因此，美国的MAC、意大利的康茂齐（Camozzi）等都因为其在自动化、流体力学等领域的长期关注与介入，牢牢控制着相关部件的供应渠道。

作为呼吸机为病人送气的关键媒介——呼吸阀（即文丘里阀）这一看似简单的设备也存在相当的技术壁垒，该设备也大都由各企业独自研发，用以匹配其相关呼吸机设备。在意大利，虽有当地科技企业一度用3D打印技术仿造了疑似德尔格公司的呼吸机配套用呼吸阀，用以拯救特护病房病患，但该企业最终也不得不选择寻求法国迪卡侬公司帮助，将其一款潜水面具改造成为呼吸面罩，以免侵犯德尔格公司的专利与权益。这种知识产权壁垒不仅仅出现在呼吸阀市场，在呼吸机的上千种零件中，大部分零件都具有类似的知识产权壁垒，在某种程度上制约了呼吸机市场的发展。

在晶片、管道等供货渠道上，呼吸机也存在自己特定的产业细分领域。比如日本SMC公司生产的晶片受到整个呼吸机行业的认可，把控了晶片方面的供应。而德尔格、迈柯唯、哈美顿等多个品牌的呼吸机目前也固定选择中国台湾的彦大公司作为通气管道的供应商。

整体来看，呼吸机的原材料和零件种类较多，中国呼吸机行业的上游原材料供应商往往分散在全球各地，市场供应链较为分散，且市场处于垄断状态，零件价格往往受控于其厂商的生产能力。且由于呼吸机对于零部件的要求较高，生产时必要的零件缺一不可，因此零件价格对呼吸机市场的价格会产生极大的影响，上游产业链对行业的影响较大，这种趋势使得中游无法研发零部件的生产企业往往处于被动状态。

目前，中国政府相关部门已经开始组织中国的优秀传感器和芯片企业与呼吸机企业对接，组成联合攻关小组，努力将全球化的上游产业链转变为国产。攻关小组由整机企业提出相关芯片和传感器性能需求，元器件企业针对需求进行研发，生产出的产品再由整机企业进行验证。但是，由于医疗产品验证时间较长，因此，联合攻关也许并不能解决短期内的产能问题。但放眼未来，想要打破中国生产企业的被动状态，这种合作是十分必要的。同时，因为海外企业往往存在供应链不可控、交货期较长、响应速度较慢等问题，出于供应链安全、供应商的响应速度、服务能力以及成本等方面考虑，在同等条件下选择国内元器件企业进行配套也是更为明智的选择。在创新研发的过程中，中国元器件厂商也可以顺势提升产品品质，降低生产成本，争取未来以高质量的产品参与国际市场竞争。

而对于呼吸机的生产来说，没有长期的技术积淀、验证测试，以及丰富的临床知识，短时间想实现呼吸机生产相当困难。除相关零部件的生产技术壁垒外，呼吸机本身的注册壁垒较高，认证周期长。呼吸机属于三类医疗器械，二类和三类的划分代表着危险级别，三类是医疗器械中的最高级别。

三类医疗器械的注册备案时间一般是一年半，加上临床试验，有些需要更久。因此对于呼吸机的中游产业链来说，短期内扩大产能产量较为困难，外加市场进入壁垒高，整个中游市场在短期内会维持在较为稳定的发展状态。

在使用方面，呼吸机的生产往往牵扯人员培训的问题，由于零部件较多，安装精细度高，因此呼吸机在安装前往往需要给工人提供关于制造呼吸机的生产工艺指引，以加速呼吸机生产流程。

除此之外，生产呼吸机在软件方面也存在一些障碍。呼吸机并不是一个“即插即用”的设备，会有很复杂的专门设定模式，以此来调整病人具体的血氧浓度，包括呼吸的频率。这对于呼吸机在程序方面的要求较高，需要一定的开发时间。

交付、安装、调试也是呼吸机生产过程中的一大难点。呼吸机的调整若有误差，那么不仅对患者起不到帮助作用，还会损害病人呼吸道，所以一般医用的呼吸机，需要配备专门的呼吸治疗师，并根据病人的具体情况进行操作。

最后，呼吸机出口到国外需要获得出口国家许可。出口到美国需要美国食品药品监督管理局（FDA）认证，出口到欧盟需要自由销售证书或CE标志，出口到日本需要PMDA注册，每个国家的规则稍有不同。所以，有机会的企业基本已在这一领域深耕多年，跨行业入局者基本没有机会。

受到以上因素影响，目前呼吸机中游市场的集中度较高，且在短期内新玩家进入较为困难；另外，中游市场的产能产量在短期内的发展潜力较为有限。长期内，市场将稳中向上发展。

二、下游领域应用发展

以目前情况来看，呼吸机的下游终端客户主要来自各级医院、养老康复中心等其他医疗机构，患者是最终消费群体。

目前，中国医疗机构使用一次呼吸机的价格大概在800～5000元不等。随着国民收入和消费水平的快速提升，中国的医疗需求市场对于医疗服务各方面的要求开始明显提升，中国患者的呼吸机使用覆盖率将逐渐升高。

国家统计局数据显示，2021年中国居民人均消费支出为24100元，比上年实际增长12.6%。其中，城镇居民人均消费支出30307元，比上年实际增长11.1%；农村居民人均消费支出15916元，实际增长15.3%。由此可见，农村居民消费支出虽然增速高于城镇居民，但仍远低于城镇居民。

与此同时，受到社会技术发展以及老龄化趋势的影响，未来呼吸机的需求基数也将不断扩大。预计到2025年，各类机构养老服务床位总量达到900万张以上；设立老年医学科的二级及以上综合性医院占比达到60%以上，未来中国养老机构市场发展前景或随着政策指引而发展得较为广阔，其直接推动下游市场规模的不断上升。

三、销售渠道现状与趋势

2015年以来，《关于深化医疗保障制度改革的意见》等文件明确了医疗机构采购价格的形成机制，进一步完善了采购机制以及国家医药品价格谈判机制，同时提到在全面推行医保支付方式改革或已制定医保药品支付标准的地区，允许公立医院在省药品集中采购平台上联合带量、带预算采购。这些影响深远的改变逐渐修正了中国药品集中采购的发展路径，确保中国药品集中采购制度步入健康稳步发展的新时期。当前，中国各省份采取的采购模式主要有如下几种。

（一）“省级挂网+市级议价”模式

目前各省份使用较多的模式即为“省级挂网+市级议价”模式。首先省级需审核质量，对不同类别的耗材进行不同形式的评审，确认耗材挂网资格。其次由市级、医联体或医疗机构对挂网药品进行带量议价，以确定最终采购价。最后是对具有挂网资格药品的挂网价、采购价等进行动态持续管理。目前主要实行这一模式的省份或直辖市主要有湖北、湖南、天津等。

（二）第三方集团采购模式

第三方采购模式是指药品社会化采购的第三方中介组织——集团采购组织（group purchasing organizations，GPO）通过集中一定数量医疗机构的采购量，受医疗机构委托与供货商进行谈判以确定价格。这种模式不仅能帮助医院节省费用，提高采购效率，还能使企业的销量在一定程度上得以保障。目前主要实行这一模式的省份主要有上海、广东等。

（三）跨区域联合采购模式

2017年国务院医改办、人力资源和社会保障部与当时的国家卫生计生委等部委积极鼓励跨区域联合采购、建立价格联盟。目前主要有三明联盟、“四省一市”联盟、京津冀联盟以及鄂粤联盟等。具体运作方式每个联盟都有细微差异，例如，三明联盟采取一种突破省级范围的跨地区联合采购模式，联盟成员与三明市签订药品耗材联合限价采购协议，通过使更多的地区参与三明市主导的药品带量采购活动中，使那些降价不足的药品真正具备了“以量换价、带量采购”的条件，增强了采购部门的议价能力。带量采购，是指在招标公告中公示所需的采购量，投标过程中，除了要考虑价格，还要考虑企业本身能否承担相应的生产能量。

（四）其他模式

药品集中采购的其他模式还有：重庆药交所模式，本质上就是提供了一个交易的市场，对药品进行分类采购、带量采购。福建模式：2017年初，福建省医保办开展了以医保支付结算价为基础的药品联合限价阳光采购工作，最大亮点在于“医保支付结算价”和“最高销售价”的引入，促使医疗机构不再将药品作为利润来源，而是将其作为成本进行管理，充分调动医疗机构议价的积极性。

总的来说，中国的政府采购方式主要看重企业产品的性价比，重视“刚需型”耗材的规范、普惠采购。作为第三类医疗器械，呼吸机主要采用“省级挂网+市级议价”和“第三方集团采购模式”对呼吸机进行采购，据数据显示，每年中国医疗机构通过带量集采购买的呼吸机规模可达到5000～10000万元，采购量约4000～5000件。

随着中国医疗保障体系覆盖范围不断扩大，越来越多的医疗设备产品会通过各种方式被纳入医保，从而提高在城镇和农村的使用普及率，带来整体呼吸机市场规模的增长。

第五章 行业技术进展与趋势分析

中国呼吸机的供给和需求市场目前仍以中低端产品为主体，且由于居民卫生消费观念和消费能力尚有可观的提升空间，因此，一方面，未来中国呼吸机市场在整体供需规模方面会继续扩大；另一方面，该领域也将从产业链和产品本身等方面进行产业升级。

随着医疗质量和医疗安全要求的进一步提升，呼吸机行业的集中度会随之减弱，市场规模变大。对于经营年限较长的大中型企业，依靠其多年积累的雄厚实力和完善的管理制度，可通过产品升级和跨领域、多元化经营，进一步扩大并稳固市场份额，迈向中高端、智能化市场；而小型或新进入企业则可以随着政策利好和技术发展，占据中低端市场份额。

与此同时，中国依靠人力成本和原材料以及制造业发展的优势，在海外的呼吸机市场已慢慢占据一席之地。而随着中国整体的产业升级，借助各项政策性扶持，国内龙头企业开始纷纷在研发方面进行投入，核心技术研发、机器生产技术等均不断提升，慢慢打破核心零部件均为海外进口的被动局面，这将推动中国呼吸机产业从中低端市场生产，转向高端的产业链环节。

以全球需求市场趋势来看，针对舒适度更高、安全性更强的高端呼吸机的需求日益增长。这类产品通常针对性强，可以真正做到在临床上协助诊疗。高端呼吸机往往针对不同类型的病人有不同的模式，会自行根据病人的信息进行调整，大大提升了治疗效率与安全性。另外，高端呼吸机的设计通常较为人性化，对于医用人员更加友好，不同于中低端呼吸机的笨重，高端呼吸机往往使用更加轻便耐用的材料，在机器的搬运和维护过程中都比较方便，也使得转运病人的过程变得更加安全和便捷。最后，高端呼吸机的整体性能优于中低端呼吸机，产品使用寿命长、性价比更高，对于医疗机构来说，在经济效益方面更优于中低端产品。

中国呼吸机生产企业目前主要以生产中低端呼吸机为主，未来随着相关政府部门和机构逐步制定、完善并落实支持呼吸机行业发展的法律法规和行业政策，行业技术创新方面的投入将不断增加，从而带动企业提升自身生产技术与能力，实现产品升级，逐渐在高端呼吸机市场站稳脚跟，实现在该领域对进口产品的替代。

第六章 国内外呼吸机行业重点企业分析

一、德尔格医疗

（一）企业概况

德尔格成立于1889年，总部设在德国吕贝克，于1970年在德国上市。集团公司涉及医疗、采矿、消防等业务领域，医疗安全分公司的产品包括麻醉工作站、呼吸机、病人监测以及新生儿护理。德尔格的医疗设备可以灵活地集成到各种临床场景中，也可以作为重症监护运输的移动设备。

目前德尔格在全球有近11000位员工，遍及世界190多个国家。集团在40多个国家设有销售和服务机构。研发和生产设施位于德国、英国、瑞典、南非、美国和中国。为了确保德尔格产品适应于中国市场和保证德尔格在世界各地所公认的售后服务质量，德国总部在上海投资和建立了德尔格医疗设备（上海）有限公司，负责德国德尔格公司在中国的一切医疗设备业务。

（二）新产品与新业务

德尔格的医疗分公司产品系列涵盖了麻醉工作站、用于重症监护和家庭治疗的呼吸通气设备、急诊和转运呼吸装置、婴儿保温治疗设备、患者监护设备、IT解决方案和气体管理系统等。截至目前，德尔格产品已获得欧盟CE认证、美国FDA认证以及日本厚生省认证，销售至全球190多个国家。

德尔格的呼吸机产品线相当丰富，发展历史也较为久远。目前德尔格的呼吸机产品线包含了急救呼吸机、转运呼吸机、麻醉呼吸机等产品类型。其中，代表机型为Savina300系列，其涡轮驱动换气系统的快速响应和高流量输送，极大地促进了压力控制换气。Savina300的设计是为了满足最危重病人的换气需求，非常简单的操作和维护功能，可以灵活使用在院内任何地方。

Evita Infinity V500系列是高端呼吸机的代表机型，其APRV自动释放功能，有助于维持呼气末肺容积和有效去除二氧化碳，当面对不断变化的呼吸机制和呼气流量模式时，自动释放功能会作出相应的反应，配有集成的压缩机和外部电池，可以安全进出ICU。

（三）经营情况

受疫情影响前，德尔格医疗的整体营收规模较为稳定，2019年营收达到19.42亿元。2020年新冠疫情暴发，德尔格医疗通过大规模的呼吸机及其他医疗设备的出口，使其整体营收同比增长34.62%，达到26.25亿美元。2021年，新冠疫情阶段性暴发，虽然订单量略有减少，但德尔格在呼吸机方面的出口量仍维持在历史较高水平，因此，德尔格医疗当年营收继续增长至34亿美元，比2020年增长29.52%。2022年，随着新冠疫情缓解，德尔格医疗当年营收降至24.4亿美元。如图11-10所示。

二、飞利浦医疗

飞利浦目前的呼吸机产品主要分为三大系列：伟康V60系列、BiPAP系列以及Trilogy系列。

从产品方面来看，飞利浦伟康V60系列为无创呼吸机产品，采用Auto-Trak无创通气技术，可自动调节漏气、自动调节吸气触发以及自动调节呼气模式，拥有多种治疗模式，可覆盖包括幼儿在内的大

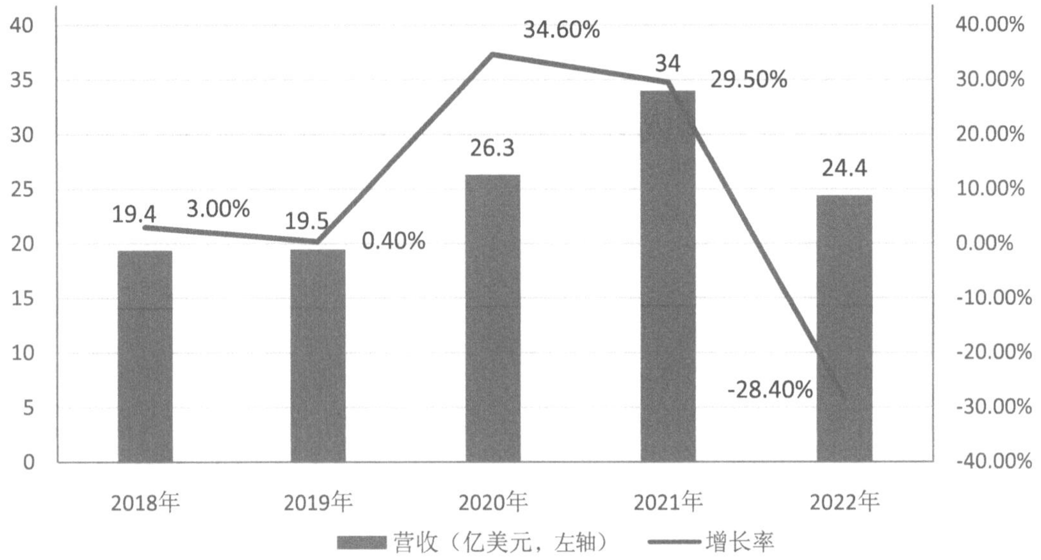

图11-10 2018—2022年德尔格医疗营收情况

数据来源：德尔格企业数据，中国医疗器械行业协会。

部分患者需求。BiPAP系列产品的智能性优于伟康V60系列，可以EncorePro及DirectView软件生成相应的报告来显示患者的依从性数据、长期趋势以及8天的详细通气数据，方便医生进行患者数据管理并识别维持有效治疗所需的任何调整。Trilogy系列医用具有有创和无创两种使用方式，Trilogy无创情况下允许患者的自由移动。产品配有3小时的内置电池和可选的3小时可拆卸电池，为患者提供充分的电量以助患者的院内转运。产品重量仅达5.6千克，具有一体式的手提把手，方便院内转运使用。

自2021年4月以来，飞利浦的呼吸机频繁出现问题，美国FDA收到大量相关呼吸机的投诉。据悉，飞利浦呼吸机中使用的消音泡沫可能会降解并产生有害化学物质，不仅会引发头痛、刺激、炎症、恶心呕吐等症状，甚至还可能致癌。鉴于事件的严重性，2021年6月，飞利浦主动召回了300万~400万台呼吸设备和呼吸机。2021年7月，FDA将该批次的召回确定为一级召回，属于最严重的召回级别。随后，飞利浦开始对召回设备进行维修和更换。2022年11月，飞利浦通知FDA，其重新改造的Respironics Trilogy呼吸机有两个新的潜在问题。2023年4月，飞利浦又再次面临严重的召回，涉及其重新设计的DreamStation CPAP设备。

三、通用医疗

通用医疗集团业务涉及医学成像、软件和信息技术、患者监护和诊断、药物研发、生物制药技术、卓越运营解决方案等多个领域。目前其呼吸机产品是全球最高端的重症有创呼吸机Carescape R860，用于无创通气后呼吸窘迫和/或低氧血症无法缓解的危重病患救治，于2008年在美国率先上市，生产该产品对工厂智能制造能力、供应链的可靠性提出了更高的要求。

在呼吸机产品线上，R860为目前主推产品。作为高端呼吸机，R860能够提供智能精准的残气量监测和能量代谢详细数据，协助医生直观评估肺部的可复张性以及肺复张效果，降低患者肺损伤风险。同时，参数的精准监测、定制化的潮气量输送、根据间接测热法的营养评估，能够让医生摆脱以往根据经验估算营养供给方案，从而基于数据精准定制营养支持方案，提升患者预后改善水平，降低感染率并加快ICU流转。

目前，通用医疗在华生产的首批高端呼吸机R860已经正式投产。中国无锡工厂新建产品线与美国麦迪逊唯一的一条产品线拥有同样的技术标准，与美国工厂紧密协调并与全球近50家供应商合作，目前月出货量可达1000台。

四、洁定集团

（一）企业概况

洁定集团是总部位于瑞典的上市集团公司，致力于最尖端的医疗技术领域。洁定以ARJO为商标，为病人卫生学、患者转运及伤口护理领域提供设备、服务及技术；以GETINGE为商标，为医疗机构和实验室的感染控制及预防提供设备、服务及技术；以MAQUET为商标，提供外科工作站、心肺机和重症监护领域的设备、服务及技术。

洁定集团于1993年在中国设立代表处，2000年设立中国客户服务中心。2005年成立洁定贸易（上海）有限公司，同年在苏州建立独资生产工厂——洁定医疗器械（苏州）有限公司。目前，已有中国200余家医疗机构、药厂、实验室选择了洁定的感染控制系统。

（二）新产品与新业务

洁定旗下产品包括感染控制设备、手术室设备、深切护理/康复护理设备，以及生命支持设备等，集团由感染控制（Getinge）、延伸护理（ARJO HUNTLEIGH）和医疗系统（MAQUET）三大业务领域构成。目前洁定的呼吸机主要为servo系列，产品定位为高端有创呼吸机，包括Servo-u呼吸机、Servo-n Neo呼吸机、Servo-i呼吸机。洁定的呼吸机通常与工具产品组合使用，帮助患者实现个性化的肺部治疗方案并做到更早的撤机。

Servo-u呼吸机多数适用于住院处或手术室，具有操作简便的特点，机器具有三种模式，可根据患者情况自行调节；附带报警管理系统，从任何角度均可观察到视觉信号，帮助医护人员作出相应应对措施并进一步避免意外；可设置目标保护性潮气量，自动适应吸气压力，当患者开始自发呼吸时，可以维持低潮气量策略。

Neo呼吸机主要用于婴幼儿的呼吸调整，具有压力调节容量控制、自动、神经调节通气辅助、无创通气、经鼻CPAP等5种模式，帮助新生儿在勿过度通气或不足通气辅助的情况下找到合适的同期支持水平。

Servo-i型呼吸机的适用范围较广，适用于成人、儿童及婴幼儿。Servo-i呼吸机具备高级同期系统的所有同期模式，此外还提供了一系列工具来帮助患者达到稳定。i型呼吸机配备了自动模式，帮助患者从控制同期过渡到自主呼吸，无须任何医护人员干涉，可根据患者的意愿在控制与支持通气之间相互切换。

2023年1月20日，洁定集团推出了新的Servo-c机械呼吸机，为儿童和成人患者提供肺保护治疗工具。作为一款适用于日常护理的多功能ICU呼吸机，Servo-c的诞生建立在洁定与重症监护专家50多年的密切合作之上。它配备了15英寸的直观触摸屏（其GUIDE设计曾获IF设计奖），并提供诸如Servo Compass®监测系统、用于肺复张的开放肺工具趋势功能（Open Lung Tool trends）、二氧化碳监测、压力指数以及高流量氧疗（提供高流量、精确氧浓度以及加温湿化的空氧混合气体，为患者进行有效的呼吸治疗）等。

（三）经营情况

2017年洁定集团的营收水平较疫情前年份的营收水平高，达到32.57亿美元。2018—2019年，洁定集团的营收下降，下降约19%，维持在27亿美元左右。2020年新冠疫情暴发后，洁定集团的营收并未发生较大改变，增长率仅为2.17%。2021年受到疫情的持续影响，洁定集团的营收快速增长，达到32.4亿美元，营收增长率达到16.47%。2022年，洁定集团营收小幅下降，降至31.5亿美元。如图11–11所示。

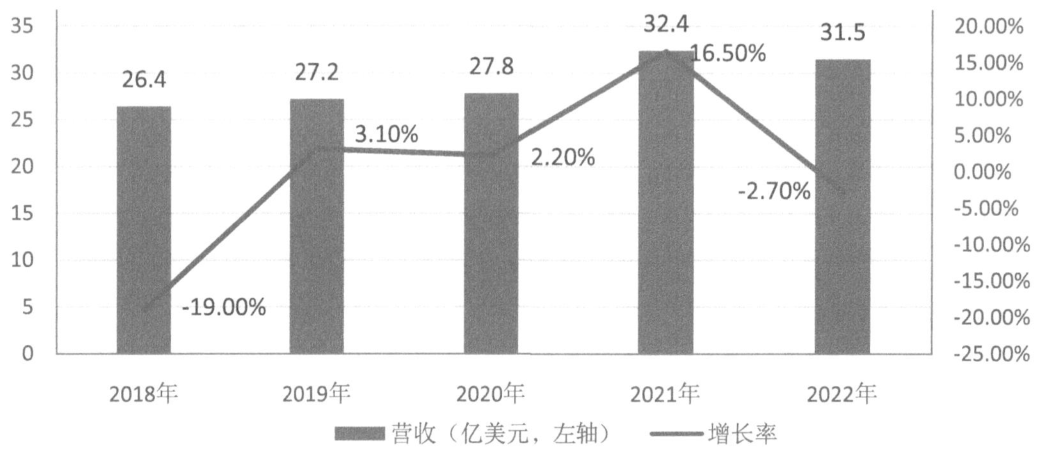

图11–11 2018—2022年洁定集团营收情况

数据来源：洁定集团企业数据，中国医疗器械行业协会。

五、迈瑞医疗

迈瑞医疗业务主要由三大部分构成。在生命信息与支持领域，迈瑞医疗产品包括监护仪、除颤仪、麻醉机、呼吸机、心电图机、手术床、手术灯、吊塔吊桥、输注泵，以及手术室/重症监护室（OR/ICU）整体解决方案等一系列用于生命信息监测与支持的仪器和解决方案的组合，包括外科腔镜摄像系统、冷光源、气腹机、光学内窥镜、微创手术器械及手术耗材等产品在内的微创外科系列产品。

“十四五”期间，迈瑞医疗主导深圳市科创委技术攻关重点项目《高性能电动呼吸模块关键技术研发》，联合中国科学院深圳先进技术研究院、深圳市第二人民医院等单位一起，在变速涡轮控制算法、自适应人机同步、自适应通气模式等关键领域取得突破，达到国际一流水平，并在呼吸机的核心部件——高性能医用微型涡轮的研发和制造上取得成功，使其实现国产自主可控。目前，该项目研发的无创呼吸机已完成注册，并已在国内和欧盟地区上市销售。

迈瑞医疗2022年发布高端无创呼吸机SV70。该产品跨越人机同步的门槛，集成多项辅助诊断功能，辅助医生制定个体化的精准通气策略。迈瑞医疗SV70的上市有助于改变慢性阻塞性肺病（COPD）患者就医难的困境，能够促进分级诊疗的落地。SV70融合涡轮感知的多信号触发技术，首先保障了呼吸机能精准识别病人的呼吸转换需求。识别之后16千赫兹的涡轮控制频率让呼吸机更快地跟随病人呼吸变化作出调整。120升/分钟的泄露补偿能力在病人即使有大量气体泄露的情况下仍能实现快速供气补偿，从而更好地满足不同患者的呼吸需求。

2022年，迈瑞医疗“重症智能呼吸机及其辅助决策系统”入围工业和信息化部人工智能医疗器械揭榜项目。此项目将联合北京协和医院、四川华西医院、南京中大医院等国内顶级医院，共同进一步深入研究AI技术在医疗设备中的应用。

目前，迈瑞医疗急救转运呼吸机TV85/TV55处于开发中，将切入新的急救转运呼吸机细分市场，加快覆盖呼吸机全细分领域，并形成完整的呼吸解决方案；与监护、除颤、泵等业务产生协同作用，完善院前院内急救整体解决方案。

新高端重症呼吸机SV900/SV700处于开发中，该产品是基于生态融合打造的新一代高端呼吸机，以智能化的诊疗工具和生态融合的功能实现机械通气的精准治疗和肺保护。

新生儿无创高频NB350H即将上市，该产品可实现新生儿的无创高频通气，减少插管率，从而减少新生儿的肺损伤。

六、鱼跃医疗

研发、制造和销售医疗器械产品及提供相应的解决方案是鱼跃医疗的核心业务，也是鱼跃医疗的主要业绩来源。鱼跃医疗产品主要集中在呼吸供氧、血压血糖、消毒感控、医疗急救、手术器械、中医器械、眼科器械、康复护理、隐形眼镜及提供医院消毒感染控制解决方案等领域，其中主要产品大致可分为三大赛道，分别为血糖、呼吸制氧以及消毒感控。

呼吸机是鱼跃医疗呼吸与制氧业务板块的核心产品之一，鱼跃医疗呼吸机产品主要分为正压呼吸机和双水平正压呼吸机，正压呼吸机适用于提供连续性呼吸道呼吸正压，主要适用于打鼾憋气、阻塞性呼吸暂停等人群；双水平正压呼吸机可供患有睡眠呼吸暂停、低通气综合征等成人患者在医院或家庭中进行双水平无创通气治疗使用。目前，鱼跃医疗正在布局研制医院场景使用的大型无创呼吸机和第三代呼吸机。

七、博毅雅

（一）企业概况

博毅雅（Breas）由复星集团全资控股，是复星医药医疗器械板块旗下成员企业。博毅雅是一家总部位于瑞典，拥有32年历史的全球性公司，专注研发生产专业呼吸通气类医疗设备，致力于呼吸护理，关注患者和护理人员。博毅雅已在9个国家设立分支机构，面向全球50多个国家和地区销售，业务涵盖广泛的设备、耗材、服务、教育及数字化功能，以提高患者从医院到家庭的生活质量。产品在全球具有较高知名度，是国际市场领先的呼吸机品牌之一。

博毅雅作为复星医药医疗器械在“呼吸健康”领域全力打造的呼吸机品牌，秉持着通过创新设备、服务、软件解决方案和客户关怀的生态系统，成为全球医疗保健提供者和呼吸系统患者的首选愿景，不断响应市场需求，帮助患者从医院回归到家庭。

海南博毅雅为中国生产中心，供应中国市场需求。其将进一步发挥中国生产智造的能力和潜力，将海南博毅雅打造为全球生产基地之一，助力中国、亚太及全球市场，成为博毅雅全球生产供应基地与物流港。博毅雅中国旨在将全球的无创通气技术引入国内，让国内患者都能更好地在家中享受医疗级别无创通气的治疗，为更多的呼吸疾病患者带来福音。

（二）新产品与新业务

博毅雅已在国内上市产品主要有如下几种：进口Z1 Auto是CPAP便携式呼吸机，帮助用户在任何环境下轻松获得舒适睡眠。iSleep20i/25睡眠呼吸治疗仪为阻塞型和综合型睡眠呼吸障碍及合并呼吸功能不全的患者提供日常呼吸支持。进口Vivo45可提供医用无创呼吸监测一体机解决方案。进口Vivo1是新一代双水平呼吸机，专为非依赖性的慢性呼吸衰竭患者提供个性化及舒适的呼吸支持。进口Vivo2是新一代双水平呼吸机，为中度呼吸衰竭解决方案。进口Vivo3为高流量氧疗与医用呼吸一体机解决方案。

海南复星博毅雅于2020年底落地海南综合保税区，于2021年上半年即依托海南自由贸易港建设先行先试的鼓励政策，在海南省药监局的专业指导下，已成功落地多个项目。从投产至2023年上半年，共计生产超4000台设备。首个进口转国产的产品注册项目是Z1 Auto的国产注册。

海南复星博毅雅待注册产品主要有Vivo3、Vivo 45。两款产品在型式检验阶段，于2023年9—10月提交注册申请，2024年项目计划落地海南并投产。此两款产品为博毅雅全球呼吸机主打产品，具备支持临床、患者家用的功能。Vivo3注册证编号为国械注进20232080123。Vivo3产品用于为患有呼吸功能不全或阻塞性睡眠呼吸暂停的患者提供通气治疗，可使用于Ⅰ型及Ⅱ型呼衰患者、重度COPD、AECOPD、ARDS急性呼吸窘迫综合症、NMD运动神经元疾病、ALS肌萎缩侧索硬化症、Ondine综合症、肺纤维化、肺癌晚期等患者。Vivo45注册证编号为国械注进20222080512，用于为患有呼吸功能不全或阻塞性睡眠呼吸暂停的患者提供无创通气。

八、怡和嘉业

（一）企业概况

北京怡和嘉业医疗科技股份有限公司（简称怡和嘉业）于2001年成立，是集自主研发、生产、销售及相关服务于一体的国内呼吸健康领域的医疗设备与耗材产品制造龙头企业，主要产品包括家用无创呼吸机、通气面罩、睡眠监测仪、高流量湿化氧疗仪、制氧机等，并提供呼吸健康慢病管理服务。

怡和嘉业产品远销海外100多个国家和地区，并在西安、天津、深圳、东莞等地设立了分、子公司，持续强化产品交付能力，对现有产品进行升级换代，进一步提升核心竞争力。2022年11月1日，怡和嘉业正式在创业板挂牌上市。

（二）新产品与新业务

怡和嘉业打造了特有的“三横、两纵”战略布局。“三横”是指家用、医用和耗材三大领域，并分别建立了三大事业部。“两纵”是指产品和服务，产品主要包括家用无创呼吸机、通气面罩、睡眠监测仪与高流量湿化氧疗仪等；服务是指依托产品建立的全套服务体系，以及逐步建立的呼吸健康管理云平台。怡和嘉业凭借丰富的核心技术与创新活动，对产品进行了多次迭代升级，并形成了丰富的产品组合。怡和嘉业于创立初期即自主研发多导睡眠监测产品，是国内最早进入该领域的公司之一；此后又相继进入家用呼吸机、耗材与慢病管理领域，自主推出多款呼吸机及通气面罩产品，并探索与构建“BMC+呼吸健康管理云”平台。2020年怡和嘉业在医用呼吸诊疗产品线上推出高流量湿化氧疗仪、无创呼吸机等。至此，怡和嘉业初步完成呼吸健康领域覆盖家用、医用、耗材以及慢病管理平台的构建，能够满足患者全周期、多场景、系统化的健康需求。

根据怡和嘉业招股书，从体量来看，家用呼吸机产品是公司最核心产品系列，2020年新冠疫情带动怡和嘉业双水平肺病呼吸机销售迅速增加，而2021年飞利浦召回事件则给怡和嘉业睡眠呼吸机创造机会；面罩作为呼吸机的必备耗材，销售额随呼吸机需求量的增加而增加；医用呼吸诊疗产品目前占比很小，但是单价较高，是怡和嘉业完善产品布局的重要举措。未来怡和嘉业将围绕功能性、舒适性、易用性等对现有呼吸机产品进行升级迭代，如推出新型轻量化产品。同时，怡和嘉业希望将产品线进一步横向拓展至制氧机与雾化器等领域，建立更加完善的产品组合，进一步拓宽海外市场等。对于医用呼吸诊疗产品，怡和嘉业战略重心为高流量湿化氧疗仪及R系列双水平无创呼吸机等医用呼吸治疗类产品，通过加大技术研发投入与完善控制算法功能，积极进行新一代设备的技术储备。

（三）经营情况

2022年，怡和嘉业实现营业总收入14.15亿元，同比增长113.6%；净利润3.80亿元，同比增长161.0%。如图11-12所示。

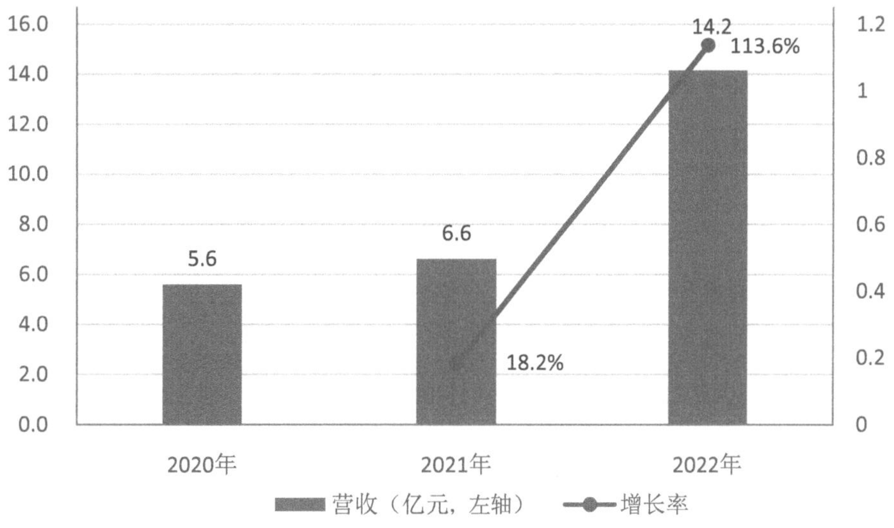

图11-12　2020—2022年怡和嘉业营收情况

九、谊安医疗

（一）企业概况

北京谊安医疗系统股份有限公司（简称谊安医疗）创立于2001年，是中国领先的麻醉和呼吸医疗设备研发制造龙头企业。谊安医疗在全球共有4个研发中心，分别位于北京、德国、美国以及上海，每个研发中心的研发方向都各不相同。在中国大陆，谊安业务覆盖全部31个省级行政区域的各级医院，装机医疗机构万余家，其中三级医院近800家。此外，谊安医疗积极开拓国际市场，在美国、德国、墨西哥、印度尼西亚、印度等地建有分支机构。目前已有56款产品获得欧盟CE认证，产品行销全球160多个国家和地区。2019年，谊安医疗成功收购德国海耶尔HEYER Medical AG（以下简称“海耶尔”），海耶尔由卡尔·海耶尔于1883年在德国创立，是国际公认的手术室和ICU医疗设备领域的专家。在谊安产品组合中加入海耶尔产品是谊安医疗向全球龙头企业进发的一大举措之一。

（二）新产品与新业务

作为中国领先的麻醉和呼吸医疗设备研发制造龙头企业，谊安医疗的产品主要覆盖两大业务板块：一是麻醉和手术室业务，产品包含麻醉机、手术灯、手术床、麻醉监护等；二是机械通气和呼吸病管理业务，产品包括呼吸机、呼吸监护、制氧机及数字化ICU等。

目前谊安的呼吸机产品线主要是治疗性呼吸机和急救型呼吸机。治疗性呼吸机包括VG55、NeoHiF-7、VG70等5种产品，包含无创及有创两种机型，适用于各类型病人。急救型呼吸机则只有Shangrila一个系列，包括510S和510两种产品。Shangrila 510S为急救转运呼吸机，结构紧凑，重量轻、可手提，适用于院内、院前、院间转运。510呼吸机的使用场景则为野外和救灾环境，为现有市场上装机量最大的呼吸机。

高流量呼吸湿化治疗仪NeoHif-i5作为谊安健康推出的家庭慢呼衰全新解决方案，以高流量、精准氧浓度、加温的空氧混合气体、精准湿化，为患者进行有效的呼吸治疗，可迅速改善患者氧合水平，保持气道黏液纤毛的正常运转。谊安VG55呼吸机目前实现了无创通气领域的重大突破，保证了患者在无创通气发生漏气时能够准确捕捉患者的每一次触发需求，真正意义上让患者轻松呼吸。

谊安VG70呼吸机是国内第一台涡轮型呼吸机，支持有创、无创序贯通气；电动电控，摆脱气源依赖，可用于转运；优良的无创通气性能，漏气补偿达60升/分钟；长寿命静音涡轮，寿命长达3万小时。适用于成人、儿童及婴幼儿。

十、科曼医疗

（一）企业概况

科曼医疗是一家医疗设备研发型企业，创立于2002年，总部位于深圳，目前员工约为1600名。近年来，科曼医疗公司版图不断扩张，现设有26家国内分公司、6家国外分公司，服务于全球130个国家和地区的5万家医疗机构和社会服务保障机构，预计服务超3亿人次。

作为研发型医疗公司，科曼医疗在研发上的投入力度较大。截至目前，科曼医疗共取得600余项知识产权，公司研发人员占总人数1/3，其中80%来自于985、211重点高校。2020年9月，科曼医疗实验中心获得中国合格评定国家认可委员会国家实验室认可证书。该证书的取得，表明科曼医疗实验中心的检测技术能力达到国际水平。

（二）新产品与新业务

随着科曼呼吸机系列产品种类日益丰富，目前从院前急救到院内序贯治疗，从新生儿到成人，涵盖医院各科室应用场景。2022年，科曼医疗发布了定位于重症和亚重症患者机械通气临床序贯治疗需求的高端综合型治疗呼吸机V8。V8可实现中央空气气源与备用空气气源（可迅速切换），VS-10高性能涡轮供气，响应更快、噪音更低、寿命更长，最大流速≥210升/分钟。具有高级通气PPS/AMV+iV-Cycle™（同步增强技术），通过无创通气模式，低至2毫升高精度通气，适用成人、小儿、新生儿，满足临床有创、无创、氧疗、脱机序贯治疗。全新搭载iV-Cycle技术的高端无创呼吸机NV70，国内首创新生儿小儿无创高频振荡通气呼吸机NV10。

第十二篇 重组胶原蛋白行业发展报告

第一章 行业概述

一、胶原蛋白

（一）定义和功能

自然界中蕴藏着极为丰富的生物大分子物质，它们是自然界赋予人类非常重要的物质资源和宝贵财富。其中，蛋白质材料，例如胶原蛋白、蛛丝蛋白、蚕丝蛋白、贻贝蛋白、弹性蛋白等，由于其独特的材料特性，近年来受到国内外研究者的广泛关注。

胶原蛋白（collagen）是发现最早、含量最丰富的一类细胞外基质蛋白，广泛地存在于人与动物皮肤、肌肉、骨骼及内脏中，对维护细胞、组织和器官的正常生理功能和修复损伤有重要作用。胶原蛋白因其具有优异的理化性质、生物学功效性和生物相容性、可生物降解等特性，在食品、化妆品、营养保健等领域已广泛应用。

1.定义

胶原蛋白的英文名是collagen，也称胶原多肽（collagen peptide）。胶原蛋白在以三股螺旋状态存在于机体组织时，通常被称为胶原，英文名字也是collagen[2]。胶原是细胞外基质的关键结构成分，存在于所有组织和器官内，包括皮肤、骨骼、肌腱、韧带、软骨和其他特定组织。胶原不但为组织提供强度、耐久性和柔韧性，还广泛参与特定的生物相互作用。在所有多细胞动物的细胞外基质中均发现了胶原的存在，包括海绵动物、无脊椎动物和脊椎动物。

胶原通常由3条胶原肽链组成，这些肽链被称为α链，有些胶原分子中α链是相同的；有的2条α链相同而1条不同；有的3条α链则各不相同。由此，对于胶原和胶原蛋白的定义则是：胶原是细胞外基质的结构蛋白，分子中至少应该有一个结构域具有1个或几个由α链组成的三螺旋结构的区域，即胶原域。每1条α链即为1个胶原蛋白分子，胶原是由3个胶原蛋白分子以右手螺旋方式拧成的三螺旋结构。

2.功能

胶原作为一种天然蛋白质大分子，是重要的生物可降解材料。胶原在人体内的功能主要有如下方面。

（1）免疫原性低。胶原结构重复率较高，相比其他具有免疫原性的蛋白质，胶原免疫原性更低。因为胶原的主要免疫原性位点是在分子的C、N末端区域，该区域被称为端肽，由短的非螺旋氨基酸序列组成。在胶原提取过程中，端肽会被选择性水解或者去除而失去活性，仅在胶原分子的三股螺旋结构内保留一些微弱的免疫原性。

（2）可生物降解性。胶原紧密的螺旋结构使得大多数蛋白酶只能切断胶原的侧链，破坏胶原分子之间的交联。胶原肽键只有在胶原酶作用下才会被破坏，人体内部组织中存在的胶原酶对促进胶原降解发挥很大作用。

（3）生物相容性。胶原具有良好的亲和性，能够帮助细胞和组织维持正常的生理功能。同时，优良的亲和性有利于细胞外基质网络构成，提高细胞黏附性，使得胶原具有一定的修复作用。

（4）促进细胞生长。胶原是细胞生长的良好培养基质，在细胞的迁移、增殖过程中，胶原不仅提供营养基础，还起到支架作用。胶原能引导上皮细胞迁移到人体组织缺损区，从而促进上皮损伤修复及细胞生长。同时，胶原的降解产物能够被新生细胞利用，合成新的胶原，在细胞中起到连接作用。

（5）止血性。胶原具有促进血小板凝聚和血浆结块功能，与血液接触后，血液中的血小板会与胶原纤维吸附在一起，发生凝集反应，从而生成纤维蛋白，促进血浆结块，进而形成血栓，达到阻止流血、促进凝血的目的。由于胶原在人体组织中的重要作用以及作为生物材料的突出优势，国内外学者从多方面多角度对胶原进行了研究和探索，特别是胶原的合成与制备、活性胶原多肽的设计开发、胶原类材料新功能的探索和各类型胶原基材料及医用材料的开发制造。目前使用胶原制造的部分组织工程材料和生物医用材料已经在临床上取得成功，广泛被临床医生和患者接受。

（二）胶原蛋白的类型

从遗传学到分子结构，胶原都是有不同类型的蛋白质家族。不同种族、不同组织中的胶原有着不同的化学组成或不同的构型。组成原胶原分子的每种α肽链都可以分为若干亚型，如α1（Ⅰ）、α1（Ⅱ）、α1（Ⅲ）、α1（Ⅳ）、α1（Ⅴ）、α2（1）、α2（Ⅵ）、α3（Ⅳ）等，每一条α链都有一种基因编码。从理论上讲，20多种α肽链可组成1000种以上的胶原，但到目前为止，还只发现了28种不同的胶原，今后还有可能继续发现新的胶原类型。按照被发现的先后顺序分别称之为Ⅰ型胶原、Ⅱ型胶原和Ⅲ型胶原，以此类推。

根据胶原蛋白在体内的分布和功能特点，可以将胶原分成间质胶原、基底膜胶原和细胞外周胶原。按功能，可将胶原分为两组，第一组是成纤维胶原，包括第Ⅰ、Ⅱ、Ⅲ、Ⅴ、Ⅺ、XXⅣ和XXVⅡ型胶原；其余是第二组，非成纤维胶原。非成纤维胶原的α链既含有三螺旋域（胶原结构域，COL），还含有非三螺旋域（非胶原结构域，NC）。非成纤维胶原可进一步分为7种：（1）FACIT族胶原，是一类纤维结合的胶原，具有中断的三螺旋，包括Ⅸ、Ⅻ、XⅣ、XⅥ、ⅫX、XX、XXI和XXⅡ型胶原；（2）网状结构胶原，包括Ⅳ、Ⅷ和X型胶原；（3）念珠状原纤维胶原，包括Ⅵ型胶原；（4）锚定原纤维或纤丝胶原，包括VⅡ和XVⅡ型胶原；（5）跨膜区胶原，包括XⅢ、XⅧ、XXⅢ和XXV型胶原；（6）内皮抑素相关胶原，包括XV和XVⅢ型胶原；（7）结构尚未明确的胶原，包括XXⅡ和XXⅥ型胶原。

对人体来说，最常见胶原主要有4种形态，其中数量最大的是Ⅰ型胶原。胶原Ⅰ型主要存在于成人皮肤和骨组织；胶原Ⅱ型主要存在于软骨组织；胶原Ⅲ型主要存在于婴幼儿皮肤或血管、内膜、肠、胃器官；胶原Ⅳ型主要存在于各组织器官的基底膜、胎盘和品状体。

（三）动物源提取法获得的胶原蛋白原料

提取动物源胶原蛋白的方法主要有酶解法、中性盐法和酸解法，其中酶解法和酸解法的产业化应用更为广泛。常用的原料有牛跟腱、猪皮、牛小肠、牛软骨、猪软骨和鱼皮等。酶解法速度快、效率高、得率高、所得产物理化性质稳定。企业常使用胃蛋白酶、胰蛋白酶等蛋白酶限制性切割端肽，以提升胶原蛋白在中性溶液或酸溶液中的可溶解性，得到保持完整的三螺旋结构的酶溶性胶原蛋白。蛋白酶的加入显著提高了胶原蛋白的得率，降低了免疫原风险，提升了产品品质，因此酶解法常被用于提取高品质胶原蛋白。

酸解法提取成本较低，但提取时间长，产率较低，产品有较高免疫原风险。酸解法是指样品在经过前期除脂、除杂蛋白后，将其置于低离子强度的酸性介质中，让胶原蛋白分子之间的盐键、schiff键受到破坏，从而将胶原蛋白溶解出来，通过盐析、透析等步骤最终得到酸溶性胶原蛋白。酸解法提取的胶原蛋白同样能保持完整三螺旋结构，但由于非螺旋区未得到切除，可能有更高的免疫原风险，因此酸解法常用于从猪皮中提取食用级胶原蛋白。

动物源提取法的过程可大致分为处理、溶出和纯化这3个步骤。处理：动物组织的去脂、切片、清洗、消毒和粉碎等；溶出：添加蛋白酶、酸性介质进行反应；纯化：盐析、透析、纯化等工艺。创尔生物掌握“生物医用级活性胶原大规模无菌提取制备技术”，核心技术细分为：一是原料前处理工序精准加工技术；二是精细化酶法提取技术；三是高纯度胶原制备技术；四是动物来源材料免疫原性清除技术；五是高效病毒灭活技术；六是产品最终灭菌技术，实现多个制备环节的应用，保证提取的活性胶原的强活性、高纯度、生物相容性俱佳及质量稳定。

二、重组胶原蛋白

（一）研究概况与定义

对于胶原蛋白的提取，通过动物源提取由于存在免疫性和病毒性两大问题，在实际操作过程中对于各项操作要求提出了更高的标准。此外，表达量的低下和规模化生产的困难也是一大挑战。

30多年前，研究人员开始使用重组DNA技术制备重组蛋白的研究。1987年，Schnieke通过将人Ⅰ型胶原蛋白α1链基因引入pro α1（Ⅰ）缺陷型Mov-13小鼠细胞中并分离纯化得到了由两条人α1链和一条小鼠α2链组成的稳定异源三聚体。经过30多年的技术发展，与人胶原蛋白氨基酸序列一致的重组胶原蛋白在中国已经实现了规模化制备，与之相关的医疗器械和皮肤护理产品得到了广泛的研究和应用。在生物材料或生物医学领域中，重组胶原蛋白已成为动物源胶原蛋白材料的一种有吸引力的替代方法。中国的重组胶原蛋白相关研究以及产业化起步于20世纪90年代，且目前在临床中已实现较大规模的应用。

重组胶原蛋白是通过将胶原蛋白的天然基因序列或重新优化设计的基因序列，导入选定的宿主细胞中，如大肠杆菌和酵母菌，经过培养、发酵、分离纯化等工艺，获得的具有一定天然胶原蛋白特征和主要功能的蛋白质。由于重组胶原蛋白分子单一、结构清晰、易于控制，因此在生物医学及组织工程领域具有很好的潜在应用价值。此外，重组胶原蛋白技术可以用于无法从组织中规模化获取的胶原蛋白类型的大量生产及一些在其他动物群体（包括鸟类和海洋物种）中存在的独特胶原蛋白类型的生产。

通过重组DNA技术提取胶原蛋白的流程为：获取目的基因及质粒构建和扩增→菌种培养→种子培养→发酵生产→分离→均质→分离→纯化等步骤，而用基因工程提取胶原蛋白技术上的难点在于获取目的基因及质粒构建和扩增（即基因片段的选择及三螺旋结构的构建）、细胞转染、蛋白纯化等环节。

根据最新的行业标准YY/T 1849《重组胶原蛋白》，对于重组胶原蛋白的定义为：是指采用重组DNA技术，对编码所需人胶原蛋白的基因进行遗传操作和/或修饰，利用质粒或病毒载体将目的基因带入适当的宿主（细菌、酵母或其他真核细胞等）中，表达并翻译成胶原蛋白或类似胶原蛋白的多肽，经过提取和纯化等步骤制备而成。

（二）重组胶原蛋白的表达体系（合成生产载体）

常见的有5种表达体系：原核细菌蛋白表达系统（大肠杆菌等）、真核酵母蛋白表达系统（毕氏酵母/酿酒酵母等）、真核昆虫细胞蛋白表达系统（被杆状病毒感染的昆虫细胞等）、真核哺乳动物细胞蛋白表达系统（CHO细胞、HEK293细胞等）、植物表达体系（烟草、番茄等）。不同的表达体系得到的重组蛋白活性、复杂程度及表达率存在差异，常根据下游应用及生产需要选择相应的表达体系。

1.原核生物（大肠杆菌）表达体系

大肠杆菌表达系统是目前应用最广泛的蛋白质表达系统，其遗传背景清晰、发酵成本低、生产周期短、效率高，可以快速大规模生产外源蛋白，具备规模化生产外源蛋白的潜力。大肠杆菌已被成功用于表达多种重组类人胶原蛋白，常见载体包括pGE、pET系列，尽管所表达的胶原蛋白通常缺乏羟基化，仍能表现出良好的热稳定性。范代娣教授团队利用大肠杆菌表达发酵获得的不同类型的重组Ⅰ、Ⅱ、Ⅲ型胶原蛋白（分子量分别为97、110、130千道尔顿），其最高产量达14克/升，构建了不同类型和不同分子量的胶原蛋白分子库。王皓在大肠杆菌系统中表达类人胶原蛋白基因COL6A2，重组类人胶原蛋白（分子量为30千道尔顿）。李瑛琦等构建大肠杆菌表达菌株以表达类人Ⅲ型胶原蛋白，并发酵扩大培养提升类人Ⅲ型胶原蛋白（分子量为13千道尔顿）的产量可以达到3.02克/升。杨霞采用大肠杆菌表达系统表达一种单链重组类人胶原蛋白，由人Ⅲ型胶原蛋白肽段作为基本重复单元（30个氨基酸残基）重复16次后连接人胶原蛋白Ⅱ型肽段（10个氨基酸残基）为末端，通过发酵实现制备。

然而，一方面，大肠杆菌由于自身缺乏脯氨酸羟化酶，因此在单独表达胶原蛋白时不能获得羟基化的胶原蛋白，无法有效形成三螺旋结构，进而抑制天然结构胶原分子到胶原纤维的自组装。细菌体系表达重组胶原蛋白存在的羟基化问题可以通过转导羟化酶来解决。另一方面，虽然在大肠杆菌中可获得羟化的类人胶原蛋白，但产量普遍不高，为满足市场上对胶原蛋白的需求还须不断的探索与改进。

2.酵母表达体系

酵母表达体系因其易于遗传修饰，且具有合成翻译后修饰和蛋白质折叠所需酶的能力，理论上具有易高细胞密度发酵和低成本优势等优点。迄今为止，利用酵母表达人胶原蛋白的研究较多，如毕赤酵母、汉逊酵母和酿酒酵母等，其中利用毕赤酵母工程菌表达获得的重组人胶原蛋白的表达量和羟化效率最高。Myllyharju等将人Ⅰ、Ⅱ和Ⅲ型胶原蛋白编码基因整合到含脯氨酸羟化酶的毕赤酵母工程菌中，获得的重组胶原蛋白均能被充分羟基化，且通过持续供氧使产量达到0.2~0.6克/升，获得的人Ⅰ、Ⅱ和Ⅲ型胶原蛋白的分子量为116~200千道尔顿。FibroGen公司采用该技术生产重组类人Ⅰ和Ⅲ型胶原蛋白，并应用于止血剂和角膜再生材料商业化产品的研发。范代娣教授课题组在毕赤酵母GS115中实现了人Ⅰ型和Ⅲ型胶原α1链基因和脯氨酸-4-羟化酶基因共表达，实现羟化人Ⅰ型和Ⅲ型胶原蛋白α1链（分子量为130千道尔顿）（无N端前肽和C端前肽）的高效生产，酵母体系重组胶原蛋白分别被用于研制创伤修复材料、注射凝胶类材料及软骨修复类等医学领域。徐立群表达了重组Ⅵ型胶原蛋白（分子量为32千道尔顿），为其活性功能的探讨及其生产奠定基础。杨树林教授课题组以人Ⅲ型胶原蛋白α1链编码基因为模板，在毕赤酵母细胞中表达重组胶原蛋白（分子量55千道尔顿），12.5升发酵罐体系表达量为3.81克/升。钱松等分别在毕赤酵母SMD1168中实现编码人Ⅰ型胶原蛋白α1和Ⅱ型胶原蛋白α1链的优化基因的表达，实现了成熟全长的人Ⅰ型胶原蛋白α1链（分子量为97.15千道尔顿）和成熟全长Ⅱ型胶原蛋白α1链（分子量为98.5千道尔顿）（均为包含N端前肽、三螺旋区域、C端前肽的成熟全长氨基酸序列）的高效生产表达。侯增淼等基于人Ⅰ型胶原蛋白Gly-X-Y序列设计编码亲水性Gly-X-Y胶原肽段的核苷酸序列，构建类人胶原蛋白毕赤酵母工程菌，获得表达量达4.5克/升，纯度大于95%的重组类人胶原蛋白（分子量为38千道尔顿）。总体而言，重组胶原蛋白能够通过与脯氨酸-羟化酶在毕赤酵母中共表达以实现充分的羟基化，且随着发酵产量的逐步提高，具备了工业化生产前景。酿酒酵母也被许多人用来生产重组胶原蛋白。Chan等设计了含有脯氨酰羟化酶的酿酒酵母可制备Ⅲ型胶原蛋白（分子量为190和270千道尔顿），但脯氨酸羟基化水平约0.5%，显著低于天然人胶原蛋白[4]。Vaughn等采用不同的克隆策略提升了Ⅲ型胶原蛋白（分子量为30和60千道尔顿）的羟基化水平，但仍低于天然胶原蛋白。

虽然酵母重组人胶原蛋白与天然人胶原蛋白相似度更高，但多为同源三聚体。然而，相对更难表达的异源三聚体胶原，如人Ⅰ型胶原，由于其在组织中含量最高、被研究报道得最多，同时科学界对其性能安全性了解最清晰，因此在生物医药或组织工程等领域比同源三聚体胶原，如Ⅱ和Ⅲ型胶原，具有更广泛的潜在应用前景。Toman等采用优化克隆表达脯氨酰羟化酶两个亚单位的在酿酒酵母，成功制备人Ⅰ型胶原蛋白α1链和α2链，其α1链和α2链比例与天然Ⅰ型胶原具有的比例（2∶1）相似。Olsen等通过去除对于Ⅰ型胶原蛋白三螺旋结构非必需的N-和C-区域，以提高酿酒酵母生产重组人Ⅰ型胶原蛋白的产量。

3.植物表达体系

重组胶原蛋白已经在几种植物系统中被成功表达，如玉米（zea mays）和烟草植物（nicotiana tabacum）中的植物细胞，通过与羟基化酶共表达能够产生重组Ⅰ型胶原同源三聚体（分子量为70.0~120.0千道尔顿），但通常存在着外源蛋白表达量低等问题。Merle等通过共表达人Ⅰ型胶原蛋白α1链基因和嵌合的P4H基因至烟草植株，成功制备羟基化的同源三聚体重组Ⅰ胶原蛋白（分子量为120.0千道尔顿）。这是第一次在烟草中运用瞬时表达技术，共表达动物细胞来源修饰酶，以提高植物中重组蛋白的质量。Eskelin等以大麦种子作为宿主，表达了人Ⅰ型胶原蛋白的α1链（分子量为45千道尔顿）。Stein等在烟叶中将人Ⅰ型胶原蛋白α1链和α2链编码基因、人源脯氨酸羟化酶和赖氨酸羟化酶基因进行共表达（分子量为170.0千道尔顿），产量为20克/升，且羟脯氨酸和羟赖氨酸的含量分别为7.55%和0.74%，羟基化程度与天然人Ⅰ型胶原蛋白非常接近。该技术已被Collplant公司用来商业化生产重组Ⅰ型人胶原蛋白用于临床应用的产品中。

4.昆虫表达体系

昆虫杆状病毒表达载体系统（baculovirus expression vector systems，BEVS）是由杆状病毒表达载体和病毒感染的昆虫宿主组成的二元表达系统，由于其可以对真核蛋白进行翻译后加工等过程而被广泛地用于真核基因的体外表达。而且，昆虫是杆状病毒的自然宿主，不会感染其他动物、植物及人类，具有较高的安全性。Nokelainen等构建了两株杆状病毒表达系统，其中一株编码Ⅱ型胶原α链，另一株编码人P4H的α和β亚基，共转染昆虫细胞后，成功表达了具有稳定三螺旋结构的人Ⅱ型胶原蛋白（分子量为120.0千道尔顿），表达量达50毫克/升。齐琦等研究了利用重组杆状病毒多基因表达系统来高效表达人Ⅱ型胶原蛋白全序列。利用重组病毒Bm NPV-ColⅡ-IM注射5龄起家蚕幼虫，得到的重组人Ⅱ型胶原蛋白（分子量为300.0千道尔顿）可高达约1毫克/头。但是，昆虫杆状病毒表达系统也存在着一定的缺陷，例如无法连续表达异源蛋白，无法产生复杂的糖基侧链。分离的昆虫细胞也被用作重组胶原蛋白表达系统，如由甘蓝夜蛾（trichoplusia ni）获得的克隆High FiveTM（HF）昆虫细胞。在没有重组脯氨酸-羟化酶P4H的情况下，HF细胞能够表达含4-羟基脯氨酸的重组人Ⅲ型胶原蛋白，但热稳定性较低。添加重组脯氨酸-羟化酶P4H或在培养基中添加抗坏血酸均可提升胶原的羟基化水平和热稳定性。Tomita等构建了胶原蛋白表达载体，并采用基因植入方法，通过转基因蚕的丝腺分泌表达人Ⅲ型胶原蛋白片段（分子量为53、75 、88千道尔顿），长度为天然人Ⅲ型胶原蛋白全长的1/5，含量约占蚕茧干重的1%，且脯氨酸羟基化不充分。Adachi等采用多基因共表达技术以实现Ⅰ型胶原蛋白α1链和高活力脯氨酸羟基化酶P4H的共表达，转基因蚕的P4H活力是野生型的130倍，利用转基因蚕的中部丝腺分泌表达人Ⅰ型胶原蛋白α1链，表达量提高到蚕茧干重的8%，但所表达的人Ⅰ型胶原蛋白链（分子量为120.0千道尔顿）缺乏羟脯氨酸，不能形成三螺旋结构。

5.哺乳动物或人细胞表达体系

利用现代分子生物学技术，重组DNA可以被导入受精卵整合到宿主基因组中，实现重组胶原蛋白在转基因动物各组织和器官中的表达。John等在转基因小鼠乳腺中表达了完全羟基化的重组胶原蛋白（分子量为60千道尔顿）。Toman等在转基因小鼠乳腺内成功表达了可分泌、可溶性、具有螺旋结构的人Ⅰ型原胶原同源三聚体（分子量为160千道尔顿），表达量高达8毫克/毫升。Hou等在中国仓鼠卵巢内表达人Ⅶ型胶原蛋白（分子量为290千道尔顿）。多种人类细胞系，包括纤维肉瘤细胞（HT-1080）和胚胎肾细胞（293-EBNA）被成功用于制备重组人胶原蛋白Ⅰ型、Ⅴ型（分子量为120和250千道尔顿）和Ⅶ型（分子量为290千道尔顿）。然而，目前细胞表达体系制备重组胶原蛋白因产量低不能满足工业规模生产的需求，而转基因哺乳动物是重组人胶原蛋白可能的高产来源。

（三）重组胶原蛋白的优势

重组胶原蛋白相比传统方法提取的动物源性胶原，水溶性更好，可加工性能更强，并且具有组分单一、制备过程可控、生产周期短等特征，产品品质也更容易控制。因此，重组胶原蛋白在生物材料和生物医学等领域中具有广泛的应用前景。

重组胶原蛋白的优势主要表现在:（1）通过基因工程手段在不影响胶原蛋白功能的条件下增加其亲水性氨基酸的含量，从而提高重组胶原蛋白的亲水性，使它们在实际应用中，特别是组织工程材料构建过程中更易于使用。（2）重组单链结构胶原具有更多的活性结合位点，即便是三螺旋结构的重组胶原蛋白也会比天然人组织胶原结构更为松散，暴露出更多生物活性区域，易于与细胞或其他生物活性分子间发生相互作用，在许多方面可能表现出更强的生物活性。例如，重组胶原蛋白具有更强的促成纤维细胞募集、黏附、增殖和迁移的能力，在皮肤修复及皮肤组织工程领域展现出更强的功能性。

（3）对于具有催化氧化反应特性的金属离子如铁、铜、汞、镉，具有更强的螯合能力，从而发挥更优异的抗氧化特性、减少皮肤氧化损伤和美白的作用。（4）强化了胶原蛋白富集血小板和凝血因子的能力，表现出更优异的止血与促伤口愈合能力。（5）通过重组技术能够实现胶原蛋白分子进行理性设计和改造，生产天然胶原蛋白的新变体，例如，具有更多数量或种类活性官能团的新胶原蛋白分子、具有多重复特定功能结构域的新胶原蛋白序列，以及基于胶原与其他类型分子（如生长因子）的新嵌合构建体。针对特定应用需求以实现胶原蛋白的理性设计和合成，进一步强化胶原蛋白的功能性，以适应食品、化妆品、生物材料等不同领域的应用需求。

第二章　市场发展分析

一、全球胶原蛋白及相关产业市场规模

（一）全球胶原蛋白市场规模

1951年开始，随着明胶的研究进展，人们对胶原蛋白的关注也越来越多，其应用也渐渐广泛起来。20世纪80年代以来，欧美日逐步形成胶原蛋白的产业链。

国外胶原蛋白的研究和生产大都始于明胶生产企业，包括日本新田、日本日皮（Nippi）、法国罗塞洛、德国嘉利达（GELITA）、比利时普邦明胶（PBGelatins）等。老一代胶原蛋白公司的原料仍以动物源（猪牛鱼等）为主，涵盖了Ⅰ型-Ⅴ型胶原蛋白，应用领域也主要集中在食品、保健品、皮具等，其中，罗塞洛、日皮覆盖领域较为多元化，涉及食品、化妆品、制药、材料等诸多领域。

到2030年胶原蛋白市场将达到199亿美元，复合年增长率10.2%。根据Grand View Research的最新报告，到2030年，全球胶原蛋白市场规模预计将达到199亿美元，2023—2030年复合年增长率为10.2%。包括食品和饮料、医疗保健和化妆品等各种应用。

主要产品来源是猪、牛、海产品和家禽，它存在于软骨、牛骨和皮革中。由于牛的高可用性和牛肉产量的增加，牛胶原蛋白的供应量非常丰富。此外，猪来源被认为比牛来源更好，因为猪与人类中发现的胶原蛋白相似。与牛来源的胶原蛋白相比，猪来源的胶原蛋白传播感染和过敏的威胁较低。预计这将增加未来几年对猪肉的需求。

在北美，医疗保健、化妆品、食品和饮料等各个行业的产品需求预计将出现显著增长。此外，消费者对健康饮料日益增长的偏好，预计将对该地区市场产生积极影响。强大的医疗保健行业的存在，加上医疗保健公共支出的增加，尤其是在美国，预计将使该地区市场受益。对软糖糖果产品的需求不断增长，预计将在未来几年推动整个地区的产品需求。如图12-1所示。

（二）全球胶原蛋白原料主要来源与应用分布

1.胶原蛋白原料主要来源

牛源细分市场主导市场，2022年份额收入最高，达到34.9%。这是由于牛的供应量高且价格较低，因此与其他来源相比占据了更大的份额。生物医学应用中对牛产品的需求不断增长，以治疗关节炎、改善皮肤健康和骨质疏松症等不同的医疗状况。反过来，这预计将推动预测期内的市场增长。此外，与其他来源（尤其是海洋）相比，市场上牛类产品的合理价格预计将在不久的将来推动对牛胶原蛋白的需求。

猪胶原蛋白由猪的皮肤、组织、骨骼和韧带制成。它被广泛使用，因为它像人类胶原蛋白一样，可以降低过敏反应的风险。将猪皮切成小块，放入乙酸中几天即可提取产品。它用于皮肤组织工程、眶周重建和慢性肌肉骨骼疼痛治疗。它还存在于面霜、面部凝胶和面膜等化妆品中，有助于减少皱纹和增强皮肤弹性。

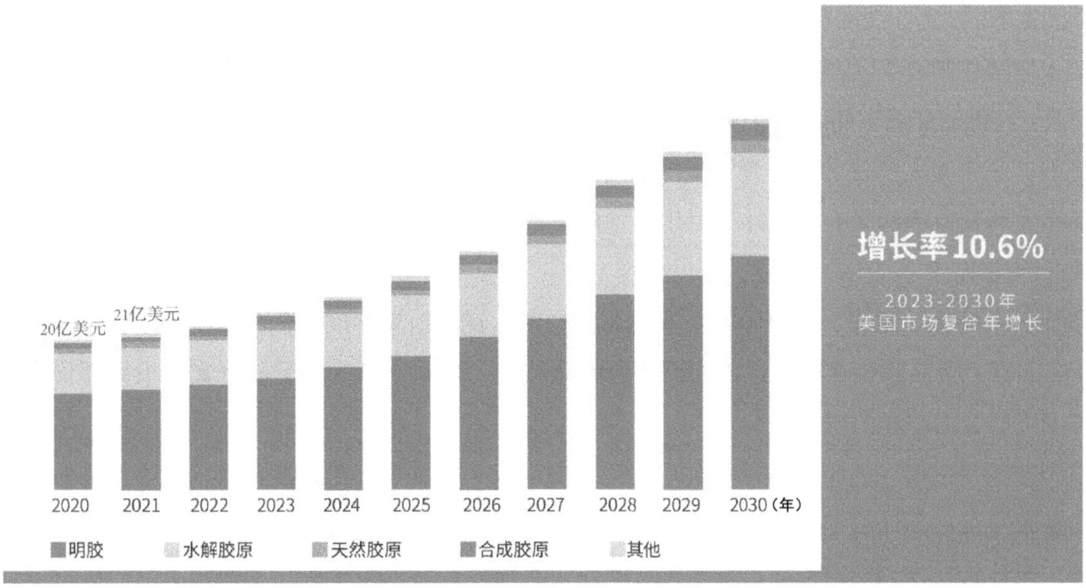

图12-1　美国胶原蛋白（不同类型产品）市场规模预测

数据来源：Grand View Research。

家禽来源包括家禽品种，例如鸡、鸭、鹅和火鸡。鸡肉是家禽胶原蛋白的主要来源。鸡胶原蛋白源自鸟类的软骨、骨骼和组织。使用鸡胶原蛋白治疗关节和关节炎疾病可以增强整体免疫力。由于越来越多地使用鸡肉胶原蛋白来治疗关节问题，预计家禽来源市场将迅速扩大。

海洋胶原蛋白用于多种保健品中，以改善骨骼健康、治疗关节炎和保护胃肠道黏膜。它越来越多地在化妆品中用作保湿剂和天然保湿剂。海洋胶原蛋白化妆品配方的性质、构型结构和性质、种类和捕获来源各不相同。由于海洋产品对皮肤有多种益处，化妆品制造商现在正专注于开发海洋来源的化妆品配方。

2.胶原蛋白相关产品的应用领域分布

COVID-19大流行对整个食品和饮料行业产生了重大影响。一方面，隔离规定导致供应短缺和供应链中断，导致国内市场参与者陷入困境。另一方面，对具有多种健康益处的高营养价值产品的需求不断增加。胶原蛋白通常是从旨在帮助老年人的补充剂中获取的。老年人口对补充剂的需求不断增长，可能会改善健康、免疫力和整体福祉。此外，由于流行病，消费者对食品和饮料产品标签变得更加谨慎。预计这将为食品和饮料制造商提供扩展业务的过剩机会。

医疗保健预计将成为推动市场增长的主要应用领域。外科手术、伤口敷料和药物输送机制对优质产品的需求预计将在预测期内推动行业增长。胶原蛋白用于制造伤口覆盖物，伤口覆盖物通常用作严重烧伤和疮口的敷料材料。这些伤口覆盖物可以吸收组织分泌物，从而使受影响区域更快愈合。可用于治疗部分/全层创面、无渗液创面、植皮无渗液及肉芽或坏死创面、慢性不愈创面、二度烧伤等。

消费者对胶原蛋白益处的认识不断增强，这归因于美容补充剂领域的增长。补充剂可增加皮肤弹性和结缔组织强度，改善皮肤纹理。此外，这些补充剂还可以促进健康、年轻的皮肤形成，并有助于减少细纹和皱纹的出现。同时，胶原蛋白有助于产生其他有助于塑造皮肤的蛋白质，例如弹性蛋白和原纤维蛋白。摄入注入胶原蛋白的补充剂可以滋润皮肤并促进皮肤再生。预计这些因素将在预测期内引发产品需求。

亚太地区在2022年以最高收入份额（22.4%）主导市场。这归因于印度和中国等主要经济体的快速发展，预计将推动市场空间。经济体中成熟的肉类加工业的存在可能会导致自有消费生产水平的提高。

例如，来自澳大利亚的绵羊胶原蛋白，由于该产品在行业中的垄断地位而变得越来越重要，从而促进了澳大利亚市场的增长。此外，用于手术配方的胶原蛋白薄膜和配方的需求增长，预计将推动该地区的产品需求。

印度引入的优质品牌，加上国际企业的高额投资，正在引发印度的化妆品生产。The Face Shop和Kiehls India等主要品牌正在提供注入胶原蛋白的化妆品，这些产品受到了消费者的积极评价，从而引发了印度胶原蛋白市场的增长。

欧洲胶原蛋白市场的特点是存在欧盟委员会制定的严格法规。在骨骼和组织重建补片的制造中使用高质量胶原蛋白预计将推动市场增长。此外，用于制造肉类胶原蛋白肠衣的纯化胶原蛋白的需求不断增长，预计将在预测期内推动市场增长。此外，海洋胶原蛋白用于医疗和营养用途的日益增长，预计将有助于扩大英国的胶原蛋白市场规模。

北美胶原蛋白市场预计将受到医疗保健、化妆品、食品和饮料等各种最终用户行业增长的推动。此外，消费者对健康饮料日益增长的偏好，预计将对该地区市场产生积极影响。该区域市场预计将受益于强大的医疗保健行业的存在以及医疗保健公共支出的增加，特别是在美国。对该产品的需求预计将受到对软糖糖果产品需求不断增长的推动。如图12–2所示。

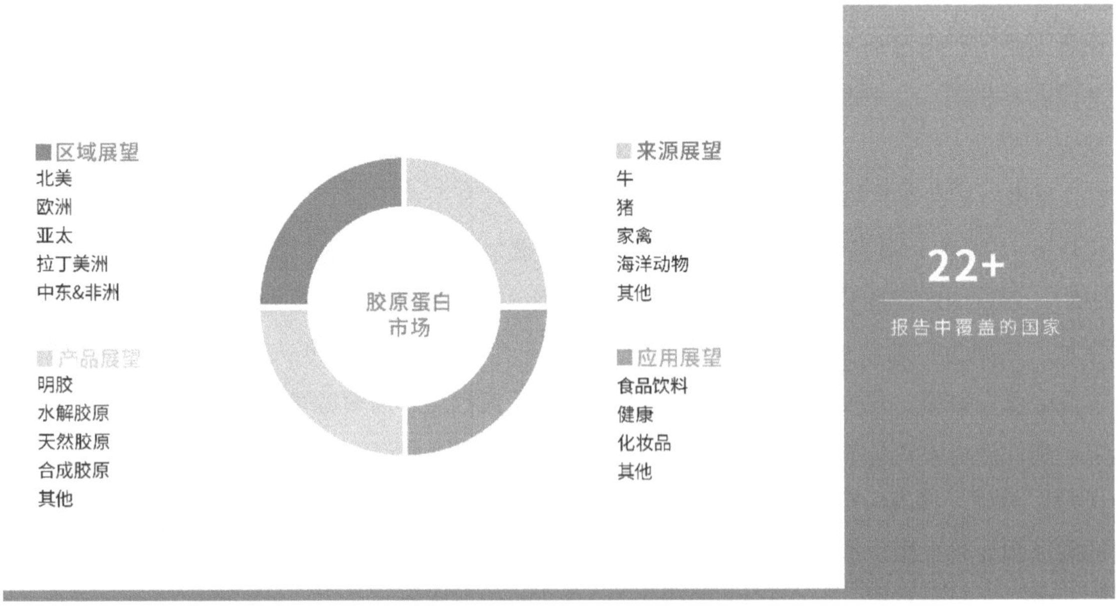

图12–2　国际胶原蛋白细分市场预测

数据来源：Grand View Research。

（三）医疗应用细分领域的市场现状

1.高端创伤敷料机遇已至稳步发展状态

高端创伤敷料以更卓越的产品特性与效果充分迎合当下快节奏、追求高效的社会需求。据Grand

View Research数据显示，全球高端创伤敷料市场规模已从2015年的56.2亿美元升至2019年的65.8亿美元，复合年均增长率为4.0%，预计2026年市场规模可达88.2亿美元。在众多细分产品中，胶原类高端创伤敷料2019年市场规模达6.3亿元，市场占比9.5%，2015—2019年复合年均增长率达3.4%，预计2026年市场规模可达8.0亿美元。

2.国内医美市场增长迅速，渗透率不断提高

当消费升级成为趋势，外在形象和美容保养观念也在同步加深，医美利用手术、医疗器械等具有创伤性或者侵入性的医学技术方法满足消费者的美丽诉求。据公开数据显示，2019年国内医疗美容市场规模已超过143亿元人民币，2015—2019年复合年均增长率高达22.5%，增长迅速。与此同时，国内医美市场渗透率仅为3.6%，与日、韩、美三国相比仍然有较大差距，未来市场空间仍十分可观。

3.贴片式和注射剂胶原，有望满足更多需求

非手术类医美凭借风险低、恢复时间短、见效快等特性，更适合医美风险规避的消费者和喜欢试错的大众消费者，加之微整形技术的不断进步，非手术类收入占比将进一步提升。而贴片式医用皮肤修复敷料用户之一即为接受轻医美手术后急需皮肤修复的医美人群，轻医美项目消费频次的增加也将成为未来推动医用皮肤修复辅料市场增长的重要力量。与此同时，天然胶原注射可起到即时填充作用，而注入体内的胶原可诱导受术者自身组织重建、自主合成胶原等细胞外间质成分，在一定程度上实现“标本兼治”的功效，用以校正局部皮肤缺陷、满足消费者深层除皱等美丽需求。

二、国内胶原蛋白及相关产业市场规模

中国胶原蛋白产品市场有望突破千亿元，复合增速超过30%。根据弗若斯特沙利文数据显示，2021年，中国胶原蛋白产品市场规模为288亿元，2017—2021年年复合增长率增加31.3%；该机构预计2027年有望达到1738亿元，对应2022—2027年年复合增长率增加34.3%。如图12-3所示。

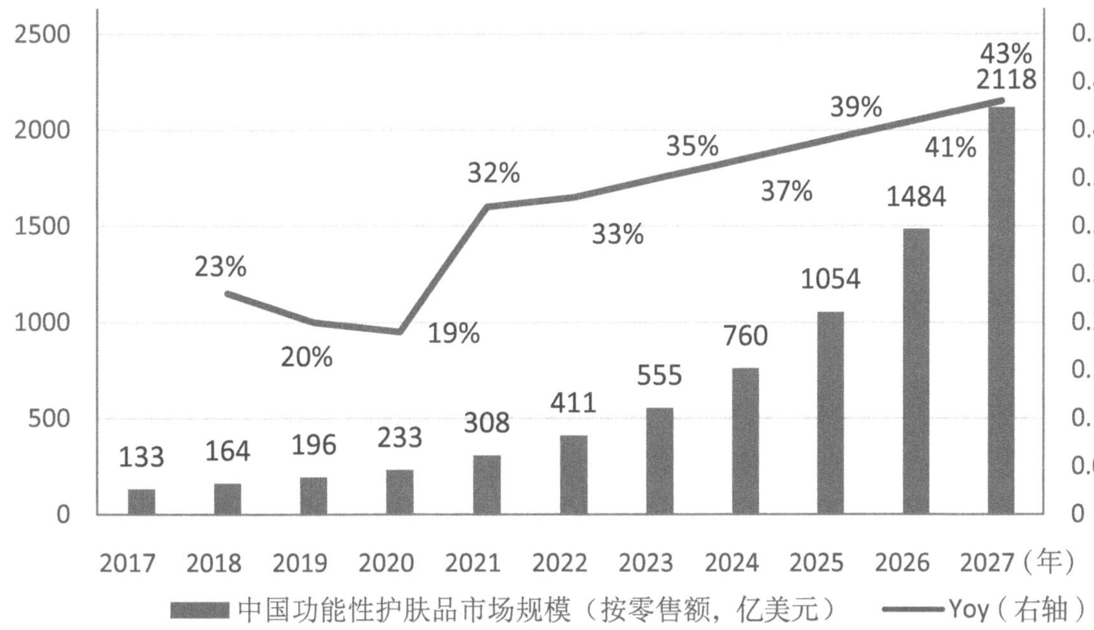

图12-3　中国功能性护肤品的市场规模以及增速预测

数据来源：Grand View Research，弗若斯特沙利文（转引自巨子生物招股书，含预测），中信证券研究部。

胶原类高端创伤敷料市场规模增速高。根据BMI Research数据显示，2019年全球医用敷料市场规模达125亿美元，2014—2019年年复合增长率增加2.4%。高端胶原类创伤敷料可以有效加速伤口愈合，缩短护理时间，将逐步占领传统创伤敷料的部分市场份额。根据Grand View Research数据（转引自创尔生物招股书）显示，2019年胶原类高端创伤敷料市场规模达6.3亿美元，该机构预计2026年市场规模达8.0亿美元，对应2015—2026年年复合增长率增加3.5%。

新的生物医用材料应用方向探索有望打开空间。目前胶原蛋白针对妇科、口腔、心脏手术支架涂层等应用场景和细分领域均在逐步探索和落地的过程中。各类功能蛋白在医疗领域仍拥有很多重要潜在应用的可能，例如胶原蛋白未来在癌症治疗上或有潜在应用。如表12-1所示。

表12-1　中国医用敷料的管理类别和介绍

分类	名称	管理类别	产品描述	作用	品牌举例
植入体内（可吸收外科敷料）	可吸收外科止血材料	Ⅲ	一般由有止血功能的可降解吸收材料制成，呈海绵状、粉末状或敷料贴状等形态无菌提供，一次性使用	植入体内用于体内创伤面渗血区止血、急救止血和手术止血，或腔隙和创面的填充	胶原蛋白海绵、胶原海绵、可吸收止血明胶海绵、可吸收止血海绵、生物蛋白海绵等
植入体内(可吸收外科敷料)	可吸收外科防黏连敷料	Ⅲ	一般由有防黏连功能的可降解吸收材料制成片状或液体无菌提供，一次性使用	植入体内施加于易发生黏连的两个组织界面处，用于防止术后黏连	透明质酸钠凝胶、聚乳酸防黏连膜、聚乙二醇防黏连液、多聚糖防黏连膜、壳聚糖防黏连液、壳聚糖防黏连膜等
创面	创面敷料、生物敷料、胶原贴敷料	Ⅱ/Ⅲ	主要成分为可被人体吸收的胶原蛋白。通过覆盖在创面上，物理屏障创面。无菌提供，一次性使用	用于出血创面、烧烫伤创面、手术后缝合创面的覆盖和护理	生物敷料、猪皮生物敷料、无菌生物护创膜、异种脱细胞真皮基质敷料等
			通常由胶原蛋白原液(含胶原蛋白、去离子水、甘油、医用防腐剂)和无纺布组成	皮肤过敏以及激光、光子等术后创面修复辅助治疗	胶原贴敷料

资料来源：中信证券研究部。

胶原蛋白本身的支撑作用能够缓解皮肤由于失去支撑而产生的局部皱纹，同时也具备修复、保湿和美白的作用。注射胶原后的数周内，成纤维细胞、脂肪细胞和毛细血管都会向注入的胶原移动，组合成自身胶原，形成正常的结缔组织，填充和修复受损的皮肤，能促进人体自身胶原的分泌和组织的构建。由于持续时间短、单价较高、适用部位和功能尚不全面、缺少融解酶等原因，胶原蛋白在注射市场中相对小众，市场规模显著小于玻尿酸和肉毒素。从市场规模上看，根据弗若斯特沙利文数据（转引自巨子生物招股书），2021年中国胶原蛋白在注射填充材料产品上的市场规模约为37亿元，占比8.7%，同期透明质酸和肉毒素针剂的市场规模约为217亿元和139亿元，占比51.2%和32.8%；该机构预计2027年胶原蛋白针剂市场规模或达到137亿元，占比10.9%，渗透率有望提升。

胶原蛋白功效性敷料常被用于医美项目术后修复以及问题皮肤修复。胶原蛋白凭借其良好的修复、保湿和美白等多重功效逐步成为消费者修复皮肤的必备产品。同时，重组胶原蛋白也逐渐成为护肤品的重要成分，强大的修复和再生作用可以很好地应用在面部和眼部抗衰产品中，成为各品牌高端抗衰产品线的黄金成分。

非手术类医美市场增速快，有望带动医美术后功效性敷料应用。根据弗若斯特沙利文数据（转引自爱美客招股书），2020年手术类和非手术类占比分别为50.1%/49.9%；该机构预计2030年非手术类医美项目规模4170亿元，占比达到64%。根据弗若斯特沙利文数据（转引自巨子生物招股书），2021年，中国医用敷料市场规模259亿元，2017—2021年的年复合增长率为40%；该机构预计2027年有望达到979亿元，对应2022—2027年的年复合增长率为23.1%。

三、中国重组胶原蛋白及相关产业现状

重组胶原蛋白增速高，规模有望超过动物源性胶原蛋白。根据弗若斯特沙利文数据（转引自巨子生物招股书）：2021年，中国重组胶原蛋白产品规模为108亿元，2017—2021年的年复合增长率为63.0%；该机构预计2027年有望达到1083亿元，对应2022—2027年的年复合增长率为42.4%；2021年，中国动物源性胶原蛋白产品规模为179亿元，2017—2021年的年复合增长率为21.8%；该机构预计2027年有望达到655亿元，对应2022—2027年的年复合增长率为25.3%。

就当前的发展阶段而言，截至2021年末：从市场规模上看，功效性敷料和功效性护肤品方面，以重组胶原蛋白为主；生物医用材料和注射填充材料方面，以动物源胶原蛋白为主。根据弗若斯特沙利文数据（转引自巨子生物招股书）：2021年，中国重组胶原蛋白产品总规模108亿元，其中：功效性敷料市场规模48亿元，占比44%，功效性护肤品市场规模46亿元，占比43%，合计占重组胶原蛋白产品规模达87%；该机构预计2027年，重组胶原蛋白应用排前三的产品形态将是功效性护肤品、功效性敷料、注射填充材料、销售额分别有望达到64.5亿元、25.5亿元、12.1亿元，占比分别为60%、24%、11%。如图12-4、图12-5所示。

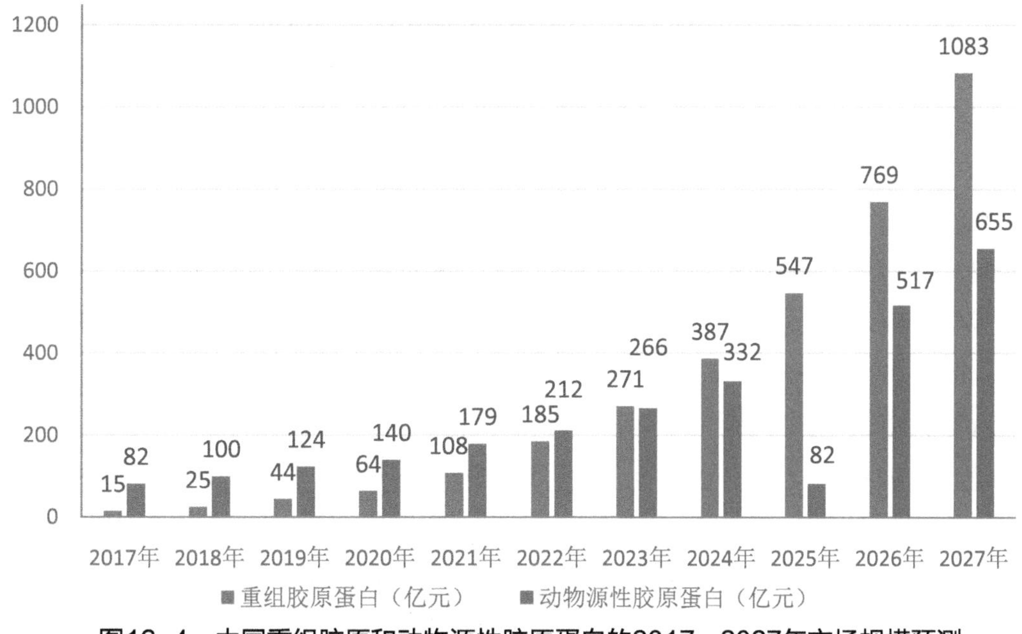

图12-4　中国重组胶原和动物源性胶原蛋白的2017—2027年市场规模预测

资料来源：弗若斯特沙利文（转引自巨子生物招股书，含预测），中信证券研究部。

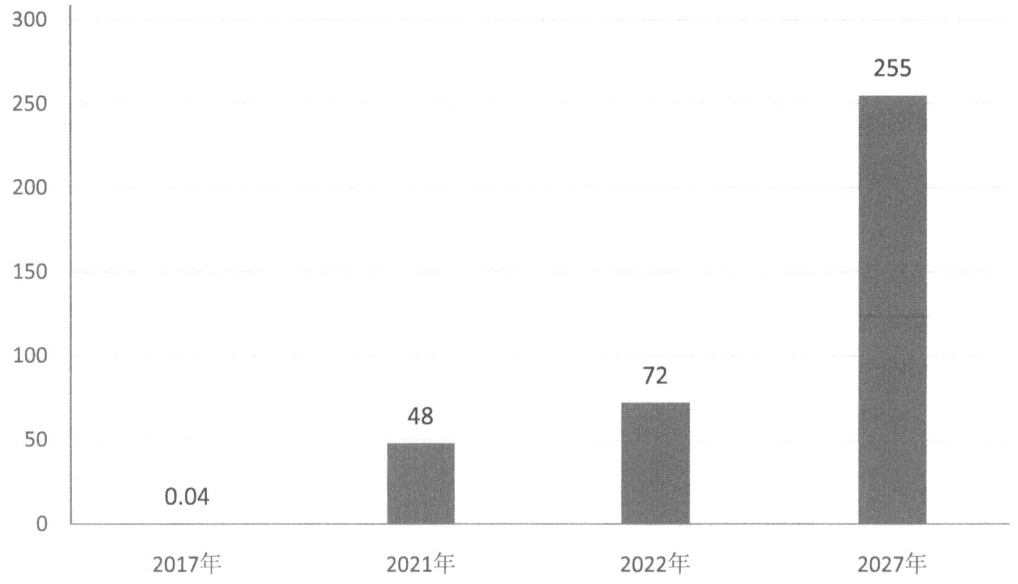

图12-5　中国重组胶原蛋白医用敷料的2017—2027市场规模预测（亿元）

资料来源：若斯特沙利文（转引自巨子生物招股书，含预测），中信证券研究部。

重组胶原蛋白较动物源性胶原蛋白致敏率更低，渗透率和占比有望持续提升。根据弗若斯特沙利文数据（转引自巨子生物招股书）：2021年中国重组胶原蛋白在功效性敷料市场上的渗透率为18.5%，该机构预计到2027年有望达到26.1%；在功效性护肤品市场中，2021年中国功效性护肤品市场中的重组胶原蛋白规模约46亿元，渗透率14.9%，该机构预计2027年规模有望提升至645亿元，渗透率将达到30.5%。

从国内范围看，当前动物源性胶原蛋白仍占据主流市场份额，重组胶原蛋白增速高，规模有望实现反超。据弗若斯特沙利文数据（转引自巨子生物招股书）：2021年，中国动物源胶原蛋白产品规模为179亿元，占比62.4%，2017—2021年的年复合增长率为21.8%；该机构预计2027年有望达到655亿元，占比37.7%，2022—2027年的年复合增长率为25.3%。2021年，中国重组胶原蛋白产品规模为108亿元，占比37.6%，2017—2021年的年复合增长率为63.0%；该机构预计2027年有望达到1083亿元，占比62.3%，2022—2027年的年复合增长率为42.4%。

四、重组胶原蛋白在中国的医疗产业监管现状

2021年起，国家药监局针对重组胶原蛋白的相关行业标准持续完善，按照国家药品监督管理局医疗器械标准管理中心发布的《重组胶原蛋白生物材料命名指导原则》，重组胶原蛋白作为医疗器械领域的原材料，被分为三大类：（1）重组人胶原蛋白（recombinant human collagen protein），由DNA重组技术制备的人胶原蛋白特定型别基因编码的全长氨基酸序列，且有三螺旋结构。（2）重组人源化胶原蛋白（recombinant humanlike collagen protein），由DNA重组技术制备的人胶原蛋白特定型别基因编码的全长或部分氨基酸序列片段，或是含人胶原蛋白功能片段的组合。（3）重组类胶原蛋白（recombinant collagen-like protein），由DNA重组技术制备的经设计、修饰后的特定基因编码的氨基酸序列或其片段，或是这类功能性氨基酸序列片段的组合。其基因编码序列或氨基酸序列与人胶原蛋白的基因编码序列或氨基酸序列同源性低。

2021年3月，国家药监局正式建立医疗器械主文档登记制度，优化注册申报流程，极大缩短产品上市时间；同月发布重组胶原蛋白生物材料命名指导原则，明确强调Ⅰ、Ⅱ、Ⅲ型别胶原蛋白特征词区分，规定使用重组人胶原蛋白、重组人源胶原蛋白、重组类胶原蛋白等三类A级核心词与溶液、冻干粉、凝胶、海绵、纤维与其他等六类B级核心词，奠定行业产业化发展基础；同年4月发布重组胶原蛋白产品医疗器械管理等级不得低于Ⅱ类的要求。

2022年国家药监局发布公告称，YY/T 1849—2022《重组胶原蛋白》医药行业标准审核通过，细化规定了重组胶原蛋白的质量控制要求、检测指标及其检测方法等。年底确认了整形美容用重组人源化胶原蛋白注射材料应为Ⅲ类，并要求提供原材料选择、配方确定、人源化胶原蛋白的降解代谢机制及特性研究等信息。该标准由中国食品药品检定研究院、四川省药品检验研究院（四川省医疗器械检测中心）、山东省医疗器械和药品包装检验研究院、北京大学口腔医学院口腔医疗器械检验中心、陕西巨子生物技术有限公司、山西锦波生物医药股份有限公司、江苏创健医疗科技有限公司、江苏江山聚源生物技术有限公司联合起草。

2022年12月29日，为进一步规范医疗器械技术审评工作，国家药品监督管理局医疗器械技术审评中心组织制定了《整形美容用重组人源化胶原蛋白注射材料技术审评要点（试行）》。本要点旨在为药品监管部门对整形美容用重组人源化胶原蛋白注射材料注册申报资料的技术审评提供技术指导，同时也为注册申请人进行该类产品的注册申报提供参考。

2023年1月28日，国家药监局发布公告称，YY/T 1888—2023《重组人源化胶原蛋白》医疗器械行业标准已审核通过，并于2023年7月20日实施。文件规定了重组人源化胶原蛋白的质量控制、技术要求、试验方法、包装、运输和贮存等。该标准由复旦大学、四川大学、中国科学院生物物理研究所、重庆医科大学附属第二医院、四川医疗器械生物材料和制品检验中心有限公司（四川医疗器械生物材料和制品检验中心）、陕西省食品药品检验研究院、山东省医疗器械和药品包装检验研究院、四川省药品检验研究院（四川省医疗器械检测中心）、山西锦波生物医药股份有限公司、江苏创健医疗科技股份有限公司、上海中科新生命生物科技有限公司共同起草。

2023年4月28日，由江苏创健医疗科技股份有限公司（组长单位）牵头制定的《重组胶原蛋白原料质量要求及功效评价方法》团体标准（编号：T/ZGKSL 005—2023）正式实施。此项标准由中国抗衰老促进会提出并归口，31家公司共同参与起草，是国内首个在化妆品应用领域关于重组胶原蛋白原料质量要求和功效评价方法的团体标准。该标准规定了适用于作为化妆品原料的重组胶原蛋白的术语和定义、质量要求、检测方法、功效评价、检验规则等。

2023年5月23日，国家药品监督管理局医疗器械技术审评中心发布了《重组胶原蛋白创面敷料注册审查指导原则》（简称《创面敷料导则》）和《重组人源化胶原蛋白原材料评价指导原则》（简称《原材料导则》），进一步规范了重组胶原蛋白原材料和创面敷料的管理。

《原材料导则》评价要点部分，在重组人源化胶原蛋白原材料性能研究、材料免疫学安全性研究、材料生物学风险评价、稳定性研究与直接接触性容器/材料研究共4个方面给出了评价方法参考。《原材料导则》在结构表征的检测分析上，也提供了一些参考方法，如在三螺旋结构分析和纤维质量/多孔网状结构表征方面。

《创面敷料导则》则主要包括适用范围和注册审查要点两方面。在适用范围中，明确表示：“本指导原则适用于按第二类医疗器械管理的重组胶原蛋白创面敷料，其结构组成中含有重组胶原蛋白成分（不包括动物组织提取的胶原蛋白成分），用于非慢性创面及其周围皮肤的护理。产品中所含成分不具有药理学作用，不可被人体吸收。对产品分类和属性不明确的，需申请产品的分类和属性界定。”

这两项指导原则的发布，表明国家监管部门对于重组胶原蛋白领域的规定趋于细分和完善，这也从侧面说明了企业对于重组胶原蛋白的开发研究进入了快车道，应用场景越来越多。

第三章　国内外重组胶原蛋白重点企业分析

一、创健医疗

江苏创健医疗科技股份有限公司（简称创健医疗）成立于2015年，是一家临床医学导向的重组胶原蛋白全产业链平台型企业，拥有生物合成平台及医疗器械转化平台，专注新型生物材料与创新蛋白、核酸药品、食品的研发、生产与销售，在重组胶原蛋白领域拥有5项授权重组胶原蛋白核心序列专利。2022年8月，创健医疗顺利完成近2亿元A轮融资，由资生堂中国独家出资的资悦基金领投，华方资本、鼎晖百孚、华立医药跟投。2023年9月，完成A+轮融资，由LVMH旗下路威凯腾领投。

创健医疗坚持自主创新的发展道路，先后参研了国家"十三五""十四五"重点研发计划项目及多项省市级研发课题，被评为高新技术企业，并荣获国家/省专精特新"小巨人"企业、江苏省博士后创新基地、江苏省潜在"独角兽"企业等多项荣誉。

创健医疗高度重视科研投入，在江苏武进、常州金坛、青海西宁、湖南长沙都拥有研发基地和生产工厂。此外，还分别与国内多所高校、研究院共建了重组胶原相关的产学研联合实验室，如四川大学"重组胶原再生修复联合研究实验室"、深圳湾实验室坪山中心"坪山中心-创健生物联合研究院"等。并与多家知名三甲医院联合开展临床研究，打造合成生物材料产业创新高地。

作为起草单位之一，创健医疗参与了中国YY/T 1849—2022《重组胶原蛋白》行业标准和YY/T 1888—2023《重组人源化胶原蛋白》行业标准的制定，是中国重组胶原蛋白行业的领跑者。截至目前，已授权/申请60余项专利，相关重组胶原蛋白核心功能区蛋白结构数据有6个被美国PDB蛋白质结构数据库收录，囊括了Ⅰ、Ⅲ、XⅧ、小分子。同时，公司获批重组胶原蛋白二类医疗器械产品注册证33张，在研三类医疗器械管线10余个，其中5个产品进入临床试验阶段。依托生物合成技术，通过胶原蛋白以及四面体结构框架核酸调控多种干细胞增殖、迁移、分化、衰老的研究技术和产业化落地。

技术研发方面，创健医疗实现了"重组Ⅲ型胶原蛋白/酵母菌稳定遗传表达体系的构建"及"30吨稳定发酵纯化技术开发"两项重大技术突破，完成了重组Ⅰ、Ⅱ、Ⅲ、XⅤⅡ型胶原蛋白的规模化、标准化生产，并以医疗器械的高标准，将重组胶原蛋白的应用场景逐渐覆盖医药、组织工程、食品和化妆品等多个领域。如图12-6所示。

创健医疗作为一家以合成生物学为导向的企业，已经开发规模化和标准化，生产了多款基于合成生物学技术的化妆品原料、医疗器械用生物材料、食品原料，其中最具代表性的产品包括如下几种。

1.重组Ⅰ、Ⅱ型胶原蛋白

Ⅰ型胶原作为人体内含量最丰富的胶原蛋白，在维持组织结构、调节细胞外基质环境中发挥着重要的作用。Ⅱ型胶原蛋白作为人软骨的主要组成成分，在骨科治疗领域有着重要的应用前景。创健医疗基于合成生物学技术生产的重组Ⅰ、Ⅱ型胶原蛋白与人天然胶原蛋白相同，为市面上稀有的全长型重组胶原蛋白产品，能够有效促进细胞黏附、增殖、迁移，有望用于药物递送、组织修复、软骨治疗等领域。

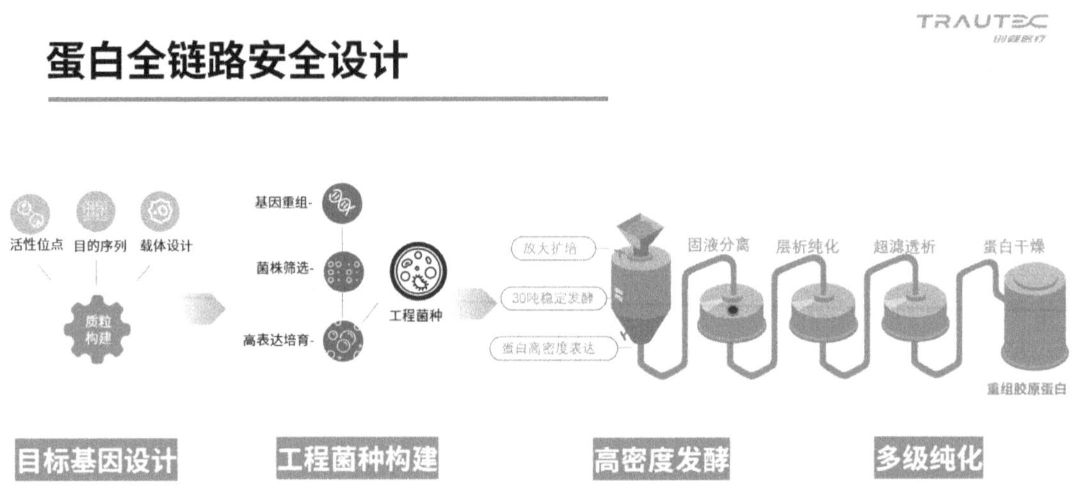

图12-6 重组胶原蛋白的研发-生产过程

资料来源：创健医疗。

2.重组Ⅲ型胶原蛋白

包括全长型大分子量、用于不同场景的多种中、低分子量重组Ⅲ型胶原蛋白原材料。其中，大、中分子量的产品可应用于医疗器械、食品领域，而低分子量的产品可作为化妆品原料用于功效护肤等领域。

3.重组XⅦ型胶原蛋白

XⅦ型胶原蛋白不仅与皮肤疾病有关，还是调控表皮干细胞、毛囊干细胞和黑色素干细胞的关键因子，其表达量的改变会影响这些干细胞的分化方向，与脱发和白发等衰老表型有关。在皮肤创伤修复过程中，XⅦ型胶原蛋白通过影响干细胞的迁移、增殖和分化来发挥重要作用。XⅦ型胶原蛋白是一种微量胶原蛋白，无法从动物体中有效提取。创健医疗利用合成生物学技术，通过重组表达获得大分子量和小分子量两种类型的重组XⅦ型胶原蛋白，首先在全球实现了重组XⅦ型胶原蛋白的量产化开发，也是现今市场中唯一能够提供量产原料的企业。作为一种新型治疗用功能胶原蛋白和抗衰老原料，已在皮肤修复、抗老化、洗护发等领域展现出巨大的应用前景。

除了已经实现规模化量产的原料，创健医疗也在利用合成生物学技术，积极开发新原料，目前在研的合成生物学项目包括。

1.重组新型功能性蛋白原料

以重组胶原蛋白、丝素蛋白等为代表的医疗器械原料及化妆品原料。胶原蛋白总共有28种不同的类型，尤其是除去Ⅰ、Ⅱ、Ⅲ以外的胶原均属于微量胶原（比如Ⅳ型、Ⅶ型胶原），但它们在人体内发挥不同的功能，继续开发不同类型、大小的重组胶原蛋白、具有天然三螺旋结构的重组胶原蛋白，以及以丝素蛋白、弹性蛋白为代表的其他类型的功能蛋白，对于医疗器械及化妆品原料而言都具有重要的意义。

2.以重组乳铁蛋白为代表的新食品原料

以合成生物学技术进行食品制造，尤其是乳铁蛋白这类高价值乳用原料的制备。目前市售的乳铁蛋白主要是来自牛奶的天然提取物，已有多年的安全食用历史，现在广泛用于婴幼儿配方乳粉、营养补充剂、化妆品等各个领域。国内外市售产品中添加的乳铁蛋白均来自牛奶，但因国内原料奶资源紧张，以及提取工艺的不成熟，所用原料主要依赖进口，存在市场价格波动大、原料供应不稳的问题。国内企业所需的乳铁蛋白主要依赖进口，存在货源不稳定、价格波动大的痛点。通过精密发酵技术生产重组乳铁蛋白，可以缓解关键原料被国外“卡脖子”的问题，解除中国乳业高质量发展道路上存在的隐患；同时，也可以打破重组人乳铁蛋白市场处于空白状态的局面，为行业发展贡献一份力量。除去乳铁蛋白外，合成生物学是可以解决现有食品原料来源制备瓶颈的问题。合成生物学不仅是解决现有食品安全和营养问题的重要技术，也是克服传统食品技术相关的不可持续性问题的重要方法。创健医疗积极布局新食品原料开发领域，希望通过绿色生物制造获得食物供给，减轻环境压力。

3.以四面体核酸为代表的原料药

四面体核酸是4条互补的特异性序列的ssDNA自组装形成的DNA纳米分子。四面体核酸本身能促进细胞增殖、迁移、分化，加速细胞自噬，调节免疫功能，调控细胞甲基化和消除衰老细胞等效果。此外，作为载体可以搭载各种类型核酸（RNA、sgRNA、DNA等）、小分子药物及多肽等进入细胞内，有望实现更精准、生物相容性更好的传递。然而受制于工业合成的成本和产量原因，难以满足市场需求。创健医疗与四川大学合作，利用生物合成方式规模化生产四面体核酸。

目前，创健医疗将积极布局合成生物学使能平台的建设及定制化原料业务的规划，包括如下方面。

（1）创健医疗与江苏理工学院常珊教授团队，共建了“合成生物学与生物智造联合实验室”，将以现今最受关注的人工智能技术，建立专属的AI生物计算平台，为合成生物学项目提供序列设计与蛋白结构模拟、代谢过程计算与设计、量产工艺模型建立模拟等系统性的人工智能支持。

（2）创健医疗正在建立适用于不同种类底盘微生物，包含底盘工程菌株前期设计和高通量筛选、小试至1吨级中试量产化工艺开发、30吨规模化量产工艺验证等一整套细胞工厂构建+量产工艺开发的创新研发与产业化平台。

（3）创健医疗正在进行CMA+CNAS认证检测平台建设，计划总面积3000平方米，预计总投资超5000万元，涵盖医疗相关项目、化妆品相关项目、细胞医药相关项目等检测，承担生物医药、医疗器械、化妆品的检测检验服务。同时，创健医疗已有完善的知识产权申报与法规注册能力。

综上，创健医疗建立了包括前端设计与生物计算、细胞工厂构建与量产工艺开发、安全性检测与功效评价、知识产权和法规注册以及原料规模化代工量产的一整套合成生物学原料开发使能平台。创健医疗也将依托这样一套完善的平台，承接、完成更多的合成生物学项目，在医疗器械原料、化妆品原料、新食品原料、功能性原料定制等诸多领域内奋力开拓，成为国内创新原料的头部企业。另外，还能根据客户、合作伙伴的需求，进行从0开始，到最终量产化与知识产权申报及完成法规注册的完整的合成生物学原材料定制，开展CDMO业务，为更多致力于合成生物学技术创新的上下游企业提供服务。创健医疗主营业务及产品主要包括生物原料、医疗终端及ODM合作服务。

（1）生物原料：依托生物合成技术，为合作伙伴定制机理明确、高效的独家原料。其中，作为国内领先对重组XVII型胶原蛋白进行产业化应用的原料生产商，创健医疗成功验证了其在护肤和头皮护理领域的功能。而针对皮肤透皮吸收的痛点，还开发出重组Ⅲ型小分子胶原蛋白，能够快速渗透作用于真表皮层，具有高效渗透、抵御胶原光老化损伤、抑制炎症因子分泌、调节屏障蛋白表达等功效，更好地为美妆行业赋能。

（2）医疗终端：以重组胶原蛋白为核心生物原料的皮肤修复、疤痕修复、口腔黏膜修复、妇科私密修复、创面修复、鼻腔等系列Ⅱ类医疗器械产品；计划上线皮肤可吸收修复支架、胶原蛋白植入剂、膀胱修复剂等Ⅲ类医疗器械产品。

（3）ODM合作：以医药级研发实力与质量管理标准为基础，为客户提供医用敷料、化妆品（日化及美容院线）的定制化开发与生产服务，为用户带来更高效、安全的产品解决方案。

二、巨子生物

西安巨子生物基因技术股份有限公司（简称巨子生物）是一家技术创新及产品研发公司，业务涵盖设计、开发和生产以重组胶原蛋白和稀有人参皂苷为关键成分的产品，覆盖功效性护肤品、医用敷料及功能性食品三大品类，借助专有的合成生物学技术平台自主研发和生产多种类型的重组胶原蛋白和多种稀有人参皂苷，拥有80项专利及专利申请。巨子生物的重组胶原蛋白技术在中国获得行业内首个专利授权，并在2013年和2016年分别获得国家技术发明奖二等奖和中国专利金奖。

巨子生物成立于2000年，是一家立足科技美学的高科技企业，是中国基于生物活性成分的专业皮肤护理行业的先行者及领军者。聚焦功效性护肤品、医疗器械、功能性食品及特殊医学用途配方食品三大产业方向。基础研发及产品开发以专有的合成生物学技术为核心，利用专有的合成生物学技术设计及开发重组胶原蛋白、稀有人参皂苷及其他生物活性成分。在合成生物学技术平台的基础上为不同应用场景中的广大消费者构建了一个多样化且不断扩大的产品组合。

巨子生物围绕类人®胶原蛋白和人参皂苷核心成分，在功效性护肤品、医用敷料及功能性食品领域创立8大品牌、开发105项SKU。按品牌核心成分划分，共6个重组胶原蛋白品牌、2个人参皂苷品牌；按品牌功能划分，共7个护肤品牌、1个功能性食品品牌。

可丽金和可复美为公司两大旗舰品牌，两品牌分别拥有SKU数量60、30个，占总SKU比例57%、29%。

功效性护肤品：正在开发用于皮肤修护、抗衰老和美白的超53种功效性护肤品（预计约48种基于重组胶原蛋白，5种基于人参皂苷）。两个关键的管线产品为可复美Human-like®重组胶原蛋白修护精华和可丽金Human-like®重组胶原蛋白霜。

医用敷料：正在开发16种医用敷料（8种基于重组胶原蛋白产品）。两个关键产品是医用创面修复凝胶和重组胶原蛋白无菌敷料。

肌肤焕活产品：正在开发4款管线产品，即重组胶原蛋白液体制剂、重组胶原蛋白固体制剂、重组胶原蛋白凝胶及交联重组胶原蛋白凝胶。针对面部皮肤和面部皱纹的2款重组胶原蛋白填充剂产品。

巨子生物实施“医疗机构+大众消费者”双轨销售策略，建立协同性全渠道销售和经销网络，形成“医疗机构→大众市场→线上线下”强大的销售反馈回路，跨渠道驱动客户需求。医疗机构端，2021年约30.2%购买可复美品牌医用敷料的在线消费者在此前收到过专业人士的推荐。公司获得国内诸多知名医疗机构和专家的采纳及认可，巩固了品牌形象，吸引了新消费者，提升了线上用户流量。大众市场端，为线下网络增加品牌认知度，满足线下及来自其他渠道的流量需求，为线上渠道引流。

三、山西锦波

山西锦波生物医药股份有限公司（简称山西锦波）是一家应用结构生物学、蛋白质理性设计等前沿技术，围绕生命健康新材料和抗病毒领域，系统性从事功能蛋白结构解析、功能发现等基础研究，并运用合成生物学等方法实现功能蛋白的规模化生产的高新技术企业，同时也是国家级"专精特新"小巨人企业。

山西锦波的主营业务是以重组胶原蛋白产品和抗HPV生物蛋白产品为核心的各类医疗器械、功能性护肤品的研发、生产及销售。山西锦波的重组胶原蛋白产品和抗HPV生物蛋白产品分别基于公司自主研发的重组Ⅲ型胶原蛋白及酸酐化牛β–乳球蛋白为核心成分。山西锦波已建立了从上游功能蛋白核心原料到医疗器械、功能性护肤品等终端产品的全产业链业务体系。山西锦波的终端产品主要应用在妇科、皮肤科、外科、五官/口腔科、肛肠科、护肤等不同应用场景中。

通过不断创新，山西锦波已完成包括Ⅰ型、Ⅲ型、XⅦ型等重组人源化胶原蛋白主要的基础研究，并已在妇科、泌尿科、皮肤科、骨科、口腔科、外科、心血管科等领域持续开展应用研究。山西锦波是一家国内领先的、具有代表性的已实现重组胶原蛋白特别是重组人源化胶原蛋白产业化的企业。公司成功研发了重组Ⅲ型人源化胶原蛋白，属于一种生物医用新材料，并以该材料作为唯一成分，开发了三类医疗器械产品——重组Ⅲ型人源化胶原蛋白冻干纤维，并于2021年6月获国家药品监督管理局批准上市，用于面部皱纹纠正。

山西锦波的主要产品包括如下方面。

（1）重组胶原蛋白产品。山西锦波的重组胶原蛋白产品主要包括功能敷料、功能性护肤品、植入剂等产品类型，用途包括创面修复、黏膜修复、护肤、皱纹纠正等，应用场景包括外科、皮肤科、妇科、五官/口腔科、肛肠科、护肤等。核心成分为重组Ⅲ型胶原蛋白。Ⅲ型胶原蛋白在皮肤、血管内膜、子宫壁、肠道中含量丰富，具有弹性较好、溶水性较好的特点。其中，重组Ⅲ型人源化胶原蛋白氨基酸序列的重复单元与人胶原蛋白氨基酸序列的特定功能区相同，具备较高的结构稳定性，组织相容性好，可以被人体完全吸收利用，安全性高。含有重组Ⅲ型人源化胶原蛋白成分的产品对细胞具有修复再生功能，在创伤表面可起到隔离、修复再生、止血及促进愈合的作用。

（2）抗HPV生物蛋白产品。抗HPV生物蛋白产品主要为抗HPV生物蛋白敷料。该产品以酸酐化牛β–乳球蛋白为主要原材料，用于HPV感染引起的皮肤病，阻断生殖道高危型HPV感染，预防宫颈病变发生。乳球蛋白来源于食用牛奶中提取的β–乳球蛋白，经过酸酐化修饰后，纯化得到酸酐化牛β–乳球蛋白，使其表面带有更多的负电荷，能与HPV壳蛋白的L_1区的C端和L_2区的N端的正电荷区域相结合，占位、阻断HPV病毒侵入宿主细胞内的过程，从而达到阻断HPV感染的目的。

（3）其他产品。同时，山西锦波研发生产及销售以多肽为核心成分的护肤品、用于治疗妇科病症的功能敷料以及具有抑菌功效的妇科卫生用品等产品。多肽是公司采用合成生物学技术制备的五肽、六肽、九肽等短肽。

山西锦波的研发模式：以自主研发为主，同时结合产学研合作研发，已形成蛋白结构研究及功能区筛选技术、功能蛋白高效生物合成及转化技术、功能蛋白标准化注射剂研究平台、功能蛋白多维度评估BSL–2实验室及临床前应用平台等5项核心技术平台。围绕重组胶原蛋白和抗病毒等领域开展创新研究，目前设立了功能蛋白创新研究院，下设人体结构性材料研究院和新药研究院。人体结构性材料研究院包括功能蛋白山西省重点实验室、生物合成人体结构性材料研究部、质量研究部、法规注册与知识产权部、应用转化部、医学部。

（1）自主研发。

1）功能蛋白量产工艺研发。功能蛋白量产工艺研发是在功能蛋白基础研究完成后开展的关于功能蛋白原材料批量生产工艺的研发，最终实现功能蛋白大规模稳定的产业化生产。由公司功能蛋白创新研究院通过大量的国内外文献收集，结合市场分析提出研发方向，设计技术实施路径，形成可行性研究报告，立项后开展功能蛋白原材料小试，并通过反复筛选初步确定生产工艺和原始菌种，再进行功能蛋白中试研究，根据中试研究结果确定产业化的最佳生产工艺路径。

2）终端产品开发。终端产品开发是根据功能蛋白的功效以及自身特征进行配方优选，并结合市场需求开展产品设计。终端产品开发由医学部、市场部、销售部整理终端客户需求，由研究院充分论证后提出立项申请，经公司核心技术专家审议后，由应用转化部进行终端产品开发研究，由质量研究部开展质量标准检测研究，并由医学部开展临床试验、医学统计形成临床报告，由法规注册与知识产权部提交产品注册申报。

（2）产学研合作研发。公司采用产学研合作研发模式开展功能蛋白功能筛选、机理研究、效用验证等基础研究。由公司与合作机构签署合作协议，由各方派遣工作人员共同合作，并约定各方权利义务及相关知识产权归属。

公司与复旦大学、四川大学及重庆医科大学第二附属医院等多所知名院校及医疗机构长期保持合作，并分别成立了复旦-锦波功能蛋白联合研究中心、川大-锦波功能蛋白联合实验室，以及重医二院-锦波“功能蛋白临床转化研究中心”开展合作研发及临床研究，持续对细胞生物学、病毒学、药物学等进行研究，深入研究病毒进入抑制原理，挖掘不同病毒进入抑制剂的应用范围及协同效应，推进不同类型胶原蛋白的空间结构及功能位点的解析，储备更多具备不同特点的功能性蛋白。项目实施的主要方式是公司与合作机构共同开展功能蛋白初始设计及初始效用验证等实验室基础研究，并通过搭建假病毒模型系统、蛋白质功能区大规模筛选、氨基酸序列分析及结构预测等进行功能蛋白功效验证，再由公司开展后续产品研发及注册申报等产业化研发生产，期间形成的专利成果由双方依据协议约定进行划分。

四、以色列CollPlant Holdings Ltd.公司

以色列CollPlant（简称CollPlant）是一家再生和美容医学公司，开发用于组织再生和器官制造的创新技术和产品，通过革命性的植物基技术，大规模生产具有三螺旋结构的重组人Ⅰ型胶原蛋白（rhCollagen），目前已实现生产，是商业上可行的技术，与人体产生的胶原蛋白相同。这使得CollPlant公司的rhCollagen成为再生医学的理想构建模块。利用rhCollagen的独特特性和生物材料专业知识，CollPlant公司正在开发一系列针对组织和器官的3D生物打印以及医学美容的产品。CollPlant公司于2002年在特拉维夫证券交易所上市。

CollPlant公司是第一家成功开发出有效表达人类胶原蛋白的植物平台的公司。重组人Ⅰ型胶原蛋白（rhCollagen）的生产始于基因工程——烟草植物。“原胶原”形式的重组人类蛋白是从成熟植物的

叶子中提取出来的，经过进一步加工，获得高度纯化的rh胶原蛋白，可用于生产医疗产品。

Ⅰ型人类胶原蛋白的生产是一个复杂的过程，从细胞内水平开始，合成正确的mRNA、翻译成初级氨基酸序列、翻译后修饰和稳定原胶原的组装。通过酶消化将提取的前胶原蛋白转化为胶原蛋白，然后进行纯化。为了表征不同阶段的蛋白质而进行的广泛研究证实了其在分子、物理和生物水平上与人类胶原蛋白的同一性，具体来说：一是5个基因的DNA插入片段翻译成人类COLα1和COLα2序列以及相关的羟基化谱。二是成熟胶原蛋白的二级/三级结构特征。三是结构和生物学水平上的预期功能包括原纤维形成、细胞黏附和增殖的支持以及非免疫原性。四是物理和生物特性优于动物和人体组织提取的胶原蛋白。rhCollagen可以制成不同的形式、形状和物理特性。应用包括用于器官、组织和支架的3D生物打印的BioInks，以及针对美容医学、骨科、高级伤口护理等的产品。CollPlant公司正在通过授权rhCollagen技术平台开发突破性产品，推进与再生医学领域领先公司的合作。

数据显示，CollPlant公司2018年第一季度的收入为22.5万美元。而截至2019年3月31日，该公司的第一季度收入达到59.4万美元，增长了164%。CollPlant的增长资金主要来自开发和销售组织器官3D生物打印技术，用于医学美容领域的重组Ⅰ型胶原蛋白、软组织修复基质，以及用于伤口治疗的VergenixSTR和VergenixFG。Ami Sagi先生是CollPlant的主要投资者，也是该公司的最大股东。他曾于2017年11月向CollPlant投资740万美元，以推动公司发展。目前，Ami Sagi已同意在CollPlant与其战略合作伙伴签署产品许可协议后，再提供100万美元的资金支持。

五、美国Geltor公司

美国的Geltor公司（简称Geltor）创立于2015年，总部位于美国的圣莱安德罗（San Leandro），是一家生物设计公司，生产用于美容、食品和饮料产品的蛋白质，如胶原蛋白和弹性蛋白，但不含动物蛋白。公司开发了计算生物学平台，通过精确发酵来设计、制造功能性蛋白质产品，其蛋白质制造平台结合了合成生物学、材料科学和计算工具，为商业合作伙伴生产依赖蛋白质的产品，包括化妆品、食品和纺织品。

据公司官网显示，PrimaCollm是唯一的浓缩型第21型胶原蛋白。第21型蛋白是人体中发现的一种含量较少的胶原蛋白，可能与心血管疾病有关。Geltor首席执行官兼联合创始人Alex Lorestani表示，“与所有胶原蛋白一样，第21型胶原蛋白随着年龄的增长而流失，而且无法通过传统方式从动物皮肤和骨骼中分离获得，因此非常稀缺。这也意味着，这是一种除了通过生物设计之外，无法以任何其他方式获得的成分”。PrimaCollm与基于植物的胶原蛋白“生成器”或“助推器”配方不同，它的成分与第21型胶原蛋白的生物活性氨基酸核心完全匹配。这种功能性核心物质含有高浓度的甘氨酸和脯氨酸，这些氨基酸可以实现必需的细胞信号传导，有助于激活体内额外的胶原蛋白生成。相比动物源性胶原蛋白，PrimaCollm作为一种高纯度浓缩产品，效力更大。

虽然功能性益处将是该成分“由内而外”吸引力的关键，但其“非动物源”的特点也是它脱颖而出的重要原因。PrimaCollm作为纯素胶原蛋白，适合所有人群。因此扩大了数十亿美元的胶原蛋白市场。

Lorestani表示，“PrimaCollm从2019年开始在市场上销售，当时销量约为1万升。随着客户需求越来越多，2020年增长至10万升，到去年时已经达到数百万升”。

Geltor公司还有很长的路要走，目前PrimaColl的第三方临床试验正在进行中，但事实证明，已经可以全面运行相关流程。现在，必须将其扩展到多个设施，生产达到客户真正需求的产量。并且尝试将其添加到从饮料到烘焙食品再到软糖的所有产品中。

除了此次瞄准食品和膳食补充剂市场的PrimaCollm外，Geltor此前已经在局部护肤品类别中推出了多个纯素胶原蛋白品牌，包括elastapure（人类弹性蛋白）、humaColl21®（人体胶原蛋白）、collume（无动物胶原蛋白）。

2020年7月，Geltor公司B轮融资9130万美元，意将公司原料业务推广至全球。此次融资由CPT Capital领头，Cultivian Sandbox、SOSV、iSelect Fund作为投资者回归，同时也有新投资者，例如blue horizon Ventures、humboldt Fund等。

第四章　行业发展趋势分析

一、面临的挑战

（一）重组胶原蛋白主流制备方法存在一些技术研发难点和安全风险

重组胶原蛋白还有较多的技术难点和突破点，重组胶原蛋白是通过基因工程技术，将人体胶原蛋白基因进行特定序列设计、酶切和拼接、连接载体后转入工程细胞，通过发酵表达以生产胶原蛋白。该方法得到的产物具有安全性好、加工性强、质量稳定等优点，但重组胶原蛋白的生物活性存疑，技术尚不成熟，技术难点在于如何实现菌种、酵种的高密度表达、保证生物活性以及对重组蛋白肽的分离纯化。

（二）研发新产品和推向市场的过程复杂，且风险较高

胶原蛋白新技术新产品的研发不但涉及高成本、高风险和严格的合规要求，而且新的研发成果需要进一步产业化、市场化和规模化，这期间蕴含较大的风险和不确定性。例如：胶原蛋白行业新产品在推进工业化生产过程中，许多工艺技术指标相对小试、中试阶段往往会发生变化，影响产品试生产的进行，同时新产品的生产可能因其特殊的工艺方法和生产流程，对生产人员的技术能力及生产设备提出更高的要求，这些都增加了企业新产品迅速产业化的难度。

同时，由于食品、化妆品、医疗器械类产品关系人类健康和生命安全，新产品在上市前须通过严格的临床试验和行政审批，上市后则需要通过营销推广来获得市场接受和认同。如果公司新产品不能适应不断变化的市场需求，或者开发的新产品未被市场接受，将对企业的盈利水平和未来发展产生不利影响。

（三）行业内部和相近行业间的市场竞争加剧

在医美和护肤领域，透明质酸和胶原蛋白都享有一定的知名度和广泛接受度。透明质酸的主要特性为皮肤润滑和保湿，而胶原蛋白通常在提供结构支持、促进止血及细胞黏附、刺激细胞再生及增殖、修复受损皮肤屏障并为老化及问题皮肤补充营养方面拥有更多的生物学特性。透明质酸的优势是较早推广和占领市场，胶原蛋白相对透明质酸的根本优势在于其皮肤修护和抗衰老的功效。

2021年中国皮肤敏感人群总数超过4亿人，占全国总人口的30%以上，这是功效性护肤品市场增长背后的一个关键人口群体。随着胶原蛋白在止血、高拉伸强度等功能，以及低免疫原性、生物相容性、可生物降解性等生物学特性的多领域应用和发展，其市场份额正变得越来越大。预计到2026年，基于胶原蛋白的专业皮肤护理产品的市场份额将超过透明质酸产品。胶原蛋白行业发展前景向好，主导产品的行业平均毛利率水平较高，行业竞争将逐渐加剧。

二、行业展望

目前，国际国内对天然原料、安全性和生物活性更高的胶原蛋白持续探索和研究方兴未艾，未来胶原蛋白研究和开发利用可能集中于下面几点。

（一）从预防和临床医学角度的研发利用

开发出更多应对人类疾病的特征药物或包囊、能替代人类组织器官的生物工程材料；壳聚糖热敏胶原蛋白肽纳米粒子在药物传递和组织修护及热效应水解胶原蛋白凝胶在细胞封装和伤口愈合中，被应用于临床中。

（二）从基因工程蛋白质工程和基因组学角度的研发利用

制造重组胶原蛋白，利用胶原蛋白/肽指纹图谱，对生物进行追根溯源分析。目前，这方面最新报道是利用胶原蛋白肽图谱，对日本的考古鸡和野鸡起源的研究。

（三）从人体生理代谢和膳食营养吸收角度的研发利用

研发并生产类人胶原蛋白肽、纳米颗粒胶原蛋白肽、药物基因输送系统。更多胶原蛋白肽的膳食补充剂将会被开发并生产出来，例如无毒无害的肽钙螯合物，促进人体对钙的吸收。

（四）从环境科学和生态工程角度的研发利用

由于胶原蛋白极佳的生物可降解性，在将来可能与纳米碳颗粒、硅颗粒、天然生物材料以及其他高分子材料一起被制成能用来代替塑料袋的更加廉价并且环保的包装材料。

第十三篇　高端医疗器械科创板科创属性风险 全解报告（2019—2022）

第一章　科创板背景及特点

2018年11月，首届进博会提出，“在上海证券交易所设立科创板并试点注册制，支持上海国际金融中心和科技创新中心建设，不断完善资本市场基础制度”。2019年3月主要制度规则正式发布，同年6月，肩负着科技产业兴国的历史使命而诞生的科创板正式开板。

设立科创板并试点注册制是“为进一步落实创新驱动发展战略，增强资本市场对提高我国关键核心技术创新能力的服务水平，促进高新技术产业和战略性新兴产业发展”。

从本质上来讲，科创板是对资本市场其他板块的补充和完善，旨在服务于尚未成熟、但具有创新能力和成长潜力的科技创新企业，这也就体现了科创板对创新企业具有较强包容性与适应性的优点。

（一）科创板定位

发行人申请首次公开发行股票并在科创板上市，应当符合科创板定位，面向世界科技前沿、面向经济主战场、面向国家重大需求。优先支持符合国家战略，拥有关键核心技术，科技创新能力突出，主要依靠核心技术开展生产经营，具有稳定的商业模式，市场认可度高，社会形象良好，具有较强成长性的企业。

作为国家进一步落实创新驱动发展战略的重大举措，企业申请首次公开发行股票并在科创板上市，应当符合科创板定位。与传统板块明显不同，科创板定位于科技创新企业，更加注重企业是否具有核心技术和科技创新能力，相比创业板和北交所等诸多板块，企业能否满足科创板定位，将是其通过科创门槛的最大障碍。

基于定位，申报科创板的企业，应当属于新一代信息技术、高端装备、新材料、新能源、节能环保、生物医药及符合科创板定位的其他领域的高新技术产业和战略性新兴产业。

医疗器械行业作为技术密集型、技术驱动型的行业之一，涉及电子技术、计算机技术、临床医学、精密机械、高分子材料、金属合金材料、生物材料、有限元分析技术等众多方面的高新技术，也关乎医药卫生体制改革政策的整体推进，是科创板在生物医药领域上市推荐的重点细分行业之一。

截至2022年1月7日，科创板已上市379家企业，可覆盖科创板推荐的六大领域所涉及的40多类细分行业。其中，医疗器械类已上市37家企业，占各类细分行业的10%，仅次于高端装备领域中的智能制造，以及新一代信息技术领域中的半导体和集成电路。

（二）申报门槛——科创属性

企业是否满足科创板定位，是企业能否登陆科创板的前提。为进一步识别企业如何才能满足科创板定位的条件，论证企业是否拥有创新实力，科创板独有科创属性“常规指标+例外条款指标”。随着科创板注册制执行的不断成熟，科创属性指标的标准也在逐渐得到完善。

1.“6个是否”

2019年初，上交所提出“6个是否”，明确将“是否掌握具有自主知识产权的核心技术”“是否拥有高效研发体系”“是否拥有市场认可的研发成果，包括但不限于与主营业务相关的发明专利”“是否有相对竞争优势”等“6个是否”列入保荐机构充分评估企业科技创新能力的重点关注事项。

2.科创属性“3+5”

2020年3月，在科创板审核实践一年后，中国证监会发布《科创属性评价指引（试行）》，专门提出了科创属性具体的评价指标体系，上交所随后发布《上海证券交易所科创板企业发行上市申报及推荐暂行规定》，给出了更明确的有关科创板定位的原则性要求，即推荐企业应属于“6+1”行业，并满足科创属性“3+5”指标。

3.科创属性“4+5”

2021年4月16日，在一年多科创属性1.0实践基础上，中国证监会发布《关于修改<科创属性评价指引（试行）>的决定》。与此同时，上交所同步发布新的《上海证券交易所科创板企业发行上市申报及推荐暂行规定（2021年4月修订）》（以下简称《暂行规定》）。其中，科创属性“3+5”指标调整为“4+5”，新增研发人员占比指标，体现科技人才在创新中的核心作用。

科创属性“4+5”指标主要指4项“常规指标”和5项“例外条款”，企业申报科创板，需同时满足“常规指标”，或者符合“例外条款”的情形之一。如图13-1所示。

设置“常规指标”和“例外条款”，从不同角度评价企业的科创属性，是为了更好地坚持和把握好科创板定位。“常规指标”依然成为众多企业入门科创板的门槛，普遍适应于具有技术先进性、科创属性强的科创企业；而“例外条款”特别适用于科技创新能力突出的科创企业，是对科创板“优先支持符合国家战略，拥有关键核心技术，科技创新能力突出的企业到科创板发行上市”等要求的具体化，也有助于克服“常规指标”相对刚性而可能产生的不适应性。

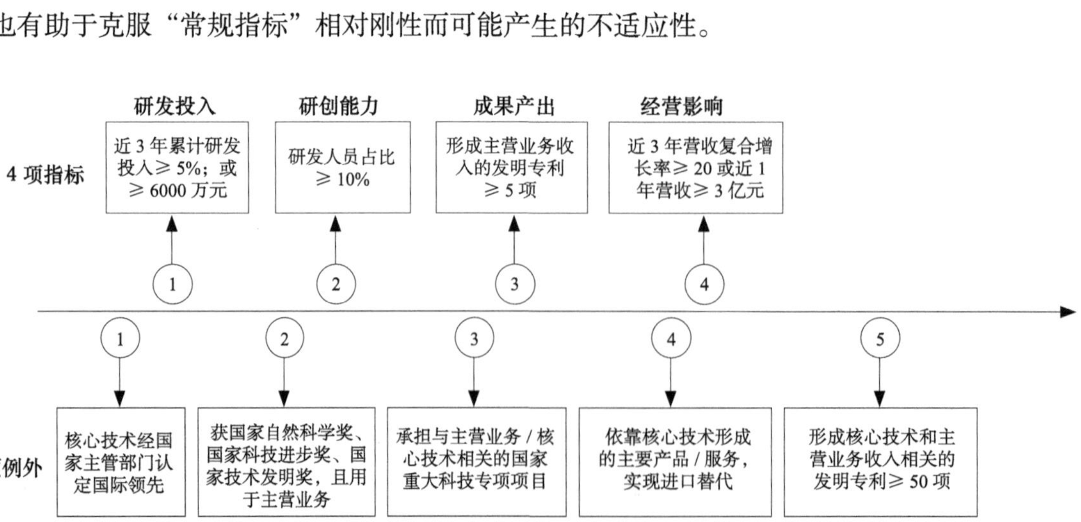

※1. 软件企业近 3 年累计研发投入占比≥ 10%；
※2. 软件企业除外

图13-1　科创属性指标简图（2021年4月16日）

除了对科创属性指标进行调整外，2021年4月《暂行规定》修订的主要内容还涉及如下方面。

（1）进一步强调“支持和鼓励硬科技企业在科创板发行上市”。

（2）新增科创板“支持方向”：“科创板优先支持符合国家科技创新战略、拥有关键核心技术等先进技术、科技创新能力突出、科技成果转化能力突出、行业地位突出或者市场认可度高等的科技创新企业发行上市”。

（3）新增行业领域“负面清单”：“限制金融科技、模式创新企业在科创板发行上市。禁止房地产和主要从事金融、投资类业务的企业在科创板发行上市”。

（4）进一步落实“实质大于形式”：新增发行人应符合科创板定位，从“技术先进性及其表征”“支持方向”“行业领域”“科创属性指标和依据”等4个方面进行具体说明；新增保荐机构对发行人自我评估相关事项进行尽职调查，并综合判断，对发行人“技术先进性”“符合科创板支持方向”等进行核查等，进一步压实中介机构的核查把关责任；从实质上严防企业研发投入“注水”，突击购买专利，夸大科技技术标准、科创技术水准，行业分类不准确等情形。

（三）基本要求——信息披露

在科创板注册制的背景下，除满足指标外，科创板还强调企业既要客观披露优势，又要充分披露劣势和风险，以利于投资者合理判断。

除了一般的合规要求，对于拟科创板上市的企业，需要披露自身拥有关键核心先进技术、科技创新能力突出、科技成果转化能力突出等方面的内容。例如，在招股说明书中明确：“发行人应披露主要产品或服务的核心技术及技术来源，结合行业技术水平和对行业的贡献，披露发行人的技术先进性及具体表征。披露发行人的核心技术是否取得专利或其他技术保护措施、在主营业务及产品或服务中的应用和贡献情况。”

那么，企业如何更好地表征自身技术先进性，如何提供足够的依据支撑自身的创新和成果产出能力突出呢？应说明：“公司根据研发的技术及其功能性能、取得的研发进展及其成果、获得的专业资质和重要奖项等，详细说明拥有和应用的技术及其先进性”；“公司结合国家科技创新战略相关要求，先进技术应用形成的产品（服务）以及产业化情况，核心技术人员的科研能力和研发投入情况，在境内与境外发展水平中所处的位置和在所属细分行业领域的排名情况，保持技术不断创新的机制、安排和技术储备等情况，说明符合科创板支持方向及其相关依据”。其中，知识产权，尤其是发明专利，作为具有创新性的研发成果的保护手段，一方面能够体现企业相应技术的先进性，另一方面也体现企业研发成果的产出和保护。例如，在审核问询过程中，审核机构往往会要求企业进一步披露如下信息：

说明企业的核心技术先进，核心技术是否对应发明专利？

说明企业的核心技术来源，专利是否为自主来源？

说明企业的持续创新能力，研发团队是否持续产生专利成果？

说明企业的市场竞争优势，相比竞争对手专利数量和布局如何？

……

此时，如果企业的知识产权内控存在问题，在信息披露的过程中，很容易出现相关信息披露不客观、不充分、不一致等问题，进而暴露出企业的科创属性问题，或在生产经营各阶段的潜在风险，情况严重会直接影响企业IPO进程。

另外，需要提醒的是，为了推动科创板上市公司坚守科创定位、提高科技创新能力，科创板对企业科创属性的关注是持续的。

针对已在科创板上市的企业，仍需保持研发投入与研发团队稳定，坚守科创定位，提高科技创新能力，通过定期报告、临时报告持续披露与公司科创属性相关的事项。若核心技术、主要在研产品发生下列重大风险事项，应当及时披露原因及对公司核心竞争力和持续经营能力的具体影响：（1）核心商标、专利、专有技术、特许经营权或核心技术许可丧失、到期或出现重大纠纷；（2）主要产品、业务或所依赖的基础技术研发失败或被禁止使用；（3）主要产品或核心技术丧失竞争优势；（4）其他重大风险事项。

（四）发行条件之一：无重大纠纷

科创板在发行条件中明确要求“发行人不存在主要资产、核心技术、商标的重大权属纠纷，重大偿债风险，重大担保、诉讼、仲裁等或有事项，经营环境已经或将要发生的重大变化等对持续经营有重大影响的事项”。

并指出，“涉及主要产品、核心商标、专利、技术等方面的诉讼或仲裁可能对发行人生产经营造成重大影响，或者诉讼、仲裁有可能导致发行人实际控制人变更，或者其他可能导致发行人不符合发行条件的情形，保荐机构和发行人律师应在提出明确依据的基础上，充分论证该等诉讼、仲裁事项是否构成本次发行的法律障碍并审慎发表意见”。

企业发生诉讼、纠纷或可能存在的潜在纠纷，若对企业持续经营有重大不利影响，将导致企业无法满足发行条件。因此对于拟IPO的企业，是否面临重大风险，相关风险是否会对企业的生产经营造成重大不利影响，也是审核机构的关注重点。

正因如此，科创企业在IPO期间被竞争对手“搞事情”而导致IPO失败的案例非常常见。比如竞争对手或者其他第三方，以阻击企业IPO为目的进行市场竞争，或以单纯逐利的索赔或寻求合作机会，均很有可能在努力寻找企业破绽，看准时机主动挑起知识产权纷争，以此为工具和契机达成目的。

据超凡科创数据库统计，在申报科创板的670多家企业中，披露知识产权诉讼（含无效及无效行政纠纷）的企业总计120余家，占比将近两成，而披露纠纷总数更是近300起。

对于“硬科技”企业而言，主要依靠核心技术开展生产经营，如果核心技术、主营产品、重要知识产权发生风险，其影响往往是巨大的。如果企业过往的知识产权纠纷未能妥善解决或消除影响或做好预案，或直接在IPO期间遭遇知识产权纠纷的突袭，尤其纠纷涉及企业的核心技术或主营产品，恐怕会直接影响企业IPO进程。

本报告以科创板相关规定，以及上交所审核问询和医疗器械企业的答复为基础，对近三年知识产权相关风险进行解读，并呈现各类经典案例，希望给拟科创上市的医疗器械领域企业以启发，助力企业顺利IPO。

第二章　医疗器械领域科创板概况

（一）医疗器械概述

医疗器械是指单独或者组合应用于人体的仪器、设备、器具、体外诊断试剂及校准物、材料或者其他物品，主要通过物理方式对人体体表及体内产生作用。医疗器械临床应用包括疾病的诊断、预防、监护、治疗或者缓解，损伤的诊断、监护、治疗、缓解或者功能补偿，生理结构或者生理过程的检验、代替、调节或者支持，以及生命的支持或者维持等。

医疗器械产品品种繁多，按照具体用途，大致分可为医疗耗材、医用装备、检测诊断、家庭护理、制药装备等五大类。按照我国对医疗器械按风险程度进行监管，共分为三类。第Ⅰ类：风险程度低，实施常规管理可以保证其安全、有效的医疗器械。第Ⅱ类：具有中度风险，需要严格控制管理以保证其安全、有效的医疗器械。第Ⅲ类：具有较高风险，需要采取特别措施严格控制管理以保证其安全、有效的医疗器械。科创板申报企业医疗器械领域有59家，涉及Ⅰ类、Ⅱ类、Ⅲ类产品的企业分别有15家、39家、42家，占比分别为25%、66%、71%，具体企业分布如表13-1所示。

表13-1　科创板医疗器械企业产业分类（截至2023年）

	已上市企业	审核中企业	已终止企业
Ⅰ类	海尔生物；热景生物；伟思医疗；安必平；圣湘生物；亚辉龙；爱威科技；安旭生物；睿昂基因；博拓生物	仁度生物；麦澜德；康为世纪	赛克赛斯；科惠医疗
Ⅱ类	海尔生物；南微医学；热景生物；普门科技；东方生物；祥生医疗；伟思医疗；赛科希德；安必平；圣湘生物；天臣医疗；亚辉龙；康众医疗；爱威科技；奥泰生物；翔宇医疗；之江生物；安旭生物；科美诊断；睿昂基因；博拓生物；诺唯赞；澳华内镜	百合医疗；麦澜德；康为世纪；联影医疗	贝斯达；天益医疗；安杰思；尚沃医疗；健耕医药；赛克赛斯；东软医疗；奥普生物；科惠医疗；丹娜生物；乐普诊断
Ⅲ类	赛诺医疗；南微医学；热景生物；心脉医疗；佰仁医疗；硕世生物；东方生物；三友医疗；天智航；爱博医疗；安必平；圣湘生物；亚辉龙；惠泰医疗；海泰新光；之江生物；安旭生物；科美诊断；康拓医疗；威高骨科；奥精医疗；睿昂基因；博拓生物；春立医疗；浩欧博	百合医疗；英诺特；仁度生物；电生理；山外山；联影医疗	安翰科技；贝斯达；天益医疗；安杰思；健耕医药；赛克赛斯；东软医疗；科惠医疗；丹娜生物；大医集团

（二）医疗器械IPO上市情况

1.上市标准

医疗器械企业选择“上市标准一”的最多，占比91%，仅有8%的企业选择“上市标准二”、“上市标准三”和“上市标准五”，暂无红筹企业和存在特殊表决权的医疗器械企业申报科创板。而在选择“上市标准五”上市的所有企业中，又都可以划分到生物医药这个的行业领域中。如图13-2所示。

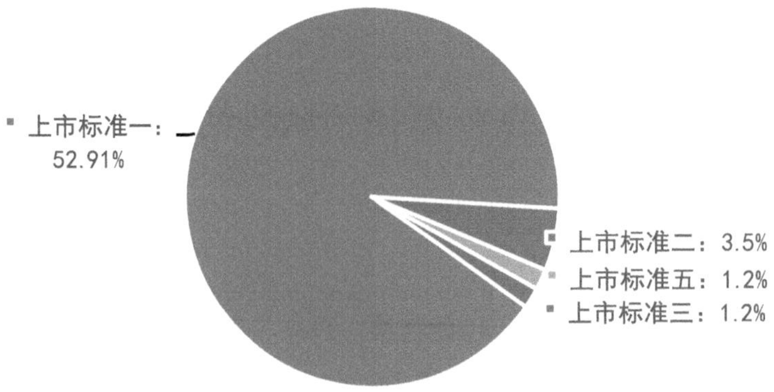

图13-2　申报企业上市标准分布

2.地区分布

科创板申报的医疗器械企业，分布在12个省份，主要集中在江苏、北京和上海三个地区，占比总申报数量为53%，集中度比较高。如图13-3所示。

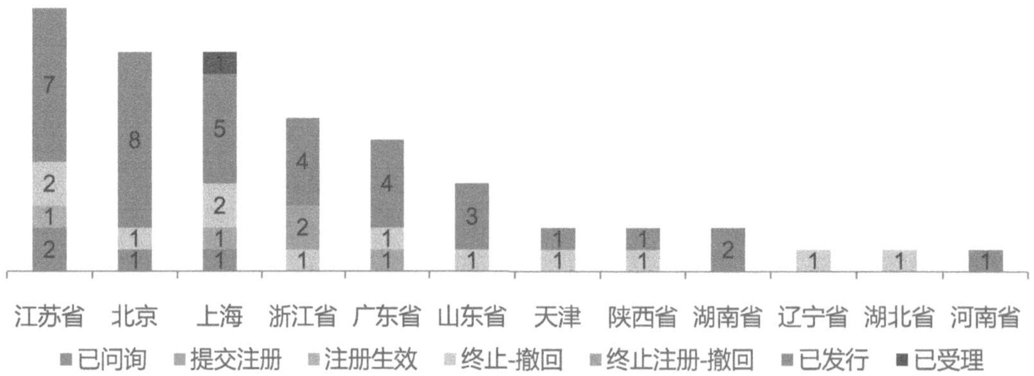

图13-3　申报企业注册地分布

3.审核情况

截至2022年3月，科创板医疗器械企业总计申报59家，上市37家，终止14家。已上市的37家企业平均审核周期为222天/家，平均问询轮数为3轮/家，平均拟募集资金为6.7亿元/家。经分析，有37家申报企业披露了核心技术产品收入占营业收入比例，平均值为90%。2020年5月以前申报的企业全部审核结束，成功发行率为73%。如图13-4所示。

4.合作研发

在申报的59家医疗器械企业中，有45家企业披露存在合作研发，14家企业披露不存在合作研发。如图13-5所示。

5.核心技术人员

医疗器械平均每家企业有5名核心技术人员，有66%的企业可以超过平均值。而医疗器械企业中拥有最多的核心技术人员为13个，为企业贡献了100%的核心专利。如图13-6所示。

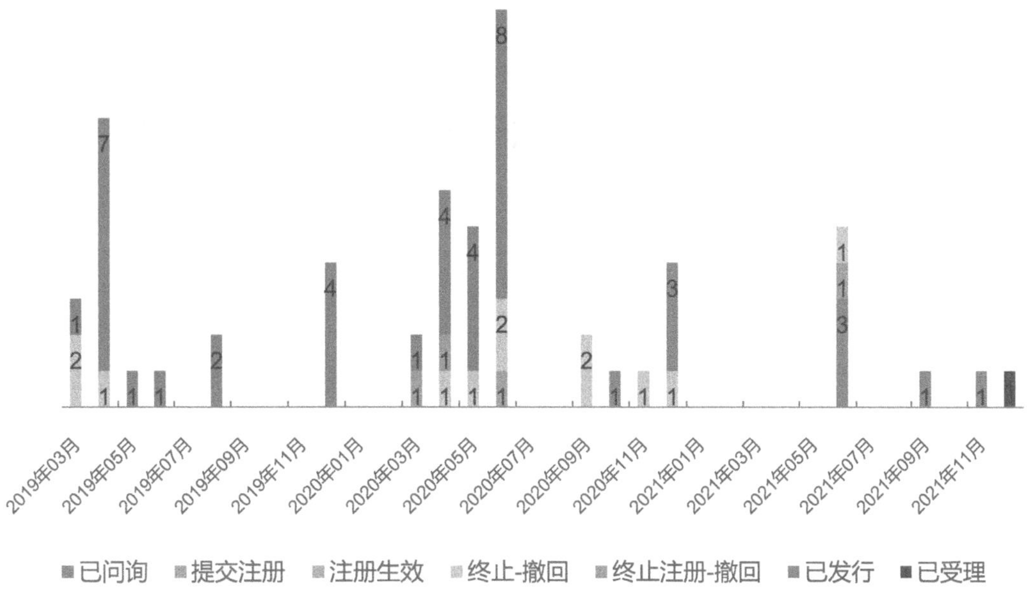

图13-4　审核状态情况

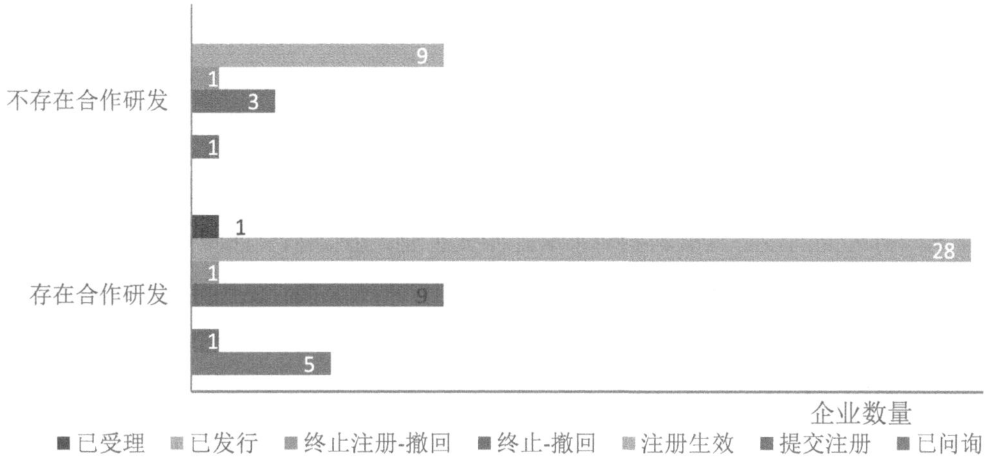

图13-5　企业合作研发情况

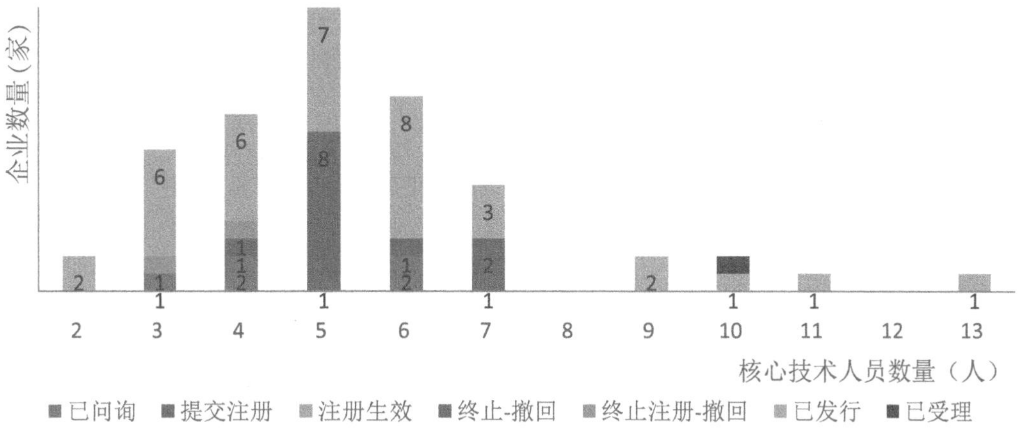

图13-6　企业核心技术人员数量情况

第三章 医疗器械领域科创板六大风险及案例

针对企业在招股书等材料中披露的科创属性指标、核心技术、主营业务、研发投入、核心技术人员等情况，科创板审核机构会在审核问询环节针对披露不充分、不一致等内容，不断问询，让企业客观真实、充分披露企业的核心技术先进性、自主持续创新能力和市场竞争优劣势等情况。

与其他传统产业相比，医疗器械是医科、理科、工科等多学科交叉的、跨领域的高科技产业，更具有复合型，其技术研发更加依赖企业、高新、科研院所和医院之间的协同合作。虽然许多企业构建完善了产学研医协同创新的技术创新体系，能够及时与医疗机构、科研院所和高等院校等单位进行有效的沟通交流、技术研发等合作，从而熟悉临床需求，将技术理论与经验相结合，但是当企业研发能力或经营能力过度依赖这种合作关系时，不仅仅是企业主营业务、核心技术及知识产权资产是不是企业自主创新的成果，或者合作研发、人员关系、资产交易等是否合规，甚至是企业是否具备自主创新能力，都会被审核机构大大质疑。

基于审核机构的问询，大部分企业经过补充说明，能够顺利过会，成功上市；但因无法在申报和问询答复材料中充分披露科创属性相关问题，而止步于科创板IPO的企业也并不少见。

为了帮助企业更好地进行科创属性自我评估、信息披露材料准备、应对各类相关问询，我们对科创板开板近三年来，有公开问询答复资料的54家医疗器械企业，近450个与科创属性相关的问询问题进行了分析和解读，并将可能导致企业科创属性风险的问题分为六大类：是否满足科创属性指标、是否具备自主创新能力、核心技术是否先进、知识产权保护是否到位、是否不存在重大不利影响、是否拥有完善的内部管理制度。具体如表13-2所示。

表13-2 六大科创属性风险类型

六大风险	风险点示例	相关问询及披露要点示例
（一）科创属性指标	常规指标数据不满足； 例外条款无实际依据支撑； 审核周期长，指标无法持续满足	重点关注审核时报告期指标情况: 1.报告期指标：研发投入、研发人员比例、发明专利（形成主营业务/形成主营业务和核心技术）应用数量、营业收入指标持续满足情况，例如报告期2018—2020年满足，但在报告期2019—2021年审核或发行时不满足 2.指标依据：研发费用、营业收入、研发人员、发明专利、进口替代实现收入等归集和计算方式
（二）自主创新能力	核心技术/知识产权来源于第三方； 研发依赖第三方/个别核心技术人员； 研发团队不稳定； 创新/知识产权产出不持续； 发明集中在报告期授权/申请，拼凑科创属性	重点关注成果来源和产出: 1.外部来源：合作研发、委托开发、技术引进中，相关知识产权共有、继受取得、许可/被许可情况和相关权利约定 2.内部来源：核心技术团队及成果贡献情况；核心人员离职及研发成果情况；研发项目及成果产出情况；来源于股东、实际控制人的知识产权情况 3.专利产出趋势：专利成果产出的数量/趋势

续表

六大风险	风险点示例	相关问询及披露要点示例
（三）核心技术先进	行业技术/专利壁垒高； 未建立自身技术/专利壁垒； 核心技术为行业通用； 核心技术/主要产品存在迭代风险； 核心技术发明专利申请时间早，报告期无发明授权； 核心技术相关主营业务形成营收低； 核心技术无发明专利授权	重点关注成果保护情况： 1.专利数量：与可比公司专利数量及布局的差异 2.专利布局和壁垒：企业和可比公司专利布局情况，行业内是否存在技术和专利壁垒；企业相对竞争对手的技术和专利壁垒（专利保护期限） 3.研发能力：研发投入、研发人员、市场份额低于行业企业
（四）知识产权保护	核心技术未在生产环节/主要产品中的应用； 知识产权未在核心技术/主营业务中贡献或形成营收； 核心技术人员、研发费用未投入到核心技术；	重点关注成果保护情况： 1.对应性：主营业务/产品–核心技术–发明专利–核心技术人员相对应 2.法律情况：知识产权的法律实际情况（包括权利人、取得时间、取得方式等），申请中专利情况等 3.核心专利技术相关产品营收及占比
（五）重大不利影响	产品侵权； 权属纠纷； 专利不稳定； 核心专利申请无法授权	重点关注知识产权风险： 1.权利丧失风险：友商入职人员职务发明情况、知识产权质押情况、知识产权稳定性（被提无效等） 2.侵权风险：技术/产品潜在侵权风险、影响措施
（六）内部管理制度	风险防控机制不完善； 非专利技术泄密； 知识产权管理不合规； 研发体系混乱	重点关注风险防控情况： 1.环节：研发环节、产品上市、人员权限、资料保密情况 2.管理：知识产权、研发管理体系机制和流程

在上述问询问题中，直接涉及知识产权的就有200个。而且相比半导体和智能制造等领域，医疗器械领域的知识产权问题更多集中在专利方面，其中，专利相关的问询占比超八成。如图13-7所示。

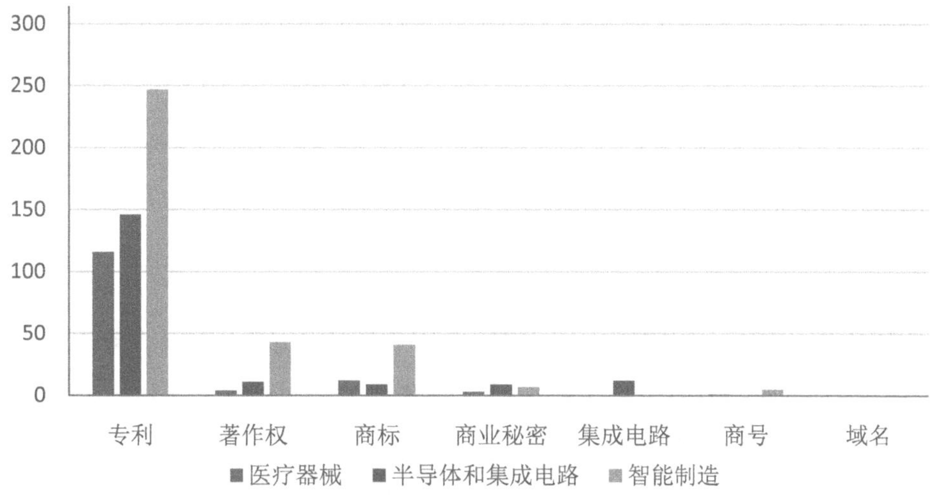

图13-7　问询涉及的知识产权类型及数量（个）

可见，医疗器械企业在论证自身符合科创板定位及科创属性时，如何更好地说明企业自身知识产权情况，如何更好地让企业的专利来支撑企业的“硬科技”实力，是医疗器械领域企业需要关注的重点。

风险本身不可怕，关键是企业如何发现风险、充分准备、积极应对，只有强化知识产权保护和自主创新意识等，才能给科创企业建立起对于未来收益的稳定预期，只有稳定预期的支配下，投资者才能长期投资。以下将结合医疗器械在科创板IPO过程中的真实案例，希望给拟进行科创板IPO的医疗器械企业提供参考，帮助企业更好地评估、应对相关风险，顺利完成IPO。

（一）风险一：是否满足科创属性指标

2020年3月27日以前，医疗器械共申报21家企业，有17家成功发行，发行通过率为78%，有1家企业在注册阶段主动撤回，还有3家企业在问询阶段主动撤回。

虽然上交所在《暂行规定》中明确，科创属性发布前已申报的企业不适用科创属性指标规定，但是审核机构仍然会针对企业核心技术取得专利情况、研发投入情况等进行重点审核。例如天益医疗，在2020年3月26日申报科创板，历经两轮问询后提交注册，却在注册阶段主动撤回被终止审核。曾在问询审核中，审核机构重点关注了天益医疗研发投入低的原因，以及主要产品核心技术是否均获得专利等问题，企业答复研发投入略低于同行，主要产品核心技术共取得了1项发明和5实用新型专利，且实用新型专利均已到期。

可见早期即使没有科创属性指标的约束，已经有企业因各项指标不能充分反映企业科技创新能力而终止。

科创属性出台后，即自2020年3月27日《暂行规定》实施以来，医疗器械企业共申报38家，均满足常规指标或例外条款，成功发行率为67%，相比科创属性指引发布前，通过率直接下降11%。如表13–3所示。

表13–3　医疗器械企业科创属性分布

<table>
<tr><th colspan="2">符合情形</th><th>常规指标</th><th>科技专项</th><th>三大奖项</th><th>进口替代</th><th>50项发明</th><th>审核通过情况</th></tr>
<tr><td rowspan="2">科创属性“3+5”</td><td>常规指标</td><td>25</td><td>–</td><td colspan="2">1</td><td>–</td><td>共计26家：发行16家，终止–撤回8家，终止注册–撤回1家，审核中1家</td></tr>
<tr><td>否–营收</td><td>–</td><td>1</td><td>1</td><td>1</td><td>1</td><td>共计4家：发行4家</td></tr>
<tr><td>科创属性“4+5”</td><td>常规指标</td><td>7</td><td>–</td><td>1</td><td>–</td><td>–</td><td>共计8家：终止–撤回1家，审核中7家</td></tr>
</table>

比较乐观的情况是，医疗器械领域企业在招股说明书中披露企业总共拥有的发明专利数量都达到了5项及以上，这为证明企业符合科创属性提供良好的基础。不过这些发明专利是否可以划分到符合科创属性指标的清单中，从科创属性指标角度来讲，重点关注如下两点。

其一，选择“常规指标”时，发明专利要“形成主营业务收入”，也就是发明专利既要对应主营业务，还要形成相应的收入。例如科惠医疗因主动撤回被终止审核，披露9项发明专利应用于公司主营业务，但实际只有5项发明专利对应于产品，且对应产品在报告期内的收入占比仅在10%左右，另外4项发明对应于设备和材料类专利，而企业并不通过销售设备或材料直接形成主营业务收入。

其二，选择“例外条款的50项发明”时，发明专利要“形成核心技术或主营业务收入”，也就是“形成主营业务收入”与“形成核心技术”的发明专利之和满足50项以上即可。例如爱威科技选择“例外条款的50项发明”，其中有几项境外发明专利在相应国家并没有实现收入，审核机构连续两轮问询都关注了企业产品与专利的对应关系及相应区域收入情况，专利是否为同族专利等。

2020年疫情暴发，虽然医用口罩、手套等低端耗材的市场需求猛增，但是对于科创板推荐的高端医疗器械企业却面临需求和营业收入下降的危机。虽然科创板对创新企业的营收指标要求较低，但还是有很多生物医药类企业的营业收入达不到科创属性“常规指标”的要求。那么，对于想上科创板的医疗器械企业来说，“例外条款”无疑给企业多添了一种可能。

不过选择例外条款也不易，审核机构除了关注相应的例外条款是否有充分的依据支撑外，“常规指标”相关问题仍会被问询。例如，海泰新光在申报稿材料中披露满足例外条款“进口替代”，却在上会稿材料中竟删除了该项指标，审核机构在问询审核中还重点关注了发行人仅有少量核心技术获得专利的原因。

问询示例参考

5项发明：列示发明专利与主营业务收入之间的匹配关系，是否满足形成主营业务收入的发明专利（含国防专利）5项以上的规定。【来源：奥普生物第二轮问询】

50项发明：51项发明专利是公司自主发明还是外购取得，该等专利对应的技术、产品、收入的具体情况，详细论证是否符合形成核心技术和主营业务收入的发明专利（含国防专利）合计50项以上的相关要求。【来源：爱威科技发行注册反馈意见】

进口替代：说明进口替代对应技术的保护措施，并结合同行业可比公司对该技术的保护情况、该技术现有普及运用情况，说明在未申请专利保护的情形下，是否存在技术被他人使用、或被他人率先申请专利，从而使发行人丧失核心竞争力的情形。【来源：康拓医疗第二轮问询】

国家技术发明奖：所获奖项技术及应用的具体情况，是否存在共同发明人及其相应具体任职单位，该技术是否申请专利及其所有权归属情况，各参与人对该技术的利益安排，是否允许对外许可、转让以及后续经济收益划分的约定情况，该技术运用于发行人主营业务的具体体现，发行人的生产经营是否取得该技术发明的授权。【来源：康拓医疗第一轮问询】

重大科技专项：国家重点研发计划的主要内容、参与主体分工情况、实施进展及成果权益分享约定，发行人在该项目中发挥的具体作用，并结合前述事项说明发行人满足符合科创属性和科创板定位要求的依据是否充分。【来源：海泰新光第三轮问询】

（二）风险二：知识产权保护是否到位

前一节中我们主要提到了企业申报科创板的门槛条件，即企业在申报科创板时各项指标数据达不达标的问题，例如“常规指标”中要求“形成主营业务收入”的发明专利5项以上。

实际上，在指标背后，审核机构关注的是企业如何用发明专利来支持，例如：

是否主要依靠核心技术开展生产经营?

研发投入是否围绕核心技术及其相关的产品或服务?

是否具有先进的核心技术?

是否将核心技术进行成果转化?

是否形成技术壁垒等以保持技术竞争力?

……

很多企业往往有一些错误的认识，比如，认为自己的技术已经申请了一两个专利就够了，认为专利需要产品上市后才申请，认为某些技术比较简单不能申请专利等，最终导致企业产品或核心技术无法形成及时、完善的知识产权保护。这样的认知体现在企业的知识产权上，有时会引发审核机构对企业科创属性的质疑。例如天智航虽然成功发行，但在审核问询期间，因14项核心技术中有4项并未形成专利，被审核机构重点关注。

问询示例参考

核心技术无专利：14项核心技术中的4项核心技术并未形成专利的原因，是否表明已作为非专利核心技术采取特殊的保密措施，若有，请予以补充披露。【来源：天智航第一轮问询】

专利申请未授权：各相关专利及其他技术保护的申请情况与审批进展；若相关专利及其他技术保护的申请无法获批，其对发行人的核心技术保护和业务经营有哪些影响。【来源：安翰科技第一轮问询】

（三）风险三：自主创新能力

关于医疗器械企业自主创新能力的问询，审核机构重点关注了5个方面。存在合作研发以及与核心技术人员相关的问题被问询次数占比均超过30%以上，存在许可和转让相关被问询次数占比均超过15%以上，还有少数专利申请趋势相关也被问询。如图13-8所示。

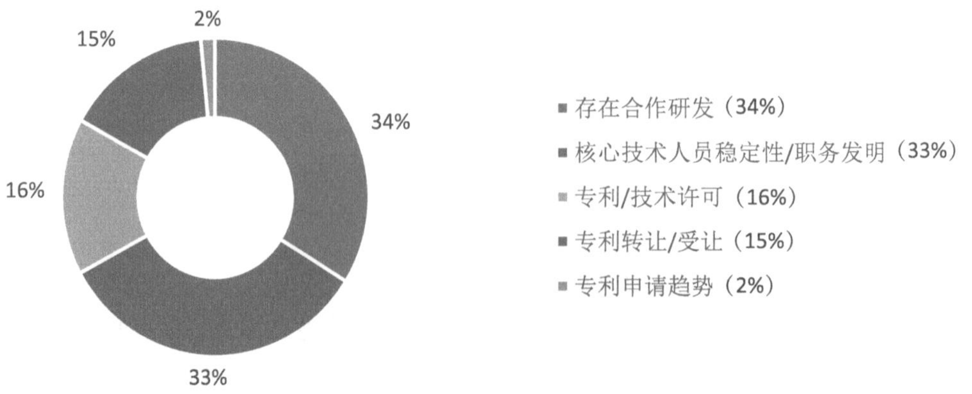

图13-8 关于自主创新能力问询情况

与企业自主创新能力息息相关的，首先是研发团队。若核心技术人员流失，核心技术研发如何持续？其他技术人员有没有能力继续创新？其次是核心技术及成果来源，若主要依靠与第三方企业，自主创新如何体现？然后是研发产出持续性，若发明专利集中在某个时期申请，持续创新能力如何证明？

企业通过受让或合作研发来完善产品保护或专利布局，无可厚非，但如果知识产权工作前期没做好，通过“临时抱佛脚”的方式，以此充当“形成主营业务收入”的发明专利，或是“修饰”自身的科创属性，风险系数颇高。

有些企业去掉外购发明专利或与第三方合作研发产出的发明专利后，自主产出的发明专利数量实际不足5项以上，直接影响企业的科创属性。例如贝斯达因主动撤回而终止，其拥有的9项发明专利中，有7项均不是自主研发取得，还有2项的发明人存在不是发行人员工的情况。

问询示例参考

合作研发：发行人核心技术对共有专利是否存在依赖，发行人持续经营能力是否依赖于共有专利或相关单位；共有专利事项是否存在纠纷或潜在纠纷；结合发行人与其他机构合作研发、共有专利等情况，说明发行人是否具备核心技术的自主研发能力。【来源：亚辉龙第一轮问询】

核心技术人员：发行人的技术研发是否对多位核心技术人员存在重大依赖；结合核心技术人员任职履历与职务发明情况，说明发行人现有核心技术和相关专利中，是否有来自核心技术人员任职时的职务发明，核心技术人员是否存在违反竞业禁止协议和保密协议的情形，是否存在纠纷或潜在纠纷；核心技术人员平均薪酬与同地区同行业上市公司相比是否存在较大差异，是否存在体外支付薪酬或其他安排的情形；除薪酬外，发行人稳定、激励核心技术人员和研发团队的具体措施。【来源：安必平第一轮问询】

专利/技术许可：请披露被授权（许可）专利的内容、授权的范围、授权方及被授权方的权利义务、技术改进的归属、授权使用的期限、固定或提成费用、终止条件等；如存在授权使用范围受限、终止风险等情况的，请进行风险揭示；如对发行人生产经营存在重大影响的，请按重要性原则进行重大事项提示；授权专利是否构成发行人产品的必备基础及核心竞争优势、授权专利的性质（独占许可、排他许可或普通许可）、授权方及被授权方的权利义务约定是否清晰明确。【来源：奥普生物第一轮问询】

专利转让/受让：请发行人说明通过受让取得的专利是否为发行人的核心专利，发行人与其他方关于专利受让的具体安排，如双方的权利义务、附属条件、专利权受限情况等；请保荐机构、发行人律师对发行人受让取得的专利，及相关专利受让协议的约定内容、受让专利的来源、相关出让方是否有权出让等，以及发行人是否具备核心技术的自主研发能力，受让专利是否存在纠纷或潜在纠纷进行核查，并发表明确意见。【来源：奥普生物第一轮问询】

专利申请趋势：请说明发明专利均为2016年之前取得，报告期内的专利多为实用新型和外观设计的原因以及是否会影响发行人的持续研发创新能力。【来源：天智航第一轮问询】

（四）风险四：核心技术先进

关于技术先进性，科创板的审核是依据企业自身和行业科技创新的实际情况，综合证明技术先进的关键参数、市场认可度、专利成果等客观因素，与行业、竞争对手比较之后作出综合判断的。例如：

企业是否和竞争对手采用相同的技术路线？

相比竞争对手，企业的技术优势是什么？

企业核心技术，是否都对应有专利？

针对XX技术，行业/竞争对手是否有专利布局？

企业相对竞争对手的专利是否有优势？

结合科创属性中的发明专利指标，目前已申报科创板的医疗器械企业，发明专利平均拥有量为42件，近三成企业发明专利量分布在30~299件之间。如图13–9所示。

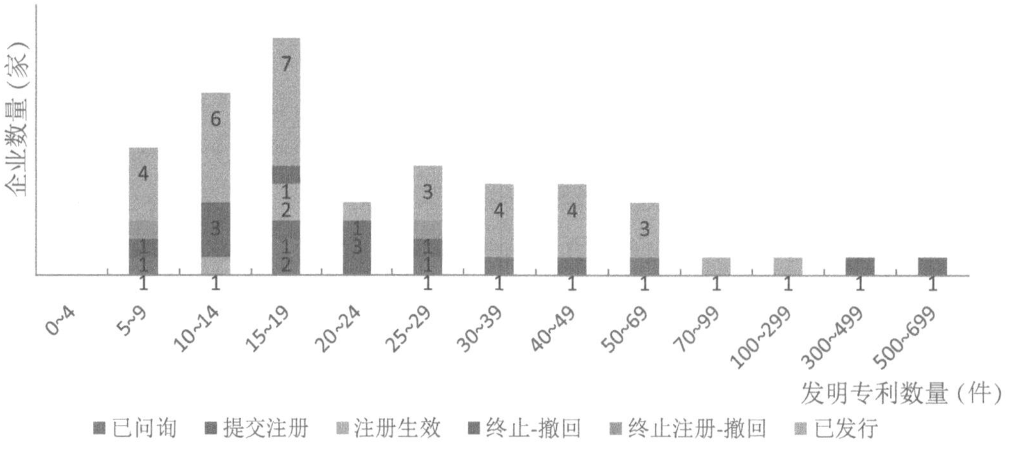

图13–9　企业拥有发明专利数量分布

目前医疗器械领域企业发明专利的持有情况，可以给拟科创板上市企业一些参照，便于企业了解自身所处的位置和情况，更好地规划企业的知识产权工作。不过发明数量只是基础，更关键的是专利的保护质量，企业可以根据自身研发/产品，以及竞争对手的情况来进行无形资产的构建。

问询示例参考

核心技术取得专利少：仅有少量核心技术获得专利的原因，是否与现有业务匹配，如何体现技术先进性。【来源：海泰新光第一轮问询】

发明专利实现收入少：发行人拥有的部分发明专利实现收入较少，如何体现发行人核心技术先进性。【来源：麦澜德第二轮问询】

核心产品销量低：结合同行业公司技术的情况，披露发行人的技术优势和技术劣势；发行人的专利对现有技术的突破；对比境内外同行业可比公司的市场占有率，披露发行人产品销量低的原因，进

一步说明发行人技术是否具有先进性，是否被市场认可及依据。【来源：浩欧博首次申报第一轮问询】

产品和技术迭代风险：结合行业内主流技术的治疗方法、具体产品类型、上市时间，说明发行人主要产品的技术迭代周期，主要产品技术迭代对发行人生产经营的影响及快速迭代的风险，如何应对迭代风险。【来源：科惠医疗第二轮问询】

对标竞争对手：发行人拥有已授权的境内外专利86项，其中，境内发明专利43项、境外发明专利25项，公司与发行人披露同行业的公司美敦力、先健科技分别拥有4600余项、875项专利存在较大差异。请发行人进一步从发行人与同行业公司技术、产品、专利数量及核心专利情况（取得方式、获奖专利中承担角色、是否共有、是否涉诉等）、是否具有独立研发能力、研发投入占比、市场占有率、技术先进性、发行人在行业中的地位等方面说明发行人的技术核心优势，是否符合科创板的定位。【来源：心脉医疗第二轮问询】

（五）风险五：重大不利影响

企业有创新，产品有市场，必然会面临竞争、受到关注。尤其在IPO过程中，更是会有竞争对手“慕名而来”。

知识产权既作为判断企业是否符合“科创属性”指标之一，又作为企业生产经营的重要保障，若涉及企业核心技术和主营业务的专利权不稳定，或项目研发失败，或核心产品被诉侵权等，将直接影响企业的是无法达到科创属性指标的要求，或是企业不能正常持续经营。例如：安翰科技在首轮问询后被诉专利侵权，因未能在有限的时间内解决纠纷，最终主动撤回IPO申请；科惠医疗在获科创板受理3个月后被诉专利侵权，并在回复中承认12款产品中有7款产品确实落入大博医疗专利保护范围，同样撤回申请。

从企业申报和问询答复材料分析，申报科创板的59家医疗器械企业，超两成的企业遭遇知识产权纠纷。其中，6家企业是在IPO前遭遇纠纷，4家企业是在IPO期间遭遇纠纷，还有2家企业在IPO前和IPO期间均遭知识产权纠纷，1家企业是在IPO前和发行后均遭知识产权纠纷。

不完全统计，上述知识产权纠纷至少涉及47起，最多的是侵害专利权和专利权属纠纷，合计占比超所有纠纷的六成。如图13-10所示。

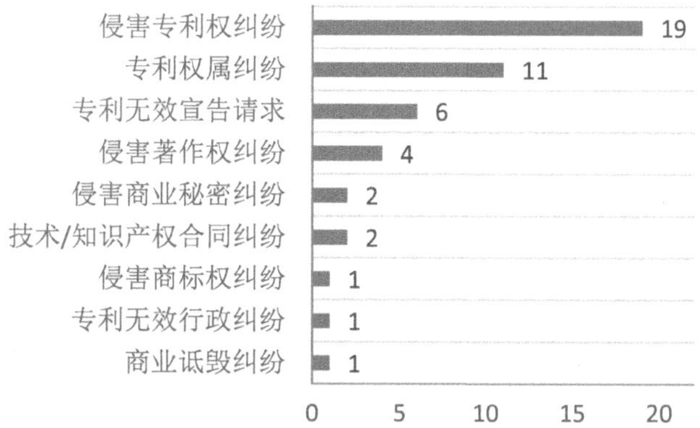

图13-10　涉及知识产权纠纷类型（件）

问询示例参考

项目研发失败：报告期内，公司开展主要研发项目的实施情况中，有数个项目的进度为“终止研发”的原因，是否存在知识产权纠纷或研发进度不及预期等情形。【来源：安杰思第一轮问询】

被诉侵害专利权：诉讼涉及的专利和技术是否在发行人产品中使用、是否为发行人核心产品和核心技术。【来源：科惠医疗第二轮问询】

专利被提无效：发行人部分专利无效的具体内容及无效的原因，是否涉及发行人现有技术路线并对发行人的生产经营、在研产品推出形成重大不利影响。【来源：科美诊断第二轮问询】

专利权属纠纷：权属纠纷中涉及的职务发明，权利人是否已变更为原告，发行人现有产品中是否使用上述权属纠纷涉及的职务发明专利。【来源：安杰思第一轮问询】

（六）风险六：内部管理制度

企业从事生产经营，如果内部管理制度健全且有效执行，就可以有效帮助企业合规管理和风险防控，例如固定资产管理、货币资金管理、研发管理、知识产权管理、人员管理等。相反，如果企业内部管理制度不完善，风险防控不及时，出现风险的概率将大大提高。例如：安杰思遭遇专利权属纠纷的原因，系实际控制人张承及其他核心成员均曾任职于某同行企业，而安杰思在遭遇该诉讼4年后才完善知识产权管理体系。

问询示例参考

研发管理：发行人的研发、生产过程是否能够清晰准确区分、是否共用生产及研发设备、是否存在研发费用及成本混淆；研发费用的内控制度、流程是否健全及能够有效运行。【来源：康为世纪第一轮问询】

第四章　医疗器械领域十大经典案例

（一）案例一

天益医疗，科创属性出台前申报科创板，研发投入低，主要产品核心技术仅取得1项发明。

问询背景：招股书披露，2017年、2018年和2019年，研发投入费用分别为914.27万元、898.10万元和1607.24万元，占营业收入的比例分别为3.81%、3.48%和5.08%，共取得8项发明专利。

重点问题：（第一轮问询，问题2.2）主要产品核心技术是否均获得专利，核心技术是行业通用技术或发行人独有的技术。

（第一轮问询，问题3.2）研发投入占比低的原因，是否符合所在细分行业的一般规律，发行人现有的研发投入和研发体系是否具备持续创新、维持新产品不断研发的能力，进一步论证发行人符合科创板定位的合理性。

发行人答复简述：主要产品核心技术对应共取得了1项发明和5实用新型专利，其实用新型专利均已到期，非专利技术未申请专利，采取了保密措施予以保护。核心技术是在通用技术基础上，通过自主研发形成的。研发投入与同行业可比公司相比，除2019年高于可比公司外，2017年和2018年均略低于可比公司，与医疗器械科创板公司相比，只披露了2019年略低于科创板公司，不过2019年研发投入增高主要是外协服务费增加，认为研发投入占比较低与医疗器械行业特点相关，规模难以和新药研发相比，未来发行人会进一步加大研发投入，坚持创新和新产品的不断研发，为公司的技术储备提供有力保障。

（二）案例二

科惠医疗，9项发明中形成主营业务收入的产品类发明专利只有5项，对应产品在报告期内的收入占比仅在10%左右，且有2项产品类发明专利是受让取得。

问询背景：根据问询回复及申报文件，发行人共有9项发明专利应用于主营业务，除去设备类和材料制备类专利外，产品类专利共5项，对应产品报告期内收入占各年自主产品收入的比例为11.70%、9.22%、8.85%。且产品类专利中有2项为受让取得，发行人已通过自主研发对2项受让专利进行技术改进及优化后，成功开发了迭代产品并形成专利，该产品目前正处在临床推广阶段，产品收入较低，不属于公司核心专利。

重点问题：在售产品与产品专利是否一一对应；半数发明专利集中于设备类专利、材料制备类对发行人生产经营和业务竞争力是否存在影响，设备类专利、材料制备类发明专利如何体现发行人技术先进性；结合上述情况及各项发明专利在产品中的实际运用情况、形成主营业务收入的具体体现，进一步说明发行人是否符合《科创属性评价指引（试行）》中关于“形成主营业务收入的发明专利5项以上”的规定。

发行人答复简述：通过第三方服务机构提供了法律意见书，认为“该五类产品的技术方案分别与相应对比专利的技术方案构成实质性相同或一一对应，该五类产品落入对应专利的保护范围”。发行人2项设备类专利和2项材料制备类专利为相较其他同行业公司的独特技术，可快速取得差别化产品竞争优势，有助于加强核心产品的竞争力，对公司实现营业收入提供了重要作用。产品类专利共5项，对应产品报告期内收入占各年自主产品收入的比例为11.70%、9.22%、8.85%，设备类专利和材料制备类专利虽不通过销售设备或材料直接形成主营业务收入，但公司相关产品均依赖其进行加工、制备，并形成核心竞争力，上述设备类专利、材料制备类专利公司主营业务的开展具有重大意义，对形成主营业务收入有重大贡献，故应纳入“形成主营业务收入的发明专利（含国防专利）≥5项”的指标计算，符合《科创属性评价指引（试行）》的相关规定。

（三）案例三

天智航，拥有14项核心技术中有4项并未形成专利。

问询背景：根据招股说明书，发行人目前已经取得62项专利，另有51项专利处于申请状态；发行人的14项核心技术中，有部分技术并未申请专利。

重点问题：【第一轮问询，问题29】14项核心技术中的4项核心技术并未形成专利的原因，是否表明已作为非专利核心技术采取特殊的保密措施，若有，请予以补充披露。

发行人答复简述：有4项核心技术方向未进行专利布局，主要原因有二：一是对于装置的加工与小型化设计等技术，发行人目前作为技术秘密来进行保护，主要保护措施为对图纸与工艺文件等进行存储方法与读取场所的保护，并设计流程制度限制该类型文件的流通，同时与相关人员签署保密协议进行限制；二是纯算法与软件流程，由于较为容易被仿制并且取证相对困难，发行人目前同样是作为技术秘密进行保护，同时随着企业规模的扩大与产品逐步更加综合与复杂，发行人的专利与知识产权团队正在与研发团队共同探索对于软件算法类的技术如何进行描述与公开，预计在2019年到2020年会有少量的处于预研阶段的算法进行专利申请的尝试。

（四）案例四

安翰科技，多项核心技术均有部分相关专利还在申请中，IPO期间核心产品遭遇专利侵权诉讼，最终因诉讼未决而主动撤回申请。

问询背景：招股说明书披露，发行人核心技术中的专用芯片技术、人工智能技术、智能制造技术、微光学成像技术、无线传输技术均有部分相关专利及其他技术保护正在申请中。

重点问题：【第一轮问询，问题7】各相关专利及其他技术保护的申请情况与审批进展；若相关专利及其他技术保护的申请无法获批，对发行人的核心技术保护和业务经营的影响。

发行人答复简述：公司上述五类核心技术共对应有30多项正在申请中的专利，且其中5项申请中的专利已取得办理登记手续通知书；另外，公司正在申请中专利共计133件、商标50项、计算机软件著作权4项，已围绕核心技术取得授权的专利有51项，即使以上正在申请中的专利及其他技术保护存在无法通过审批或授权的可能性，由于公司核心技术及业务经营不依赖于某一单一专利或技术，因此不会因某一项专利及其他技术保护的申请未获批或授权而对公司的核心技术保护和业务经营产生重大不利影响。

（五）案例五

春立医疗，拥有17项发明专利，明显少于竞争对手。

问询背景：根据招股说明书，发行人拥有发明专利17项，数量明显少于同行业竞争对手。

重点问题：结合发行人发明专利数量明显少于同行业竞争对手的情形，说明发行人是否已拥有与生产经营相关的所有专利，专利的数量、涵盖的产品及技术是否与发行人的生产经营相匹配；对于尚未取得的相关专利，请说明未取得的原因及是否存在障碍，说明目前使用方式以及是否存在侵权纠纷和风险，并论述相关事项对发行人生产经营是否构成重大不利影响。

发行人答复简述：虽然所有可比公司的发明专利数量均超过发行人，但发行人专利的数量、涵盖的产品及技术与发行人的生产经营相匹配，主要原因有四：一是发行人主营业务高度聚焦，主要以关节类假体产品为主，脊柱类植入产品占比较小，其他骨科植入物领域处于起步阶段，因此整体发明专利数量较小；二是发行人日常经营良好，不存在涉及专利的重大权属纠纷；三是发行人核心竞争力主要体现在产品设计和精密加工方面，早年对于专利申请的重视程度不够，而近年来随着发行人加大在材料领域、前沿骨科产品领域的投入，相关专利的数量将不断增加；四是发行人及其子公司已拥有132项国内已授权专利保护和2项国际已授权专利保护，发行人拥有与生产经营相关的所有专利。发行人尚未取得的相关专利均为正在申请中的专利，其专利权取得均不存在障碍，该等尚未取得的专利不存在侵权纠纷和风险，亦不存在任何对发行人的生产经营构成重大不利影响的情形，正在申请中的专利目前均为发行人自行使用，不存在授权或许可他人使用的情形。

（六）案例六

贝斯达，拥有的9项发明专利中，有7项均不是自主研发取得，还有2项的发明人存在不是发行人员工的情况。

问询背景：招股书披露发行人拥有9项发明专利，其中3项是原始取得，6项是继受取得。

重点问题：相关发明专利的发明人，是否为公司员工，认定为原始取得的主要依据；继受取得的具体含义，是否为他人授权或转让取得，以及授权方或转让方的基本信息，关于权利归属、利益分配等的具体约定。

发行人答复简述：上述披露是原始取得的3项发明，发明人均存在不是发行人员工的情形，有2项的发明人署名存在发行人员，发行人认为是由公司员工利用公司的物质技术条件完成的。有1项的发明人不存在发行人员工，是从交易市场受让发明人的专利申请权。发行人认定为原始取得的依据是证书上登记的专利权人为发行人。上述披露是继受取得的6项发明，是发行人从原专利权人处通过转让方式取得的，以对公司技术形成良好的补充，转让方包括个人和高校、企业等单位，未答复详细的利益分配和除专利权变更以外的其他权利归属。

（七）案例七

心脉医疗，拥有境内外专利86项，与披露的同行业的可比公司美敦力、先健科技分别拥有4600余项、875项专利，存在较大差距。

问询背景：拥有境内外专利86项，与披露的同行业的可比公司美敦力、先健科技分别拥有4600余项、875项专利相比，存在较大差距。

重点问题：（第二轮问询，问题7）请发行人进一步从发行人与同行业公司技术及产品、专利数量及核心专利情况、是否具有独立研发能力、研发投入占比、市场占有率、技术先进性、发行人在行业中的地位等方面说明发行人的技术核心优势，是否符合科创板的定位。

发行人答复简述：公司各项产品的技术水平在国内市场同类型竞争产品中处于领先地位。发行人所授权的86项专利均与主营业务相关，且发明专利的占比达到79%，同行业公司美敦力成立早，业务构成多元化，发行人与其不具有可比性。先健科技公开披露的875项是专利申请数量，并非授权数量，且涵盖多个业务领域，因此发行人在主动脉业务领域具有较强的竞争力。发行人研发团队独立且具有较强竞争力，报告期研发投入稳定增长，占比略有下降的主要原因系报告期内发行人业务规模快速扩张，营业收入增长较快。与同行业可比公司相比，报告期内公司研发投入占比始终处于较高水平，具备较强的研发实力。2018年发行人在我国主动脉血管介入医疗器械市场份额排名第二（排名第一的公司为美敦力），国产品牌中市场份额排名第一。发行人主要核心技术已达到国内或国际领先水平，参与完成的“大血管覆膜支架系列产品关键技术开发及大规模产业化”项目荣获2017年度国家科技进步二等奖。

（八）案例八

科惠医疗，获科创板受理3个月后被诉侵害专利权，产品落入涉案专利保护范围。

问询背景：2021年1月6日，即科惠医疗已获科创板受理3个月之后，还在经历审核问询的阶段，大博医疗以侵犯6项实用新型专利权为由，对科惠医疗及相关方提起诉讼，请求判令被告立即停止原告享有的相关实用新型专利权的行为。

重点问题：【第二轮问询，问题1.2】上述专利诉讼涉及的专利和技术是否在发行人产品中使用、是否为发行人核心产品及核心技术；发行人认为“经多方的分析，初步认为原告大博医疗胜诉机会较小”的具体依据；上述专利诉讼对发行人的具体影响，包括但不限于若败诉，发行人可能承担的赔偿金额、被责令停止使用的影响等，关于相关诉讼对发行人生产经营的影响。

发行人答复简述：科惠医疗经对涉案专利进行技术分析，并根据专利律师的意见，公司12款产品中有7款产品均落入大博医疗专利保护范围，且涉诉产品共涉及公司3项核心技术；不过公司认为自己所涉6个专利侵权诉讼案件，最终侵权风险很低，原因系通过法律服务机构出具《专利侵权诉讼法律意见书》，指出上述案件中被控侵权产品技术特征与行业内现有技术相应技术特征相同或无实质性差异，可以主张现有技术抗辩，或被控侵权产品技术特征与涉案专利技术特征相比有所不同，从而不构成专利侵权，再或是涉案专利和现有技术、现有技术的组合相比，不具备专利法第二十二条第三款规定的创造性，从而涉案专利被宣告无效的可能性很大；而公司共有9项核心技术，对应的产品类型和规格众多，涉诉产品仅为其中个别品规，销售收入占比较小，对公司的核心技术影响较小，即使所有案件败诉，赔偿100万余元，在历年净利润80万余元的情况下，对发行人的净资产、净利润的影响较小。发行人停止生产、销售被控侵权产品，不会对发行人整体经营造成重大影响。

（九）案例九

安杰思，问询审核中专利被提起无效。

问询背景：安杰思曾在申报科创板前与安瑞医疗存在10项实用新型专利权属纠纷和3项实用新型专利侵权纠纷，均已结案。专利权属纠纷中，法院判决5项专利权归安杰思所有，5项专利权归安瑞医疗所有。对于3项专利侵权纠纷，法院均判决安杰思未侵害安瑞医疗专利权。于2020年6月15日，上交所网站公布了关于发行人第一轮问询回复意见资料。

重点问题：【审核中心意见，问题2】2020年10月23日，上交所网站公布了关于发行人审核中心意见回复资料，问发行人上述专利纠纷以外，发行人产品是否还与其他方存在专利纠纷或潜在纠纷。

发行人答复简述：请求人于2020年6月17日和29日，向国家知识产权局提出两项实用新型的无效宣告请求，上述专利系公司非核心专利，若被宣告无效，公司将积极采取相关措施维护自身知识产权权利，即使相关专利被无效，也不会影响相应产品的生产、销售，相关技术使用不存在潜在的侵权纠纷风险，不会影响发行人的持续经营，对本次发行上市不构成障碍。除上述诉讼和纠纷外，公司不存在其他专利权属纠纷或专利侵权纠纷的情形。另外，公司在招股书（注册稿）中又表示，未来也可能存在其他已授权专利被竞争对手申请无效且被有权部门宣告部分无效或全部无效，如果被宣告无效的专利涉及公司的关键技术，将削弱公司的技术优势，并对公司的生产经营造成不利影响。

（十）案例十

百合医疗，技术人员同时从事研发活动和生产活动。

问询背景：根据首轮回复，技术人员的主要职责包括进行在研产品的小批量试生产。

重点问题：（第2轮问询，问题4.2）说明首次提交的申报稿招股说明书中将生产人员与研发人员合并披露为“生产与技术人员”的原因和逻辑，发行人内部管理是否将生产人员与研发人员混同管理，发行人的研发内控机制是否健全。

发行人答复简述：由于技术人员存在同时从事研发活动和生产活动的情形，故而在首次提交的申报稿招股说明书中将研发人员与生产人员合并披露为“生产与技术人员”。发行人内部管理对生产人员和研发人员进行独立管理，通过研发项目管理、研发经费核算管理、考勤管理等多种内控制度，可以核算在研项目的不同人员投入及费用支出情况，以及准确核算同时从事研发活动和生产活动的技术人员参与研发活动的人员费用。报告期内，公司与研发、生产、成本费用分配相关的内部控制健全有效。

第五章　给医疗器械企业科创板IPO的知识产权建议

从理想的角度来说，不仅是医疗器械企业，也不仅是针对上市的企业，而是对于所有从事技术创新的企业而言，在生产经营的各个环节，都需要时刻把握知识产权风险隐患。虽然本报告针对的是医疗器械企业在拟科创板过程中涉及的知识产权风险问题，但实际上，也同样能够给予企业对知识产权构建的理解和运用标准方向的确定提供大量帮助，具有积极和普遍的参考作用。

企业研发立项时，如果忽略知识产权工作，就有可能从一开始就埋下侵权的隐患；在合作或委托第三方研发过程中，涉及因合同约定不清楚导致知识产权权利风险，如申请权、使用权、处分权、收益权、技术改进权等；在知识产权布局过程中，涉及因研发成果知识产权布局缺失导致的后续被竞争对手合法使用的风险，如专利失效、权利要求保护范围不合理；在自主研发过程中，涉及因产品落入对方专利保护范围内导致产品面市后被迫下架或撤展；在非专利技术保护过程中，涉及因管理不当导致的技术泄露风险；在技术团队引进过程中，涉及人员背景调查不充分导致的存在职务发明风险；在技术引进过程中，涉及因知识产权评估不合规导致的专利终止风险，如许可、转让、并购、无形资产出资等；在采购过程中，涉及因供应商产品侵权导致的知识产权诉讼和索赔纠纷。在销售过程中，过往环节中埋藏的风险就开始逐步显现。

从知识产权辐射面来看科创板医疗器械的企业案例，我们看到从涉及与科创企业核心技术和产品设计最相关的专利、技术秘密，再到体现企业品牌价值的商标，还有著作权等，在企业知识产权管理过程中，都可能会有风险发生，应当引起重视。

如果说，科创板是为某一特定类别的企业提供了一个更好的市场，那么它的另一个隐藏技能便是引导这类企业如何以核心技术和知识产权为工作重心而布局自身优势的同时，还能时刻防范来源于企业生产经营各个环节的风险隐患。

如果时间允许，建议企业的知识产权保护工作应当从企业成立一开始就进行，并自上而下、有意识地根据企业的实际情况开展工作。企业自主开展时，需要提升内部人员专利基础知识和防控风险的能力，如IP工作者和研发人员的专利检索、侵权对比能力等；选择专业的知识产权服务机构或律师进行协助时，重点是建立一套适用的企业内部知识产权管理体系，并关键在于要有效地去实施和执行，而非仅落于纸面，从而避免各个环节可能存在的知识产权问题。

同时需要注意到，企业的知识产权管理一定不是一个部门、一个人的工作，也不是一项制度能够解决的问题。面对风险，其核心不是去消除风险，而是识别和控制风险。只有医疗器械企业将知识产权保护和风控防控融入企业的各个环节、各个部门、各个人员，知识产权工作才能做扎实，风险防控才能有效。

那么，医疗器械企业在拟科创板IPO时的知识产权工作，到底应该怎么做？如何避免知识产权风险？通过以往案例，可以从“专利资产”“核心技术”“风险来源”三个角度入手。

（一）规划一：提前规划科创资产

想要“发明专利5项以上”，表面看起来并不难，但科创属性的实质是看企业是否拥有核心专利，并如何应用在主营产品中，产生营收和占比是多少，是否对应核心技术，以及是否主要依靠自主研发等，通过发明专利反映企业真实的技术自主创新能力。

对于拟进行科创板IPO的医疗器械企业，仅从数量上虽然基本能够实现“5项发明专利”的指标要求，但在已公开的科创板上市问询材料中，大部分因专利来源于合作研发、购买等问题而被审核机构重点关注。因此，梳理好主要依靠自主研发的核心技术–主要产品–发明专利–营业收入等之间的对应性，应主要依靠自主研发尤其是包括企业自身在研发人员和研发费用等资源方面的投入。

在近年来国家知识产权施行“提质增效”，国内各领域发明专利授权率大幅下降的背景下，企业最好能在拟科创板IPO前3~5年，就结合企业经营模式、技术研发方向、行业布局态势等进行专利资产的储备工作，开展系统的专利挖掘和布局，进而构建可以保护企业核心技术和主要产品，且专利权稳定的高价值专利资产。如果有的企业已经准备在短期内拟科创板IPO，这时的关键点在于先梳理出不足，再针对性地补足即可。切勿一味地追求数量或筹备时间短而“突击申请”和“购买”专利。

（二）规划二：梳理核心技术先进性

医疗器械产品多种多样，不仅核心技术千差万别，加之非专利技术形式的保护、不同的企业规模和营销模式、研发周期长等因素，很多企业要么不能获得对手的关键技术指标、要么说没有可比公司、要么还没有进入市场，从而在论证核心技术具备先进性时，显得格外困难。

不过分析了审核问询情况，就可以发现审核机构其实从知识产权角度就给出了论证核心技术先进的多种方向。

比如，有的企业缺少专利保护，临时购买专利；有的企业没有对专利进行管理和监控，导致重要专利因未缴纳年费、专利到期而失效，或专利权即将到期，或报告期无专利申请授权；有的企业因人员离职，随意变更专利发明人，埋下潜在风险；有的企业在技术合作协议中忽略了知识产权条款，导致成果权利不清甚至丧失等，这些过程的信息都会展示在审核机构眼前，或多或少，或轻或重地容易暴露企业在研发管理、知识产权保护中的问题，进而被审核机构质疑企业的技术先进性。

那么在知识产权相关的信息披露方面，医疗器械企业如何一方面能够让知识产权支撑企业的核心技术先进，另一方面合理答复审核机构抛出的各类问题，避免出现“纰漏”呢？具体如下。

1.现状诊断→问题

结合审核的关注点，全面排查各个环节可能出现的问题。比如：

技术成果来源，知识产权约定，主要包括合作研发、购买等；

研发团队稳定性，核心技术人员的认定依据，研发人员职务发明风险；

知识产权法律状况，报告期实现的营业收入；

研发投入和主营业务收入的计算和归集；

企业内部研发和知识产权管理制度；

……

早期洞察企业科创板IPO现存及潜在知识产权问题，可以辅助企业提前预判问题并优化调整或补足，或准备好合理解释。

2.核心技术梳理→先进性

企业核心技术具备先进性，是顺利科创板IPO的核心和关键，因此，企业需要在复杂多样的产品、核心技术、知识产权、研发项目、研发人员，以及各类奖项、研发费用、营业收入等中梳理出关联性，并分析需要论证先进性的关键技术点。

梳理工作本就繁杂不易，因为不是企业一个人员或者一个部门可以完成的，需要企业的研发部门、IP部门、财务部门等多部门投入人员来进行；加之问题分析需要人员具备技术、法律和财务相关知识的同时，还需要对科创板相关制度有理解和掌握，其是企业梳理核心技术先进性的难点。企业可以专门建立项目小组来进行相关工作。

3.竞争优势支撑→数据

有许多医疗器械企业的产品还未实现临床应用，所以在细分产品上的市场份额并不具备优势，想要在行业内持续保持竞争力，还必须大笔投入研发资金、人力等。通过公开的审核问询情况，审核机构特别强调企业与其竞争对手在产品、技术及知识产权方面的优劣势资料和数据，从而促使企业不得不做到知己知彼。

因此，医疗器械企业可以通过调查分析国内外可比企业及竞争对手的技术及竞争情报，分析对标企业的发展战略及知产保护策略，梳理技术脉络，来识别企业自身技术优劣势，明确企业现阶段技术和专利储备情况，并提前防控潜在竞争风险，及时可控调整策略。

（三）规划三：风险排查及应对

IPO前中后，均是医疗器械企业知识产权纠纷的高发期，其中最常见也影响最大的是专利侵权、权属、无效纠纷。大部分原因系医疗器械企业很多都存在与高校、第三方企业、医院、医生等合作研发，出现合同条款约定不清晰，以及没有排查职务发明风险、产品上市侵权风险和专利稳定性风险等导致。

对于IPO筹备期还有2年以上、时间相对充足的企业，务必关注竞争对手的专利竞争情况，并持续监控，提前明确企业的专利竞争地位，防控潜在竞争风险。

对于IPO计划1年内、时间有限的企业，务必针对营收高的核心产品、核心专利等，进行以高风险竞争对手、职务发明、合同权属风险排查，并提前应对。

如果企业已经遭遇纠纷，也不必过分着急，一方面要明确纠纷所涉及的产品和核心技术，梳理相应专利，预判败诉影响；另一方面判断侵权可能性，积极应诉，采取无效、反击诉讼，或者谈判等方式充分应对，避免风险扩大化。

附件1：科创板知识产权相关法律规则

如表13-4所示。

表13-4　科创板相关规定列表

序号	来源	时间（年月日）	相关规定	重点
1	中国证监会	2019/1/28	《关于在上海证券交易所设立科创板并试点注册制的实施意见》	目的、意义、定位
2	中国证监会	2019/3/1	《科创板首次公开发行股票注册管理办法（试行）》（废止）	定位、发行条件、程序、披露要求
3	中国证监会	2019/3/1	《公开发行证券的公司信息披露内容与格式准则第41号——科创板公司招股说明书》	招股说明书披露要求
4	中国证监会	2019/3/1	《公开发行证券的公司信息披露内容与格式准则第42号——首次公开发行股票并在科创板上市申请文件》	申请文件要求
5	上交所	2019/3/1	《上海证券交易所科创板股票发行上市审核规则》（废止）	发行条件、上市条件、信息披露的审核要求、程序
6	上交所	2019/3/3	《上海证券交易所科创板企业上市推荐指引》（废止）	定位
7	上交所	2019/3/3	《上海证券交易所科创板股票发行上市审核问答》	
8	上交所	2019/3/24	《上海证券交易所科创板股票发行上市审核问答（二）》	
9	上交所	2019/4/30	《上海证券交易所科创板股票上市规则》（废止）	上市条件
10	上海市高级人民法院	2019/6/18	《上海市高级人民法院关于服务保障设立科创板并试点注册制的若干意见》	
11	最高人民法院	2019/6/20	《最高人民法院关于为设立科创板并试点注册制改革提供司法保障的若干意见》	
12	中国证监会	2020/3/20	《科创属性评价指引（试行）》（废止）	定位
13	上交所	2020/3/27	《上海证券交易所科创板企业发行上市申报及推荐暂行规定》（废止）	定位
14	上交所	2020/3/27	上交所就发布《上海证券交易所科创板企业发行上市申报及推荐暂行规定》答记者问	定位
15	中国证监会	2020/7/10	《科创板首次公开发行股票注册管理办法（试行）》	定位、发行条件、程序、披露要求
16	上交所	2020/12/04	《上海证券交易所科创板股票发行上市审核规则》	发行条件、上市条件、信息披露的审核要求、程序
17	上交所	2020/12/31	《上海证券交易所科创板股票上市规则》	上市条件
18	中国证监会	2021/04/16	《科创属性评价指引（试行）》	定位
19	上交所	2021/04/16	《上海证券交易所科创板企业发行上市申报及推荐暂行规定》	定位
20	上交所	2021/06/11	《上海证券交易所科创板上市公司自律监管规则适用指引第3号——科创属性持续披露及相关事项》（以下简称《3号指引》）	披露要求

附件2：科创板知识产权法律声明（模板）

参见如下模板所示。

法律声明

版权声明

本报告版权归发布方所有，报告中所有文字、图片、表格均受有关商标和著作权的法律保护。未经版权方许可，任何组织和个人不得以任何形式复制或传递，也不得歪曲和篡改本报告的内容。任何未经授权使用本报告的相关商业行为，都将违反《中华人民共和国著作权法》和其他法律法规以及有关国际公约的规定。

免责条款

本报告中企业问询信息来源于上海证券交易所网站公开数据，部分信息来源于网络，本报告仅为企业和机构提供参考，发布方对报告的分析及观点不承担法律责任。

×××股份有限公司

××年××月

第十四篇　医疗器械政策与产业篇

天津市药品监督管理局全面推进医疗器械产业高质量创新发展

一、医疗器械产业发展态势

我国药品和医疗器械人均消费额的比例仅为1：0.35，远低于1：0.7的全球平均水平，更低于发达国家1：0.98的水平，药械比对比全球和发达国家平均水平还有1~3倍的差距。我国人均医疗器械占有量为9美元，远低于美国的100美元和瑞士的513美元。自2000年开始，我国医疗器械行业总产值的年均增长率为20%，2022年销售总额突破13000亿元。由此可见，我国医疗器械产业发展态势良好，产品应用上还存在巨大发展空间。

近年来，天津市药监局深入贯彻“加快高端医疗设备国产化进程，推动民族品牌企业不断发展”的指示，搭平台、聚产业、建生态，严格落实“四个最严”和监管科学理念，控风险、强监管、保安全，精准把握保安全与促发展之间的关系，相继出台一系列促进医疗器械产业发展的政策文件，产业营商环境持续优化，企业创新活力不断增强。2018年以来，天津市第二类医疗器械产品注册审批数量快速增长，年均注册数量从2018年的225件增加到2022年的1085件，实现4.8倍增长，年均增长率51%；其中，年均新产品数量从78件增加到530件，实现6.8倍增长，年均增长率72%。天津市医疗器械产业高质量、集群化发展态势初步形成，未来产业快速发展的潜力巨大。

二、天津市医疗器械监管概况

（一）产业基本概况

医疗器械是天津市的优势产业，天津市共有医疗器械生产企业675家，目前较为集中的领域包括体外诊断试剂，骨科手术器械，注输、护理和防护器械，口腔科器械，物理治疗器械和医用成像器械等。

（二）监管能力概况

天津市设有独立的医疗器械审评查验中心和天津市医疗器械质量监督检验中心。其中，全国唯一标识法规研究组、全国外科植入物和矫形器械标准化技术委员会、心血管植入物分技术委员会、物理治疗设备分技术委员会、骨科植入物分技术委员会和中医器械标准化技术归口单位均落户天津，医疗器械科学监管实力全国领先。

三、天津市医疗器械产业发展政策

目前，天津市药监局在政策创新方面取得的成效可以概括为“54321”，即：五个环节提前介入、四个环节时限领先、三个特殊审批通道、两个快速获证通路、一个企业服务包。

（一）五个环节提前介入

针对企业在设计开发和产品转化中的产品研发、注册检验、临床试验、注册申报和体系核查等5个重点方面，面对全市器械企业开展提前介入服务，在正式提交产品注册申报资料前，切实解决产品各类问题，加快产品上市进程。审评查验部门全流程参与提前介入服务，有效地解决了企业在产品检测、临床试验方案设计、临床评价路径规划、注册申报资料准备方面的困难。同时，从厂房建设之初，即可为企业提供质量管理体系建设服务，提前协助企业规范软硬件管理，对于质量管理规范的企业可减免质量体系核查。

（二）四个环节时限领先

目前，天津市医疗器械产品已由法定的153个工作日增速至平均3个月获得上市许可。一是检验环节时限领先。天津器械检验中心是全国十大医疗器械检验中心之一，检验能力和速度均位居全国前列。对于符合天津市创新医疗器械和优先审批医疗器械的产品，检测时限控制在45个工作日内。二是审评环节时限领先。结合提前介入服务，天津市第二类医疗器械技术审评时限已由法定的120个工作日压缩到平均40个工作日，第一类医疗器械备案符合要求的当日发证，办理时效位列全国前列。三是行政审批时限领先。按照市委、市政府统一要求，天津市第二类医疗器械注册行政审批时限已由法定的20个工作日压缩至4个工作日。四是生产许可时限领先。出台《医疗器械生产监督管理实施细则》，对于两年内通过体系核查现场检查的，免于开展生产许可现场检查，极大压缩了获证时间。

（三）三个特殊审批通道

一是优先审批程序。对技术领先、填补天津市空白等产品开辟绿色通道，单独排序、全程辅导，优先检验、审评、审批。二是应急审批程序。在前期新冠病毒感染应急审批的基础上，针对突发公共卫生事件应急所需产品，进行应急检验、随到随审。三是创新特别审查程序。对具有技术创新领先优势和显著的临床应用价值的产品，予以早期介入、专人负责、优先办理、快速审批。

（四）两个快速获证通路

一是外省已获证产品迁入天津市通路。2019年起对于已在国内获得第二类医疗器械产品注册证的产品，提供快速审批服务。在要求不降低、程序不减少的条件下，大幅缩减审评审批时限。二是境外已上市产品落户天津市通路。为在津落户的已在国内获得进口注册证的境外产品，提供全流程提前介入和优先审批服务，确保此类产品在最短时间内快速上市。

（五）一个企业服务包

针对中小微企业在研发、注册、生产、经营等各环节的需求，于2022年出台《天津市医疗器械中小微企业服务包》，提出了为企业培训关键人员、打造医疗器械临床试验实践基地、推动京津冀三地协同发展等30条政策。

四、天津市高端医疗器械创新转化平台

2023年以来，天津市药监局联合天津市科技局、天津市医保局等部门共同推动政策协同，逐步整合科技、医药、医疗、医保职能资源，为医疗器械产业提供从产品研发到上市销售的全链条政策服务，并逐步建设适合医疗器械产品转化的全流程孵化平台。为创新医疗器械产品提供研发、生产、检测、临床、注册等上市前转化服务，同时提供纳入科技支撑体系、纳入医保支付体系、本市临床应用

等方面的服务，进而更好的解决企业创新和生存问题。

五、天津市药品监督管理局相关部门职责

（一）天津市药品监督管理局

负责第二类医疗器械注册审批和医疗器械生产许可相关工作及监督管理，完善审评审批服务便利化措施并组织实施。

（二）天津市医疗器械审评查验中心

承担第二类医疗器械审评和现场检查、创新医疗器械初审，第一类医疗器械备案等工作。

（三）天津市医疗器械质量监督检验中心

主要承担本市医疗器械检验检测、监督抽验、安全技术评价和质量分析研究以及相关检验检测前沿技术方法研究等职能。

国家医疗器械产业技术创新联盟

国家医疗器械产业技术创新联盟（简称联盟）是在科技部积极推动组织下，由中国医疗器械行业协会牵头，清华大学、北京大学、中国科学院、国家药监局中检院、迈瑞医疗、新华医疗等400余家大中型医疗器械领域相关协会、学会及产学研单位于2009年6月17日发起成立的。联盟依托中国医疗器械行业协会运营（联盟理事长单位），宗旨是整合创新资源，集聚优势力量，推进我国医疗器械领域技术创新，加快完善创新链和产业链。

成立10年来，联盟根据实施新医改政策、发展战略性新兴产业等国家战略部署，结合基层医疗机构对国产医疗器械的紧迫需求，针对制约产业发展的关键技术和核心部件瓶颈问题，牵头组织协调完成了大量来自各国家部委的单项委托工作，受到了业内及科技部的多次表扬，并获得了A类联盟资质（和各省份科技厅一样可直接推荐项目申请中央财政经费），联盟坚持推进医疗器械产业的技术创新及服务，并形成了以下常态化工作项目。

（1）联盟以医疗器械领域的产、学、研、用、资合作新机制搭建整体推进医疗器械产业发展的平台，按照“力求高端突破、推动基层升级、加强前沿创新”的思路，编写了预防、诊断、康复、治疗、急救等分领域发展规划和医疗器械科技产业专项规划，并为全国近40家国家级医疗器械园区制定规划和发展战略。

（2）联盟协助组织实施了国家“十二五”和“十三五”医疗器械重点专项，组织了国家科技支撑计划41个项目的实施和过程管理，涉及经费逾20亿元。联盟是“十四五”国家重点专项的推荐单位，并派专家配合科技部开展“十四五”规划具体工作。

（3）按照科技部、国家卫健委的工作部署，组织实施了“创新医疗器械产品应用示范工程（十百千万工程）”，广泛发动业内优势企业，与地方相关单位紧密配合，促进创新医疗器械应用推广，强化医疗器械创新链条衔接，优化创新医疗器械应用环境，该工作目前已持续7年在十几个省份继续展开。

（4）联盟组织“中国医疗器械创新创业大赛”（以下简称“大赛”），并会同若干业内知名创新服务机构共同运营专注于医疗器械创新服务的新媒体医疗器械创新网，联盟还在苏州、上海、天津、西安分别落地医疗器械创新服务中心（科技部门主管、民政部门登记备案的非盈利机构），在绍兴设立了医疗器械代工服务平台，通过上述举措打造线上线下结合的常年创新创业服务平台，为初创企业和大赛优秀项目提供从研发设计到注册、融资、落地、代工生产的一站式服务。联盟目前正在启动广州、杭州的创新服务中心项目。

医疗器械创新网

医疗器械创新网，是依托国家医疗器械产业技术创新服务联盟和中国医疗器械行业协会创新服务专委会，由若干业内知名创新服务机构共同运营的专注于医疗器械创新服务的新媒体，也是中国医疗器械创新创业大赛的官方报名网站。创新网微信公众号拥有“18万+”医械产业人群关注，具有较大业内影响力。

医疗器械创新网作为行业平台，聚集业内专家及各类创新服务资源，主要为医疗器械创新项目提供路演融资、设计代工以及有关研发生产管理的专家网络课程和咨询、技术及产品展示和国内外市场对接服务，与联盟、行业协会和创新服务专委会共同组织、举办业内具有影响力的创新创业大赛，各种论坛、培训、展览展示等各类全国性专业活动。

创新网作为医疗器械创新的引领者，提供多元化的核心服务，帮助企业在医疗器械领域实现品牌宣传、行业认知提升、项目对接投资以及设计代工等多个方面的目标。以下是创新网的核心服务。

（1）企业品牌宣传：借助创新网的微信公众号、视频号官网、直播等多种渠道，为企业提供全面品牌宣传的机会。专注于将客户的品牌故事传递给行业专业人士，助力建立更广泛的品牌认知和声誉。为参加创新创业大赛的项目提供充足的展示机会。无论是在官网上还是视频号上，将为每个项目制作专门的介绍和展示内容，使其在行业内获得更广泛的曝光率。

（2）行业白皮书和标准撰写：创新网为企业和资深医疗专业人士搭建合作平台，共同撰写行业白皮书和标准。深入分析行业现状，帮助寻找产品的精准定位点，从而在行业中树立专业地位。通过深入的研究和分析，为企业的发展战略提供有价值的洞察。

（3）医械创投会：创新网定期举办医疗器械早期项目的医械创投会，为项目与投资者建立沟通渠道。提供项目路演的平台，让项目创始人展示创新成果和商业计划，吸引潜在投资者，推动项目的发展。

（4）设计代工对接：创新网与优秀的设计代工机构合作，提供专业的设计和生产服务。帮助寻找合适的设计代工伙伴，以确保产品在技术和外观上都能达到最优水平。

创新网深知在医疗器械领域，创新与合作是推动行业发展的双轮驱动。我们致力于搭建创新者、企业和专业资源之间的桥梁，促进信息的共享和合作的实现。通过核心服务，客户可以在医疗器械领域获得更大的曝光率，找到合适的合作伙伴，并加速项目的发展。无论是品牌推广、行业洞察、投资对接还是设计代工，创新网都将陪伴客户在医疗器械创新的道路上前行。

苏州医疗器械创新服务中心

苏州医疗器械创新服务中心（联盟创服基地）是在苏州科技局指导下由国家医疗器械产业技术创新联盟会同业内专家于2014年成立的民办非盈利机构，也是中国医疗器械行业协会在长三角地区的医疗器械创新转化服务平台。中心立足苏州，服务长三角，辐射全国，以创新服务、转化医学和科技金融为主线，整合相关政府部门、医疗机构、高校、企业、园区、专家、金融机构、海内外协会组织等优质资源，开展覆盖医疗器械全产业链的创新服务活动，涵盖项目前期调研、研发设计、样机制作、测试检测、临床前研究、临床试验、法规注册、企业战略咨询、投融资、知识产权等20项一站式创新服务。中心集聚医疗器械产业资源集中办公，成为创新资源和服务资源融合的创新服务平台。

苏州医疗器械创新服务中心也是中国医疗器械创新创业大赛的执行单位和医疗器械创新周（包括医疗器械创新与服务展）的承办单位。通过大赛遴选优秀创新项目，为园区、投资机构、创服机构提供客户资源，同时为创新项目创造融资、孵化成长的机会。五届分别征集到来自海内外医疗器械创新项目283个、607个、665个、831个及733个，大赛及配套活动合计有近3000家企业以及创新服务与投资机构参与，现场约4万人次观摩并有多位部委领导、院士及百余位来自监管和产业的权威专家现场指导，前五届决赛共评出一、二、三等奖项目共369个，赛后半年跟踪统计获奖项目融资额共计近67亿元，部分项目后续还获得部委、省市和园区的课题资助及其他各种赛事奖项。大赛有力地助推了行业创新发展和医疗器械成果转化，受到了各方一致好评。

中心运营优势如下。

1.管理团队优势

中心主要管理人员均有长期企业高管或创业背景，创新服务经验丰富，能够随时准确高效地为创服机构对接业务项目；服务团队均为行业资深人士，包括多名产业和临床一线专家、部委政策顾问，以及市场监管检测、审评和标准制定专家等。

2.创新项目优势（即创新服务客户来源优势）

中国医疗器械创新创业大赛和医疗器械创新周是中心最大的创新项目来源，活动举办五届以来已有超过3000个参赛企业创新项目，入驻基地的创服机构可提前数月接触项目展开服务。苏州医药产业集聚度全国最高，中心常年举办各类活动受众多影响大，企业入驻后便于开拓苏州乃至长三角市场。

3.运营模式优势

对入驻创服机构评估筛选后避免同质化竞争，各类服务优势互补，充分沟通配合，使各服务单元在最佳时机及时启动无缝衔接，最终在服务质量、时间及成本三方面整体提升效率，从而加速项目成长，使创服机构和创新项目实现双赢。

4.创服资源优势

中心所依托的国家医疗器械产业技术创新联盟和中国医疗器械行业协会具有深厚的产业背景和资

源，联盟汇集业内400多家创新企业、科研院所及知名创服机构，是中国医疗器械创新创业大赛的承办方，而协会近4000家会员和50多个专委会也是创服项目业务外包以及产业对接、成果转化与融资并购的最佳合作平台。

浙江国创医疗器械有限公司

浙江国创医疗器械有限公司（以下简称“国创公司”）是一家专业从事医疗器械CDMO（委托研发及生产）、CRO（临床及注册）、CSO（市场推广）为主的医疗器械平台，旨在帮助企业合规、快速、低成本地推进医疗器械市场准入。

国创公司是由国家医疗器械产业技术创新联盟联合绍兴当地政府共同成立（国家医疗器械产业技术创新联盟唯一服务平台），共建医疗器械设计代工服务平台，并打造浙江省内领先的医疗器械委托制造基地，从而提升医疗器械产业创新服务，促使优秀医疗器械项目快速获证。

国创公司服务场地位于绍兴市越城医疗器械产业创新服务综合体内，研发人员分布在绍兴、杭州两地。一期投资4500万元，已建成面积4000平方米，覆盖有源、无源、体外诊断试剂等多条生产线，按照ISO 13485标准建立检验室、仓库、万级和十万级净化车间，可满足不同产品研发、生产、临床及推广的委托需求。

作为合作型平台，国创公司由国家医疗器械产业技术创新联盟及政府背书，始终坚持“非盈利为目的”价值导向，旨为构建绍兴市及浙江省医疗器械特色产业链，助力打造高端生物医药“万亩千亿”新产业平台，进一步夯实医疗器械产业创新服务功能。

国创公司建立了主要医疗器械上下游供应链企业联盟，实现快速有效地响应市场，解决中小企业产品转化困难等问题。目前国创公司积极投身各类医疗器械孵化及创新系列活动，征集医疗器械项目已超过数千项。同时借助国家医疗器械产业技术创新联盟全国性平台的优势，使公司变成名副其实的绍兴市乃至浙江省内领先的产业基地。

在国内，医生群体、科研院所及初创型医疗器械企业是创新服务不可或缺的生力军，但其也往往为缺生产场地、缺临床注册经验、缺生产研发团队、缺产品转化经验、缺资金等原因所困，国创公司具备专业的研发、生产、注册、体系、推广等团队，可有效解决以上难题。相关统计表明委托方同服务类平台合作可节约资金50%，节省注册时间约一年以上。

新华医疗：新无止境系健康　华彩八秩铸辉煌

1943年11月，新华医疗诞生于胶东抗日根据地，是我党我军创建的第一家医疗器械生产企业。新华医疗于2002年在上海证券交易所上市（股票代码：600587），是中国医疗器械行业协会会长单位、中国医学装备协会副理事长单位、感染与控制技术专业委员会理事长单位、中国放射治疗产业技术创新战略联盟理事长单位。

新华医疗始终坚持以一切行动听指挥的军工企业文化、拼搏诚信的齐鲁文化、以用户为中心的现代企业文化为企业核心价值观，用目标鼓舞士气、用发展凝聚人心、用创新提升素质、用文化打造实力，坚定不移地走健康产业之路、坚定不移地走技术创新之路、坚定不移地走资本运作之路。

新华医疗是国家重点高新技术企业，拥有行业内第一家国家认定企业技术中心，设有“博士后科研工作站”“山东省肿瘤治疗技术企业重点实验室”等多个省级技术研发平台，入选国务院国资委“科改示范企业”、中国制造业企业500强、中国企业专利500强、山东省“十强”产业集群领军企业。有泰山产业领军人才3人、省管企业杰出创新人才1人，承担、参与了国家重点研发项目20余项，获得省市级科技进步奖10余项。截至2023年5月，已起草国家标准40项、行业标准84项；授权专利3391项，其中，发明专利227项、实用新型专利2588项；软件著作权登记215项。

新华医疗业务板块包括医疗器械、制药装备两大制造主业板块，以及医疗商贸、医疗服务。其中医疗器械涵盖感染控制、放疗及影像、手术器械及骨科、手术室工程及设备等九大产品线，制药装备由生物制药、特种输液、中药制剂、固体制剂等四大工程技术中心组成。近年来，新华医疗自觉践行创新发展理念，强力推进新旧动能转换，研制开发了全球第一台过氧乙酸低温灭菌器、国内首台高能医用电子直线加速器等高精尖产品，建成了国内首个智慧化消毒供应中心等行业创新工程，荣获了中国灭菌设备领域第一张FDA认证证书。感染控制产品种类和规模位居世界第一，放射诊疗设备、制药装备的技术水平比肩世界一流。

2022年，公司推出一系列革新产品与技术，具体如下。

一、放疗影像产品及技术

（一）产品介绍

放射治疗X射线图像引导系统（CBCT）。随着精确放疗技术的发展，kV级图像引导产品开始应用于放射治疗的图像引导，工作流程是在治疗前采集患者CBCT影像数据，然后与计划定位CT图像进行在线位置配准，得到的比对结果如果在容许误差范围内，则治疗可以正常进行，比对结果如果超出误差容许范围，系统会自动形成新的摆位参数，自动修正患者治疗的位置，实现患者定位与治疗时摆位位置的精确重复，实现精准剂量投照，达到控制肿瘤同时保护周围重要器官的目的。

（二）对提高临床诊疗产生的重大意义

IGRT将解决由于患者呼吸运动和身体变化引起的肿瘤位置变化所造成的靶区偏移问题，实现从肿瘤靶区的精确定位到患者精确治疗。特别是对颈部、胸腹部和盆腔的肿瘤，IGRT可大幅度提高治疗的位置精度，从而可以提高肿瘤的放疗剂量，减少放疗副作用。

二、数字X成像设备

（一）产品介绍

多功能动态DR产品是基于经典的双立柱结构设计，在全电动智能化运动控制的基础上，通过加入动态影像采集技术，不仅实现透视摄影检查中的立卧位快速切换，而且实现实时动态影像的获取，完成数字化摄影、数字化透视、消化道造影等多临床功能的集成。该系统突破了常规X射线检查二维影像重叠的难题，对于诊断的干扰影响尤其在隐匿性骨折、胸部占位性病变、呼吸道阴性异物等方面有重要的临床应用。

（二）对提高临床诊疗产生的重大意义

动态多功能DR，可以实现透视检查、脉冲透视检查、DR摄影检查、尘肺摄影检查、造影检查等多种临床应用，真正实现了一机多用。

成像速度快，DR摄影1秒以内成像，提升了操作体验，提高了检查效率。特别是在批量体检的使用场景下体现得更为明显。

通过DAEC自动曝光控制技术的应用，有效地降低了辐射剂量，并且提高了自动曝光控制剂量输出的一致性和稳定性。

动态DR影像系统，可以进行快速的图像采集，配合数学图像的处理功能可以实现双能剪影成像、骨密度测量、断层成像等高级临床应用。

三、达芬奇专用脉动真空清洗消毒器

（一）产品介绍

达芬奇专用脉动真空清洗消毒器是一款细分领域的专用脉动真空清洗消毒器，是一款主要用于达芬奇机器人手术器械进行清洗、消毒、干燥的清洗消毒器。设备获得美国直观医疗授权认证。

（二）对提高临床诊疗产生的重大意义

达芬奇机器人是目前最先进的机器人手术辅助系统，借助智能化机械手臂辅助及高清3D显像系统，融合诸多新兴学科，使外科手术更加微创化、功能化、智能化和数字化，是新一代微创外科技术的代表，为微创外科技术发展的时代产物。

达芬奇机器人手术器械相较普通腔镜更加昂贵和精密，结构也更加复杂，手术机器人机械臂的自动识别能力在安装自检中可自动识别出不洁器械并不予安装，对器械的清洗、消毒、灭菌提出更大的挑战，要满足机器人手术的顺利开展，保证器械的处理质量，清洗需更加精细化、标准化和规范化。

达芬奇专用脉动真空清洗消毒器可保证清洗质量，无须复杂的对接步骤和专用清洗架，提高器械的周转效率。

四、紫色变绿色化学监测产品

（一）产品介绍

紫色变绿色化学监测产品，是用于压力蒸汽灭菌、过氧化氢灭菌、过氧乙酸灭菌、环氧乙烷灭菌、甲醛蒸汽灭菌监测的产品，包含化学指示卡、标签、胶带、B-D测试物、PCD。监测产品灭菌前为紫色，灭菌后变为绿色，通过统一灭菌前后颜色变化，方便使用者对灭菌结果的判读。

（二）对提高临床使用产生的重大意义

目前常见灭菌的化学监测产品颜色变化有黄变黑、绿变黑、蓝变黑、红变黑、紫变绿、绿变黄、红变黄、红变绿、蓝变粉等，颜色变化多，较为混乱，不同厂家化学监测产品颜色变化不同，同一个厂家化学监测产品颜色变化也不同，用户使用极其不便。统一不同灭菌方式的化学监测产品颜色后，灭菌前后一目了然，使用方便。

五、手术器械产品：微创心房拉钩

ZL990RN微创心房拉钩由套杆、杆芯、叶片、支撑架和安装钳组成，其中，套杆、杆芯、叶片为拉钩主体，叶片采用弧面设计，贴合瓣膜，避免长时间提拉造成损伤，并配有6种尺寸规格，可适应不同患者。支撑架和安装钳为辅助件。套杆与叶片通过螺纹连接，杆芯自套杆尾部穿入用于支撑叶片，同时杆芯与套杆之间通过螺纹调节杆芯进给，进而实现叶片角度的调节；支撑架分旋钮、底座和球头，架在切口上方，实现对拉钩主体角度的调节；安装钳用于穿过切口，在身体内部进行叶片在套杆上的安装。

用于手术时提拉心脏瓣膜，暴露手术视野；产品由拉钩和支撑架组成，拉钩可通过旋转手柄调节下方提拉叶片的角度，支撑架放置于切口上方，在拉钩调整完成后进行固定；产品大部分零件采用机加工成型，配合精度高；可配合微创牵开器使用。

六、手术器械产品：小儿先心器械包

（一）产品介绍

ZL994小儿体外手术器械包，共计22个品种、38个规格、85件器械，包括：持针钳、分离结扎钳、钢丝结扎钳、海绵钳、甲状腺拉钩、结扎缝合引线器、精细剪、拉钩、皮管钳、手术刀柄、手术剪、吸引管、显微钩、心室拉钩、胸腔镊、胸腔组织钳、血管钳、医用镊、止血钳、主动脉阻断钳、组织剪、组织钳。

ZL995小儿先心手术器械包，共计14个品种、36个规格、36件器械，包括：持针钳、分离结扎钳、骨用牵开器、冠状动脉剪、精细剪、显微持针钳、显微钩、显微镊、冲洗针、心室拉钩、胸腔镊、吸引管、止血钳、阻断钳。

（二）对提高临床诊疗产生的重大意义

我国人口较多，先天性心脏病的手术比例较高，并且由于小儿器械较成人有很大的不同，加工难度大，小儿器械在国内几乎是空白，目前基本全被国外的品牌（Scanlan、Fehling、圣骑士、Geister）垄断。因此开发了ZL994小儿体外手术器械包和ZL995小儿先心手术器械包，这两套小儿先心器械包用于满足市场需求。

小儿先心器械包的开发，实现了进口国产替代，对于降低患者看病成本有重大意义。

七、血液透析耗材

（一）产品介绍

血液透析滤过（HDF）是在血液透析的基础上，采用高通透性的透析滤过膜，以提高超滤率，从血中滤出大量含毒素的体液，同时输入等量置换液的一种血液净化方法。

（二）对提高临床诊疗产生的重大意义

新华医疗以山东核心区域为研发、制造、营销和管理总部，联接北京核心区域、上海核心区域，每年数十个新产品推向市场，通过导入IPD研发管理，构建“以市场为导向、以客户为中心”的科学高效研发体系，激发创新活力。用好建设国内统一大市场和“一带一路”重大机遇，打造国产高端品牌形象。重视营销、服务团队建设，以客户为中心打造了全周期营销模式。

站在新的历史起点上，面对新的发展机遇，新华医疗将一如既往，与时俱进，以自信、创新和拼搏，去勇敢面对困难和挑战，为人类健康事业、为铸造中国医疗健康产业的丰碑、打造世界知名医疗器械生产企业而继续努力奋斗。

广州达安基因股份有限公司

广州达安基因股份有限公司（简称“达安基因”或“公司”）是以分子诊断技术为主导，集临床检验试剂、仪器和配套耗材自主研发、生产、销售为一体的国有生物医药高新技术企业。作为全国首批体外诊断高新技术企业，公司于2004年在深交所上市（股票代码：SZ002030）。

达安基因专注于荧光PCR诊断试剂产品的研发和应用，不仅是我国核酸检测技术的开创者，而且是我国核酸检测技术产品成为代表国际前沿技术水平产品的重要贡献者。公司先后承担了38项国家及省部级重点攻关项目，研究成果相继获得中国专利金奖和国家科技进步奖等各类奖项。

经过30多年的积累，公司已实现包含研发生产、核心原料、质控品、仪器研发生产、检测服务等核酸检测技术全产业链贯通。达安基因作为卫生部医药生物工程技术研究中心、国家临床分子诊断国家地方联合工程实验室、广州市分子诊断技术研究中心、国家认定企业技术中心和广州市抗体技术研究中心等研究中心的依托单位，入选国家知识产权示范企业，自主研发的产品荣获“国家重点新产品”和“广东省重点新产品”等称号。截至2022年，公司共申请专利400余项，其中授权专利有100余项，涵盖产前筛查、新生儿筛查、激素检测、病理诊断、公共卫生监控、传染病实时诊断、肿瘤基因突变检测、个体化用药指导等多方面。

达安基因作为分子诊断龙头企业在历次新发和突发传染病防控中发挥了巨大作用。抗疫期间，达安基因自主研发生产的新型冠状病毒2019-nCOV核酸检测试剂盒（荧光PCR法）是全国首批发布研制针对新冠核酸检测试剂，在国际上首获CE证书，并被列入世界卫生组织（WHO）应急使用清单。公司生产的抗疫产品到达140多个国家和地区。

体外诊断技术一直以来都被称为“医生的眼睛”，对临床决策具有重要意义。达安基因一直以“达生命之源，安健康之本”为企业使命，始终在体外诊断领域不断发力，把方便、快捷、精准、智能的诊断技术研发转化落地，为医疗机构、疾控中心、第三方检测中心全方位输送最前沿的诊断技术。

1.精益求精，追求卓越凝匠心

后疫情时代基层分子检测能力提升成为发展重点，例如如何实现WHO提出“2030年消除病毒性肝炎作为公共卫生威胁”的目标，目前最主要的挑战是要扩大筛查范围，并采用高灵敏HBV DNA检测技术来构建更全面的乙型肝炎筛查-诊疗的临床路径。

在乙肝全程疾病管理中，精准检测、规范化诊断和治疗监测是确保乙肝诊治疗效、优化乙肝全程疾病管理中至关重要的环节。扩大对CHB患者的诊治，将有助于减少HBV相关的肝病和死亡，并最终实现于2030年消除病毒性肝炎作为公共卫生危害的目标。

达安基因在病原体核酸检测领域形成了日臻丰富的解决方案，助力临床疾病的精准诊疗。达安基因最新上市的超高敏乙型肝炎病毒核酸定量检测试剂及整体解决方案，是国内外唯一检出限达2国际单位/毫升，满足权威指南高灵敏精准检测要求；针对S区和C区双靶标扩增，提高对病毒变异株检出，积极朝着实现“消除病毒性肝炎”的目标迈进。

呼吸道感染是常见病之一，它是由致病微生物入侵呼吸道并进行繁殖所致的疾病，可分为上呼吸道与下呼吸道感染，是威胁人类健康最常见的疾病之一。WHO的报告数据显示，下呼吸道感染高居全球十大死亡原因的第四位，2019年全球近260万人死亡。儿童作为呼吸道感染的高发人群，疾病负担尤为严重，据WHO统计，每年因呼吸道病毒感染造成的社区获得性肺炎（CAP）达2亿人次，其中1.5亿儿童患者为发展中国家的儿童，其中重症病例＞1460万例，死亡儿童＞100万例。由此可见，呼吸道感染依然是全球面临的巨大挑战。

呼吸道感染病原谱复杂多样，一种病原体能够导致多种疾病，而一种疾病也可能由多种病原体引起，所以及时明确呼吸道感染患者的病原体类型，对于进一步诊疗工作具有至关重要的作用。

随着检测技术的发展，核酸检测以其敏感性和特异性好的特点在临床逐渐应用。尤其是在新冠疫情之后，国内二级及以上医院普遍建立分子生物学实验室，使得核酸检测在呼吸道感染病原诊断中快速得到广泛应用。

尽管检测技术日新月异，临床应用越来越广泛，呼吸道感染病原诊断仍然面临着严峻的挑战。

挑战1：无特效治疗药物＝无病原诊断意义

最突出的是理念的挑战。由于大多数呼吸道病毒缺乏特效治疗药物，临床医师会认为准确的病原学诊断的实际意义不大。

这种想法阻碍了呼吸道感染病原的诊断。实际上不同病毒所引起的疾病预后是不一样的，不同的呼吸道病毒可能引起相似的临床表现，而有了准确的病原诊断，一定会促进临床的诊断和治疗。

挑战2：根据临床症状和常规检查进行经验性判断/用药

过去很长时间内，由于呼吸道感染病原诊断的耗时长、手段落后，临床医师通常根据临床症状、血常规和C反应蛋白等进行经验性诊断和用药。

其实，临床症状、血常规和C反应蛋白等与病原体类型并无绝对相关性。经验性诊断和用药是导致抗生素滥用的主要因素。

挑战3：根据流行病学直接推断感染病原

多数呼吸道病原的流行季节重叠，依据流行病学特征无法精准识别病原。即使在流感高峰季节，流感样病例中仍有相当一部分是由其他呼吸道病毒引起的。

为了提升医疗机构对呼吸道感染性疾病的诊疗水平，国家卫健委在2021—2023年发布的《各专业质控工作改进目标》中，连续3年对呼吸道感染性疾病领域作出明确要求——提高呼吸道病原核酸检测率，即“呼吸道传染病是全球重大公共卫生问题，早期从发热和（或）呼吸道症状患者中正确识别并明确病原学诊断是呼吸道传染病防控的关键环节。医疗机构应当开展呼吸道病原体检测技术，医务人员应当熟练掌握呼吸道传染病的临床特点、标本采集和病原学检测技术”。

为了满足临床诊疗需求，达安基因不断丰富产品系列，形成了日臻完善的呼吸道病原体核酸检测整体解决方案，对于呼吸道感染性疾病的防控、诊断、提高治疗效率具有重要意义。

面对挑战和工作要求，达安基因推出了一套近乎“十全十美”的呼吸道病原体核酸检测整体解决方案，涵盖临床常见的10类呼吸道病原体，全面满足临床诊疗需求。面对分型也有对应解决方案，流感病毒和肠道病毒系列可进一步鉴定亚型，涵盖病毒常见流行亚型，从容应对“流感”和“手足口病”流行季。实际操作上可根据临床诊疗需求，进行灵活组合检测，“既精准诊断、又降本控费”。

匠心筑梦，行稳致远。数十年来，达安基因始终以兼容并包的态度，整合精准医学领域“产、学、研、用”全链条资源，致力于将医疗产品深度融入临床场景，助力夯实临床诊疗能力，提高临床诊疗效率。科技创新赋能精准医疗，达安基因将始终发挥领军作用，构建多元创新力量，不断促进科技成果转化落地，让“尖刀”产品普惠大众，构筑起保护人民健康的坚实防线。

2.密益加密，砥砺前行拓新路

中国五千年文明史，医学诊断的方法也是由粗到精，不断发展完备。到近现代，兼容并包，西医培养人才，研习进步，诊疗技法更见精进。

早在战国时期的名医扁鹊根据民间流传的经验和他自己多年的医疗实践，就总结出诊断疾病的“四诊法”即望诊、闻诊、问诊和切诊。望闻问切不是孤立的，是相互联系的“四诊合参”，把收集到的病情，进行综合分析，去粗取精，去伪存真，最终作出由表及里的全面的科学判断。

西医在中医望闻问切的基础上，辅之以化验、影像、超声波图像、组织切片等技术手段，诊疗的方法更丰富、深入、精细。尤其是近年精准医学的发展进步，更把医学诊断水平推到了新的高度。

精准医学，是以个体化医疗为基础、随着基因组测序技术快速发展以及生物信息与大数据科学的交叉应用而发展起来的新型医学概念与医疗模式。其本质是通过基因组、蛋白质组等组学技术和医学前沿技术，对于大样本人群与特定疾病类型进行生物标记物的分析与鉴定、验证与应用，从而精确寻找到疾病的原因和治疗的靶点，并对一种疾病的不同状态和过程进行精确分类，最终实现对于疾病和特定患者进行个体化精准治疗的目的，提高疾病诊治与预防的效益。

精准医疗的要义，一在精确，“合适的病人，合适的治疗”，针对每个病人的个人特征量体裁衣式地制定个性化治疗方案。目前已有的一些新型基因组学指标物，涉及多个层面的组学信息，能够更加全面、深刻、准确地反映疾病的本质特征，帮助找到疾病主因的精确缺陷，进而精准用药。二在准时，合适的时间引入治疗。

2022年7月国家卫健委发布《关于进一步加强用药安全管理提升合理用药水平的通知》，其中提到：通过血药浓度监测、基因检测等，识别用药风险，制定个体化用药方案，优化药物品种选择，精准确定用药剂量。

2023年3月国家药品监督管理局药品评价中心发布《国家药品不良反应监测年度报告（2022年）》。报告显示：2022年全国药品不良反应监测网络收到《药品不良反应/事件报告表》202.3万份。1999—2022年，全国药品不良反应监测网络累计收到《药品不良反应/事件报告表》2085.6万份。

2022年药品不良反应/事件报告涉及的化学药品中，例次数排名前5位的类别依次为抗感染药、肿瘤用药、心血管系统用药、镇痛药、电解质/酸碱平衡及营养药。2022年严重药品不良反应/事件涉及化学药品中，报告数量最多的为肿瘤用药，占35.1%；其次是抗感染药，占27.8%。按严重报告占本类别报告比例计算，肿瘤用药的严重报告比例最高，为46.0%，其次是免疫系统用药，为19.1%。

精准和个性化医疗在今后一段时间内将依然是研究的热点所在。

达安基因开发的CYP3A5基因分型检测试剂盒是通过检测人全血基因组DNA中CYP3A5基因

c.6986A>G位点多态性，可以区分不同的代谢类型，更精准地预测给药剂量，提高他克莫司临床疗效并减少不良事件的发生，为他克莫司临床个体化用药提供参考依据。

个体化用药是精准医疗的主要内容之一，药物基因组学是临床个体化用药、评估严重药物不良反应发生风险的重要工具。至此，达安基因在药物基因组学方面已经取得多张Ⅲ类医疗器械注册证，将持之以恒打造多平台的个体化用药基因检测及药物浓度监测，积极推动临床个体化用药领域的发展。

3.行稳致远，不断突破创未来

全自动核酸检测分析系统Stream Insight96，是达安基因自主研发的一款集样本原始管上机、核酸提取以及核酸扩增检测等过程为一体的全自动核酸检测分析系统，真正实现“样本进，结果出”，三区独立，一机一人的全自动化过程，灵活高通量，兼具较高的生物安全性，进一步提高核酸检测自动化程度，为分子实验室检测能力建设提供更强大的“利器”。“智在四方，生来不凡”，Stream Insight96一体机将分子诊断智能化、集成化引上“快车道”，创造利民、惠民的精准医疗服务。Stream Insight96的诞生，是达安基因在分子诊断领域技术突破的重要飞跃。

Stream SuperB-800是达安基因自主研发的一款全自动生化分析仪，开放盘式加样，插入式急诊位，急诊样本随放随测。108个样本位（8个急诊位），44个校准位，8个质控位，1个清洗位，1个去离子水位。支持糖化血红蛋白机上自动溶血操作，样本自动稀释功能，避免手工误差。165个反应杯，最小反应体积达到90微升。封闭测光模块，抗干扰性强，杂散光低；检测结果精准。反应杯9阶恒温冲洗，降低反应杯残留。日常保养仅需碱性清洗液，经济节约。半导体制冷系统，维护简便。该生化分析仪品质卓越先进、测试精准高效、操作智能便捷、耗材经济节约、溯源配套完善。

达安基因目前已经拥有多台不同通量的全自动生化分析仪，满足不同规模的实验室的需求。此外，还配套了12个大类共112个项目的生化试剂，涵盖了肝功能、肾功能、心功能、血脂、离子及电解质、免疫球蛋白与风湿炎症、糖代谢、贫血、凝血功能、胃功能、胰腺炎、高血压等。试剂性能优越，品类丰富，货源充足。

达安基因始终致力于创新研发，以“全面满足需求，经典值得信赖”的理念，不断推出创新性产品。Stream SuperB-800的上市进一步夯实了达安基因生化诊断领域的产品布局，是公司完善体外诊断产业的全面布局的又一重要举措。未来将继续前行，以科技创新力量为健康保驾护航。

公司以产品力、扩张力、组织力、文化力——“四力”建设为出发点，驱动达安基因高质量发展。从分子诊断向IVD全领域转型的过程中，立足于客户需求，不断提升专业化水平，打破技术瓶颈，发挥示范带头作用。在国家分级诊疗、医保控费等大背景下，以市场需求为导向坚持自主创新，促进科技成果转化落地，推陈出新，不断完善全线产品解决方案。

公司目前拥有众多体外诊断产品及特色整体解决方案，包括分子诊断整体解决方案、生化诊断整体解决方案、免疫化学发光诊断整体解决方案、质谱诊断整体解决方案、POCT整体解决方案等，涉及病原体感染、遗传疾病、优生优育、个体化用药、肿瘤筛查、慢性病检测、健康监测等应用领域，未来达安基因也将持续创新，探索和挖掘更多的技术平台，不断为人类健康事业提供更优质的产品和解决方案。达安基因将持续发挥行业龙头的带动作用，肩负“达生命之源，安健康之本”的使命，推动行业健康、高质量发展。

安健科技：矢志成为X线创新技术全球引领者

在中国医疗器械产业版图里，深圳是医疗健康产业发展的桥头堡，这里横卧着中国医疗器械行业的半壁江山，被誉为中国的“医疗器械之都”，这里有中国最大的医械军团，矗立着迈瑞、理邦、开立、先健、安健、科曼等一大批医疗器械“独角兽”企业。在这些医疗器械企业中，安健算是一个特别的存在。同样从安科出走的安健创始人杜碧，走了一条不同的路。创业家杂志7年前曾在《深圳医械帮：一个军团的诞生》中报道了安健的创业之路。

20年过去，安健已经成为中国DR行业最具竞争力的市场品牌，产品涵盖DR的所有品类序列，包括悬吊DR、胃肠DR、乳腺钼靶DR、移动DR、移动C臂等全系列X线机产品。尤其是自主创新研发的动态DR产品，成为目前国内唯一一家聚焦DR细分品类，掌握平板动态探测器研发和自产的国内企业，动态DR已经应用到全球2000余家医疗机构。安健一直致力于将动态“精准诊断与一机多用”的产品价值推广和应用到各层级医疗机构，实现数字化X线摄影的精准筛查与效率提升。

在GPS等国际医疗公司眼里，中国中低端的医疗器械企业存在大量的同质化竞争局面，从研发、产品、服务甚至到营销都在同质化的绞杀之中，缺乏差异化产品和营销战略，内耗严重。如果仔细比较，安健作为安科系深圳医械军团的一个缩影，却在很大程度上走出了与安科系其他医疗企业不同的发展和定位之路。

1.向一个城墙口冲锋：20年专注DR技术与产品研发创新

从胶片扫描仪获取第一桶金之后，安健快速切入X光技术和产品领域。当时在中国，大家最缺的不是CT、MRI等高端设备，而是一台普通的数字化X摄影设备。2006年，中国数字化X射线摄影设备（DR）普及率不足40%，数万家基层卫生医疗机构缺乏具备高清精准诊断的数字化X射线设备，这种情况在中西部地区则更加严重。洞察需求的安健，将产品和技术研发的方向聚焦在医疗器械中的细分品类——DR。

要研制DR也非易事，DR的核心组件包括探测器、高压发生器、球管、机架与软件工作站，都要从0到1完全自主研发。“当时也可以走捷径，那就是采用部件进口的方式组装或者OEM，但是这就意味着放弃了独立的用户售后服务。”安健创始人杜碧说。当时，国内有一大批走贸易化发展道路的医疗厂商，安健看不上，觉得这种发展模式对于社会没有从本质上创造真正的价值，对于用户而言更是不负责任，也不符合创始团队的创业初心。几乎没经过什么迟疑和犹豫，安健创始团队决定要集中精力全力突破DR行业的技术壁垒，研制中国人自己的DR。

要自主创新研制DR整机，首先要突破核心部件自产这一关卡。从安科出来的杜碧很清楚，核心部件自产对于一个科技创新驱动公司的重要性。DR整机的核心部件主要由探测器、高压发生器与球管组成，当时国内没有任何一家公司掌握了其中的核心技术，相当于在无人区探险。最后的结果证明，这种敢于探索的勇气和韧性最终为其在DR行业构筑起了坚实的竞争壁垒，成功突破了探测器、高压发生器等核心部件的技术，成为行业内“技术型”口碑的医械公司。

20年聚焦一个冲锋口冲锋，也让安健成为医疗影像设备DR细分领域的领跑者，通过技术和产品创新驱动，掌握DR的核心与关键部件研发、制造技术，在同质化的中低端医疗器械产品中，通过动态DR的差异化战略与市场定位赢得市场。

2.做X光机创新技术全球引领者：动态DR技术引领行业

早在2009年以前，CR与普通拍片机横行于世，胃肠机也经常用于透视检查。当时，医院对一些需要定位的摄影，很是头疼。比如，隐性肋骨骨折、肩胛骨骨折。用CR或普通拍片机，因为无法定位，容易造成很多废片；但是用胃肠机或者透视机检查，虽可以获得定位影像，但却很难获取清晰的影像。也正因为于此，最早的动态DR原型正在酝酿。其中胃肠机与CR结合，是动态DR原型机最早的尝试。胃肠机对一些不易变动的检查部位进行定位之后，通过人工插入IP板，再进行点片操作。

这一突破，其重要性更体现在是对普放设备研发者一次思维的教育。在此之后，普通平板探测器取代了CR的IP板，拍片的效率有所提高，因为省去了IP板信息的读取过程。但是在临床上还是有一些问题无法解决。诸如造影检查类的摄影，采用胃肠机定位后，人工插入成像板，根本无法满足点片需求，因为切换时间太长。随后技术不断在迭代，人工插板周期长，市场上出现了组合型胃肠机。组合型胃肠机这一技术，摒弃了人工插板，采用跑片机移动成像板，大大提升了动静切换的效率。但基本上还是基于功能的组合，依然需要两套系统进行分别操作，尽管要优于过去，但是依然存在很多弊端。

在对市场的洞察和技术的沉淀之上，安健率先进行了全新动态DR的研制，放弃组合胃肠机的功能拼接设计，决定从硬件和软件全面技术上，进行DR产品的全面革新，真正全面实现DR图像拍摄的高效、精准、快速和安全。在验证了400多套设计方案、经过260多万次图像的测试分析、长达286000小时的研发时长后，安健“动态DR”出世了。这款大尺寸动态DR的面世，也标志着一个全新DR品类的开创，安健动态DR成为DR行业全新的产品主张，经过几年的发展，以精准诊断为核心，具备多种临床功能，能够推动医院整体发展，已经成为行业的共识。

创新驱动的产品战略得到了市场的积极回馈。短短几年，安健的动态DR在全球装机用户已经突破2000余家，动态DR装机遥遥领先。目前，安健动态DR所具备的高清拍片、大幅面透视、高清点片、视频保存回放、可视化造影、自动曝光控制、全身拼接功能等七大功能成为普及数字化医疗建设、提升基层医疗卫生装备水平的重要力量。

在动态DR技术之上，2021年安健科技近年推出“WR-3D”（Weight Bearing Radiology 3D）负重位锥束三维X线摄影系统。WR-3D是一种基于CBCT的扫描方式并且能完成负重位状态下的部位三维扫描与重建的全新技术。安健科技的WR-3D技术巧妙地设计了实时几何校正技术及自适应迭代参数计算算法，保证了WR-3D的使用便捷性和重建图像质量。

基于锥束断层X线扫描与三维重建技术，2022年安健科技创新推出了WR-3D负重位全脊柱与全下肢三维扫描与影像重建系统，该系统的特别之处在于，通过脊柱三维容积成像，WR-3D能实现站立位下的全脊柱三维成像，包括MPR多平面成像、VR成像以及MIP成像，扫描时间仅需不到2分钟，医生仅需要设置全脊柱扫描的起点与终点，设备自动计算扫描范围及开窗大小并自动完成扫描重建，无须传统二维的拼接，即可得到全脊柱的三维X线影像，为脊柱相关疾病诊疗提供了更精准的影像学信息。与此同时，安健科技WR-3D系统提供丰富的自动角度测量工具。

以脊柱侧弯评估为例，通常评估脊柱侧弯程度需要测量Cobb角、椎体旋转角等核心参数，二维平片测量法易受投照及摆位限制测量精度低，而负重位三维测量法可以真实还原脊柱三维结构测量精度高。以某患者为例，二维cobb角测量侧弯为55.2度，三维cobb角测量则达到了73.6度，相差18.4度差异。因此，相较于二维cobb角测量脊柱侧弯，三维测量脊柱侧弯能提供更加精准的术前评估、术前方案制定、术后恢复评估，可以说是脊柱侧弯评估的“金标准”。

3.人才引擎：人才激励与人才吸纳内外兼行

在差异化产品战略之外，安健多年来一直致力于人才引擎战略，在全球范围内寻求卓越的人才，并重视内部人才的培育与任用。安健科技始终倡导“宰相必起于州郡，猛将必发于行伍”的用人理念，选人、育人、用人三者并重，通过快速的发展，完成人才的沉淀和团队文化的建设。安健科技当前的核心团队都是来自于安健人才平台体系的培育完成，包括市场、营销、研发与供应链各个体系。其中，安健科技总经理便是出身于一线前线，从市场营销团队主管一路成长为公司总经理。

与其他安科系出身的医疗企业基因不同，其大多高管团队都是从创业当初自然形成的“兄弟帮”，安健却是在一路发展的过程中，逐渐吸纳和感召更多志同道合的同路人合伙奋斗，因此也让安健基因里拥有更多的包容、理解和平等的企业文化氛围，鼓励创造，允许试错，热望梦想，赞赏奋斗。而对于研发人才，安健更是不遗余力。2015年安健股份制改革中，研发人才给予重点的股权激励政策，大部分研发中心的工程师都成为这家DR革新公司的合伙人。

目前，安健已经拥有近200人的DR研发团队，通过采取压强原则，保持技术创新的领先。安健极度重视创新文化和创新人才的管理与建设，一方面对内持续激励，培育创新文化，打造高效研发平台、架构和流程；另一方面，安健仍在全球范围内不遗余力去招募更加优秀的高科技人才，吸引了毕业于诸多全球顶尖光学设计专家、X线球管技术专家、新型探测器技术专家、图像算法专家在内的一大批行业高精尖人才团队。人才引擎战略的实施，也让安健在DR技术未来的探索中参与更多，同时也获得近200项DR产品发明专利与知识产权，在DR技术中进行更加深化的自主创新探索。

在安健科技首席研发科学家看来，“动态数字化X线摄影技术的发展，本质上是临床和医疗技术发展协同进化，同时也是以患者和临床为中心的进化过程。动态数字化X线摄影技术是数字化X线摄影，面向未来的全新技术应用平台，该技术平台通过产学研的结合，可以发掘更多的临床需求，同时研发出更多的新技术，应用于各种不同场景下的X线临床摄影检查，包括应立位脊柱关节三维X线检查成像、胸部器官运动功能成像检查、关节运动成像功能、肺血管疾病的快速筛查”。

4.创新驱动：从医械大国走向医械强国

迈克尔·波特在《国家竞争优势》中对一国参与国际产业的竞争分为四个阶段，分别为生产要素驱动、投资驱动、创新驱动和财富驱动。其中前三个阶段表明国家竞争处于上升阶段，而财富驱动则是产业衰落的重要信号。

医疗器械本质上作为技术密集型行业，涉及大量交叉学科（电子、通信、软件、机械、物理材料）的研究和应用，而国内众多中小型医疗器械公司仍然处在生产要素驱动的发展阶段。部分医疗器械公司沉迷于通过贸易化的投资驱动寻求市场利益，但也能看到国内越来越多的像联影、安健、迈瑞、理邦、开立等优秀企业，聚焦细分产品、专注自主研发和创新，逐步实现做强做大，也恰如安健科技的使命所言“修己安人，健康中国”。其中蕴含的中国儒家传统，恰如其分地指引中国医疗器械军团面向未来的内在智慧。

复星医疗器械：链接全球，打造多元化医疗器械产业新引擎

复星医疗器械（Fosun MedTech）是复星医药的核心业务平台之一，旗下整合多家海内外成员企业，业务领域涵盖“专业医疗”、“呼吸健康”和“医疗美容”三大战略方向，以中国（北京、上海、深圳）、以色列以及瑞典为基地，辐射全球市场。

为进一步提升我国医疗器械产业的研产能力，助力“健康中国2030”的战略，复星医疗器械通过打通“全球化产业布局+创新技术引入+本土智造深耕”的链路，实现先进的医疗器械产品和技术的快速引入，并通过供应链协作+国内研产提前布局，加速医疗器械国产化的进程。

秉持服务全球客户、造福广大患者的原则，复星医疗器械坚持以创新和数字化推动产业升级，紧抓机遇持续拓宽医疗器械赛道，致力于成为全球领先的多元化、生态型医疗器械产业运营平台。

复星医疗器械口号：救治在一线，呵护在身边。

复星医疗器械使命、愿景、价值观：（1）使命：让每个家庭乐享健康；（2）愿景：致力于成为全球医疗健康市场的一流企业；（3）价值观：关爱生命、不断创新、精益求精、合作共赢。

1.复锐医疗科技

复锐医疗科技有限公司（1696.HK）（简称“复锐医疗科技”或“Sisram”）是复星医药的控股子公司，隶属复星医疗器械“医疗美容”板块。2013年复星医药于以色列注册Sisram Medical（复锐医疗科技），并通过该主体收购了全球领先和创新的医疗美容设备及解决方案提供商Alma。Alma提供激光、光疗、射频、等离子和超声波技术等全面的尖端解决方案，产品和服务遍布全球90多个国家和地区。

复锐医疗科技于2017年9月19日在中国香港上市，是第一家在香港联合交易所主板上市的以色列公司，上市后经过多年的发展，复锐医疗科技已初步打造成一家全球化美丽健康集团，其独特的美丽健康生态系统提供多元化产品组合，打造以客户为中心的品牌，业务包括能量源医美设备、注射填充、美容及数字牙科、个人护理等。其中，注射填充板块的产品Profhilo透明质酸钠溶液（逆龄针）在香港市场大受好评，该产品2019年于香港上市，2022年实现超过5000万港币收入，在香港拥有150余名医生和诊所合作伙伴。

2.博毅雅

Breas Medical AB（简称“BREAS”或“博毅雅”）隶属复星医疗器械“呼吸健康”板块，1991年成立于瑞典哥德堡，是研发、生产和销售专业呼吸通气类医疗设备的一体化公司，拥有欧洲高质量和高性能的呼吸机品牌，并已在欧美众多国家被纳入医保范围，为不同类型的呼吸疾病患者提供专业医疗服务。公司立足于呼吸与危重症市场需求，专注研发并不断完善呼吸通气类医疗设备制造技术和工艺，历经近30年国际市场考验，旗下14款不同的医疗设备，覆盖逾50个国家和地区，服务近百万不同的医院及个人用户。2022年下半年至今，已向中国市场先后推出Vivo45、Vivo1-2和Vivo 3系列全球领

先产品，保持新产品技术应用的全球同步。与此同时，BREAS持续加快中国本土化生产与转化，积极响应海南自贸港政策，搭建集销售、生产、研发于一体的中国运营中心，先后完成Z1系列呼吸机的进口引入、国产转化和国产升级。

3.复星北铃

复星北铃（北京）医疗科技有限公司（简称“复星北铃”）隶属复星医疗器械“专业医疗”板块，公司坚持“用科技护佑生命”，依托数字技术，以移动医疗平台为载体，整合所有车载医疗设备，搭建自主研发体系，打造全国领先的智慧移动医疗数字化平台，为客户提供专业特种车辆和医疗器械的整体解决方案。复星北铃专注于医疗救护车、5G+智慧医疗服务车、体检车、检测车、献血车、检测车等产品的研发、生产与销售，致力于成为国内院前急救和危重症领域的领军企业，助力中国公共卫生、应急救援与危重症诊疗产业发展。

由复星北铃投资建设的公共卫生应急产业与危重症诊疗技术工程中心（简称“工程中心”）落户于北京密云经济开发区，项目总建筑面积约5.6万多平方米，将围绕“产、研、创、保”四大功能板块构建高端智慧工业云制造平台，打造集研发、生产、营销、服务一体化，拥有国际先进技术的“智造”基地。

4.美中互利

美中互利医疗有限公司（简称“美中互利”）隶属复星医疗器械“专业医疗”板块，始终致力于中国医疗器械的发展。作为一家先进医疗设备的供应商和中国医疗器械行业践行者，专注为全球医疗健康领域提供高质量的医疗健康相关科技、产品及服务，立志于成为全球创新医疗器械和技术提供者的战略合作伙伴。公司为全球创新的医疗技术和医疗器械制造商提供了一个独特的全方位营销平台。专业优势涵盖了产品注册、市场营销、临床科研、售后服务、商务合作、物流仓储等。

目前公司营销业务聚焦精准骨科（EOS全身骨骼三维建模成像系统）、即时CT成像（BodyTom自由移动式全身CT、CereTom自由移动式头颈部CT）、医美医教（Anatomage Table多点触控虚拟解剖系统、ARTAS植发手术辅助机器人）、麻醉、心脑血管检测及诊疗指导（Narcotrend麻醉/脑电意识深度监测系统、CNAP无创连续心排量及血流动力学检测系统）等核心赛道。

5.复拓知达

上海复拓知达医疗科技有限公司（简称“复拓知达”）是复星医药投资赋能的创新医疗器械研发企业，隶属复星医疗器械“专业医疗”板块。复拓知达团队在影像导航算法开发、介入耗材设计和生产领域有着丰富经验和全球化视野。公司致力于为全球客户提供全线自主研发的创新医疗器械解决方案，核心产品包括全球首创单目视觉增强现实导航系统、肺外科手术标记系统、微微创早期肺小结节穿刺切除系统。单目视觉增强现实导航系统、肺外科手术标记系统已完成多中心临床研究并提交注册审批，预计2024年将获批上市；微微创早期肺小结节穿刺切除系统已完成动物实验，预计2024年获得批准进入临床研究。公司通过完全自主研发和生产，建立了涵盖知识产权、核心算法、生产工艺的多维度竞争壁垒，构建了软硬件结合的全球化产品竞争力。

6.淮阴医疗

淮阴医疗器械有限公司（简称“淮阴医疗”）始建于1959年，是国家普外科手术器械的定点生产基地，现为上海复星医药集团全资子公司，隶属复星医疗器械“专业医疗”板块。是省、市高新技术企业，省级医疗器械企业研发中心。主要产品包括可吸收医用带线缝合针、普通组合针、医用手术刀片、无菌塑柄手术刀、不锈钢手术刀柄、钛合金眼科器械等产品系列。公司现占地面积32000平方米，房屋建筑面积17000平方米，其中，十万级净化厂房2840平方米、百级净化区域约20平方米。占地面积100亩，建筑面积8000平方米，是集开发、生产、检测、仓储和办公于一体的高标准的现代化工厂。

7.复技医美

上海复技医疗器械有限公司（简称“复技医美”）隶属复星医疗器械“医疗美容”板块，公司业务涵盖医疗美容服务和医疗美容产品两个方向，目标成为国内聚集最多医美优秀人才，行业领先的医美连锁品牌。医美服务类以微整光电为中心，结合植发、皮肤管理、形体管理、整形等，为求美者提供全方位、专业的医美服务；旗下的“复小美”是行业内值得信赖的专业医美产品品牌。

微创®:向着真·善·美·长的生命目标进发

微创®于1998年成立于中国上海张江科学城，是一家创新型高端医疗器械集团，在中国上海、苏州、嘉兴、深圳，美国尔湾、孟菲斯、波士顿，法国巴黎近郊，意大利米兰近郊，德国亚琛，英国牛津，多米尼加圣多明戈，印度孟买和哥斯达黎加圣何塞等地均建有主要生产（研发）基地，形成了全球化的研发、生产、营销和服务网络。在微创®大家庭，来自30多个国家的12000余名员工共同致力于为全球患者提供能延长和重塑生命的可普惠化真善美方案，从而帮助亿万地球人健朗地越过115岁生命线。

微创®已上市商品500余个，覆盖心血管及结构性心脏病、电生理及心律管理系统、骨骼与软组织修复科技、大动脉及外周血管疾病、脑血管与神经调控科学、外科急危重症与机器人、内分泌管理与辅助生殖、泌尿妇科消化呼吸疾病、耳鼻口眼体等塑形医美、体外诊断与体内外影像、体内实体肿瘤治疗科技、失眠抑郁症及康复医疗等12大业务集群。微创®的产品已进入全球100多个国家的逾2万家医院，在全球范围内，平均每6秒就有一个微创®的产品被用于救治患者生命或改善其生活品质或用于帮助其催生新的生命。2014年推出的药物靶向洗脱支架系统更是令微创®在冠脉支架领域完成了从追随者和并跑者到全球引领者的跨越。

微创®专注于自主创新并一以贯之的高强度投资于研发，累计研发总投入数百亿元人民币（含海外公司历史累计金额），现已拥有专利（申请）9500余项，先后5次获得中国国家科学技术进步奖（其中1项为企业创新平台模式奖）和多个省部级科技进步奖，30余个产品进入国家创新医疗器械注册绿色通道（截至2023年7月）；微创®尊崇循证医学，几乎所有核心产品与解决方案的临床应用效果（经验）都在全球主流学术杂志上得到了发表。

微创®人的创新动力源于“一个属于患者的品牌”这一品牌观，一切经营活动的理念和动机皆源自患者、为了患者和用于患者；一切科技创新的想法和办法皆取于医生、为了医生并归于医生。“日月不以毫末而不照，雨露不以草草而不滋”，微创®人坚定地信仰人人都有生而平等的医疗权、健康权和追求活得更久的权利，并希冀与社会各界通力合作，为人人享有这种权利而积极创造各种各样的变革性医疗手段。微创®的远景（“建设一个以人为本的新兴高科技医疗超级集群”）、使命（“提供能延长和重塑生命的可普惠化真善美方案”）和信念（“帮助亿万地球人健朗地越过115岁生命线”）的核心就如同呼吸的空气、太阳的光芒和清晨的雨露一样，让代表全球最高科技水平的医疗技术以最平均的方式，将健康和长寿带给世界上的每一个角落、每一个社区、每一个家庭和每一位患者。

秉承“尽精尽微尽心尽全力，致广致大致远致良知”的管理理念，微创®在强调以人为本的同时，将对细节的追求和创新的坚持深深融入企业基因。“患者和医生是并肩作战的战友，微创®是患者和医生的后勤保障，疾病是我们共同且唯一的敌人”，“为患者服务”和“为‘为患者服务的医生’服务”是微创®人共同的信仰。微创®人致力于与患者和医生结成命运共同体，缓解甚至消除各种慢性疾病对生命安全的严重威胁，并在把人类平均健康寿命提升至100岁、120岁甚至150岁的过程中，发挥越来越重要甚至不可或缺的作用，为满足人类对“健康长寿”永无止境的美好追求作出重要贡献。

厦门当盛新材料有限公司

一、企业概况

厦门当盛新材料有限公司（简称“当盛新材”）成立于2016年，是国家高新技术企业、福建省科技小巨人企业、厦门市专精特新中小企业，是一家专注于闪蒸法特种材料的研发、生产和销售的创新型高科技企业。公司拥有完全自主知识产权的全套闪蒸法制造设备及商业化量产工艺技术，是我国率先实现闪蒸法非织造材料商业化量产的企业，为闪蒸法特种材料的国产化、供应链安全及产品升级迭代提供坚实保障。

创始人罗章生先生在纺织材料行业深耕30年，专注闪蒸纺丝技术研究十多年，带领整个研发团队独立自主设计生产工艺流程，研发、设计、制造成套生产设备，成功实现科技成果转化。目前，公司生产的闪蒸法非织造材料广泛用于医用包装、个人防护、建筑围护、工业包装、农业植保、印刷标签以及设计新材料等领域。当盛新材公司总部和研发生产基地位于厦门，占地100亩；在北京、上海设有营销总部及应用研发中心。

当盛新材始终坚持诚信为本、自主研发，持续提升自身的技术水平。截至2023年8月，公司拥有4项国际专利、11项授权发明专利、53项授权实用新型专利、8项软件著作权，另有26项专利正在申请中；承担10余项国家级、省部级科研项目，获得23项国家及省部级荣誉。

当盛新材致力于为客户提供极具经济性、产品安全性和供应链可靠性的最终灭菌医疗器械及医药行业包装材料，并与客户共同设计开发先进的无菌包装解决方案。2021年，以“构筑无菌屏障、守护生命健康”为使命，创立了闪蒸法医用灭菌包装材料品牌——“迪森®Dysan®”，专为最终灭菌医疗器械包装而设计。当盛新材拥有2000多平方米10万级生产车间，专用于医用灭菌包材的自动化生产，生产环境满足国际标准和应用需求。

具有行业领先地位，获得多项荣誉：

2019年通过中国纺织工业联合会牵头、院士带队专家组“科技成果鉴定会”，获评总体技术达国际先进水平

2020年荣获“上海市科学技术奖“科技进步一等奖

2021年荣获中国纺织工业联合会“纺织科技成果转化贡献奖”

2021年荣获中国纺织工业联合会“专利奖”银奖

2022年荣获第四届“上海知识产权创新奖”

2022年荣获“中国纺织工业联合会科学技术奖”技术发明一等奖

2022年“闪蒸法聚乙烯非织造布的产业化及在医疗灭菌包装材料的应用项目”荣获第九届“中国十大纺织科技”奖

2023年“闪蒸法聚烯烃非织造医用灭菌包装材料”项目荣获第六届中国医疗器械创新创业大赛高值医用耗材组一等奖

2023年“超细聚乙烯纤维屏蔽材料”项目入围工业和信息化部、国家药监局生物医用材料揭榜挂帅单位（第一批）。

二、产品主要性能优势

医疗器械、包装、灭菌是有效最终产品的三大支柱，无菌包装是维持器械无菌有效性的重要屏障。优秀的无菌屏障系统需要拥有良好的微生物阻隔性能和物理特性以确保产品防护，良好的灭菌适应性，在使用前保持系统的无菌性和完整性，易于开启和无菌传递，拥有清晰的产品标识。

迪森®Dysan®材料由100%高密度聚乙烯通过闪蒸法工艺制成超细聚乙烯纤维，热压后形成拥有致密三维立体网状结构的屏蔽材料，专为最终灭菌医疗器械包装而设计，实现了高阻隔、高强度、高透气、高洁净的完美平衡，符合最终灭菌医疗器械包装相关国际、国家标准要求，确保无菌屏障系统全生命周期的安全和有效性，守护人们的生命健康。

1. 优异的无菌屏障功能

迪森®Dysan®材料拥有优异的微生物屏障性能，源自超细长丝纤维形成的独特曲折通路构造；即使加速老化7年，依然拥有强大的阻菌性能，保持持续的无菌状态。

2. 优秀的机械性能

连续的长丝纤维结构赋予迪森®Dysan®材料高强度、抗撕裂、耐穿刺和高耐湿等特性，无惧各种长途运输的挑战，为医疗器械等提供极佳的存储、运输保障。

3. 广泛的灭菌适应性

迪森®Dysan®材料化学性质稳定、不与绝大多数化学物质发生反应；透气性良好，具有令灭菌气体和水蒸气快速渗透和解析的能力；能够广泛适应各种常用医疗产品的灭菌工艺，包括环氧乙烷灭菌、汽化过氧化氢灭菌、伽马和电子束辐照灭菌、受控条件蒸汽灭菌等。

4. 绝佳的产品安全性

迪森®Dysan®材料毒理学和生物相容性良好，无细胞毒性、无皮肤刺激和致敏性；通过了中国药典、欧洲药典、美国药典对于材料的毒理学性能检测，满足欧盟REACH和RoHS法规和美国FDA食品接触材料要求。

5. 高洁净度、可洁净剥离

迪森®Dysan®材料洁净度高、落絮率低，不会对包装内容物产生不良影响；长丝纤维结构确保材料与其他薄膜或硬片材料热合后能够实现良好的洁净剥离。

6. 清晰的可印刷性

迪森®Dysan®材料表面平整、光滑，可印刷性好，印刷UDI条形码精度高，完美适应医疗行业常用的柔板印刷以及更为灵活的数码印刷，满足医疗器械行业对于可追溯性的要求。

三、产品类别与应用

1. 迪森®Dysan® M7001医用灭菌包装材料

迪森®Dysan® M7001为多数中高风险的医疗器械提供强大防护。通过连续的超细纤维形成致密的三维立体网状结构，使其具有绝佳的力学特性，同时能够确保包装在严苛环境中维持极高的微生物屏障水平，防止细菌微粒及其他微生物的渗透，在材料完整的情况下保持7年的无菌状态。

迪森®Dysan® M7001主要应用形式有平面灭菌袋、卷袋和管袋、自动包装线卷材、吸塑盒盖材等。

2.迪森®Dysan® M8001医用灭菌包装材料

迪森®Dysan® M8001是厚型医用灭菌包装材料，能够为高风险医疗器械和制药行业提供最高级别的防护。材料具有更高的机械强度和抗静水压特性，能够有效防止尖锐器械或质量较重的植入类产品对包装造成的损伤，确保高风险产品全生命周期的无菌状态。

迪森®Dysan® M8001主要应用形式有吸塑盒盖材、预灌封注射器包装等。

四、灭菌包装解决方案

迪森®Dysan®医用灭菌包装材料符合最终灭菌医疗器械包装相关国际、国家标准条款的要求，为医疗器械和药品运输、存储以及搬运过程提供可靠保护，确保其在打开包装使用前的无菌和完整状态，是无菌产品最终灭菌包装的理想之选。

1. 灭菌袋（易撕袋、顶头袋、中封袋、卷袋/管袋等）

迪森®Dysan®材料制成的灭菌袋，专为无菌屏障系统的最终灭菌产品包装而设计，具有良好的生物相容性、卓越的微生物渗透防护效果，同时保持了最佳的透气度，能够减少因极端温度变化而产生冷凝水的现象，确保医疗器械或药品保持无菌状态直至使用。

2. 自动包装线

迪森®Dysan®卷材具有出色的柔韧性和抗穿刺性，有效阻挡细菌孢子和其他污染微生物的渗透，极大降低包装失效风险，为医疗器械和药品提供安全稳定的无菌屏障系统。适用于成型-填充-封口（FFS）自动包装线的高速生产，有效提高产品生产效率，降低操作成本。

3. 吸塑盒包装

预涂胶迪森®Dysan®盖材与热成型吸塑盒（例如PETG、APET、PVC、PS、PP和PET等）通过热封合后，具有可靠的封合性能、良好的洁净剥离性能和优异的微生物屏障性能，多应用于高值医疗器械包装，有效防止尖锐或重型内容物造成的损坏，为医疗器械的灭菌和运输过程提供持久稳定的保护。

4. 预灌封注射器包装

迪森®Dysan®材料制成的插片和盖材与预灌封注射器蜂巢盒一起使用时，有助于保持无菌灌装前预灌封注射器的无菌性，降低微粒污染的风险，在预灌封注射器包装中发挥重要作用。

盖材作为盖材和隔离插片，满足苛刻的微粒、微生物和内毒素要求，适用于预灌封包装产品生产及运输流程，例如为药品或疫苗的无菌灌装过程提供保护。

健康创联未来　携手共赢九州

——九州通健康城30万平方米大健康产业总部基地

龙阳湖健康谷，是汉阳站在“十四五”新起点，抢抓武汉市创新改革试验试点机遇，基于武汉“一城一园三区”及当前发展现状、产业基础提出的战略目标，是汉阳区大健康产业“一谷两区”空间布局的核心组成部分。它也是武汉市13个“创谷”项目中唯一以生命健康为主题的“创谷”项目。力争打造全国“互联网+大健康”总部基地和大健康产品交易中心，形成以九州通为核心的医药研发、器械生产、医药流通、康养医疗、健康服务产业集群，致力将龙阳湖健康谷发展成为国内一流的大健康产业科技创新园区。2022年汉阳区全区大健康产业营业收入已突破1600亿元，预计2035年全区大健康产业营业收入达6000亿元。

作为龙阳湖健康城的核心及引擎，九州通健康城获得市、区两级政府高度关注，它是九州通集团投资25亿元打造的大健康产业集群。占地面积约4.6万平方米，总建筑面积约30万平方米，由九州通总部大厦、甲级写字楼、商务楼、九州通天鹅酒店、会议会展中心等多种物业类型组成。

首先，养生项目位于武汉汉阳二环王家湾板块，龙阳湖东路与龙兴西街交汇处，紧邻汉阳主干道——龙阳大道，约300米到达3号线龙阳村站，一站换乘4号线王家湾站，地铁、高架、公交组成立体交通路网，商务出行便捷；其次，内部配置有逾万平方米商业，集餐饮、金融、休闲娱乐于一体，与人信汇商业一路之隔，紧邻摩尔城、汉商二十一世纪等购物中心，发展醇熟的王家湾商圈可为高端办公提供丰富完善的配套服务。在会议设施配套上，集团打造了集餐饮、会议、差旅住宿于一体的九州通天鹅酒店与会议会展中心，更配置3500平方米的健身中心及恒温泳池，引入“V+”游泳健身，提供专业的商务休闲服务。

目前九州通健康城已全部投入运营，其中，九州通总部大厦于2022年10月落成交付并投入使用，新大楼总建筑面积约8.3万平方米，总高度约213米，地上47层，地下3层。外立面采用单元式LOW-E玻璃幕墙，设置开启扇，简洁美观，打造绿色舒适的办公环境。配备24部蒂森克虏伯电梯，高中低分区，极速运行，降低早晚高峰出行压力，打造高效办公环境。

九州通总部大厦为九州通医药集团自用，已有逾4000名员工进驻办公。九州通作为科技驱动型的全链医药产业综合服务商，搭建起行业稀缺的“千亿级”医药供应链服务平台，主营业务包括数字化医药分销与供应链服务、总代品牌推广业务、医药工业自产及OEM业务、新零售与万店加盟业务（C端）、医疗健康（C端）与技术增值服务、数字物流技术与供应链解决方案等六大方面。作为国内最大的民营医药商业企业，位列中国医药商业企业第四位，是行业内首家获评5A级物流企业及唯一获评国家十大智能化仓储物流示范基地的企业；公司位列2022年“中国企业500强”第207位和“中国民营企业500强”第68位。2022年，九州通营业收入再创新高，达1404.24亿元，同比增长14.72%。公司全渠道B端客户增至51.9万家，其中，城市及县级公立医院客户1.28万家，连锁及单体药店客户19.6万家（合计覆盖零售药店数量约37万家），基层及民营医疗机构客户22.3万家（其中民营医院客户1.29万余家），下游医药分销商1万余家，其他客户近1.2万家。面向未来，九州通坚持以“争做中国最专业的大健康服务平台”为企业愿景，秉承“以客户为中心、以业绩为导向、以文化为驱动、以质量为生命”的核心价值观，深度发展合伙模式，持续推动公司新战略转型升级，与广大合作伙伴共同开创医药健康发展新局面。

九州通健康城6号楼为总建筑面积约5.4万平方米甲级写字楼，高约140米，地上共36层，是九州通倾力打造的集智能、健康、生态于一体的高品质商务空间。高标准精装双大堂设计，采用双银LOW–E中空玻璃幕墙，外观简洁大气，凸显高端商务格调。配备12部蒂森克虏伯电梯，安全高效。搭载VRV中央空调系统，24小时自控调节。项目统一招商运营，确保高品质服务。

该楼宇依托市、区两级政府规划的龙阳湖健康谷为产业核心，重点引进医药电商、健康管理、健康设备、智慧医疗等企业入驻。目前企业入驻率约70%，已入驻的代表企业有湖北省交通规划设计院、湖北久安医药集团、湖北凯乐仕通达科技、湖北昊邦药业有限公司、湖北济生医药有限公司、湖北鸿茂医药营销有限公司、登先科技（医疗器械）有限公司。

九州通写字楼的启用，对整个健康城项目以及九州通集团来说都具有非常重大的意义。随着6号楼写字楼投入使用，短时间内即有众多大健康企业签约入驻。6号楼写字楼为九州通集团和上下游企业的高效融合与协同发展创造了良好的契机，依托九州通集团总部，实现大健康关联企业的聚合发展。未来九州通将持续引入一批国际前沿大健康企业，合力构建医药大健康产业生态圈。

九州通健康城将为入驻企业提供全链条产业化服务，诚挚希望各位行业同仁落户于此，以此为沃土平台，与九州通精诚合作，互惠互赢，成就未来。

科创中国　筑梦西咸
——全力打造秦创源总窗口　西安统筹科技资源改革示范基地

西咸新区是国务院批复设立的以“创新城市发展方式”为主题的国家级新区，位于陕西省西安市和咸阳市之间，是关中-天水经济区的核心区域。西咸新区自成立以来，已获得20余个“国字号”示范称号。新区规划面积882平方千米，下辖沣东新城、沣西新城、秦汉新城、空港新城、泾河新城等5个新城、23个街镇，总人口135万。

2021年6月，为加快推进西安-咸阳一体化发展进程，加快西安国家中心城市建设，西咸新区党工委、管委会作为省委、省政府派出机构保持不变，按照“全面授权、不留空白”的要求，由西安市全面管理。体制机制的优化，为西咸新区注入了改革创新的发展活力，也为大西安拓展出更大的发展空间。

沣东新城是西咸新区的重要组成部分，地理位置优越、发展空间广阔、文化资源富集，是西安国际化大都市的主城功能新区和新兴产业聚集地，形成了以“科技统筹+智能制造+现代服务业”为主导的产业发展方向。新城规划面积159.36平方千米，总人口70万。

此外，沣东新城设立了面向全国的发展目标，建设统筹科技资源改革示范基地，并形成“一轴、两带、五板块”多区互动、产业互促的产业发展空间，其中统筹科技资源改革示范基地被设立为“大西安新中心板块”。

西安统筹科技资源改革示范基地（简称科统基地）简介

2014年，西咸新区获批成为我国首个以创新城市发展方式为主题的国家级新区，科统基地作为西咸新区重要的产业板块和科创中心，同时也是“大西安科创引领轴”和“大西安新中心核心区”的重要组成部分，肩负着“搭建科技合作研发共建共享平台”与“打造西部大开发科技引擎”的历史使命。

为进一步做强西咸新区作为“秦创原总窗口”的核心优势，以创新促进要素聚集、产业聚焦、能级提升，西咸新区围绕全省23条、全市19条重点产业链，布局光伏、氢能、智能网联汽车这3条主导产业链，打造新能源、数字经济、大健康等7大产业集群，培育生物医药、新材料等若干特色产业，构建以“1带+10园区”为承载的“3+7+N”产业布局，助力新区高质量发展。

其中，沣东统筹科技资源改革示范园成立于2012年，是国内首个以统筹科技资源改革为特色的科技型产业园区，园区占地6.3平方千米。经过10年发展，园区聚集了500余家企业，其中，世界500强16家、中国500强18家，已初步形成了以新一代信息技术和生产性服务业为主导，生命健康和智能传感为特色的“2+2产业”布局。

2018年，《关中平原城市群发展规划》发布，按照陕西省实施方案中建设西安国家中心城市的任务安排，充分利用国内外两个市场、两种资源，推广“两国双园”国际产业合作新模式，以一园两地模式高质量建成中俄丝路创新园，助力“一带一路”国际产能合作中心建设。

近年来，科统基地紧盯打造国家级统筹科技资源改革示范基地的发展目标，联合陕西省知名高校科研院所成立陕西省创新驱动共同体，搭建政产学研创新合作平台，实现科技资源快速聚集；大力引进京东、腾讯、百度、井系等国内知名创新孵化平台，持续激发区域科技创新活力；积极构建以西咸科转孵化创新体、沣东科技资源共享平台、华进知识产权、中关村征帆金融超市为代表的科技创新服务体系，全力加速科技资源统筹转化步伐，不断推动区域经济社会持续向好发展。同时积极响应国家“一带一路”倡议，打造国际离岸科技资源统筹中心，成功引进俄罗斯立德、美国Concentrix等50余家国内外知名企业；与莫斯科物理技术学院、美国硅谷Founders Space共建国际科技孵化器，国外优质科技资源加速聚集，区域知名度持续提升，成为促进“一带一路”国家科技教育经贸合作的重要名片。

目前科统基地已建成协同创新港、中兴深蓝科技产业园、科创智慧园等12个产业载体，入驻企业458家，包括10家世界500强企业及12家中国500强企业，先后引进了国内基因检测行业排名第一、第二的华大基因、贝瑞基因，省内龙头企业佰美基因；全球检验检测行业排名第一、第二的瑞士SGS、法国必维；国家信息通信领域行业标准制定主导单位中国信息通信研究院；国内首家AI芯片上市企业寒武纪；国内行业龙头企业闻泰科技、软通动力等，形成了以人工智能、精准医疗、检验检测、新一代信息技术为主的四大产业集群，战略性新兴产业体系建设初具规模，已成为大西安科技创新引领轴上极具影响力的重要产业板块。

未来，科统基地将继续加快战略新兴产业招商引资与科技资源统筹转化力度，着力促进政产学研创新合作，打造产业类专业孵化器，不断提升园区运营与产业配套品质，形成全链条科技创新服务体系，立足国家级统筹科技资源改革示范基地建设，打造全国一流的科创中心、科技资源聚集区与战略性新兴产业示范区。

打造医疗器械产业集群　助推生命健康产业发展

——梨都砀山全力培育医疗器械产业

砀山县位于安徽省最北部，皖苏鲁豫四省七县（市）交界处。全县辖13个镇、3个园区，面积1193平方千米，总人口100.2万，先后荣获国家级出口果蔬质量安全示范区、全国农业产业化示范基地、全国绿色食品原料生产基地、100个无公害农产品（水果）生产示范基地达标县、国家电子商务进农村综合示范县、国家有机产品认证示范创建区、国家农产品质量安全县创建单位、国家全域旅游创建单位、国家民族团结进步模范集体、安徽省首批农产品质量安全示范县等称号。

砀山历史悠久，秦设三十六郡，砀郡居其一，这里是五代梁王朱温故里，又是近代画坛宗师齐白石祖籍；这里有明代大将薛显墓，有留下唐代诗仙李白足迹的宴嬉台，有远近闻名的清真寺。

砀山区位优越，东临历史名城徐州，西接华夏古都商丘，陇海铁路、310国道贯穿全境，大京九、京沪铁路、连霍高速等擦肩而过，郑徐高铁、德上高速砀山段建成通车，距徐州观音机场1小时车程，距最近的出海口——连云港2个小时车程。

砀山是水果之乡，拥有近百万亩连片生态果园，是吉尼斯纪录认定的世界最大连片果园产业区，是“砀山酥梨”原产地。年产各类水果30亿斤，其中砀山酥梨15亿斤左右，是全国水果生产十强县、酥梨生产国家农业标准化示范区，全县水果加工能力达到120万吨，年出口创汇超过1亿美元，奠定了全国水果加工第一大县的坚实基础。

砀山是生态名县，百里黄河故道横卧其间，森林覆盖率达70%以上，是全国首批33个国家级生态示范区之一、全省林业发展十强县，创造了黄淮海地区的生态奇迹，春天是花的海洋，秋天是果的世界，境内有“梨树王”、“百年老梨树群”、黄河故道生态旅游观光带和万亩精品酥梨生态旅游观光园等自然景观。

砀山是电商大县，拥有电商企业2200余家，网店和微商6万多家，农产品网络年销售额60亿元，带动10余万人就业创业，激活了“双创”动能，带动了快递物流、彩印包装、创意设计等产业的协同发展，成为全国重要的物流快递集聚中心，被认定为全省农村电商巩固提升工作示范县。

砀山县紧抓国家政策机遇，以及国家药监局、省药监局定点帮扶契机，将生命健康产业作为三大主导产业之一，推动医疗器械产业集聚发展。砀山县医疗器械产业园位于县经济开发区，规划占地2772亩，分为三个发展板块。

第一板块为迈瑞医疗器械产业园，规划用地646亩，位于新310国道和迈瑞大道交叉口，预计总投资约50亿元，其中386亩用于迈瑞医疗器械产业园建设，预留260亩用于迈瑞上下游产业链招引项目入驻。

第二板块为医疗器械产业园，西起陇海路、南至梨花路、北至迈瑞大道、东至滨湖路，规划用地2046亩，总投资约100亿元。项目分三期进行规划建设，一期占地440亩，海慈医养综合体、祥隆药业润肺膏等项目已开工建设；二期占地1000亩，为医疗器械生产及配套建设用地；三期占地606亩，为高端医疗器械生产及生活、商业配套用地。

第三板块为医疗器械科技园，位于瑶池路以东、道北路以北，项目规划占地198亩，总投资约5亿元，总建筑面积19.2万平方米，主要包括6栋框架结构厂房、3栋钢结构厂房，配套建设宿舍楼、食堂、绿化、消防等基础设施。

砀山县医疗器械产业园总体发展目标是以迈瑞医疗科技产业园为依托，进一步加大产业招商力度，引进国内外先进的研发机构、优势企业落户，力争3~5年时间，将砀山打造成为长三角地区具有重要影响力的医疗器械研发制造中心、医疗器械产业创新示范基地。

砀山县迈瑞医疗科技产业园位于迈瑞大道北侧，东侧紧邻市政公园和310国道，由深圳迈瑞生物医疗电子股份有限公司投资建设，深圳迈瑞医疗是中国领先的医疗设备高科技企业。该项目是迈瑞医疗在国内县级城市投资为数不多的项目之一，是继深圳、南京、武汉基地之后的“第四大基地”。该项目一期占地298亩，总投资20亿元，总建筑面积近20万平方米，包含9万平方米钢构厂房、办公大楼、综合楼、体育馆、国际会议中心等多栋建筑。产业园围绕“紧密协同迈瑞业务，发展精密机加能力，成为医疗器械零部件的优秀供应商”的目标，打造人体植入器械骨钉、纳米级陶瓷玻璃、高分子材料和金属材料的精密加工生产基地，将成为具有国际化、智能化、绿色环保、人文关怀等特色的科技化产业园，对促进砀山医疗器械产业发展，助推县域经济高质量发展具有里程碑式的重要意义。

下面摘录砀山县医疗器械产业扶持政策以供参考。

砀山县医疗器械产业专项扶持政策（试行）

为培育工业项目投资新动能，创新投资方式，推动产业集聚，抢抓砀山医疗健康产业发展机遇，加快培育工业经济新增长点，根据《宿州市2020年招商引资行动计划》（宿招组办〔2020〕2号）要求，特制定以下专项扶持政策。

一、自建或共建产业园扶持政策

（一）投资要求

鼓励大中型企业自建或与政府共建医疗器械产业园。为尽可能使同行业项目集中入园、产业链上下游项目配套进园，龙头企业要起到引领带动作用，项目要进行统一规划、统一设计、集中建设、专业化管理，集投资、运营和服务等为一体。鼓励项目投资单位根据招商企业需要进行厂房定制，提高产业适应性。

1.产业园项目占地面积最低不少于200亩或建筑总面积不少于15万平方米。

2.固定资产投资总额不低于3亿元（不含土地出让金部分）。

（二）固定资产投资扶持

1.医疗器械产业园固定资产投资（不含土地出让金）达3亿~5亿元（含5亿元），按土地成交价县级留成部分的80%进行奖励扶持。

2.医疗器械产业园固定资产投资（不含土地出让金）5亿元以上，按土地成交价县级留成部分的

100%进行奖励扶持。

二、单独供地项目

(一)固定资产投资扶持

1.固定资产投资（不含土地出让金）0.3亿~0.5亿元（含0.5亿元）单独供地的工业项目，每亩按2万元标准进行奖励扶持。

2.固定资产投资（不含土地出让金）0.5亿~1亿元（含1亿元）单独供地的工业项目，每亩按3万元标准进行奖励扶持。

3.固定资产投资（不含土地出让金）1亿元以上项目采取“一事一议”。

（二）生产经营扶持

1.单独供地项目自投产之日起5年内，按照企业实际缴纳税收县级留成部分，前三年给予100%资金扶持，第四年、第五年分别给予50%资金扶持。

2.单独供地项目年亩均税收贡献应达到10万元以上，低于此标准按《砀山县促进招商引资若干政策（试行）》进行扶持。

三、非单独供地项目扶持政策

（一）对租赁砀山县医疗器械产业园（包括自建或共建产业园）区内标准化厂房的医疗器械生产企业，给予2年租金扶持。被认定为国家创新医疗器械产品的生产企业，给予3年租金扶持。

（二）非单独供地项目自投产之日起5年内，按照企业实际缴纳税收县级留成部分，前三年给予100%资金扶持，第四年、第五年分别给予50%资金扶持。

（三）产业园入驻企业年税收贡献应不低于400元/平方米，低于此标准按《砀山县促进招商引资若干政策（试行）》进行扶持。

四、自建厂房扶持政策

凡在砀山注册具有独立法人资格的自带项目、自建工业标准框架结构厂房（指生产性用房）的企业，经有关单位核实后按实际投资规模及厂房建筑面积，由财政部门给予一次性100元/平方米的补助。

五、行政事业性收费扶持

单独供地新建的医疗产业园项目，建设期行政事业性收费，属于省、市级部门核定的收费由本级主管部门向上争取最低档收取，属于县级留成部分的，按县级留成部分同等数额给予企业资金扶持。

六、鼓励医疗器械产品研发，根据不同的医疗器械品种给予奖励

（一）对通过检验并获准开展临床试验的创新性医疗器械项目，二类医疗器械给予50万元研发经费奖励，三类给予最高100万元研发经费奖励，对单品种研发经费奖励原则上不超过100万元，且该奖励在企业投产后给予兑现。

（二）对通过自主研发或技术转让取得二类创新性医疗器械产品注册证和三类创新性医疗器械产品注册证且在砀山落地生产结算的企业，分别给予注册证持有企业每个品种50万元和100万元的扶持奖励，单个品种不重复奖励。

（三）对在砀山投资生产具有世界领先技术的医疗器械企业给予奖励扶持，扶持金额最高不超

1500万元。

七、对在砀山建设经省认定的百级洁净厂房（含A级GMP厂房）每平方米补助1000元；千级洁净厂房每平方米补助500元。

八、本政策与县内其他政策同类条款不重复享受，仅为新引进此类项目投资参考政策，均为框架性设计，不是具体合同条款，供洽谈合同时掌握。

九、在具体洽谈项目时，可根据项目质量，“一事一议”“一企一策”，研究确定是否给予扶持政策；如给予扶持政策，以上所列条款可单独或组合实施，具体企业扶持政策需待双方洽谈后协商确定。

十、本政策自下发之日起试行。